머리말

Autodesk사의 Inventor는 AutoCAD와 데이터 호환이 용이하고 메뉴나 아이콘도 같아 쉽게 접할 수 있는 3D 기계설계 프로그램으로서 쉽게 배우고 활용할 수 있는 장점이 있다.

저자는 오랜 기간 강의하면서 학생은 물론 교육대상자들에게서 느끼고 얻은 답은 알고 나면 쉬운 내용도 초보자에게는 접근하기가 쉽지 않고 많은 메뉴 때문에 찾기도 쉽지 않음을 알 수 있었다.

이 책에서는 3차원 모델링 프로그램인 Inventor 2013을 처음 접하는 초보자나 중급자를 대상으로 만들었으며, 처음에는 가능한 쉽게 이해할 수 있게 용어설명 및 아이콘 설명, 예제와 그림을 중심으로 따라하면서 혼자서도 익힐 수 있게 구성하였다.

특히, 동력전달장치로 부품작성하기, 조립하기, 프리젠테이션 작성하기, 도면 작성하기, 도면인쇄 등을 따라하면서 다양한 메뉴와 사용법을 접하고 숙지할 수 있도록 정리하고 그에 맞는 실습과제를 제시하여 국가기술 자격증에 응사하려는 수험자의 요구에 맞추어 하나하나 해결할 수 있도록 실기시험 준비서직으로도 친근한 멘토를 자처한다.

Inventor Studio, 응력해석 등은 범위를 두지 못했지만 다음 기회로 미루고 이번 교재에는 아쉽지만 집필범위를 한정하였다.

끝으로 원고가 좋은 책으로 인쇄되어 나오기까지 수고하신 복두출판사 송광헌 사장님 이하 임직원 여러분께 깊은 감사를 드리고 학습자 여러분의 건승을 기원한다.

2013년 8월

저자 씀

차 례

Contents

Chapter 1. Autodesk Inventor란?

Chapter 2. 스케치

Chapter 3. 파트 모델링

Chapter 4. 동력 전달 장치- 부품 작성하기

Chapter 5. 동력 전달 장치 - 조립하기

Chapter 6. 동력 전달 장치 - 프리젠테이션 작성하기

Chapter 7. 동력 전달 장치 - 도면 작성하기

Chapter 8. 모형 및 도면인쇄

Chapter 9. 실습과제문제

1

Autodesk Inventor란?

Autodesk Inventor Professional 2013

사용이 간편하고 배우기도 쉬운 Autodesk Inventor 소프트웨어 제품은 3D 기계 설계, CAD 생산성, 설계 커뮤니케이션, 제품 시뮬레이션, 라우팅 시스템, 금형 설계를 위한 유연한 소프트웨어 도구 세트를 제공한다. Inventor에서는 2D AutoCAD 도면과 3D 데이터를 단일 디지털 모델로 통합해 최종 제품의 가상 형태를 만들 수 있기 때문에 실제 제품 제작에 앞서 제품의 형태, 적합성 및 기능을 검증할 수 있다.

Autodesk Inventor에서는 다음과 같은 기준 환경을 사용할 수 있다

- 부품(판금 부품 포함)
- 조립품(용접물 조립품 포함)
- 도면
- 프리젠테이션

추가적으로 부품, 조립품 및 도면 기준 환경 내에서 2D 및 3D 스케치 환경에 액세스할 수 있다.

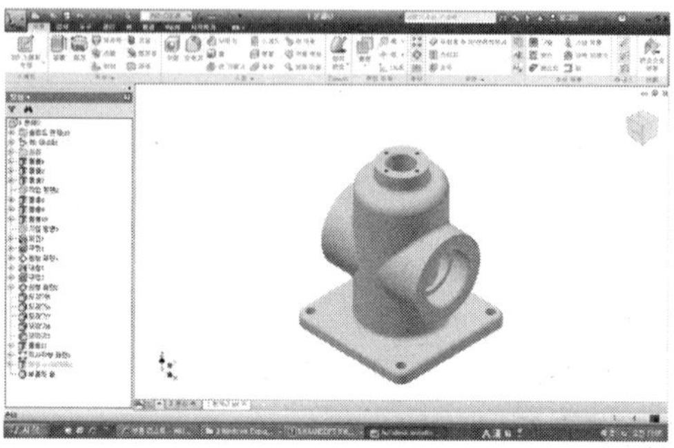
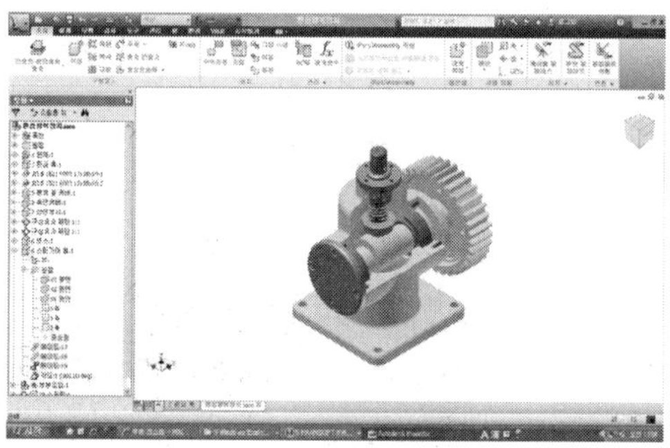
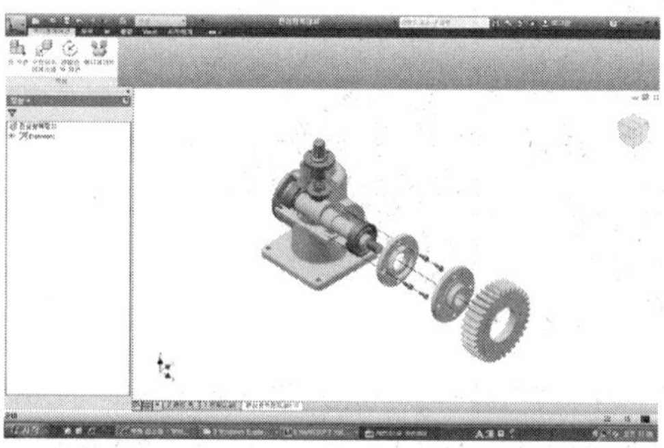
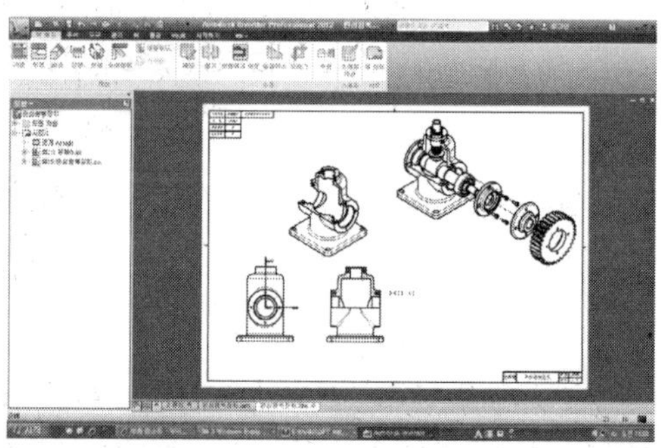

1.1 Autodesk Inventor 실행

▌Window 시작에서 실행

시작 ⇨ Autodesk ⇨ Autodesk Inventor 2013 ⇨ Autodesk Inventor Professional 2013

▌마우스 왼쪽 버튼을 이용해서, 데스크 탑에 있는 Autodesk Inventor Professional 2013 단축 아이콘을 두 번 클릭한다.

Autodesk Inventor Professional 2013이 실행되며, 아래의 로고 이미지가 표시된 후 초기화면이 나타난다.

1.1.1 Inventor 시작하기

나타난 대화상자의 창에서 '시작하기'에는 새로 만들기(New), 열기(Open), 프로젝트(Project)라는 Icon이 있는데 각각의 역할을 다음과 같다.

가. 새로 만들기(New)

시작하기 ⇨ 새로 만들기 버튼 클릭하면 다음 화면이 나타난다.

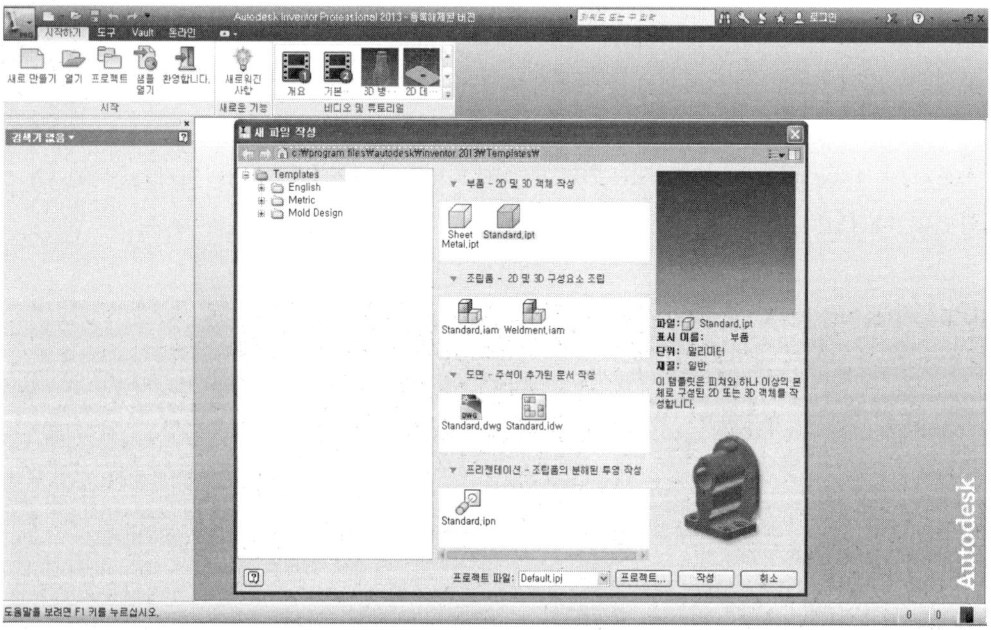

- 새 파일작성 창 : English, Metric, Mold Design이라는 3개의 탭이 나타남.
- 각 탭에는 필요한 단위와 제도표준이 적용된 부품, 조립품, 도면, 프리젠테이션의 템플릿 파일 존재

<table>
<tr><td>Sheet Metal.ipt</td><td>판금을 작성할 때 사용하는 기본 템플릿 파일
명령을 사용하여 편리하게 접기, 플랜지 등을 할 수 있다.
- 판금으로 작성된 모델은 플랫패턴을 사용하여 펼친 도면을 만들 수 있다.
- 펼쳐진 도면은 바로 .dwg로 만들어 현장에 제공할 수 있다.</td></tr>
<tr><td>Standard.ipt</td><td>부품을 작성할 때 사용하는 기본 템플릿 파일
하나의 부품으로 구성하여 모델링 할 수 있다.
- 조립품에서 사용하기 위한 표준 구성 요소이다.
- 부품 명령을 사용하여 다양한 모델링을 구현할 수 있다.</td></tr>
<tr><td>Standard.iam</td><td>조립품을 작성할 때 사용하는 기본 템플릿 파일
1개 이상의 부품이나 서브 조립품을 포함한다.
- Top Down 방식과 Bottom Up 방식으로 작성할 수 있다.
- 조립품 구속 조건을 사용하여 부품을 위치시키고 피쳐를 적용할 수 있다.</td></tr>
<tr><td>Weldment.iam</td><td>용접을 작성할 때 사용하는 기본 템플릿 파일
모델링에서 실제 용접 작업을 할 수 있다.
- 용접으로 작업된 모델링은 도면에서 자동으로 용접기호가 도면에 표시된다.
- 실제 용접을 시각화 할 수 있다.</td></tr>
<tr><td>Standard.dwg</td><td>DWG 형식의 도면을 작성할 때 사용하는 기본 템플릿 파일
- 도면에서 사용자 기호, 주, 리비전 테이블 등 도면 시트의 주석을 유지하는 .dwg 도면의 템플릿을 작성할 수 있다.
- 사용자의 경계, 제목블록 및 뷰 정의도 템플릿에 유지할 수 있다.</td></tr>
<tr><td>Standard.idw</td><td>도면을 작성할 때 사용하는 기본 템플릿 파일
조립품이나 부품에 대한 도면을 작성할 수 있다.
- 한 도면 파일에 1개 이상의 시트를 가질 수 있다.
- 3D 모델링의 업데이트에 바로 적용이 가능하다.
- 도면작업에 필요한 여러 가지 뷰를 다양하게 편리하게 작성할 수 있다</td></tr>
<tr><td>Standard.ipn</td><td>분해도를 작성할 때 사용하는 기본 템플릿 파일
프리젠테이션 파일은 조립품의 분해된 뷰나 다른 스타일의 뷰를 구성할 수 있다.
- 자동 분해와 수동 분해로 나누어져 있다.
- 분해된 구성 요소를 통해 에니메이션 동영상을 만들 수 있다.
- 카메라 설정이 가능하다.</td></tr>
</table>

나. 열기(Open)

- 부품, 조립품, 도면, 프리젠테이션 파일들의 목록 표시
- 선택된 파일의 미리보기가 좌측 하단에 표시

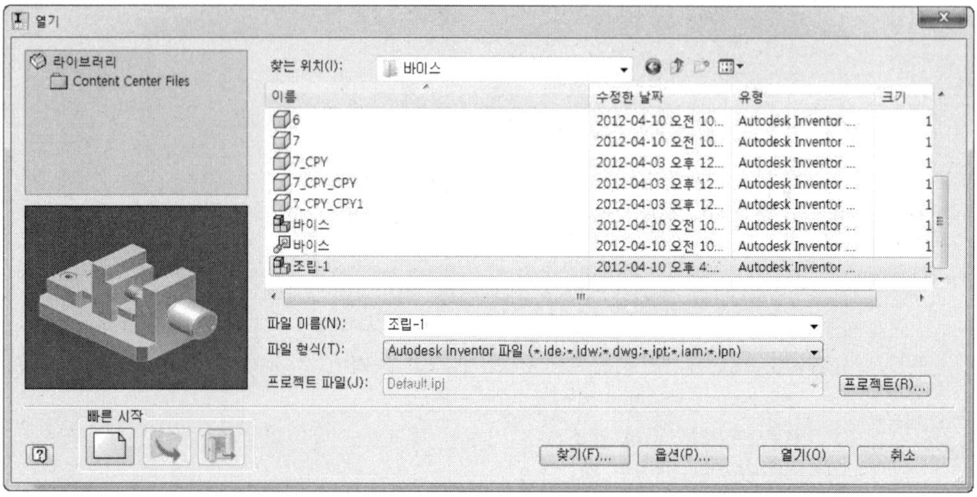

- [찾기] 버튼을 이용하여 위치, 네트워크, 폴더에 있는 Inventor 파일 검색
- [찾기] 대화상자를 이용하여 설계자는 설계 작업 중 필요한 부품, 조립품, 도면, 프리젠테이션 및 설계요소 파일을 정확하고 신속하게 찾아 원하는 작업 가능

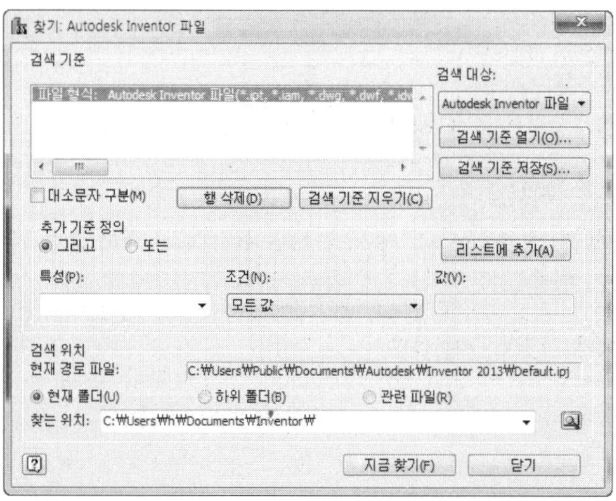

다. 프로젝트(Project)

- 프로젝트 : Inventor가 작성하고, 저장한 파일들을 관리하도록 관련된 파일들을 조직화하는 것을 도와줌
- 현재의 프로젝트를 선택하거나 새로운 프로젝트를 추가
- Inventor가 파일을 찾는 장소 정의
- 공동 작업 환경에서 작업시 사용되는 핵심 도구
- 파일을 논리적으로 구성하고, 파일간의 적합한 링크를 유지
- 작업을 관리하는데 필요한 만큼의 프로젝트 사용 가능

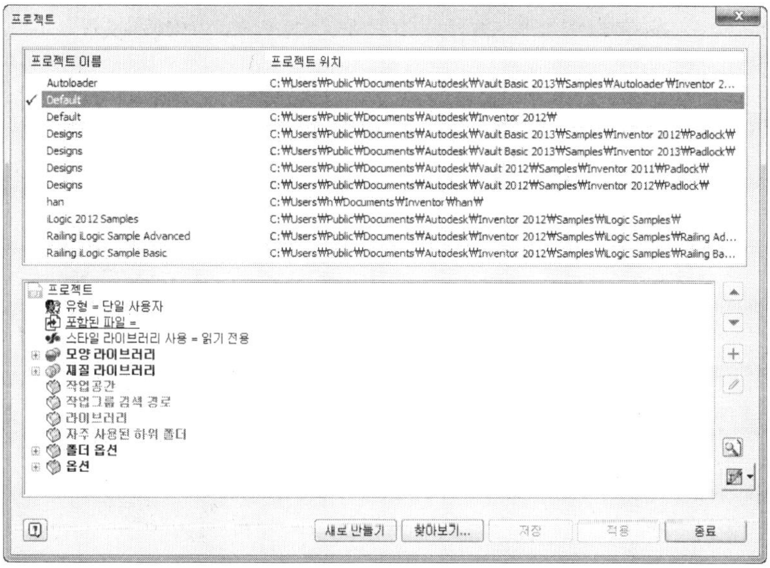

1.1.2 Inventor 파일 구성

Inventor는 설계 작업 완료 후 파일 저장 시 기존의 AutoCAD와는 다른 새로운 파일 확장자를 사용한다.

가. Inventor 파일의 확장자

- *.ipt : 부품 파일 (Part File), 판금 부품 파일 (Sheet Metal Part File)
- *.iam : 조립품 파일 (Assembly File)
- *.dwg : 도면 파일 (AutoCAD File)
- *.idw : 도면 파일 (Drawing File)

- *.ipn : 프리젠테이션 파일 (Presentation File)
- *.ide : iFeature File

(1) 부품 파일 (*.ipt)

- 개별적인 부품 설계를 구현하기 위해 부품파일을 작성하거나 이용
- 표준 구성품(라이브러리)을 만들기 위해 이용
- 조립품 레이아웃으로 활용 및 판금부품 작성

(2) 조립품 파일 (*.iam)

- 하나 혹은 다중 부품 파일들을 포함하거나 부분 조립품 파일을 포함
- 최종 조립품과 부분 조립품 파일들을 만들기 위해 조립품 파일 작성
- 가변 피처 제어, 부품 위치 제어 및 조립품 구속을 추가하기 위해 이용
- 도면이나 프리젠테이션 파일을 만들기 위해 이용

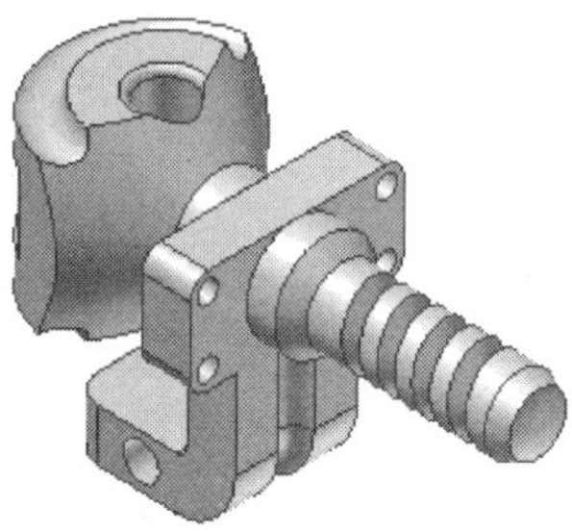

(a) Part File

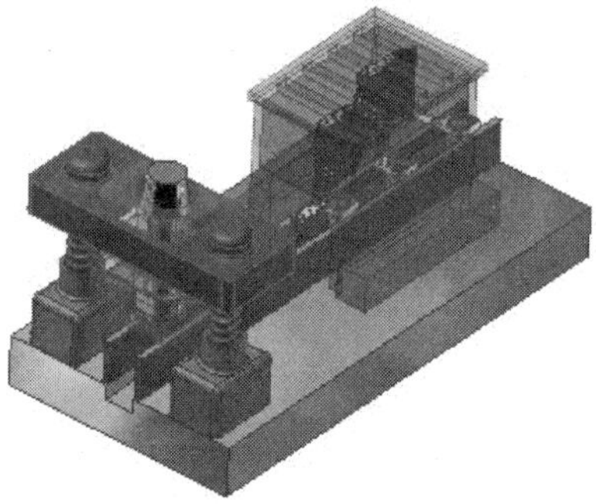

(b) Assembly File

(3) 프리젠테이션 파일 (*.ipn)

- 분해된 조립품이나 정리된 뷰들의 조립품 포함
- 조립품 디자인 뷰 및 조립품이 분해된 뷰 작성
- 구성품의 미세 조정 애니메이션을 제작

(4) 도면 파일 (*.idw)

- 부품이나 조립품의 뷰를 포함하고 하나 이상의 시트를 포함
- 설계의 최종작업으로 디자인 의도를 문서화하기 위해 도면 파일 작성

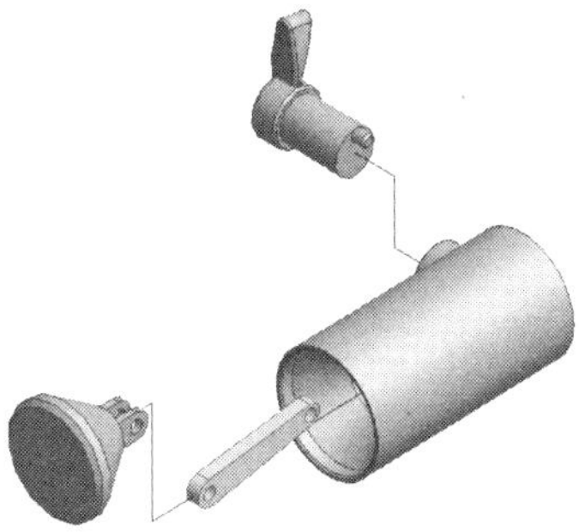

(c) Presentation File

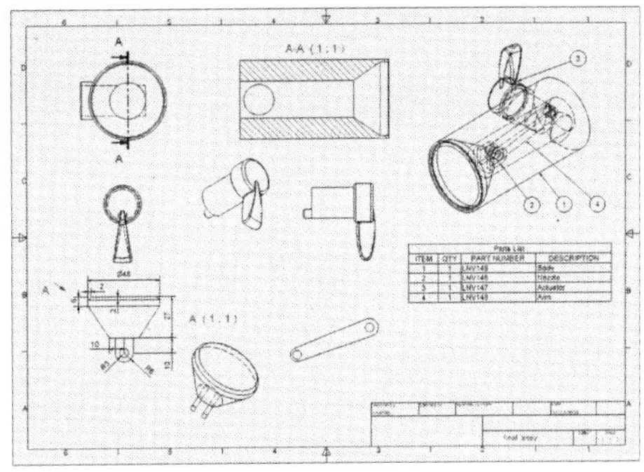

(d) Drawing File

1.2 Autodesk Inventor 화면 구성

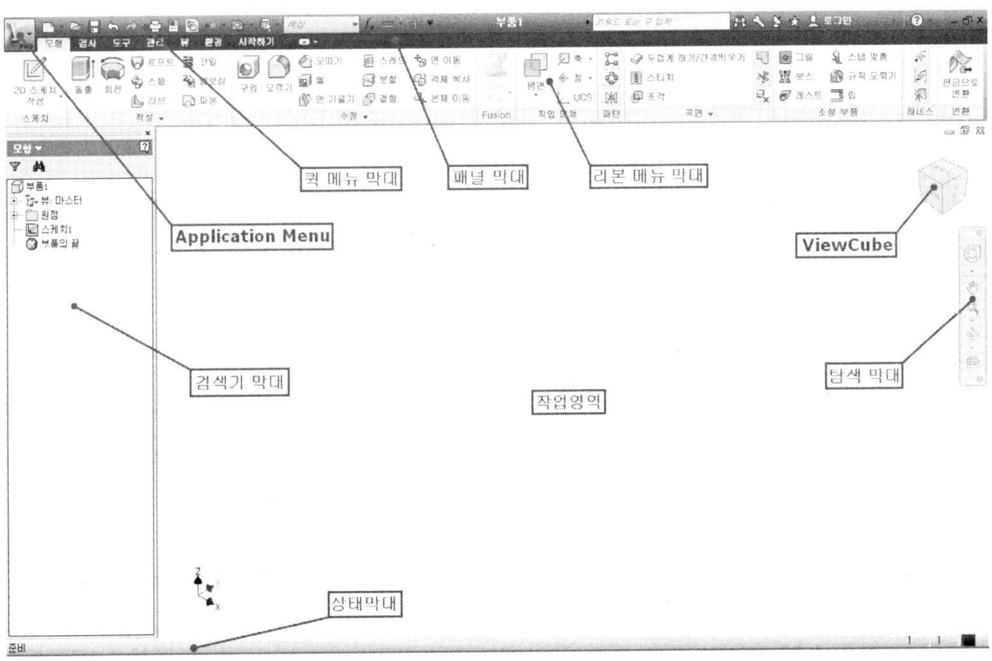

• Application Menu : 일반 명령어에 접근하여 다음 작업을 할 수 있다.

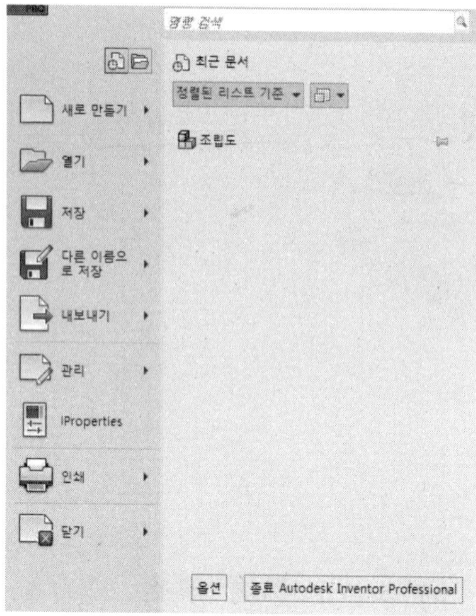

- 퀵 메뉴막대 : 자주 사용하는 명령을 퀵 메뉴막대에 저장하여 사용할 수 있다.

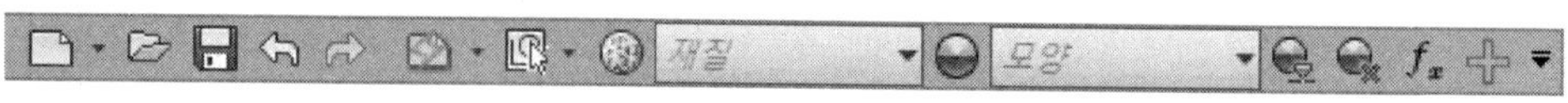

- 패널막대 : 표준형식으로 설정을 쉽게 호출하여 사용할 수 있다.

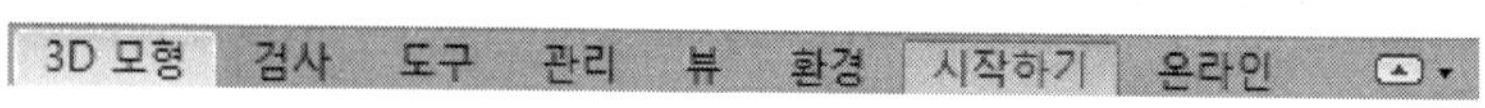

- 리본메뉴막대 : 현재 작업공간과 관련 있는 작업을 위한 도구막대의 배치이다.

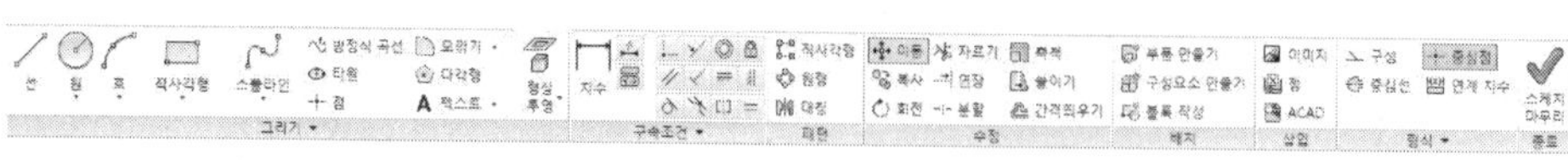

- View Cube, 탐색막대 : 활성 부품, 조립품, 도면의 작업 영역을 화면 축소, 확대, 이동, 회전 뷰를 사용할 수 있다.

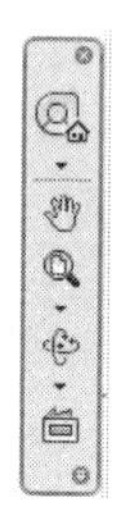

- 검색기 막대 : 부품의 이름, 기준평면, 축에 대한 정보와 작업내역을 계층 구조로 표시한다.

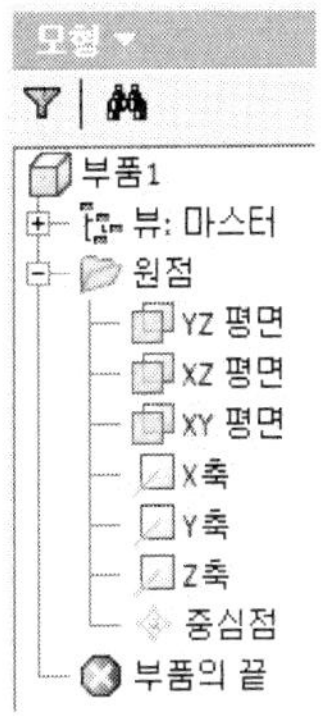

- 상태표시줄 : 현재의 작업상태를 표시(대화식으로 요구사항 표시)

- 작업영역 : 스케치, 부품, 조립품 등의 형상을 작업하는 공간(작성, 편집, 수정 등)

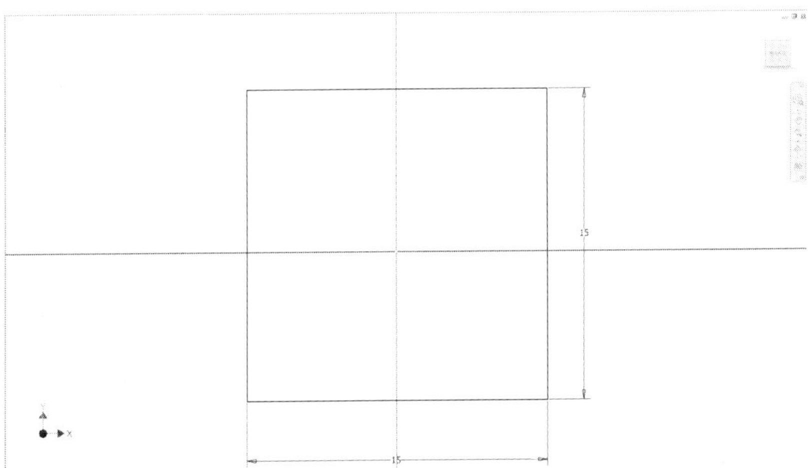

1.2.1 Inventor 옵션 중 화면설정

도구 ⇨ 응용프로그램 옵션 클릭

스케치 탭 조정

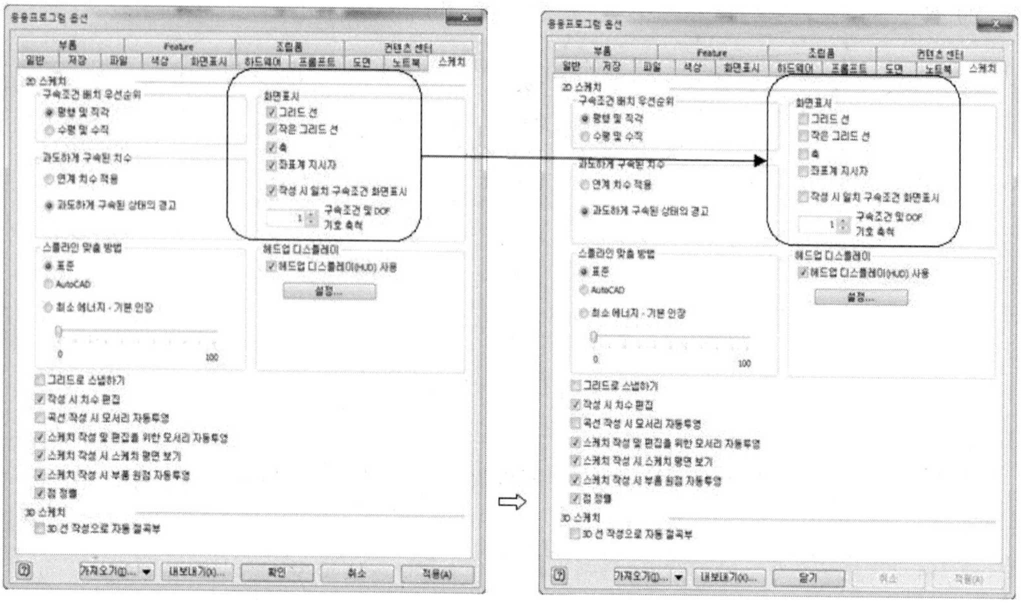

색상 탭 조정

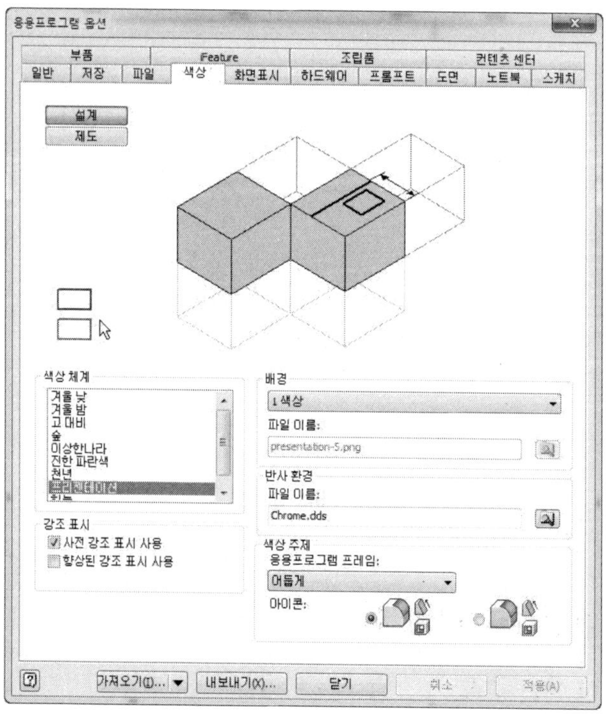

- 설계 / 제도 : 설계 또는 제도 환경에서 색상 선택의 효과를 표시
- 색상체계 : 사용가능한 색상체계 나열
- 강조표시 : 객체 선택 동작을 설정한다.
- 배경 : 색상 - 단일 색상을 배경에 적용한다.

  그라데이션 - 채도 그라데이션을 배경 색상에 적용한다.

  배경 이미지 - 그래픽 창 배경에 비트맵을 표시한다.

  파일 이름 - 배경 이미지 옵션을 선택한 경우에만 사용할 수 있다.
- 반사환경 : 반사 맵에 대한 이미지 및 이미지 형식을 지정한다.

- 색상주제 : 응용프로그램 프레임의 색상을 제어한다. 응용프로그램 프레임은 리본 주위의 영역이다. 옵션에는 밝게와 어둡게가 있다.

1.2.2 Autodesk Inventor 화면 탐색하기

리본UI : 뷰 〉 탐색

활성 부품, 조립품, 도면의 작업 영역을 화면 축소, 확대, 이동, 회전 뷰를 작성한다.

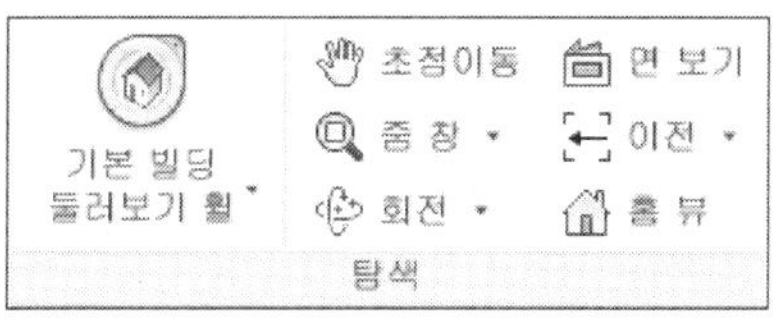

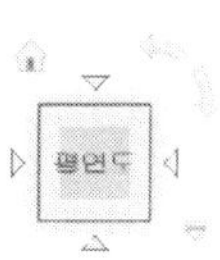

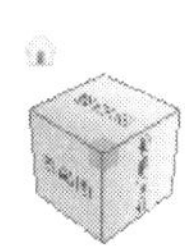

전체탐색휠	Steering wheels는 쐐기라는 여러 부분으로 분할된 추적 메뉴이다. 전체탐색휠은 기존 컨트롤에 새로운 컨트롤 제공한다. (보행시선, 둘러보기, 위쪽/아래쪽, 뒤로 등) 
초점 이동	커서를 작업영역에서 뷰를 이동하는데 사용되는 4방향 화살표로 변경한다.
줌 선택	부품 또는 조립품에서 줌을 사용하여 배율을 변경한다.
회전 선택	부품 또는 조립품에서 뷰에 회전 기호 및 커서를 추가한다. 뷰를 중심 표시, 수평 또는 수직 축, X 및 Y 축을 중심으로 화면에 평면형으로 회전시킬 수 있다. 도면에서는 사용할 수 없다.
면 보기	부품, 조립품에서 선택된 도면요소를 화면에 평면형으로 표시하거나 선택된 모서리 또는 선을 화면에 수평으로 표시한다. 도면에서 사용할 수 없다.
이전 뷰	작업 중인 뷰를 이전 뷰로 복원할 수 있다.
홈 뷰	최적에 등각투영 뷰로 전환할 때 사용한다.

Tip

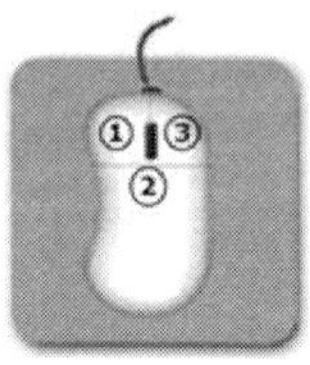

마우스 화면 조작법

② 휠을 아래 위로 움직이면 줌 선택과 같은 역할이다.

② 휠을 누르고 있는 상태에서 원하는 위치로 이동시킬 수 있다.
초점 이동과 같은 역할이다.

F4 + ①을 같이 사용하면 회전 선택과 같은 역할을 할 수 있다.

]	작업평면
/	작업축
.	작업점
E	돌출
H	구멍
Ctrl+Shift+K	모따기
Q	iMate작성
Alt+마우스 끌기	조립품에서 메이트 구속조건 적용. 스케치에서는 스플라인 쉐이프점들을 이동

바. Presentation 단축키

T	구성요소미세조정

사. Drawing 단축키

B	품번 기호
D	일반 치수
F	형상 공차
T	텍스트
Ctrl+Shift+T	지시선 텍스트
A	기준선 치수 세트
O	세로좌표 치수 세트
Ctrl+Shift+N	시트 삽입
F1	활성 명령 또는 대화상자에 대한 도움말
F2	그래픽 창을 초점 이동
F3	그래픽 창에서 줌 확대 또는 축소
F4	그래픽 창에서 객체 회전
F5	이전 뷰로 되돌아감
F6	등각투영 뷰
F7	그래픽 슬라이스
F8	전체 구속조건 표시
F9	전체 구속조건 숨기기
F10	메뉴 바로 가기

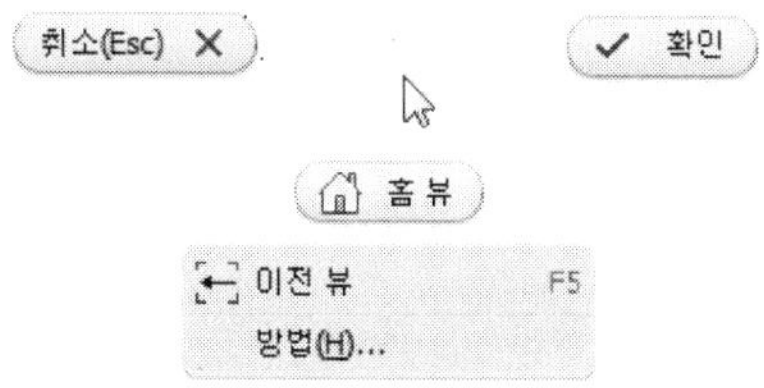

1.3.3 오버플로우 메뉴

오버플로우 메뉴는 표식 메뉴 아래에 표시된다. 간단한 버전의 오버플로우 메뉴가 Inventor용으로 정의되어 있어 인터페이스를 간소화한다. 기본적으로는 원래의 긴 오버플로우 메뉴가 켜져 있다. 간단한 오버플로우 메뉴에 액세스하려면 사용자화 대화상자의 표식 메뉴 탭을 사용한다.

사용자화 대화상자에서 오버플로우의 화면표시를 제어하는데 사용할 수 있는 옵션은 다음과 같다.

- 전체 메뉴
- 방사형 메뉴 전용
- 단축 메뉴

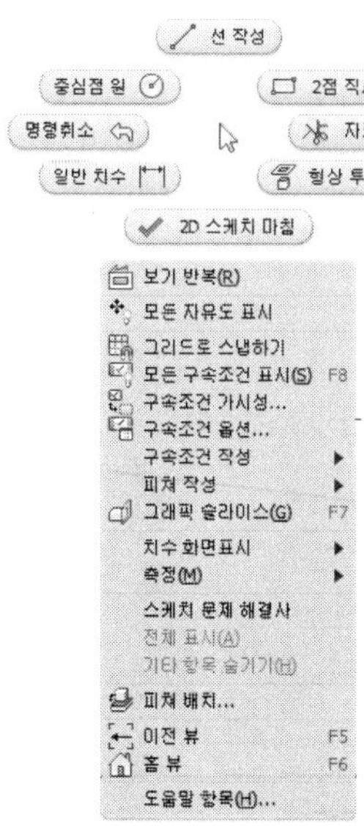

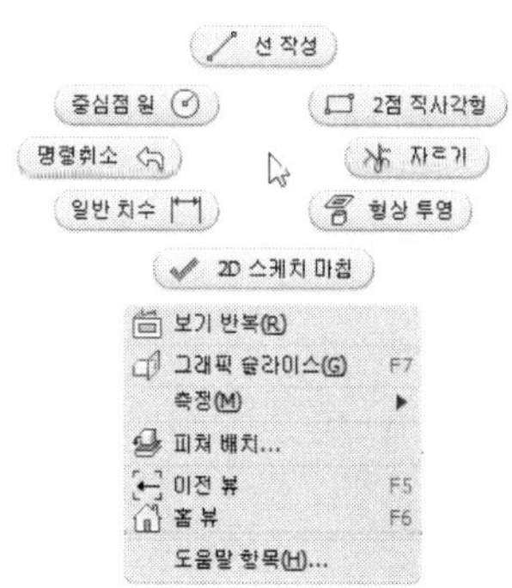

2

스케치

2.1 2D 스케치 작업
2.2 구속조건(Constraints)
2.3 2D 스케치 수정(Modify Tools)

Autodesk Inventor Professional 2013

2.1 2D 스케치 작업

2.1.1 원점 평면 표시

새 부품 파일에서 스케치 평면은 사전 설정되므로 스케치를 시작할 수 있다. 기준 피쳐(파일에서 첫 번째 피쳐)가 포함된 부품 파일에서 스케치할 평면형 면 또는 작업 평면을 선택한다. 원통 또는 원환 위처럼 표면 위인 경우 작업 평면을 작성한 후 작업 평면 위에 스케치한다.

조립품 파일에서 구성요소의 면, 부품 파일의 작업 평면 또는 조립품 작업 평면에 스케치를 작성한다. 먼저, 작업 평면을 클릭하여 스케치 평면을 설정한다. 검색기의 원점 폴더를 클릭하여 확장하고 마우스 오른쪽 버튼을 클릭한 다음 가시성을 선택하여 작업 평면을 표시한다. 스케치 도구를 클릭하고 작업 평면의 모서리를 선택하여 스케치 평면을 설정한다.

2D 스케치 작성 명령을 시작하면 원점 평면이 표시된다. 평면의 모서리나 면을 선택하여 새로운 2D 스케치를 시작한다.

xy 좌표가 선택된 평면에 정렬된다.

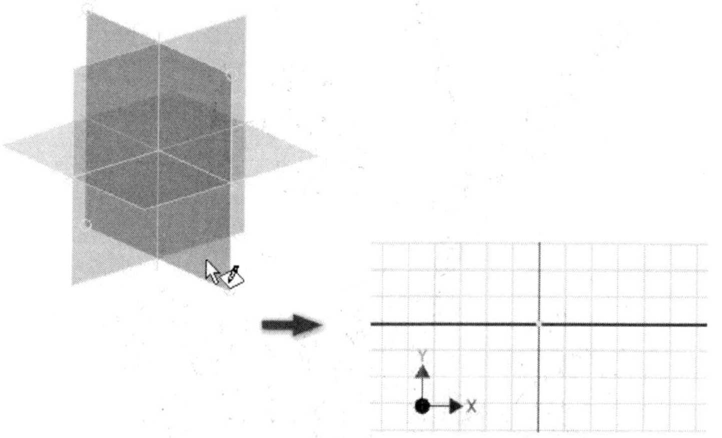

2.1.2 선 그리기

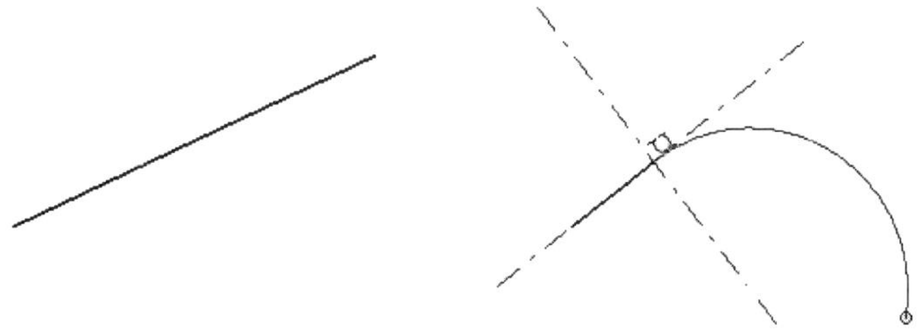

- 선 도구  를 클릭한다.
- 그래픽 창을 클릭하여 선의 시작점을 설정한다.
- 다시 클릭하여 두 번째 점을 설정하고 선 세그먼트를 종료한다. 계속 클릭하여 연속 세그먼트를 작성하거나 두 번 클릭하여 세그먼트 종료한다.

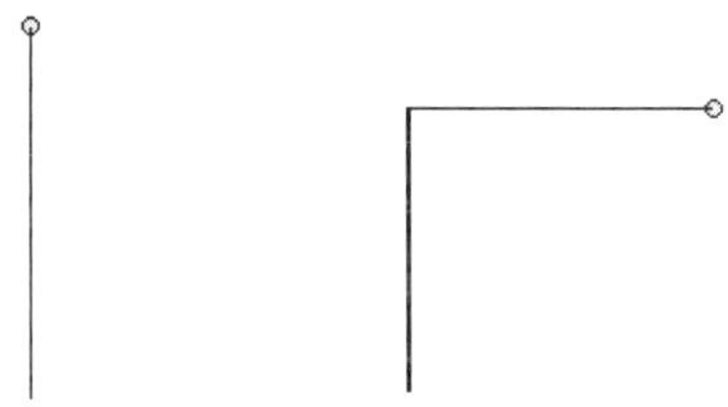

- 라인이 끝나는 지점에서 마우스를 그림과 같이 좌, 우, 아래, 위로 움직이면 다음과 같은 호를 그릴 수 있다.

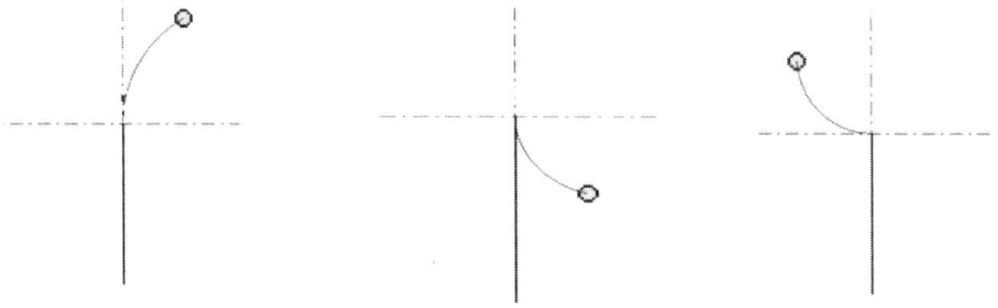

- Inventor에서 제공하는 선의 종류
  - 일반선(Normal Line) : 솔리드 피처 작성이 가능한 프로파일 구성
  - 구성선(Construction Line) : 스케치 작업을 용이하게 하는 참조선
  - 중심선(Center Line) : 회전 피처의 중심이 되는 선

스케치 탭, 형식 패널에서 구성, 중심선을 클릭하여 구성, 중심선과 일반선(기본값)간의 선 스타일을 전환한다.

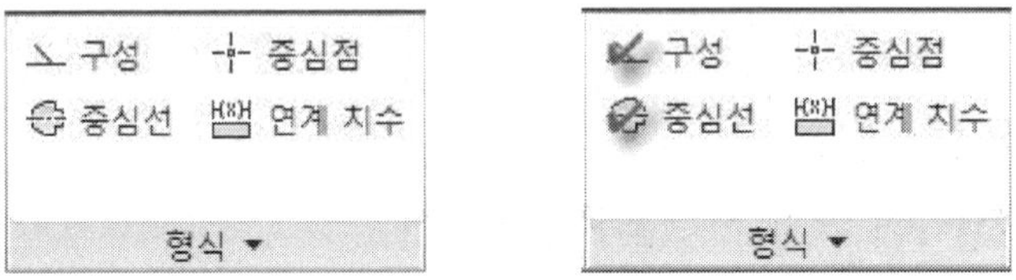

2.1.3 원(Circle), 원호(Arc) 그리기

세 점에서 호 작성 : 3점을 이용하여 호를 생성한다.

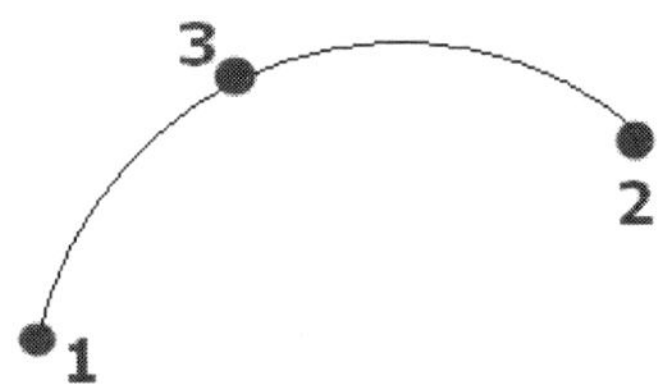

접하는 호 : 곡선에 끝점을 기준으로 호를 작성한다.

 **중심점에서 호 작성** : 호의 중심점을 기준으로 반지름과 시작점, 끝점을 설정한다.

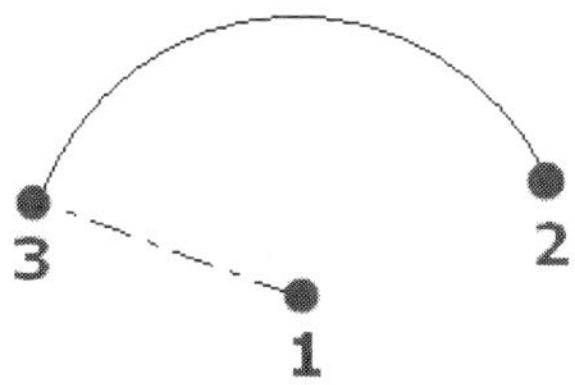

 **중심점 원 작성** : 중심점을 설정한 후 반지름을 설정하여 원을 작성한다.

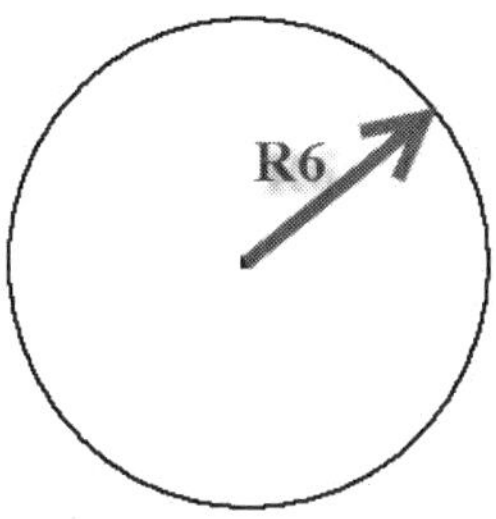

 **세 선에 접하는 원 작성** : 세 선에 접하는 원을 작성한다.

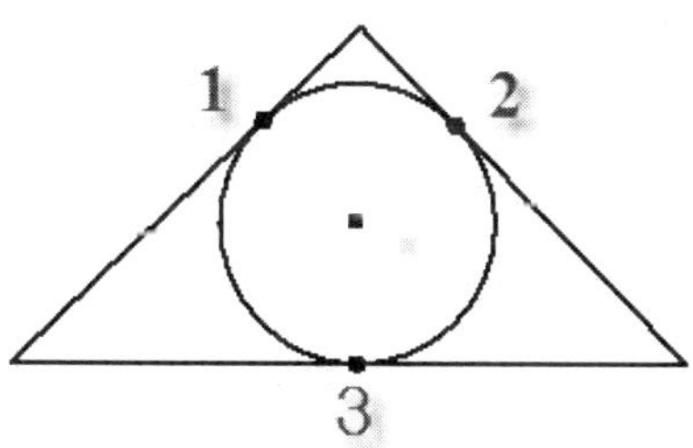

2.1.4 직사각형(Rectangle) 그리기

스케치 탭에 있는 네 가지 직사각형 명령을 사용하여 직사각형을 작성한다. 각 직사각형 면은 선 세그먼트이다.

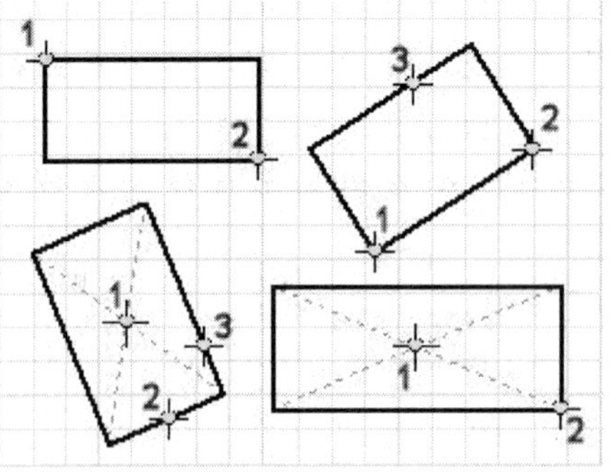

2.1.5 스플라인(Spline) 그리기

2D 및 3D 스플라인은 계속 변경되는 반지름의 곡선이다. Inventor에서는 두 가지 유형의 스플라인, 즉 보간 및 조정 정점을 지원한다. 보간 스플라인은 일련의 점을 통과한다. 조정 정점 스플라인은 스플라인 곡선에 영향을 주는 공차에 의해 정의된다.

- 그래픽 창에서 클릭하여 첫 번째 점을 설정하거나 기존 점을 선택하고 계속 클릭하여 스플라인에 많은 점을 작성한다.
- 스플라인을 작성하고 명령을 종료하려면 확인을 클릭하며, 스플라인을 작성한 다음 스플라인 명령을 유지하려면 적용을 클릭한다.

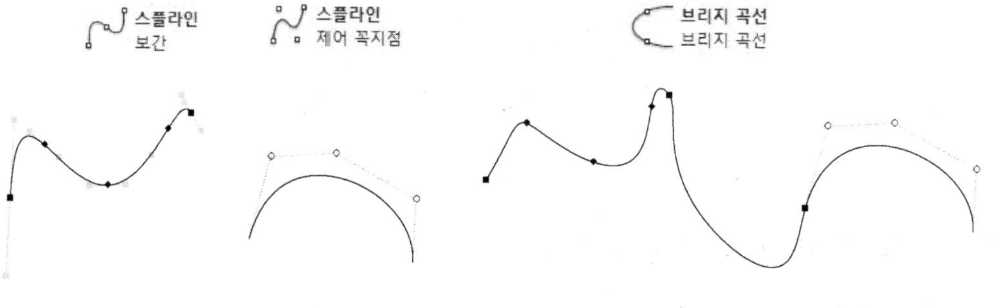

2.1.6 다각형(Polygon) 그리기

최대 120개의 면을 갖는 스케치된 다각형을 작성할 수 있다.

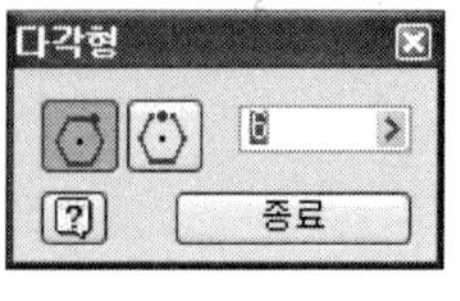

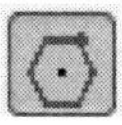 내접 : 두 모서리 간의 꼭지점을 사용하여 다각형의 크기와 방향을 결정한다.

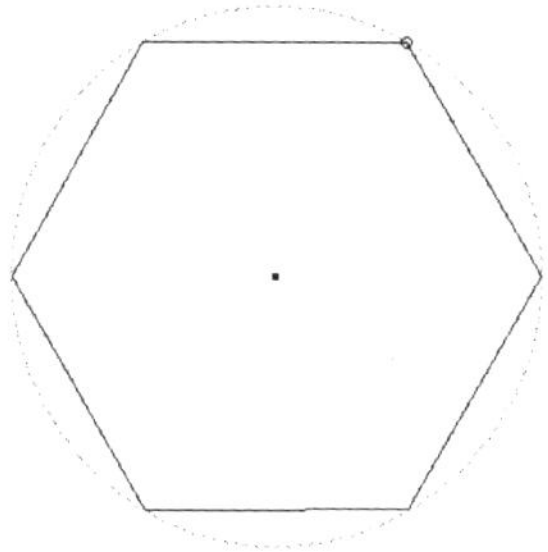

 외접 : 모서리 세그먼트의 중간점을 사용하여 다각형의 크기와 방향을 결정한다.

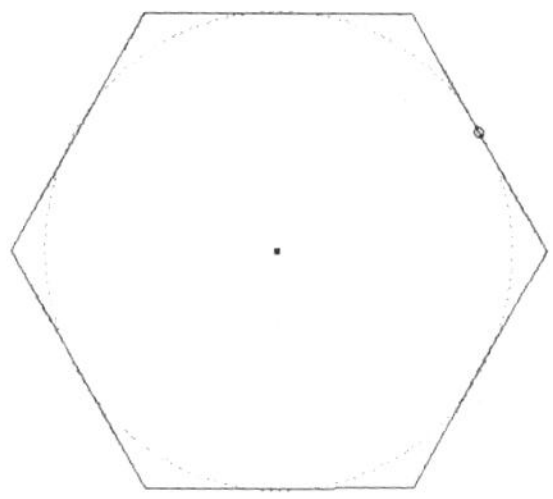

2.1.7 타원(Ellipse) 그리기

타원 정의한 중심점, 장축 및 단축을 사용하여 티원을 작성한다.

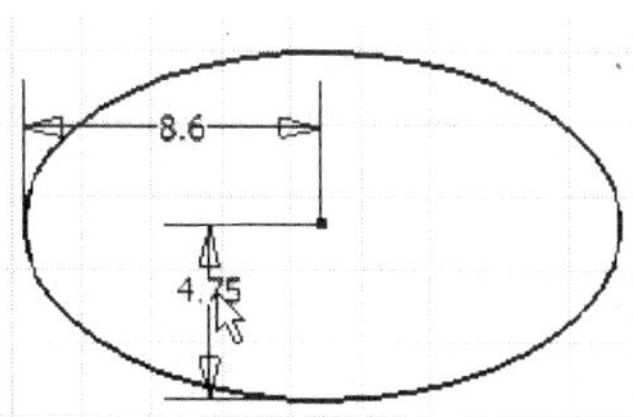

2.1.8 점(Point) 그리기

그래픽 창에 점을 작성한다.

- 중심점 - 구멍 피쳐의 구멍 중심
- 스케치 점- 스케치 형상을 배치하는 데 도움이 되는 구성점
- 연결점 그립-도면 스케치에서 연결 핸들을 작성하여 스케치 기호, 제목 블록 및 도면 경계를 함께 스냅한다.

스케치 탭, 형식 패널에서 중심점을 클릭하여 스케치 점과 중심점(기본값) 간의 점 스타일을 전환한다.

2.1.9 모깎기(Fillet)

- 모서리를 입력하는 반지름을 이용하여 라운딩 처리함
- 모깎기 후 잘려지거나 확장된 곡선에 접선을 이루며 연결됨
- 수직 · 수평선, 평행선, 동심호, 교차 및 교차하지 않는 호, 타원형 호, 스플라인이나 호와 선 사이에서 작성됨

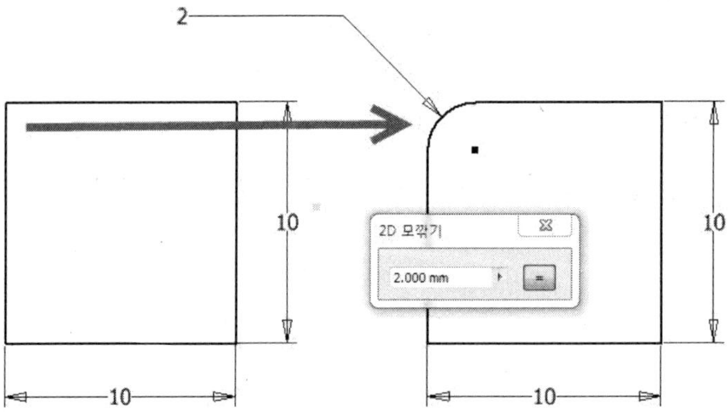

2.1.10 모따기(Chamfer)

- 모서리를 지정하는 방법에 의해 모따기 처리함
- 동일한 두 변, 동일하지 않은 두 변, 한 변과 각도의 방법으로 수행

등거리 선택된 선의 점 또는 교차점으로부터 동일한 간격띄우기 거리

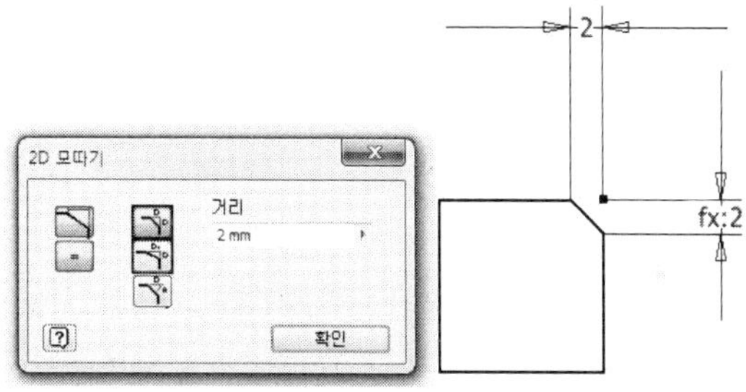

부등거리 선택된 선 각각의 점 또는 교차점으로부터 지정된 거리

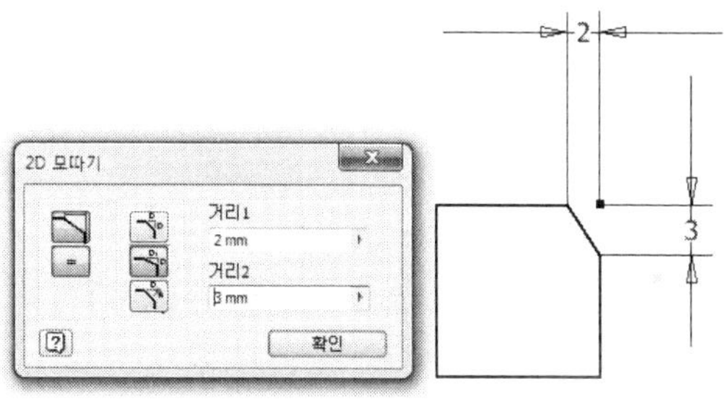

거리 및 각도 첫 번째 선택된 선으로부터의 각도와 두 번째 선택된 선의 교차점으로 부터의 거리

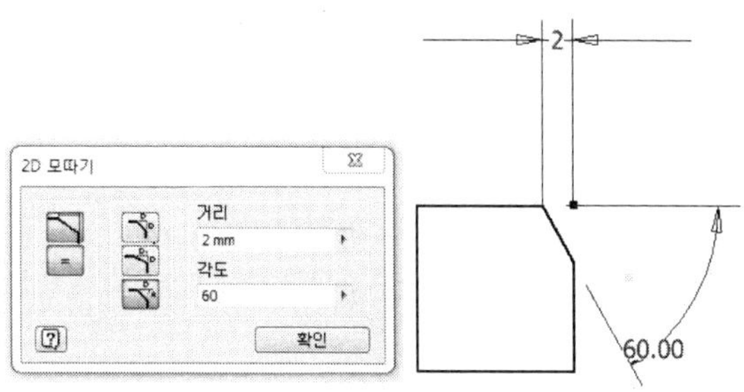

2.2 구속조건(Constraints)

Inventor에서의 스케치는 일반 2D CAD인 AutoCAD와 다르게 그 형상과 치수를 정확하게 그리지 않으며 단지 형상위주로 임의의 치수와 형상으로 그린 후에 구속을 통하여 정확한 형상과 치수를 작성한다.

즉, 구속이란, 스케치의 형상이나 위치를 수평, 수직, 직각, 평행, 접선 등의 형태로 고정시키는 것을 의미하며 구속에는 치수구속과 형상구속 2가지가 있다.

2.2.1 치수 기입하기(General Dimension)

치수구속은 치수기입에 의해 크기 및 위치를 구속시키는 것을 의미하며 치수는 부품의 크기를 조정한다. 치수는 숫자 상수나 방정식의 변수 또는 매개변수 파일로 표현될 수 있다.

- 일반적인 치수기입을 위해 사용
- Inventor에서 치수작업의 형상이 선인지 호인지를 자동으로 인식
- 마우스 우측 버튼 : 각 작업에 대한 단축 메뉴 제공
  - 원이나 호 : 지름 / 반지름 지정
  - 선 : 정렬(Align) / 수직(Vertical) / 수평(Horizontal) 지정

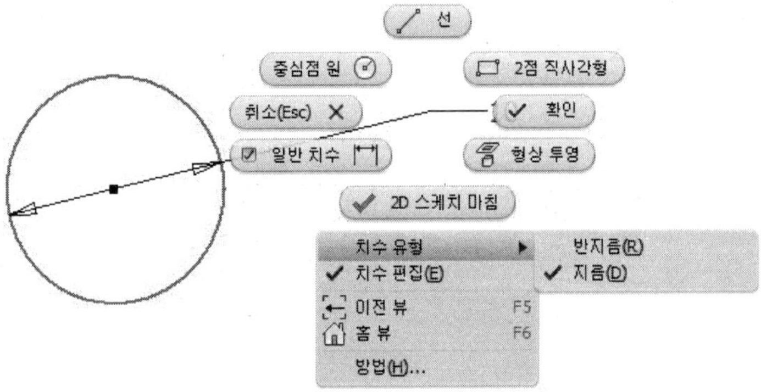

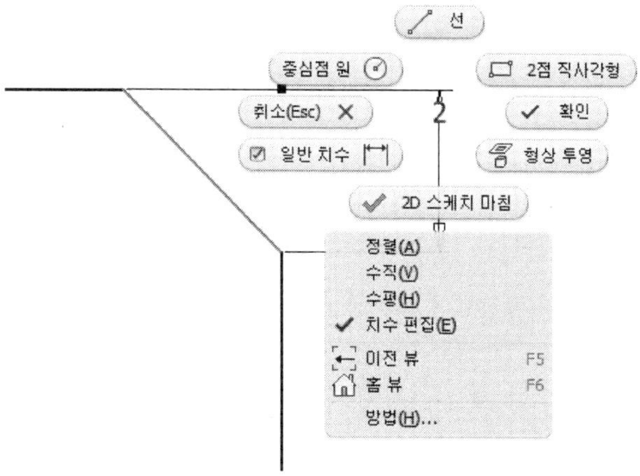

일반 치수 도구를 사용하면 다음과 같은 유형의 치수를 배치할 수 있다.

- 요소 하나의 선형 치수

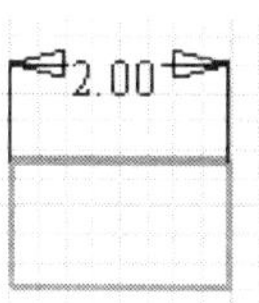

- 두 요소 간의 선형 치수

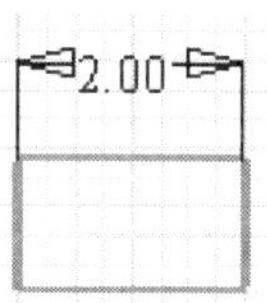

- 두 요소 간에 정렬된 치수

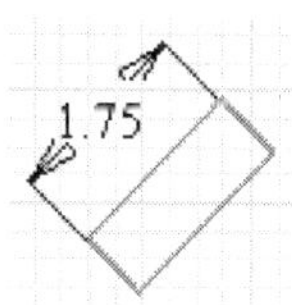

- 두 모서리 간의 각도치수

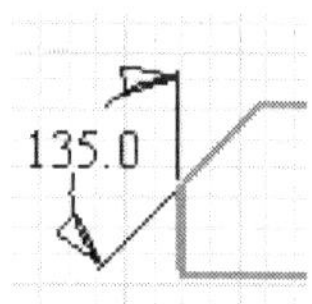

- 세 점 사이의 각도치수

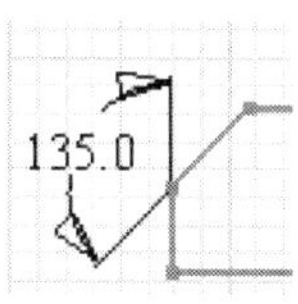

- 내부 각도의 각도치수

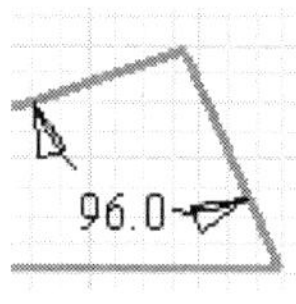

- 외부 각도의 각도치수

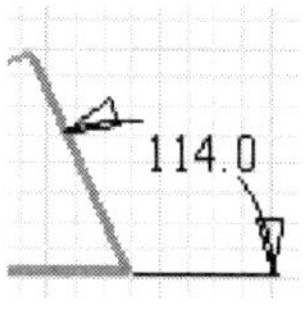

- 참조선에서 나온 각도치수

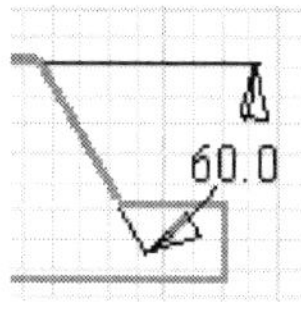

- 반지름 치수

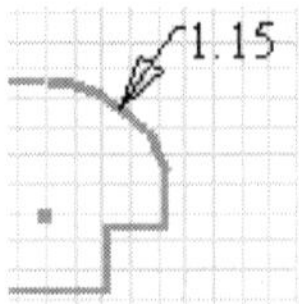

- 지름치수

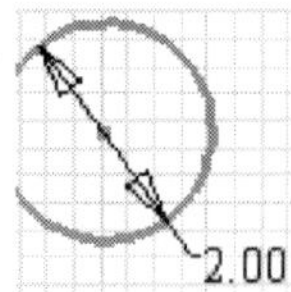

- 치수 편집 : 치수 값을 더블클릭하여 치수 편집 대화상자에서 치수 값 수정

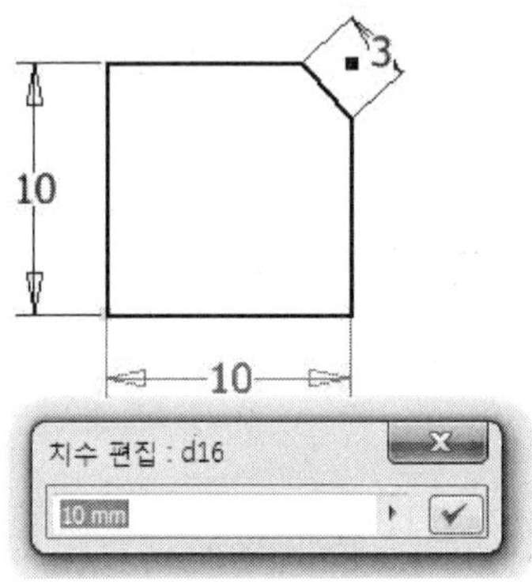

2.2.2 자동 치수기입(Auto Dimension)

Inventor에서 자동으로 스케치 형상을 완전히 정의하고 구속하기 위해 필요한 치수개수와 구속조건을 인식하고 알려줌

- 자동 치수기입 예
  - 자동 치수기입 선택
  - 필요한 치수 개수를 알려줌
  - 확인 후 '적용' 버튼을 클릭하면 자동으로 치수작업을 완료함

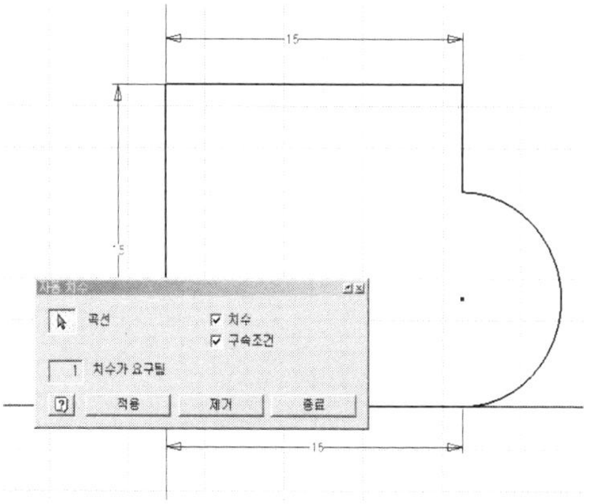

(a) 필요한 치수 개수 분석 : 1개

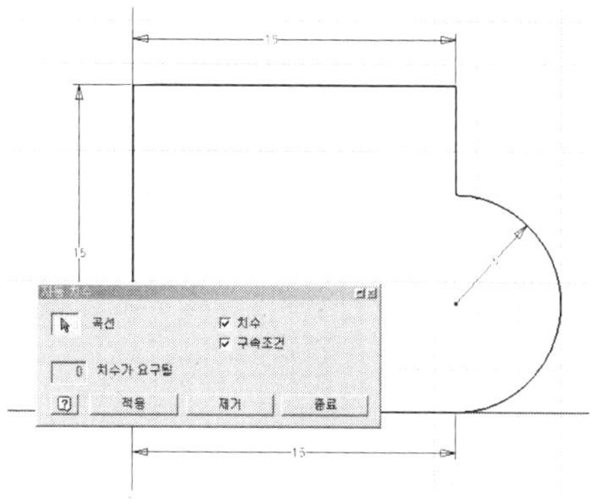

(b) 자동으로 반지름 치수기입

- 스케치 형상에 치수기입을 위한 지침
  - 일반 치수 도구를 이용하여 중요한 치수를 우선 스케치에 기입하고 자동 치수기입 도구를 이용하여 마무리
  - 자동 치수기입 도구 이용 시 기본 스케치 치수 값을 수용하고, 스케치 형상을 제어하면서 큰 값에서 작은 값으로 치수 수정
  - 가능한 치수 구속보다 형상 구속 추가
  - 작은 치수보다 큰 치수를 먼저 기입
  - 치수 사이의 관계식 적용
  - 설계 의도가 구현되도록 치수와 형상 구속을 병행해서 적용

2.2.3 형상 구속

Inventor에서는 형상 및 치수 구속들이 추가됨에 따라 각 곡선들의 자유도가 제한되게 된다. 스케치가 완전하게 구속되면, 기존 스케치의 색상이 다른 색으로 변하게 되며, 형상이나 크기가 스케치 모드에서 곡선을 드래그 하는 것에 의해 절대 수정되지 않는다.

가. 스케치 환경에서 구속조건의 적용 지침

- 스케치 요소들간의 관계를 결정하기 위해 스케치 형상을 분석
- 스케치 요소들에 요구되는 구속들만을 추가하거나 적용
- 치수 구속을 적용하기 전 형상 구속을 우선 적용
- 설계 의도를 반영하기 위해 치수 및 형상 구속을 병행하여 적용

나. 형상 구속의 종류

구속조건	역 할
-	첫 번째 지정 요소의 한 점을 다른 요소의 특정점과 일치
-	선택된 2개의 요소를 동일선상으로 구속
-	선택된 2개의 원호를 동심으로 구속
-	선택된 요소를 고정
-	선택된 2개의 직선이 서로 팽행하도록 구속
-	선택된 2개의 직선을 서로 직각이 되도록 구속
-	선택된 선을 수평으로 구속
-	선택된 선을 수직으로 구속
-	선택된 2개의 원이 서로 접하도록 구속
-	선택된 2개의 요소가 서로 부드럽게 접하도록 구속
-	선택된 요소를 기준선에 대하여 대칭이 되도록 구속
-	선택된 2개의 요소의 크기를 동일하게 구속

다. 구속조건 보이기

- 형상에 적용된 구속 조건을 확인하고, 불필요한 구속조건을 제거
- 실행 방법

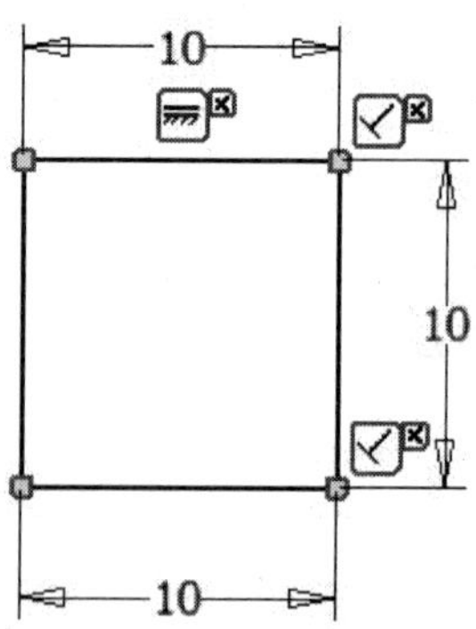

2.2.4 투영 도구(Project Tools)

Inventor에서는 모서리, 정점, 작업 피처 및 곡선을 기존의 스케치에서 현재의 스케치 평면으로 투영할 수 있다. 투영된 형상은 윤곽이나 경로로 현재의 스케치에서 사용 할 수 있으며 스케치 곡선 또는 점을 구속하거나 치수 기입하는데 사용할 수도 있다. 투영된 형상의 크기와 위치는 원래 스케치에 상대적으로 고정된다.

스케치 형상을 투영된 형상으로 구속할 수 있다. 투영된 형상의 원래 스케치가 이동되거나 변경되면 투영된 형상도 이동되거나 변경된다.

또한 투영된 형상에 구속된 스케치 형상도 함께 이동되게 된다.

가. 형상 투영

- 다른 스케치로부터 모델 형상, 작업 피처 또는 스케치 형상을 현재의 스케치 면으로 투영함으로써 참조 형상을 만드는 기능 제공
- 참조 형상은 다른 스케치 형상을 구속하거나 직접 윤곽과 스케치 경로로 이용할 수 있음
- 형상 투영 예

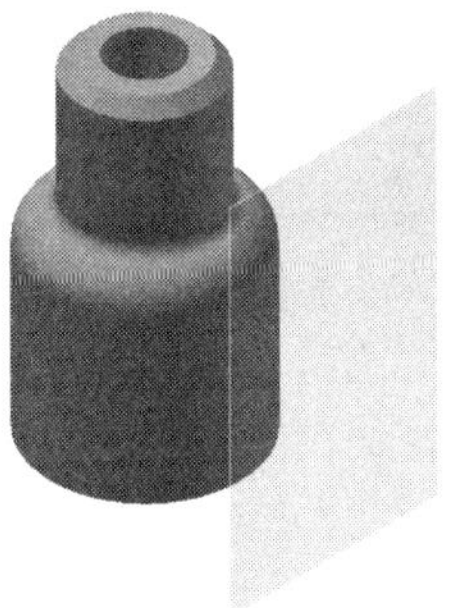

기존모델과 떨어진 스케치 평면 정의

형상 투영으로 생성된 참조 형상

나. 절단 모서리 투영

- 스케치 면에 의해 절단된 모서리들을 현재 스케치 면으로 투영
- 모서리가 스케치 평면을 교차할 때 단면에 의해 절단된 구성요소의 활성 스케치 평면에 모형 모서리 투영
- 절단 모서리 투영 예

기존모델을 가로지르는 스케치 평면

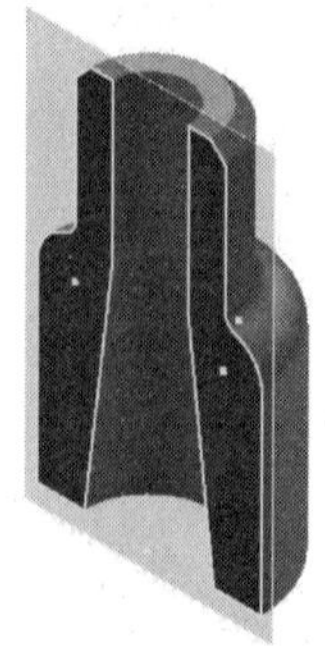

절단 모서리 투영으로 생성된 형상

다. 3D스케치에 투영

- 활성 2D 스케치의 형상을 선택된 면에 투영
- 2D 스케치를 종료하면 투영된 형상이 포함된 3D 스케치가 생성
- 3D스케치에 투영 예

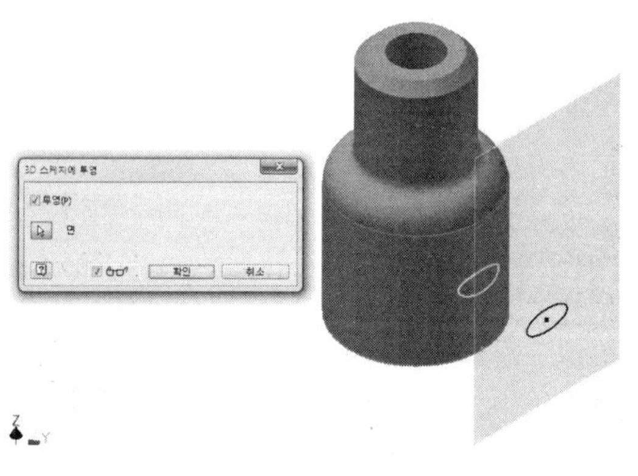

라. 플랫 패턴 투영

이 명령은 판금 모드를 선택한 경우에만 활성화된다.

선택한 면은 절곡부가 있는 스케치 평면에 연결되어야 하며 스케치 평면과 동일한 판금 면에 있어야 한다.

2.3 2D 스케치 수정(Modify Tools)

2.3.1 패턴(Pattern)

스케치 형상의 직사각형 및 원형 패턴을 작성한다.

가. 직사각형 패턴(Rectangle Pattern) 직사각형

- 특정 스케치를 이용하여 직사각형 패턴 작성
- 직사각형 패턴 대화상자

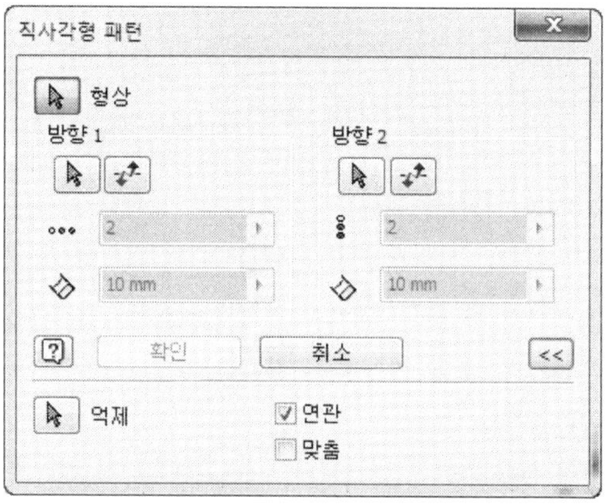

- 형상 : 패턴을 작성할 근원 형상 선택
- 방향 1 : 첫 번째 방향, 반복되는 합계 및 패턴 거리 지정
  - 방향 : 첫 번째 방향을 정의하는 스케치 형상 선택
  - 방향 반전 : 패턴 방향 반전
  - 합계 : 패턴의 첫 번째 방향에서 선택된 형상을 포함한 반복 개수
  - 간격 : 첫 번째 방향에 대한 거리 지정
- 방향 2 : 두 번째 방향, 반복되는 합계 및 패턴 거리 지정
  - 방향 : 두 번째 방향을 정의하는 스케치 형상 선택
  - 방향 반전 : 패턴 방향 반전
  - 합계 : 패턴의 두 번째 방향에서 선택된 형상을 포함한 반복 개수
  - 간격 : 두 번째 방향에 대한 거리 지정
- 자세히 : 형상을 억제하고 패턴 작성 방법을 제어하는 도구 제공
  - 억제 : 패턴에서 선택한 항목을 억제하여 작성되지 않게 함

■ 연관 : 패턴의 연관 여부 지정
■ 맞춤 : 패턴 항목들이 지정된 거리 내에 균일하게 맞춰지는지 여부 지정

나. 원형 패턴(Circular Pattern) 원형

- 특정 스케치를 이용하여 원형 패턴 작성
- 원형 패턴 대화상자

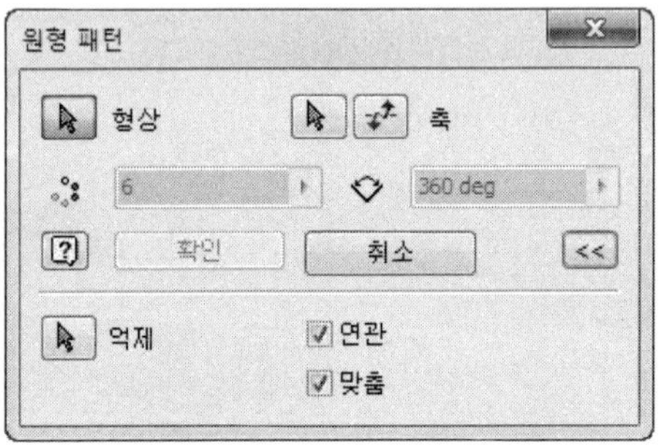

- 형상 : 패턴을 작성할 근원 형상 선택
- 축 : 패턴을 작성할 중심축 선택
- 방향 반전 : 패턴 방향 반전
- 개수 : 패턴에서 선택된 형상을 포함하여 반복되는 개수
- 간격 : 반복되는 첫 번째 항목과 마지막 항목간의 각도 지정

- 패턴 예

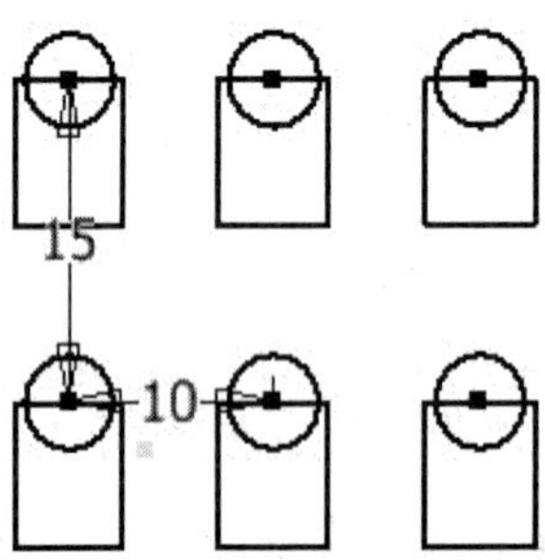

직사각형 패턴

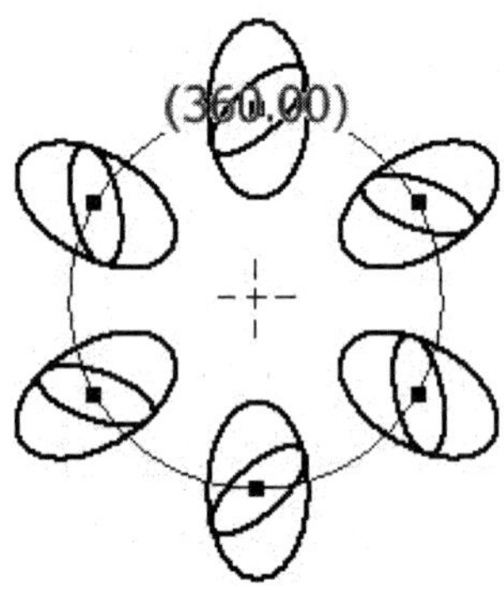

원형 패턴 실행 형상

다. 대칭(Mirror) 대칭

선택한 선을 중심으로 선택한 스케치 형상을 대칭시킨다.

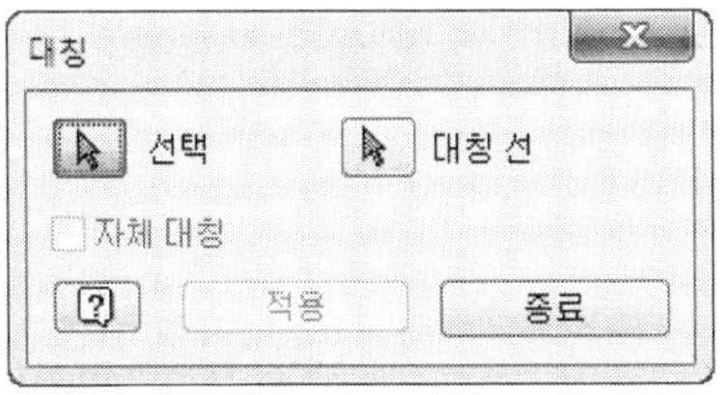

- 선택 : 대칭시킬 스케치 형상을 선택한다.
- 대칭 선 : 스케치 형상을 대칭시킬 대칭선을 선택한다.

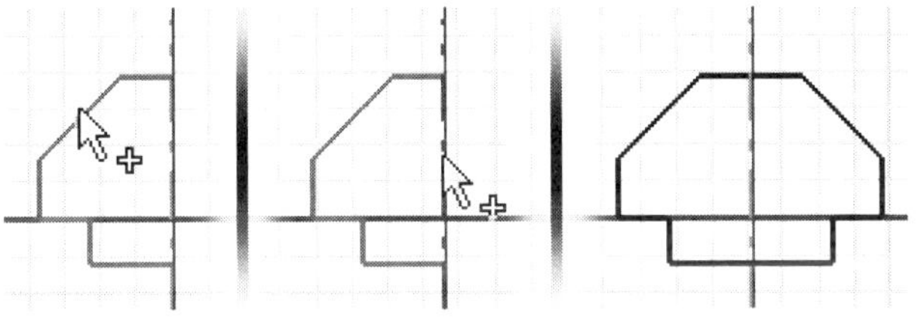

2D 대칭 자체 대칭

2D 스케치 환경의 대칭 명령에는 자체 대칭 옵션이 있다. 이 옵션은 선택한 형상이 열린 스플라인인 경우 대칭 선을 교차하면 사용할 수 있다. 이 옵션을 선택한 경우에는 대칭 명령이 대칭 선을 기준으로 대칭인 단일 스플라인을 작성한다.

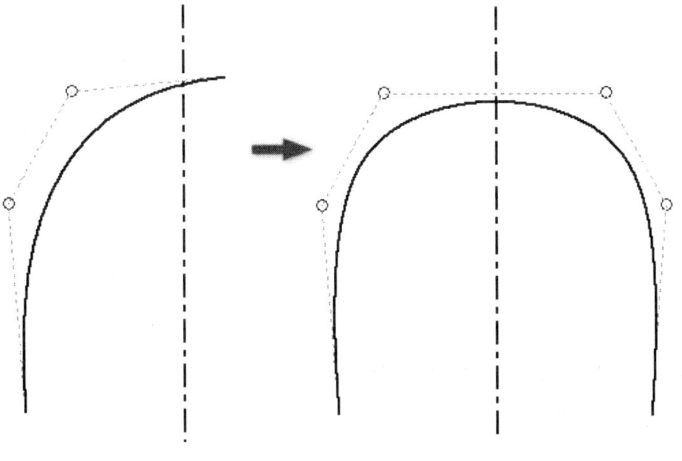

2.3.2 수정(Modify Tools)

가. 이동 (Move) 이동

- 선택된 점에서 특정 스케치를 이동하거나 복사
- 구속조건도 동일하게 이동
- 이동 대화상자

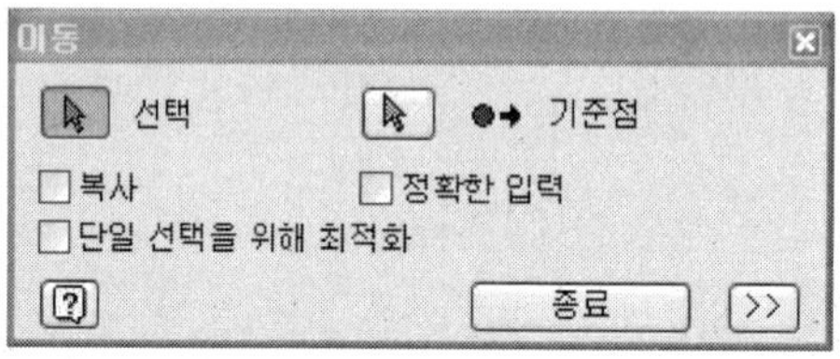

■ 선택 : 이동 대상 선택

■ 기준점 : 이동시키고자 하는 기준점 선택
  시작점 : 이동시키고자 하는 기준점 선택
  끝점 : 종착점 선택

■ 복사 : 원본 형상을 유지 (복사)

■ 단일선택을 위해 최적화 : 기준점을 선택하기 전에 하나의 형상만 선택해야 하는 경우 선택

■ 정확한 입력 : 기준점의 X, Y 좌표를 정확한 입력 도구막대에 입력

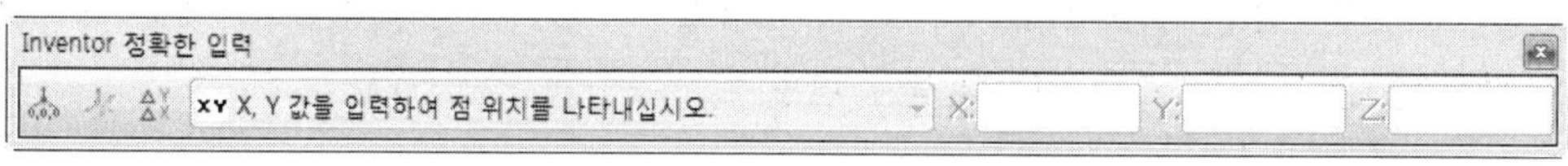

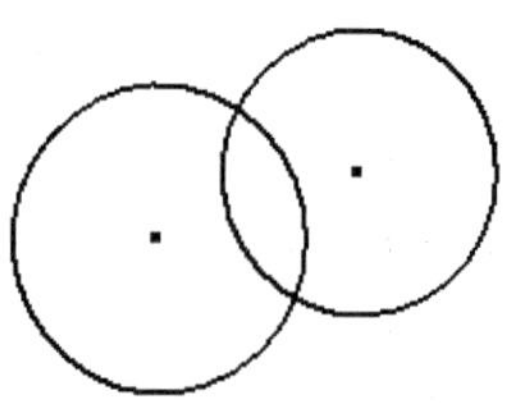
이동 전

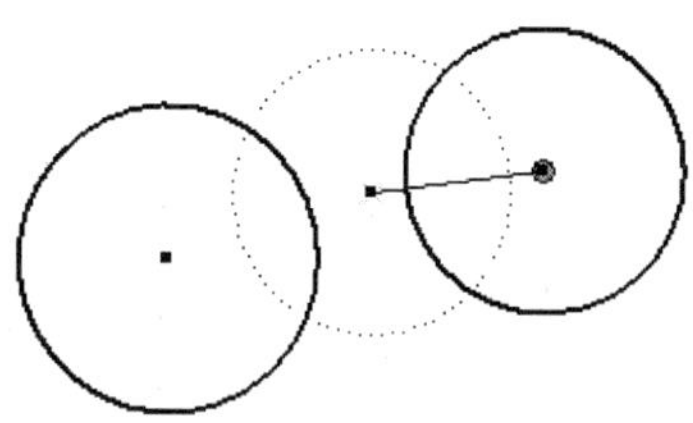
이동된 형상

나. 복사 (Copy) 복사

- 선택된 점에서 특정 스케치를 이동하거나 복사
- 구속조건도 동일하게 이동

- 복사 대화상자

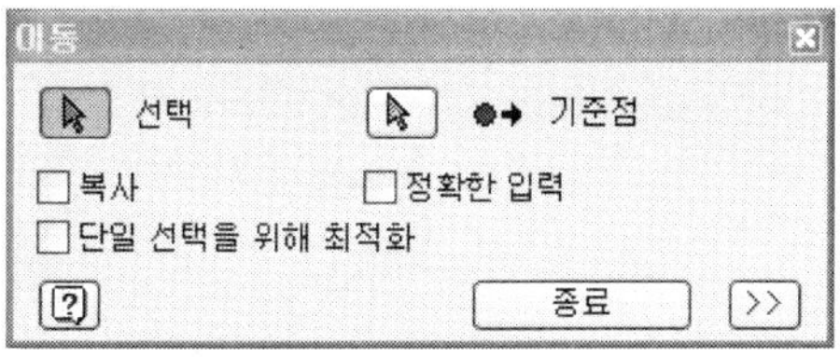

■ 선택 : 복사 대상 선택
■ 기준점 : 이동시키고자 하는 기준점 선택
  시작점 : 이동시키고자 하는 기준점 선택
  끝점 : 종착점 선택
■ 복사 : 원본 형상을 유지 (복사)
■ 단일선택을 위해 최적화 : 기준점을 선택하기 전에 하나의 형상만 선택해야 하는 경우 선택
■ 정확한 입력 : 기준점의 X,Y 좌표를 정확한 입력 도구막대에 입력

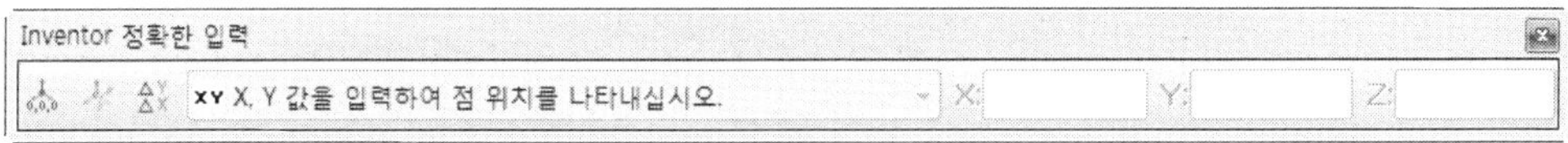

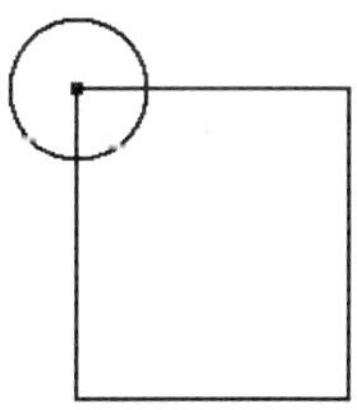
복사 전

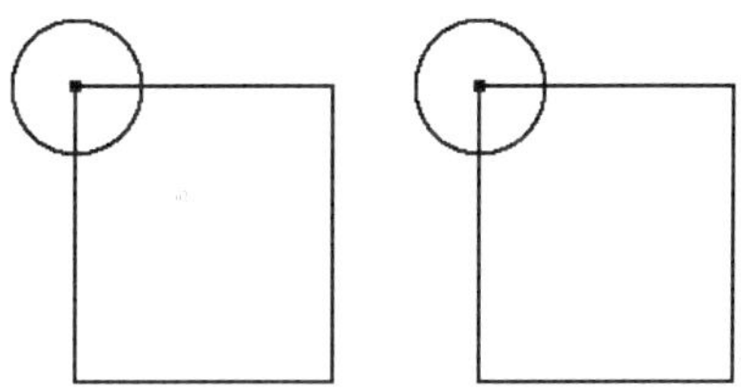
복사된 형상

다. 회전 (Rotate)

- 지정한 점에 대하여 특정 스케치를 회전시키거나 회전 복사
- 구속조건도 동일하게 회전
- 회전 대화상자

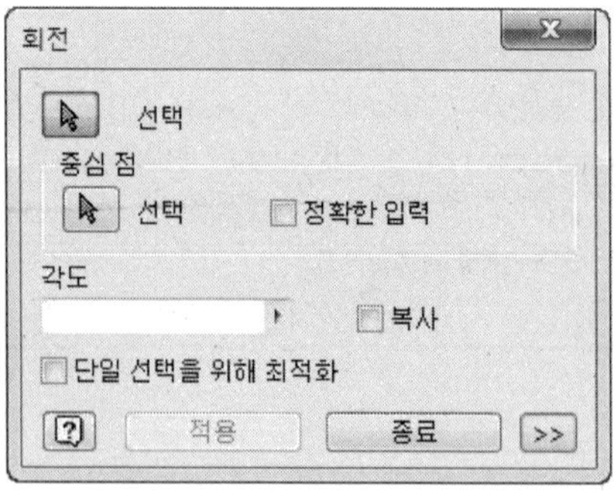

- 선택 : 회전 대상 선택
- 중심점 : 회전중심 선택
- 각도 : 회전각 입력
- 복사 : 원본 형상을 유지 (복사)
- 정확한 입력 : 기준점의 X, Y 좌표를 정확한 입력 도구막대에 입력

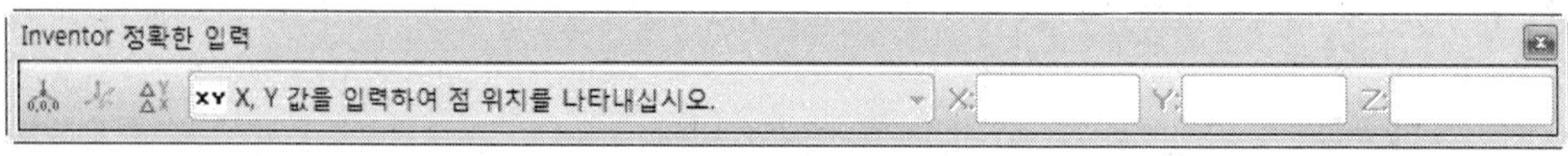

- 단일선택을 위해 최적화 : 기준점을 선택하기 전에 하나의 형상만 선택해야 하는 경우 선택

- 회전 예

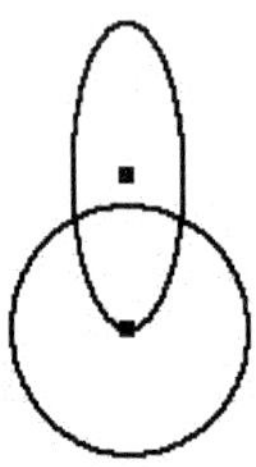

회전 전 (회전각 90°)

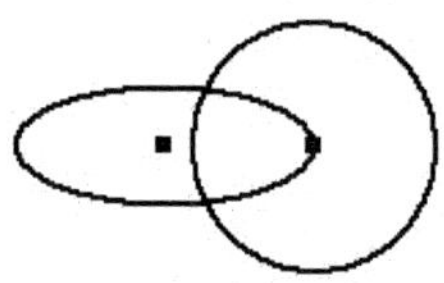

회전된 형상

라. 자르기 (Trim) 자르기

- 필요하지 않은 선을 잘라 스케치를 정리하는 도구
- 자르기 도구 실행 중 [Shift] 키를 누르면 연장 도구로 일시 전환되며 연장 도구에서도 동일함

- 실행 방법
  - 자르기 도구 클릭
  - 대상 선 위에 마우스를 올려 잘려질 형상을 미리 확인 후 클릭

- 자르기 예

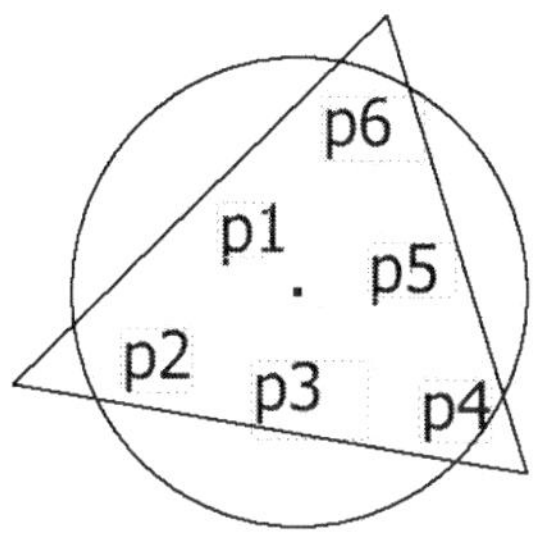

자를 선 선택

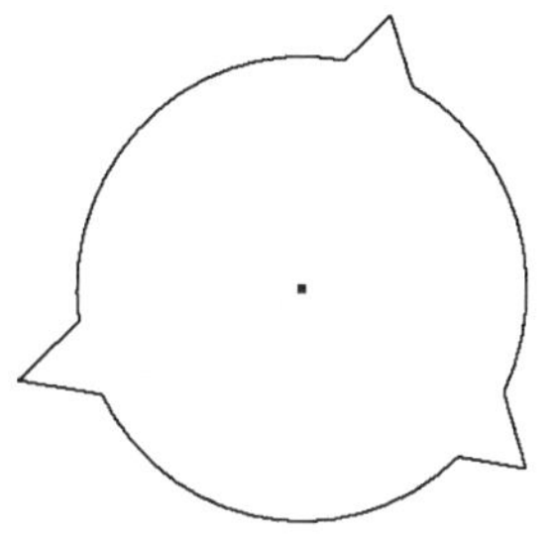

자른 후 형상

마. 연장 (Extend) 연장

- 선을 연장하여 스케치를 지우거나 열린 스케치를 닫음
- 실행 방법
  - 연장 도구 클릭
  - 연장 대상 선 위에 마우스를 올려 연장될 형상 확인 후 클릭
- 연장 예

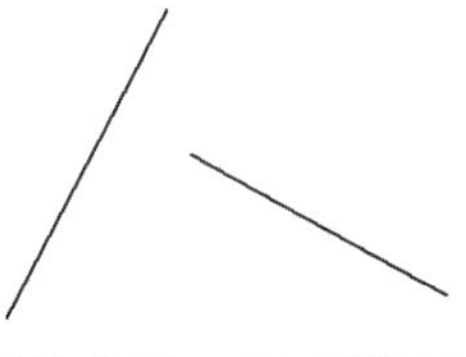

선의 연장 도구 실행 전

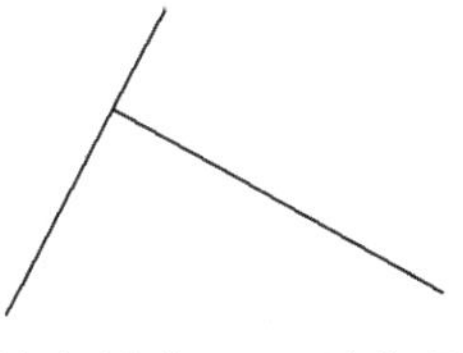

선의 연장 도구 실행 후

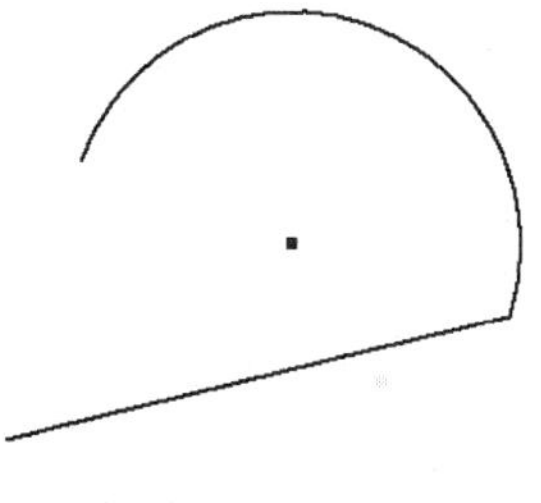

호의 연장 도구 실행 전

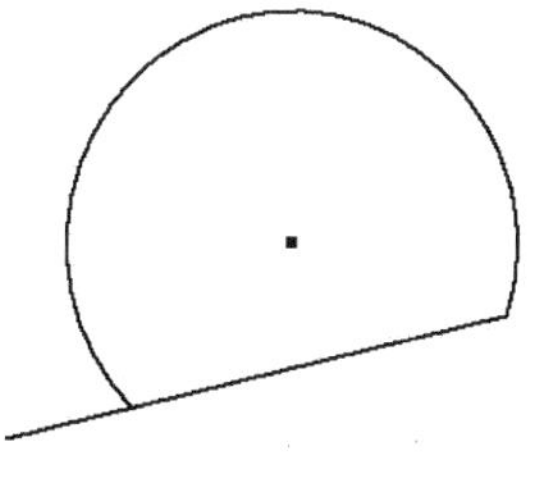

호의 연장 도구 실행 후

스케치 형상 동적으로 자르기, 연장

자르기 도구를 사용하여 선과 곡선을 동적으로 자른다.

스케치를 작성하거나 편집한다. 그런 다음 리본에서 스케치 탭 수정 패널 자르기를 클릭한다. 그래픽 창에서 커서를 클릭하고 끌어 스케치 형상을 자른다.

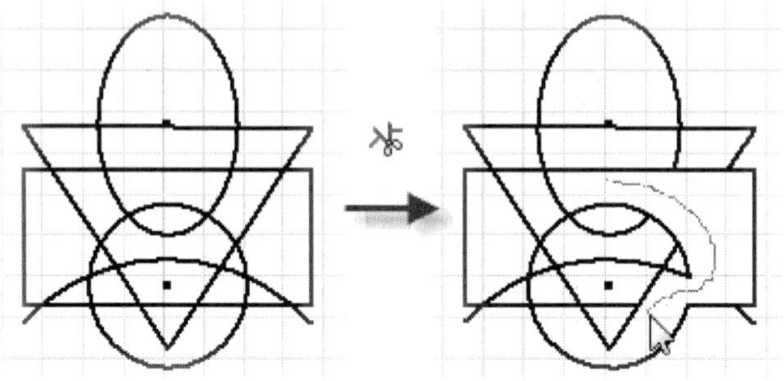

연장을 사용하여 선과 곡선을 동적으로 연장한다.

스케치를 작성하거나 편집한다. 그런 다음 리본에서 스케치 탭 수정 패널 연장을 클릭한다. 왼쪽 그래픽 창에서 마우스 왼쪽 버튼을 누른 채 커서를 이동하여 스케치 형상을 연장한다.

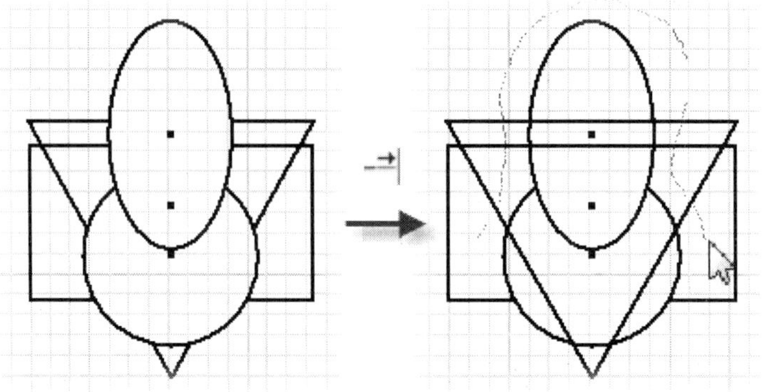

바. 분할

- 선택된 곡선을 가장 가까운 교차 곡선까지 분할
- 분할 도면요소의 두 세그먼트는 모두 원래의 수평, 수직, 평행, 직각, 동일선상 구속조건을 계승(단, 동일 및 대칭 구속조건은 필요에 따라 끊어짐)
- 3D 스케치에서 선, 호 또는 스플라인을 면, 작업 평면 또는 곡면과의 교차점까지 분할

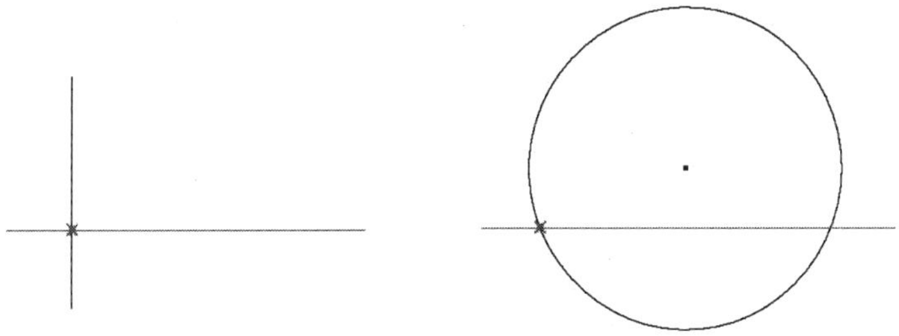

사. 축척

- 선택한 스케치 형상의 크기를 균등하게 확대나 축소
- 선택한 형상과 연관된 구속조건은 축척 작업에 영향을 줄 수 있다.
- 선택한 2D 스케치 형상에서 모든 치수의 크기를 일정하게 변경

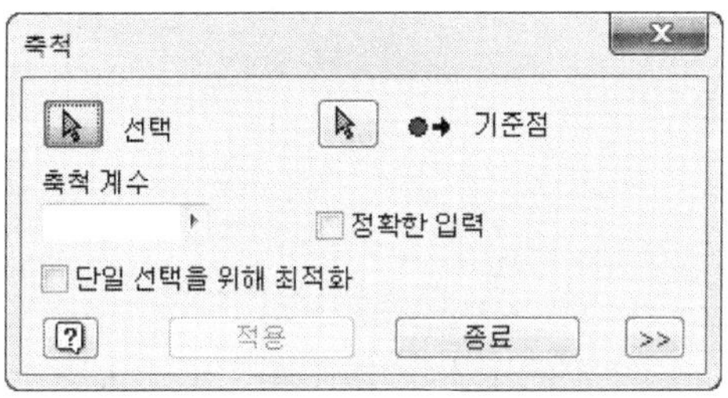

- ■ 선택 : 축척 대상 선택
- ■ 기준점 : 축척시키고자 하는 기준점 선택
- ■ 축척계수 : 선택된 형상의 치수를 곱할 정확한 값을 설정
- ■ 단일선택을 위해 최적화 : 기준점을 선택하기 전에 하나의 형상만 선택해야 하는 경우 선택
- ■ 정확한 입력 : 기준점의 X, Y 좌표를 정확한 입력 도구막대에 입력

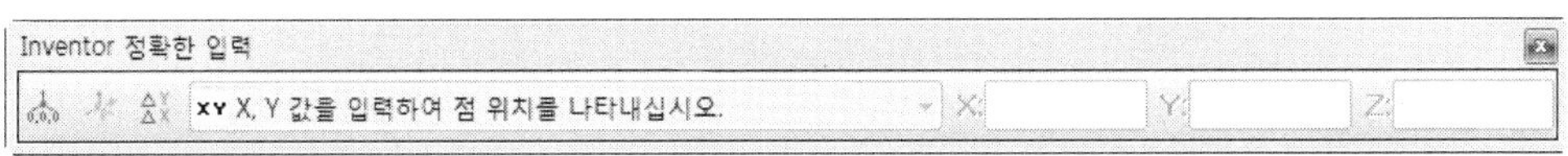

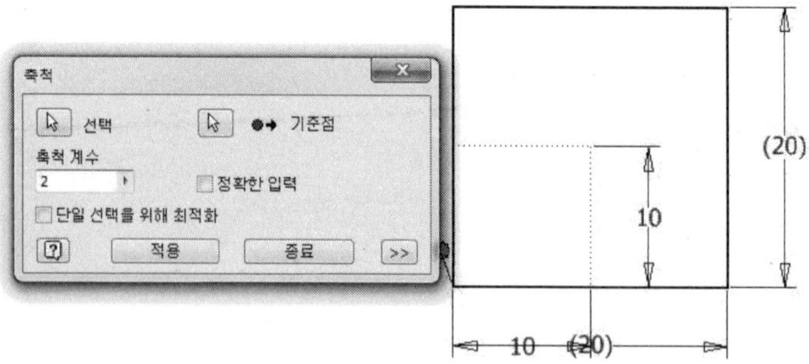

축척 결과

아. 스케치 형상 늘이기

- 선택한 2D 스케치 형상을 늘인다.
- 선택한 형상과 선택하지 않은 형상 간에 공유된 구속조건은 늘이기 결과에 영향을 줄 수 있다.

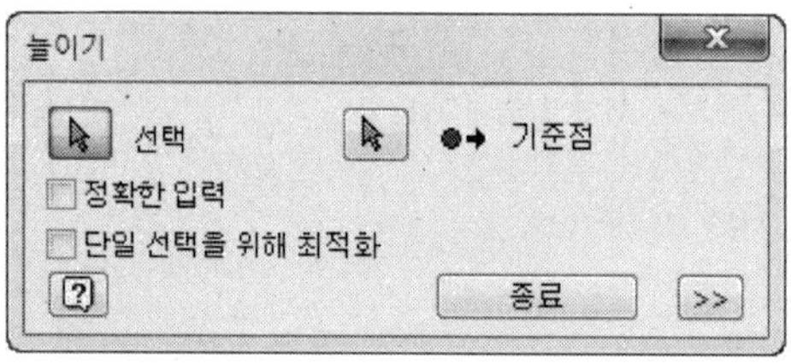

- 선택 : 늘일 형상을 선택
- 기준점 : 늘이기 작업에 대한 시작점을 설정
- 단일선택을 위해 최적화 : 기준점을 선택하기 전에 하나의 형상만 선택해야 하는 경우 선택
- 정확한 입력 : 기준점의 X, Y 좌표를 정확한 입력 도구막대에 입력

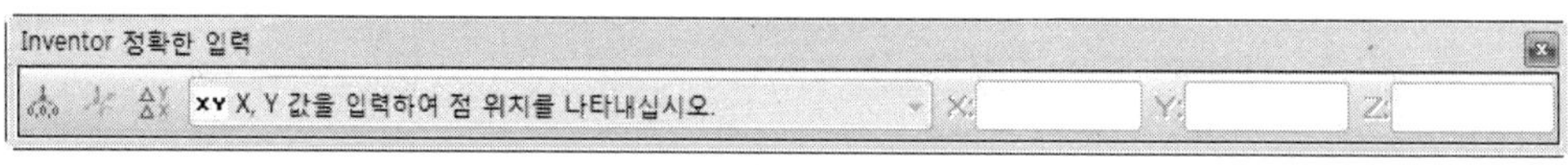

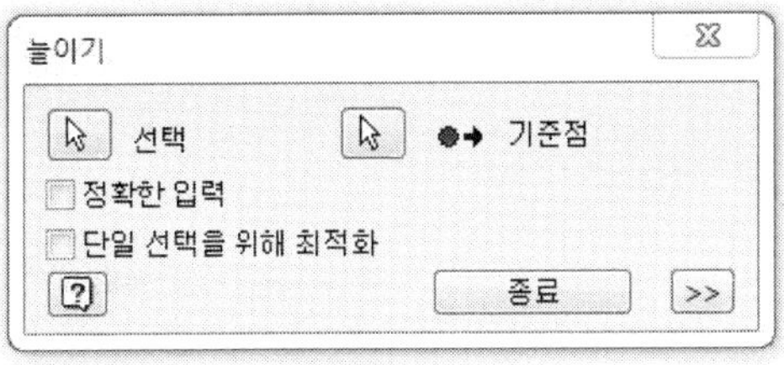

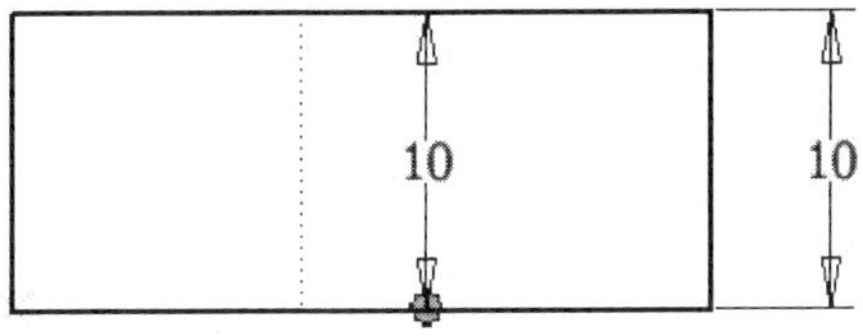

자. 간격띄우기 (Offset) 간격띄우기

- 특정 스케치를 복사하여 원점으로부터 일정한 간격을 띄우며 배치
- 간격이 띄워진 형상은 원 형상에서 등거리로 구속됨(동일 구속조건)
- 실행 방법
  - 간격띄우기 도구 클릭
  - 복사할 스케치 형상 클릭
  - 간격띄우기 형상을 배치할 방향으로 커서 이동 후 새 형상 클릭
  - 치수 도구를 사용하여 지정된 간격띄우기 거리 설정

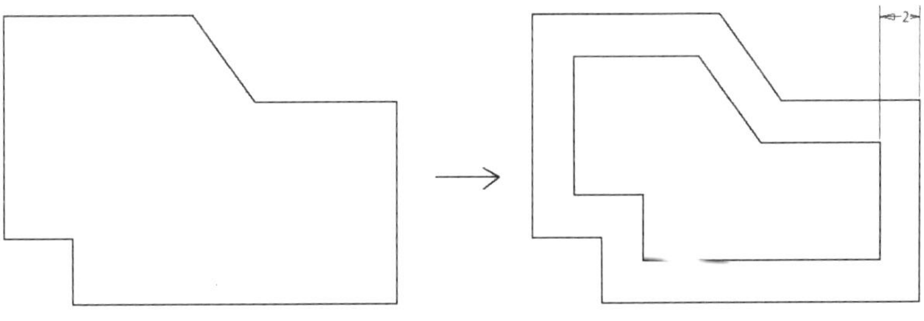

3

파트 모델링

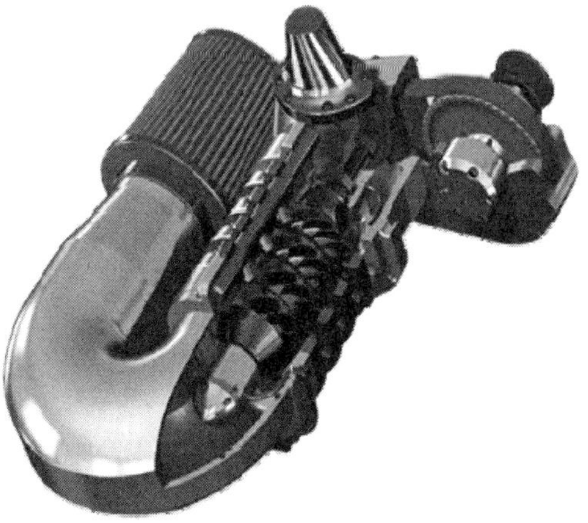

3.1 3D파트 모델링 작성

3.1.1 돌출(Extrude)

돌출 기능은 스케치로 작성된 프로파일의 영역을 이용하여 높이나 깊이를 이용하여 솔리드를 생성한다. 테이퍼 각도를 주어 피쳐를 생성할 수 있으며, 기존 피쳐를 기준으로 결합할지? 자를 것인지? 교차할 것인지?에 대하여 정의를 내리고, 범위를 지정할 수도 있다.

- 쉐이프

  프로파일 : 돌출 영역을 선택한다.

- 출력

  솔리드 : 피쳐 형상을 솔리드로 생성한다.

  곡면 : 피쳐 형상을 곡면으로 생성한다.

- 피쳐관계 :

  합집합 : 기존 형상과 지정한 프로파일 영역만큼 결합되어 형상을 만든다.

  차집합 : 기존 형상에서 지정한 프로파일 영역만큼 제거하여 형상을 만든다.

  교집합 : 기존 형상에서 지정한 프로파일 영역과 서로 공유된 부분으로부터 형상을 만든다.

  새솔리드 : 새솔리드를 만든다.

- 방향 : 돌출시킬 방향을 선택하여 결정한다.
- 범위

  거리 : 현재 스케치 평면에서 정해진 거리만큼 수직 방향으로 프로파일을 돌출한다.

다음 면까지 : 스케치 평면에서 다음의 사용 가능한 평면까지 돌출한다.
지정 면까지 : 사용자가 정해주는 평면까지 프로파일을 돌출한다.
사이 : 돌출이 시작되는 평면과 끝나는 평면을 지정하여 돌출한다.
전체 : 정해진 방향으로 모든 피쳐를 통해 프로파일을 돌출한다.

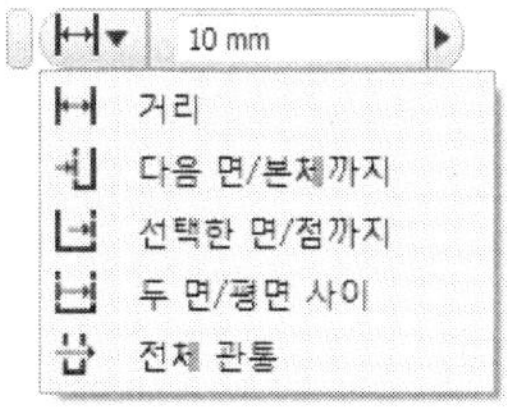

■ 자세히
대체 솔루션 : 가장 가까이 있는 면에서 돌출을 종료한다.
■ 테이퍼 : 생성되는 피쳐의 돌출 각도를 지정한다.

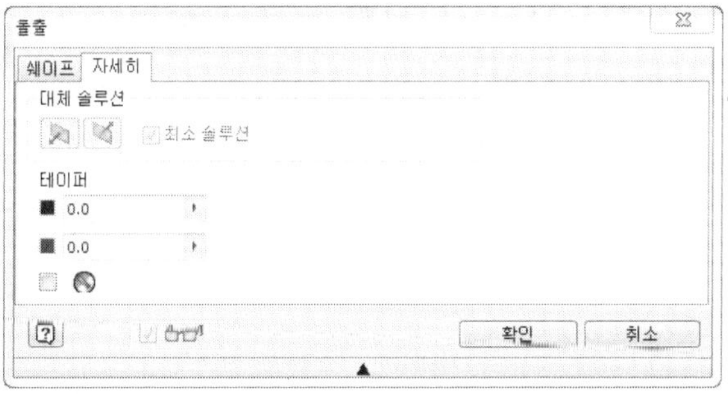

3.1.2 회전(Rovolve)

회전 기능은 프로파일을 지정하고, 축을 이용하여 지정한 각도만큼 프로파일을 회전시켜 피쳐 형상을 만든다. 선택할 수 있는 축은 스케치의 선이나 축을 이용할 수 있으며, 회전도 이미 존재하는 피쳐 형상에 결합할 것인지?, 자를 것인지? 교차할 것인지?를 결정하고 범위를 정의할 수 있다.

■ 쉐이프

프로파일 : 회전 영역을 선택한다.

축 : 회전의 중심이 되는 축을 선택한다.

■ 결과

솔리드 : 피쳐 형상을 솔리드로 생성한다.

곡면 : 피쳐 형상을 곡면으로 생성한다.

■ 피쳐관계 :

합집합 : 기존 형상과 지정한 프로파일 영역만큼 결합되어 형상을 만든다.

차집합 : 기존 형상에서 지정한 프로파일 영역만큼 제거하여 형상을 만든다.

교집합 : 기존 형상에서 지정한 프로파일 영역과 서로 공유된 부분으로부터 형상을 만든다.

새솔리드 : 새솔리드를 만든다.

■ 방향 : 회전시킬 방향을 선택하여 결정한다.

■ 범위

각도 : 지정각도만큼 회전한다.

지정 면까지 : 사용자가 정해주는 곡면까지 프로파일을 회전한다.

사이 : 회전의 시작되는 평면과 끝나는 평면을 지정하여 회전한다.

전체 : 360도 회전이다.

쉐이프 일치 : 열린 루프로 생성 시 기존 피쳐와 쉐이프를 일치한다.

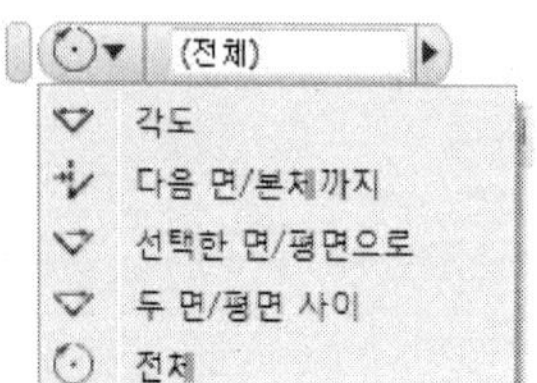

3.1.3 로프트(Loft)

피쳐 패널 막대의 로프트 도구를 통해 단면이라고 하는 다중 프로파일을 혼합하고 이를 프로파일 또는 부품 면 사이의 부드러운 쉐이프로 변이하여 로프트 피쳐를 작성한다. 스케치된 프로파일 외에 로프트 단면으로 포함할 객체 면과 점을 선택할 수도 있다.

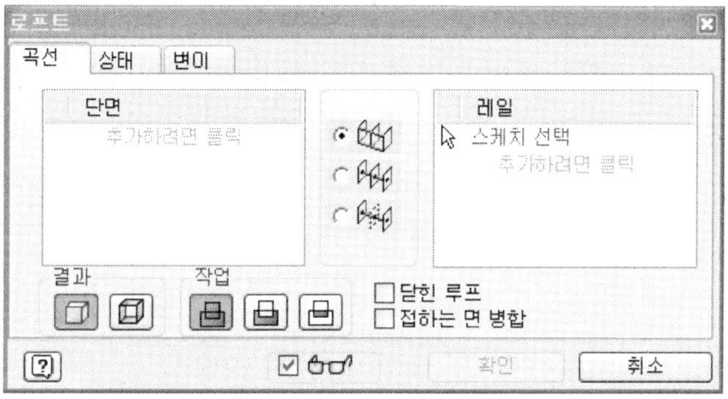

- 단면 : 로프트에 포함할 단면 프로파일을 지정한다.
- 레일

  레일 : 레일은 단면 사이의 로프트 쉐이프를 정의하는 2D 곡선, 3D 곡선 또는 모형 모서리이다.

  중심선 : 중심선은 로프트 단면이 수직을 유지하여 스윕 경로와 같은 동작을 발생시키는 레일의 한 유형이다.

  면적 로프트 : 면적 로프트를 사용하면 지정한 점의 횡단면 영역을 중심선 로프트를 따라 조정할 수 있다. 면적 로프트를 솔리드 및 곡면 출력과 함께 사용하고 단일 레일이 중심선으로 필요하다.
- 결과

  솔리드 : 피쳐 형상을 솔리드로 생성한다.

  곡면 : 피쳐 형상을 곡면으로 생성한다.
- 작업

  결합 : 로프트 피쳐로 작성된 체적을 다른 피쳐에 추가한다.

  절단 : 로프트 피쳐로 작성된 체적을 다른 피쳐에서 제거한다.

  교차 : 로프트 피쳐와 다른 피쳐의 공유 체적으로부터 피쳐를 작성한다. 공유된 체적에 포함되지 않은 재질은 삭제된다.
- 닫힌 루프 : 로프트의 처음과 끝 단면을 결합하여 닫힌 루프를 형성한다.

■ 접하는 면 병합 : 피쳐의 접하는 면 사이에 모서리가 작성되지 않도록 로프트 면을 병합한다.

3.1.4 스윕(Sweep)

피쳐 패널 막대에서 스윕 도구를 사용하여 하나 이상의 스케치 프로파일을 선택한 경로를 따라 스윕하여 피쳐를 작성한다. 다중 프로파일을 사용하는 경우 해당 프로파일이 동일한 스케치에 있어야 한다. 닫힌 프로파일은 솔리드 또는 곡면 스윕 피쳐를 작성하는데 사용할 수 있으며 열린 프로파일은 곡면 스윕 피쳐를 작성하는데만 사용할 수 있다.

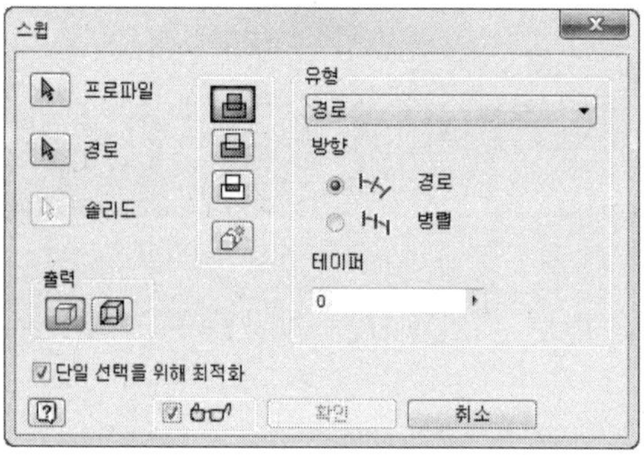

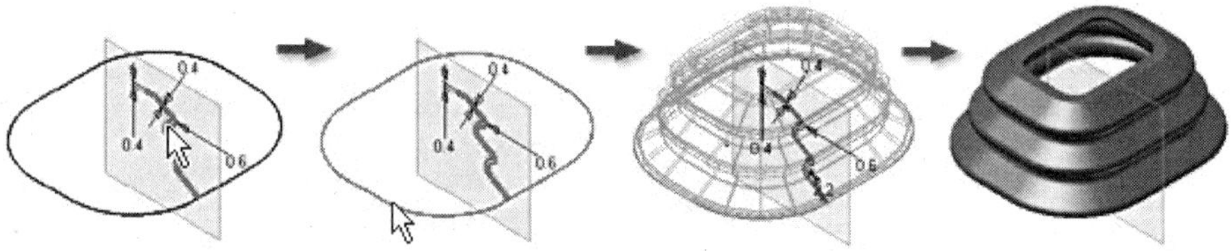

■ 쉐이프

프로파일 : 선택된 경로를 따라 스윕할 스케치 프로파일을 하나 이상 선택한다.

경로 : 프로파일이 스윕되는 궤적 또는 경로를 선택한다. 경로는 열려 있거나 닫힌 루프일 수 있지만 프로파일 평면을 관통해야 한다.

■ 유형

- 경로 : 경로를 따라 프로파일을 스윕하여 스윕 피쳐를 작성한다.

방향

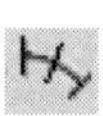 경로 : 스윕된 프로파일을 스윕 경로에 대해 일정하게 유지한다. 모든 스윕 단면은 경로에 대한 원래 프로파일의 관계를 유지한다.

병렬 : 스윕된 프로파일을 원본 프로파일과 평행하도록 유지한다.

테이퍼 : 스케치 평면에 수직인 스윕에 대한 테이퍼 각도를 설정한다.

- 경로 및 안내 레일

안내 레일 : 스윕된 프로파일의 축척 및 비틀림을 제어하는 안내 곡선 또는 레일을 선택한다. 안내 레일은 프로파일 평면을 관통해야 한다.

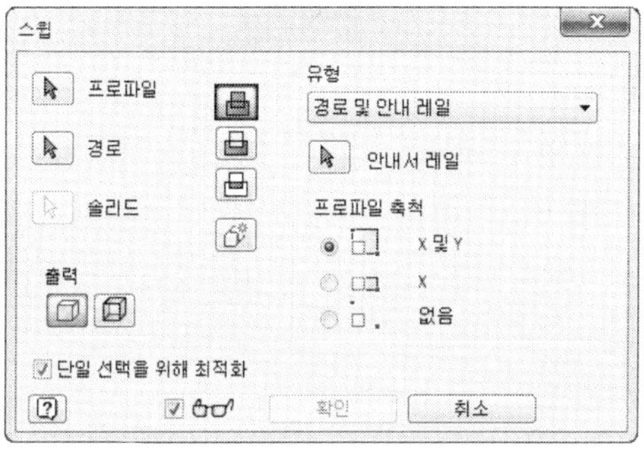

프로파일 축척 : 스윕된 단면이 안내 레일과 일치하도록 축척되는 방법을 지정한다.

X 및 Y : 스윕이 진행될 때 프로파일 축척을 X 및 Y 방향으로 조정한다.

X : 스윕이 진행될 때 프로파일 축척을 X 방향으로 조정한다.

없음 : 스윕이 진행될 때 프로파일을 일정한 쉐이프와 크기로 유지한다. 이 옵션을 선택하면 레일이 프로파일 비틀림만 제어한다.

■ 경로 및 안내 곡면

경로 및 안내 곡면을 따라 프로파일을 스윕한다.

안내 곡면 : 법선이 경로를 중심으로 스윕된 프로파일의 비틀림을 제어하는 곡면을 선택한다.

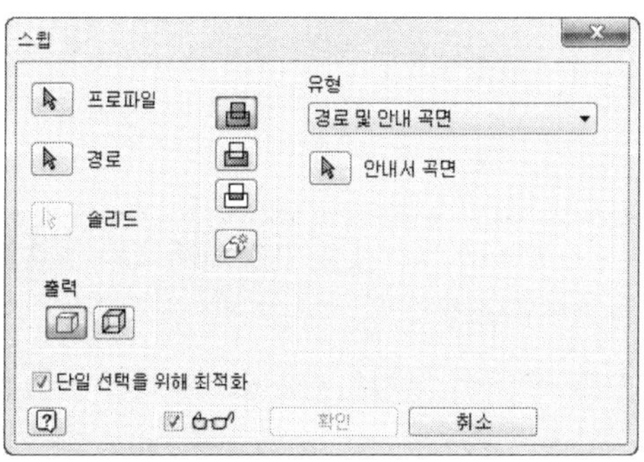

■ 출력

솔리드 : 피쳐 형상을 솔리드로 생성한다.

곡면 : 피쳐 형상을 곡면으로 생성한다.

■ 피쳐관계 :

합집합 : 기존 형상과 지정한 프로파일 영역만큼 결합되어 형상을 만든다.

차집합 : 기존 형상에서 지정한 프로파일 영역만큼 제거하여 형상을 만든다.

교집합 : 기존 형상에서 지정한 프로파일 영역과 서로 공유된 부분으로부터 형상을 만든다.

새솔리드 : 새솔리드를 만든다.

■ 단일 선택을 위해 최적화 : 한 번의 선택이 끝나면 자동으로 다음 선택자로 이동한다. 다중 선택을 하려면 확인란의 선택을 취소한다.

3.1.5 리브(Rib)

리브 및 웹은 주물과 주조에 흔히 사용된다. 플라스틱 부품에서는 일반적으로 강성을 만들고 뒤틀림을 방지하는 데 사용된다.

열린 프로파일을 사용하여 리브 또는 웹의 횡단면을 작성한다. 프로파일이 부품을 교차하지 않거나 깊이를 지정하지 않더라도 프로파일을 확장하여 새 면을 교차한다. 방향(리브 또는 웹 쉐이프를 지정하는)과 두께를 정의한다. 또한 테이퍼 값을 추가하여 리브 또는 웹에 기울기를 추가할 수도 있다.

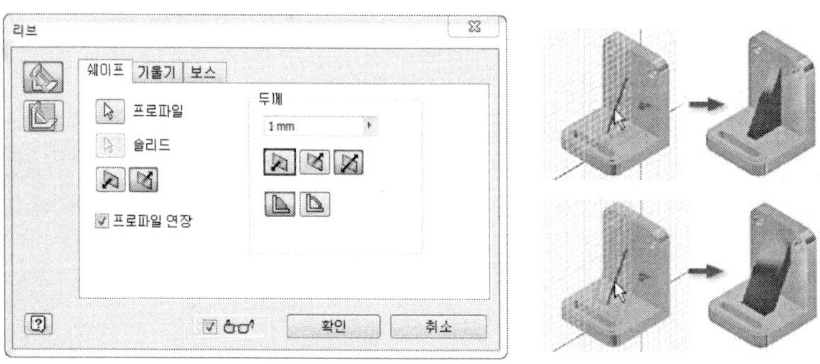

스케치 평면에 수직 형상을 스케치 평면에 수직으로 돌출한다. 두께는 스케치 평면에 평행한다.

스케치 평면에 평행 형상을 스케치 평면에 평행하게 돌출한다. 두께는 스케치 평면에 수직이다.

■ 쉐이프

프로파일 : 단일 스케치에서 열린 프로파일을 선택한다.

방향 : 리브 또는 웹의 방향을 조정한다.

■ 두께 : 리브 또는 웹의 폭을 지정한다.

■ 반전 : 프로파일의 한쪽 면에 두께를 적용하거나 프로파일의 양쪽 면을 동일하게 연장한다.

■ 범위

다음 면까지 : 다음 면에서 리브 또는 웹을 종료한다.

유한 : 리브 또는 웹 종료에 특정 거리를 설정한다. 상자에 값을 입력한다.

■ 옵션 : 프로파일이 면까지 연장되는지 여부를 지정한다.

■ 프로파일 연장 : 기본적으로 프로파일은 면과 교차하도록(필요한 경우) 연장된다. 프로파일을 연장하지 않으려면 확인란의 선택을 취소한다.

■ 기울기 : 스케치 평면에 수직인 리브와 웹에 대한 테이퍼 각도 또는 기울기를 설정한다. 테이퍼는 양방향에서 동일하게 확장한다. 테이퍼 각도를 지정하면 그래픽 창에 고정된 모서리와 테이퍼 방향을 나타내는 기호가 표시된다.

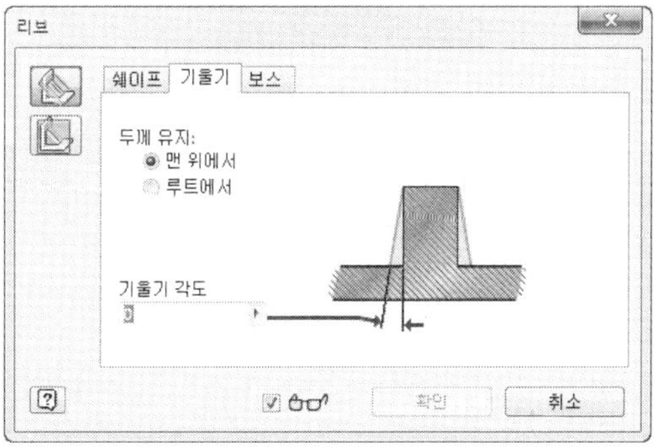

맨위에서 : 지정된 두께는 맨 윗면에서 제어된다.

루트에서 : 지정된 두께는 리브 피쳐와 다음면의 교차부분에서 제어된다.

기울기 각도 : 리브 피쳐에 기울기를 추가한다.

■ 보스 : 스케치 평면에 수직인 리브 작성

리브는 열린 프로파일이나 닫힌 프로파일을 사용하여 지지 쉐이프를 작성한다. 지정된 두께는 스케치 평면에 평면적이며 재질은 스케치에 수직으로 돌출된다. 스케치 점을 사용하여 리브 피쳐에 보스 형상을 배치한다.

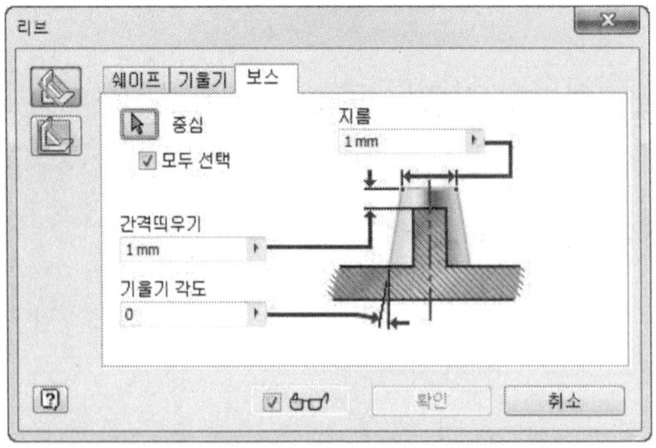

중심 : 리브 프로파일 형상에 있는 스케치 점을 선택한다.

모두 선택 : 리브 프로파일 형상을 교차하는 모든 스케치 점을 선택한다.

지름 : 보스 피쳐의 지름을 지정한다.

간격띄우기 : 스케치 평면 위 또는 아래에서 보스 피쳐를 시작할 거리를 지정한다.

기울기 각도 : 보스 피쳐의 기울기를 추가합니다

3.1.6 코일(Coil)

부품 피쳐 패널 막대의 코일 도구를 사용하여 나선 기반 피쳐를 작성한다. 코일 스프링과 스레드를 작성하려면 이 피쳐를 사용한다. 코일이 작성된 첫 번째 피쳐이면 기준 피쳐가 된다.

코일 쉐이프

■ 쉐이프

프로파일 : 단일 프로파일을 자동으로 선택한다.

축 : 회전축을 정의하는 직선 또는 작업축이다. 프로파일을 교차할 수 없다.

- 회전

코일을 시계방향이나 반시계방향으로 회전할지 지정한다.

- 출력

솔리드 : 피쳐 형상을 솔리드로 생성한다.

곡면 : 피쳐 형상을 곡면으로 생성한다.

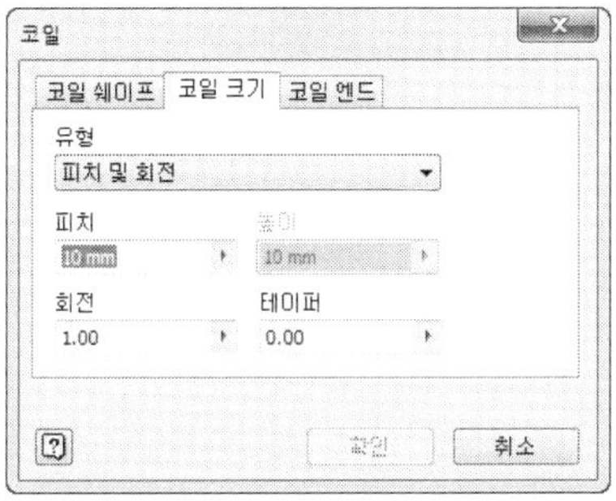

코일 크기

- 유형

피치 및 회전, 회전 및 높이, 피치 및 높이 또는 스파이럴과 같이 지정할 매개변수 쌍을 선택한다.

- 피치

나선의 각 회전에 대한 높이 증가를 지정한다.

- 높이

프로파일의 시작 부분 중심에서부터 끝 부분 중심까지의 코일의 높이를 지정한다.

- 회전

코일의 회전수를 지정한다. 0보다는 커야 하지만 소수(예 : 1.5회전)를 포함해도 된다. 회전 수에는 끝 조건(지정된 경우)이 포함된다.

- 테이퍼

테이퍼 각도를 지정한다. 필요한 경우 스파이럴을 제외하고 모든 코일 유형에 1을 지정할 수 있다.

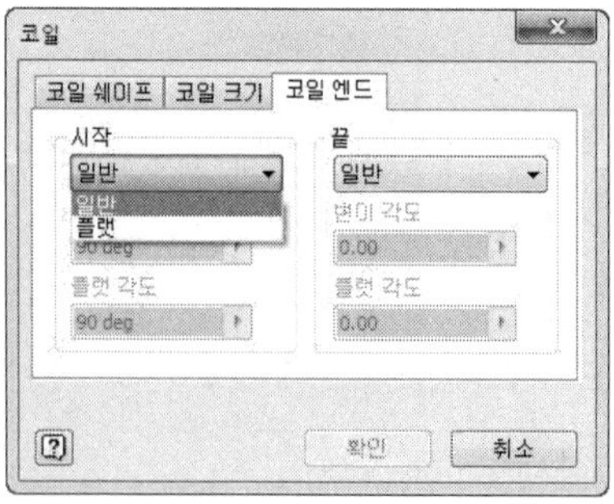

코일 엔드

- 일반 또는 플랫

  아래쪽 화살표를 클릭하여 코일의 양쪽 끝 모두에 대해 일반 또는 플랫을 지정한다. 양 끝은 다른 끝 조건을 가질 수 있다.

- 변이 각도

  코일이 이전을 이루는 각도 단위의 거리이다.

- 플랫 각도

  피치 없이(플랫) 이전한 다음 코일이 확장되는 거리(각도)이다.

3.1.7 엠보싱(Embossing)

지정된 깊이와 방향으로 모형 면에 상대적으로 프로파일을 볼록하게 하거나 오목하게 하여 엠보싱 피처를 작성한다. 엠보싱 영역은 전사나 채색할 수 있는 표면을 제공할 수 있으며 오목한 영역은 조립품의 다른 구성요소를 배치하는 데 사용될 수 있다.

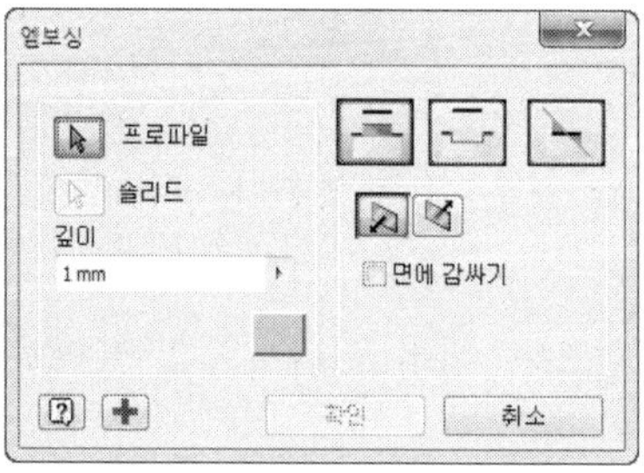

- 프로파일

  스케치에서 엠보싱 이미지로 사용할 프로파일을 선택한다.

  - 텍스트 명령으로 작성한 텍스트
  - 스케치 명령으로 작성한 쉐이프

■ 깊이

면으로부터 엠보싱 및 면으로부터 오목 유형을 선택한 경우 프로파일을 엠보싱 또는 오목하게 만들 간격띄우기 깊이를 지정한다.

■ 형태

엠보싱 영역의 방향을 지정한다.

 : 면으로부터 엠보싱은 프로파일 영역을 볼록하게 만든다.

 : 면으로부터 오목은 프로파일 영역을 오목하게 만든다.

 : 평면으로부터 볼록/오목은 스케치 평면에서 한 방향 또는 두 방향을 돌출시킴으로써 모형에서 재질을 추가하고 제거한다. 두 방향으로 돌출시키는 경우 부품에 상대적인 프로파일의 위치에 따라 재질이 제거되거나 추가된다.

■ 면에 감싸기

면으로부터 엠보싱 및 면으로부터 오목 유형을 선택한 경우 프로파일을 표면에 감쌀지 여부를 지정한다. 이어진 면에는 사용할 수 없으며 단일 면에만 사용할 수 있다. 평면형 면이나 원추형 면은 가능하지만 스플라인은 면이 될 수 없다.

■ 면 모양

선택한 부품 면의 모양을 지정한다. 부품 모양을 재지정하며, 해당되는 경우 선택된 면의 피처 모양을 재지정한다.

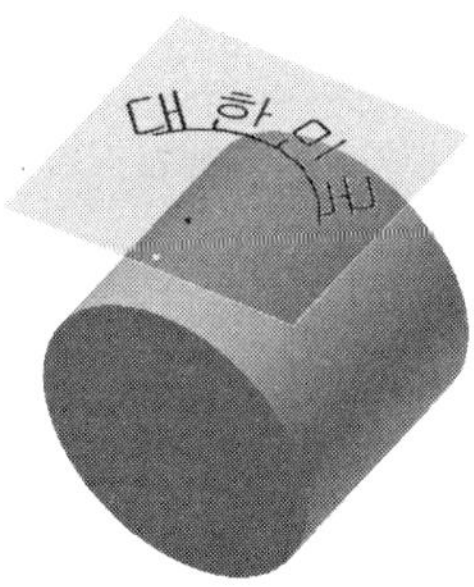

프로파일

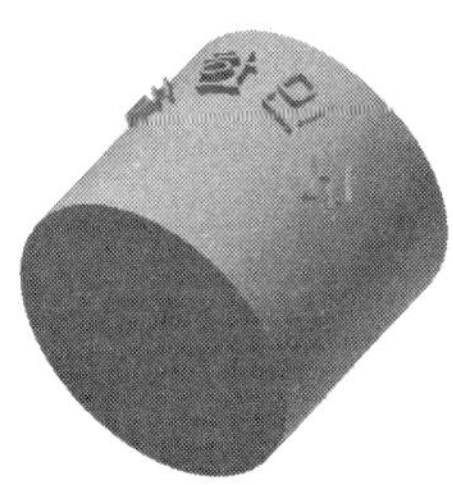

면으로부터 엠보싱

면으로부터 오목

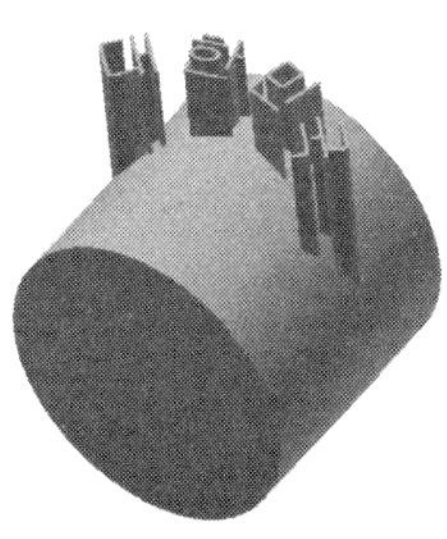

평면으로부터 볼록/오목

3.1.8 파생

기존 Autodesk Inventor 부품에서 파생된 새로운 부품의 기준 피처. 파생 부품을 작성할 때에는 부품을 기준 피처로 가져온다. 기준 피처는 검색기에서 파생 부품 피처로 나열된다. 부품 모델링 피처는 추가적으로 파생 부품 피처를 수정할 수 있다.

파생 부품은 기존 부품을 참조하여 본체 및 스케치, 작업 피처, 매개변수 등의 기타 정보를 연관적으로 복사하는 새 부품이다. 파생 조립품은 기존 조립품을 참조하는 새 부품이다. 파생된 부품 또는 조립품에 피처를 추가할 수 있다. 새 피처가 기준 구성요소에 추가되거나 파생 피처가 편집된 경우 변경 내용이 파생 부품에 업데이트된다.

3.2 파트 모델링 수정

3.2.1 구멍(Hole)

드릴, 카운터 보어, 접촉 공간 또는 카운터 싱크 구멍 피처를 작성한다.

부품 피처의 경우 단일 구멍 피처는 동일한 구성(지름과 종료 방법)을 가진 여러 개의 구멍을 나타낼 수 있다. 다른 구멍은 동일하고 공유된 구멍 패턴 스케치로부터 작성할 수 있다.

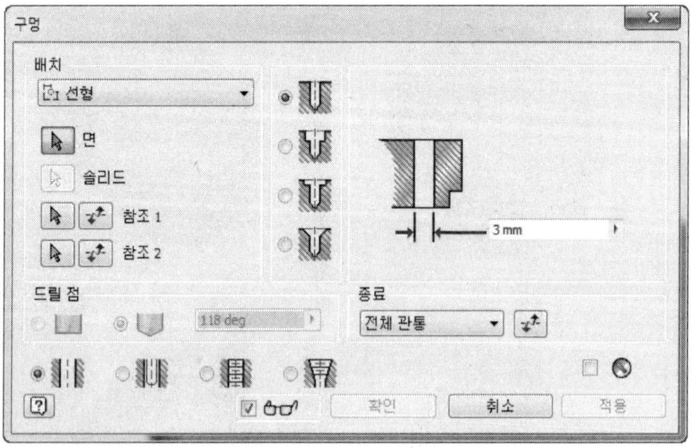

■ 배치

- 시작 스케치 : 스케치된 구멍 중심점, 점을 사용하여 구멍을 작성한다.
- 선형 : 두 개의 선형 모서리를 기준으로 면에 구멍을 작성한다.

- 동심 : 원형 모서리 또는 원통형 면과 동심인 평면의 구멍을 작성한다.
- 점위 : 점과 구멍 축의 방향을 지정하여 구멍을 작성한다.

■ 모양

- 드릴 : 구멍은 평면형 면을 가진 플러쉬이며 깊이와 지름을 사용하여 생성한다.
- 카운터보어 : 구멍은 지정된 깊이와 지름, 카운터보어 지름 및 카운터보어 깊이를 사용하여 생성한다.

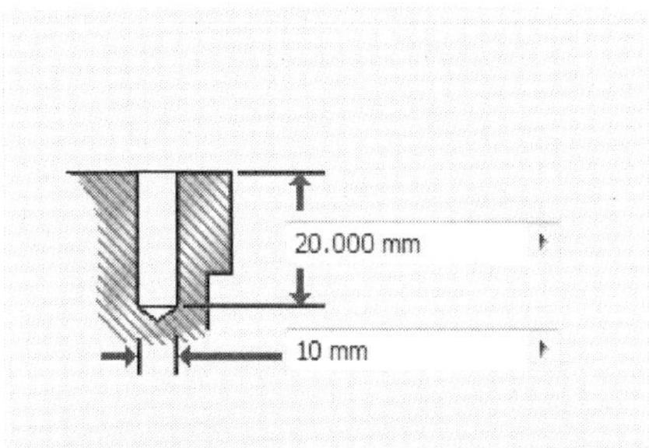

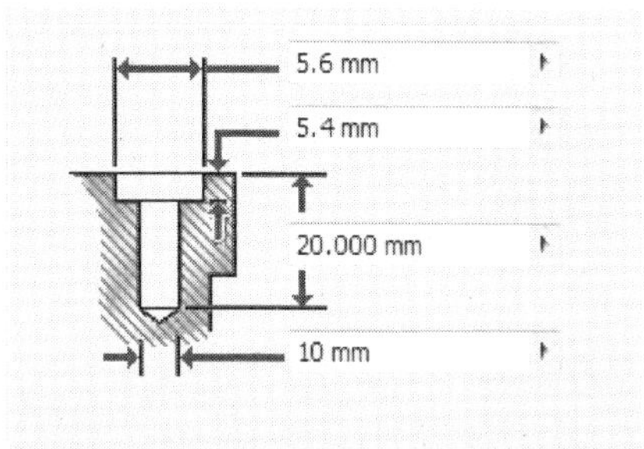

- 접촉 공간 : 구멍은 지정된 지름, 접촉 공간 지름 및 접촉 공간 깊이를 사용하여 생성한다. 구멍 및 스레드 깊이는 접촉 공간의 맨 아래 곡면으로 부터 측정된다.
- 카운터싱크 : 구멍은 지정된 지름, 카운터싱크 지름 및 카운터싱크 깊이를 사용하여 생성한다.

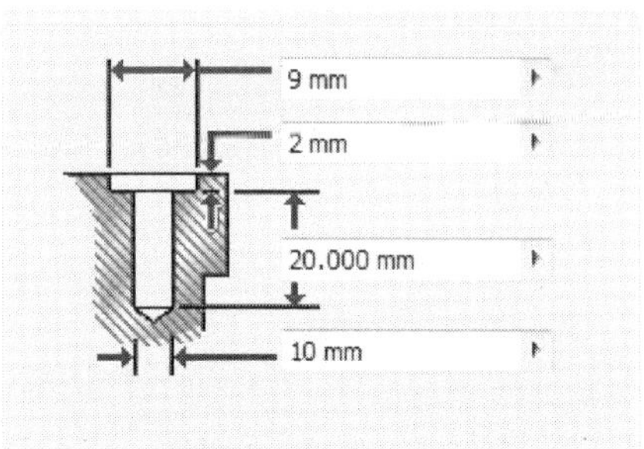

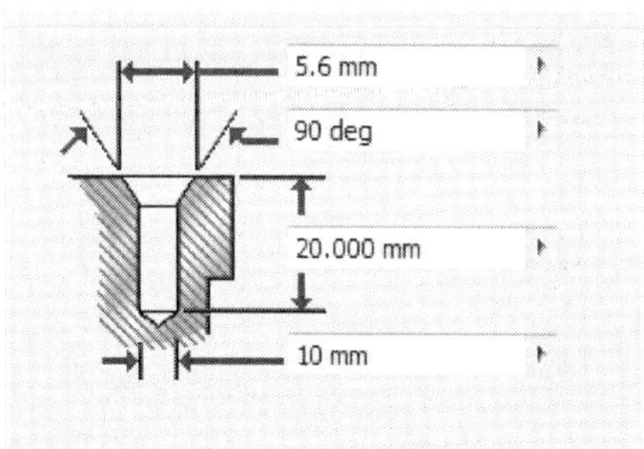

☞ 주의 : 테이퍼 탭 구멍을 카운터보어와 함께 사용할 수 없다.

■ 드릴점

드릴 점에 대한 플랫 또는 각도점을 설정한다. 아래쪽 화살표를 클릭하여 각도 치수를 지정하거나 적용할 수 있으면 모형의 형상을 선택하여 사용자 각도를 측정하거나, 치수를 표시한다. 각도의 양의 방향은 구멍 축에서 반시계방향으로 측정되며 평면형 면에 수직이다.

■ 구멍 유형

- 단순 구멍 : 스레드가 없는 단순 구멍을 작성한다.
- 틈새 구멍 : 선택된 조임쇠에 맞는 구멍을 작성한다.
- 탭 구멍 : 스레드 유형으로 지정된 스레드가 있는 구멍을 작성한다.
- 테이퍼 탭 구멍 : 테이퍼 스레드가 있는 구멍을 작성한다.

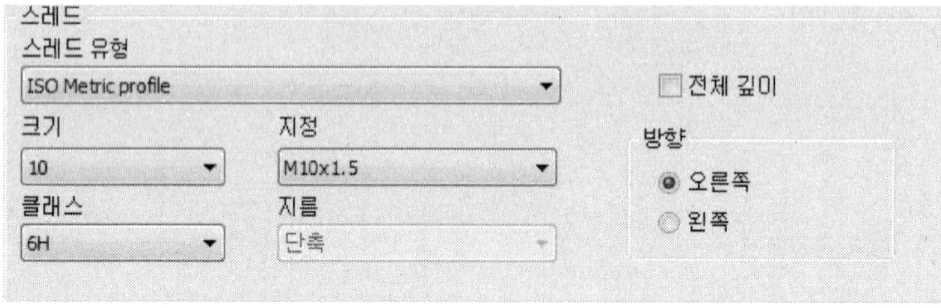

■ 종료

구멍의 종료 유형을 지정한다.

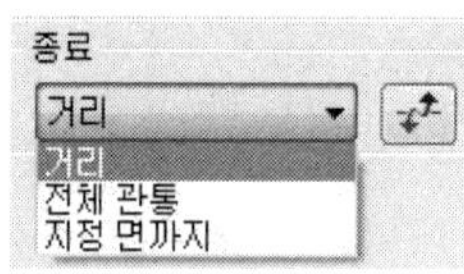

- 거리 : 깊이 값을 입력하여 구멍을 작성한다.
- 전체관통 : 모든 면을 관통하는 구멍을 작성한다.
- 지정면까지 : 지정한 면, 곡면까지 구멍을 작성한다.

3.2.2 모깎기(Fillet)

부품의 하나 이상의 모서리에 둥글게 라운드를 작성하는 기능으로, 모깎기 형상은 상수 탭에서 입력한 일정한 반지름으로 생성할 수 있으며, 그 외에도 변수 탭으로 변화되는 라운드 및 세트백의 여러 설정 값을 이용하여 보다 복잡한 형상의 모깎기를 생성할 수 있다.

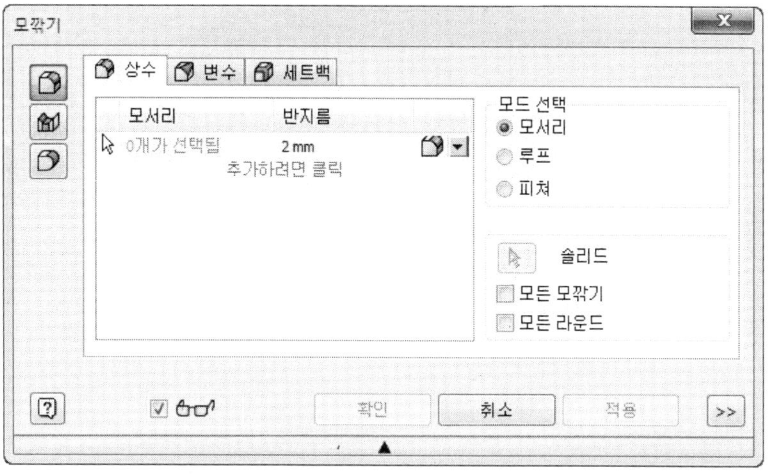

- 상수 탭 : 일정한 반지름으로 모깎기 생성한다.
  - 모서리 : 모깎기가 적용될 모서리 선택 및 개수
  - 반지름 : 모깎기 반지름을 입력한다.
    - 접선 모깍기 : 인접 면에 접하는 접선(G1) 모깎기
    - 부드러운 모깍기 : 인접 면에 곡률이 연속하는 부드러운(G2) 모깎기
- 모드 선택
  - 모서리 : 단일 모서리나 연결된 모서리를 지정한다.
  - 루프 : 표면에 닫힌 루프 선택한다.
  - 피쳐 : 피쳐의 전체 모서리를 선택한다.
  - 전체 모깍기 : 오목한 모서리와 구석을 모두 선택한다.
  - 전체 라운드 : 볼록한 모서리와 구석을 모두 선택한다.

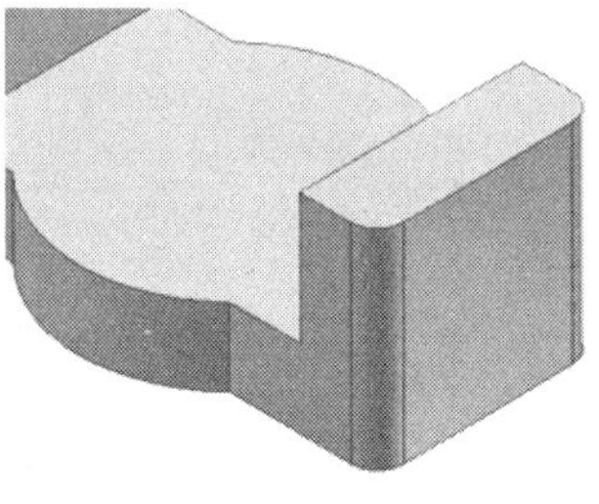
모서리

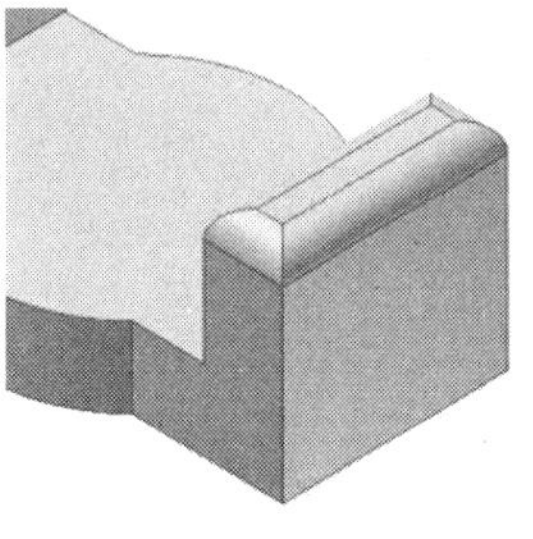
루프

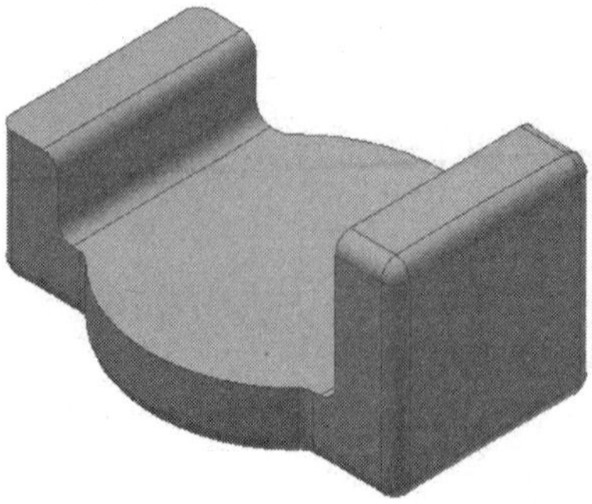

피쳐

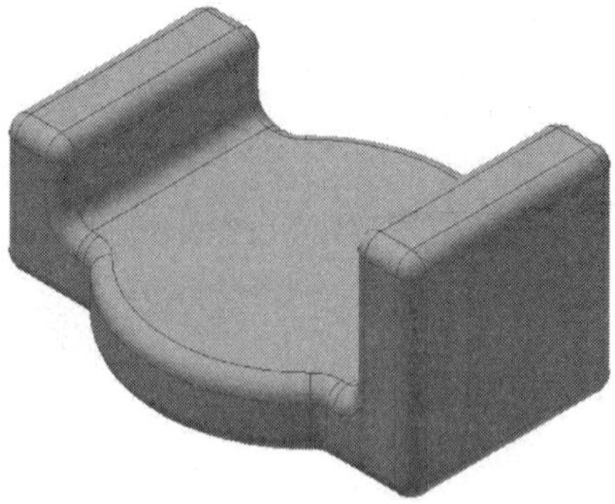

모든 모깍기(라운드)

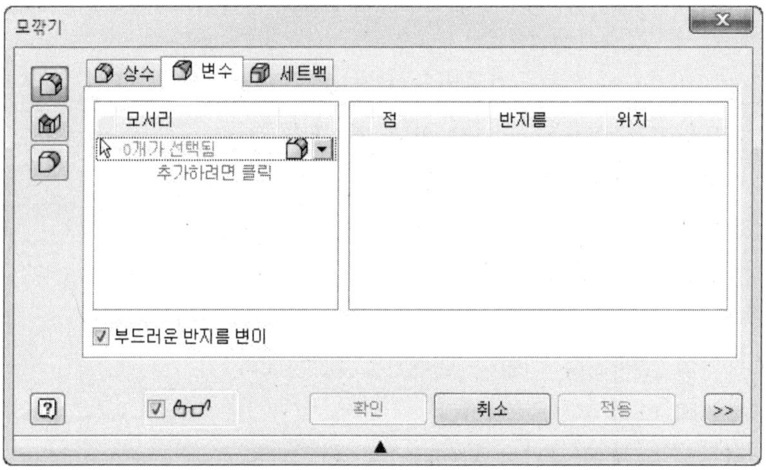

- 변수 탭 : 변화되는 반지름으로 모깎기 생성한다.
  - 모서리 : 모깎기가 적용될 모서리를 선택한다.
  - 점 : 모깎기를 적용할 점 선택한다.
  - 반지름 : 모깎기 반지름을 선택한다.
  - 위치 : 시작점과 끝점 사이의 점 위치를 지정한다.
  - 부드러운 반지름 변이 : 반지름 변화가 유연하게 한다.
    - 접선 모깍기 : 인접 면에 접하는 접선(G1) 모깎기
    - 부드러운 모깍기 : 인접 면에 곡률이 연속하는 부드러운(G2) 모깎기

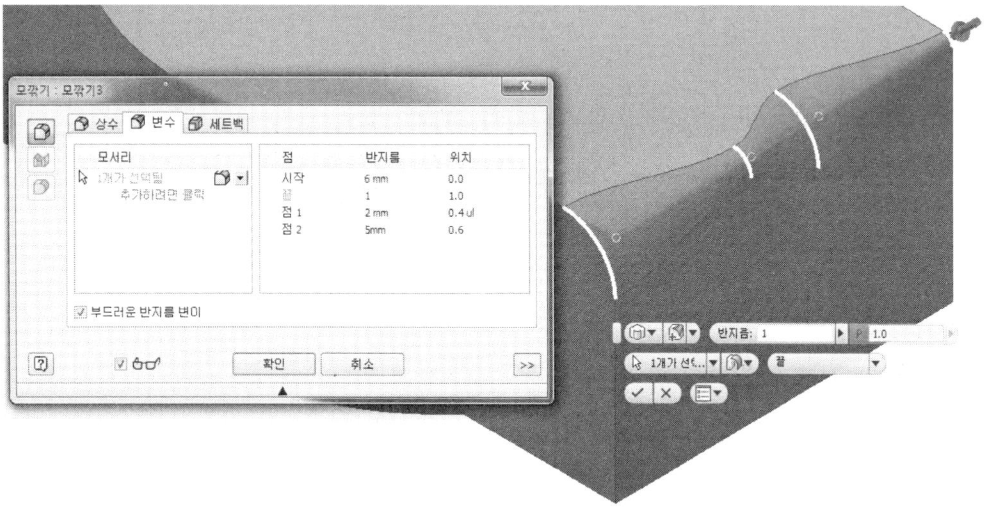

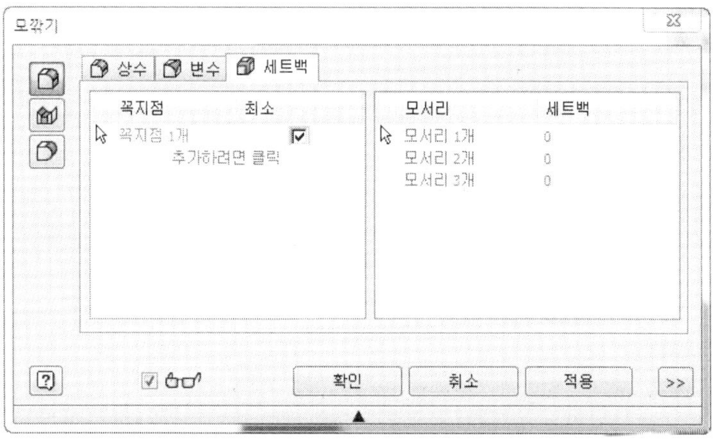

■ 세트백 탭

- 꼭지점 : 상수에서 선택한 모서리가 만나는 점이다.
- 모서리 : 꼭지점에서 만나는 각각의 모서리이다.
- 세트백 : 거리 치수 입력을 한다.

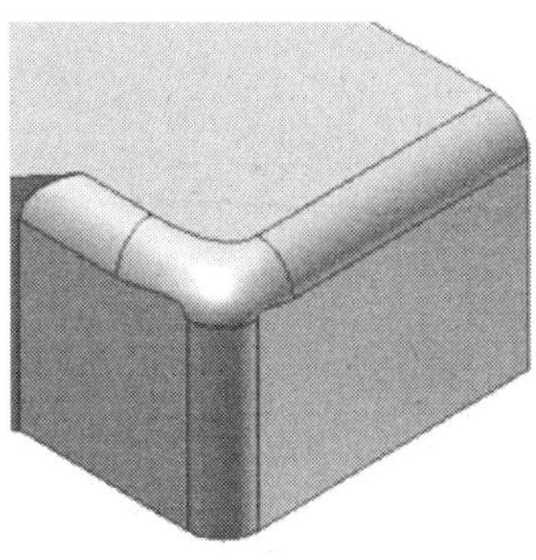

- 면 모깎기 : 모서리를 공유할 필요가 없는 선택된 두 면 세트 사이에 모깎기 또는 라운드를 추가한다.
- 전체 둥근 모깎기 : 세 개의 인접 면에 접하는 변수 반지름 모깎기 또는 라운드를 추가한다. 중심 면 세트는 변수 반지름 모깎기에 의해 교체된다. 전체 둥근 모깎기는 리브와 같은 외부 부품 피쳐를 캡 또는 라운드 처리하는 데 사용될 수 있다.

3.2.3 모따기(Chamfer)

부품이나 조립품의 하나 이상의 모서리에 모따기를 추가하는 기능으로, 모깎기와 같이 스케치를 필요로 하지 않으며 모따기를 배치하는 모서리에서 구속된다.

■ 거리 : 두 면을 따라 동일한 거리로 모따기를 생성한다.

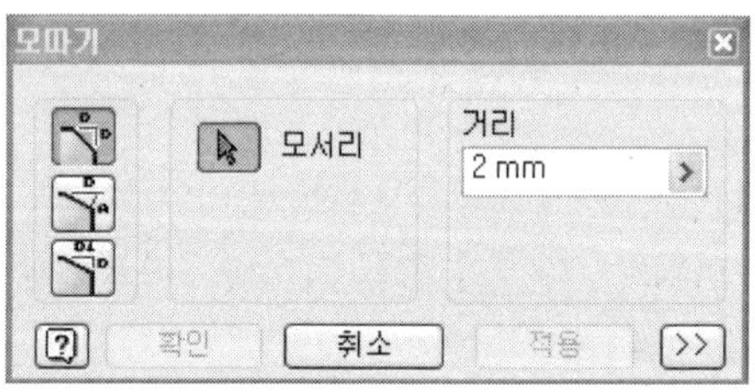

■ 거리 및 각도 : 모서리에서 지정한 거리와 각도를 이용하여 모따기를 생성한다.

■ 두 거리 : 모서리에서 서로 다른 거리를 이루는 모따기를 생성한다.

■ 모서리 체인

- 모두 접하도록 연결된 모서리 : 접하는 모서리를 모두 선택한다.
- 단일 모서리 : 선택한 모서리에만 적용한다.

■ 세트백

- 세트백 : 계단이 있다.
- 세트백 없음 : 계단이 없다.

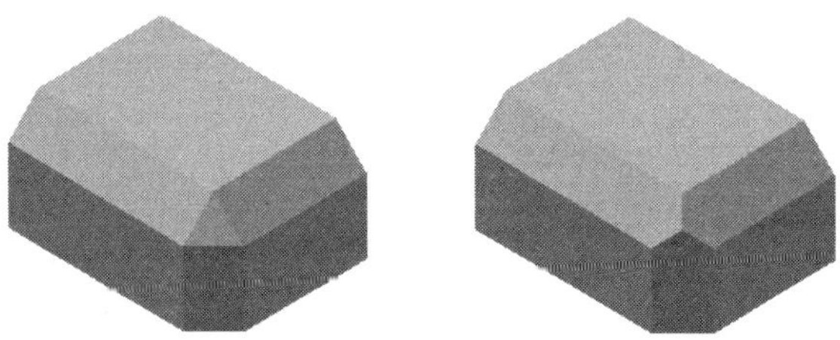

3.2.4 쉘(Shell)

쉘은 주조 및 주물 부품에 사용되는 파라메트릭 피쳐이다. 부품 내부의 재질이 제거되어 속이 빈 구멍이 만들어진다. 부품 또는 쉘의 치수를 변경하면 둘 모두의 크기가 자동으로 조절된다.

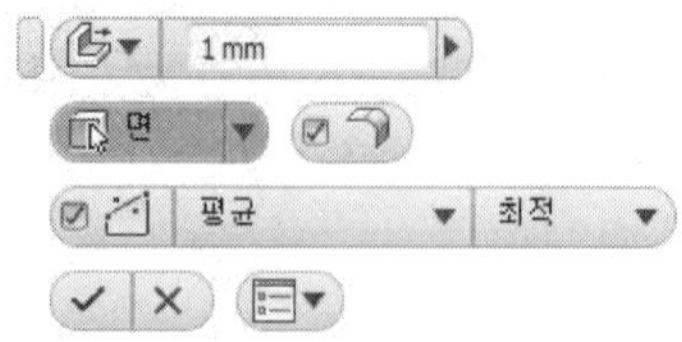

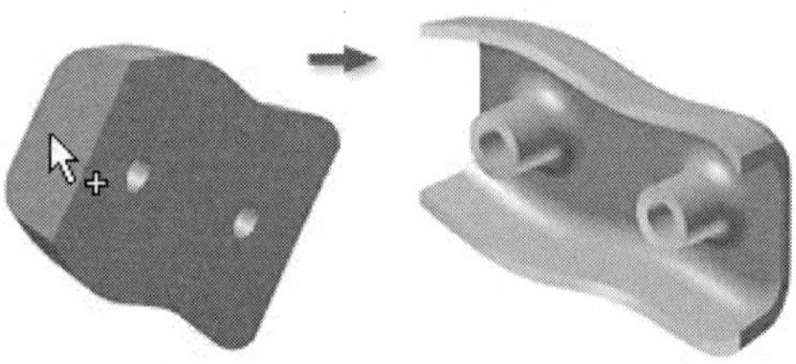

- 방향 : 부품 면에 상대적인 쉘 경계를 지정한다.
  - 내부 : 부품 내부에 쉘 벽 간격띄우기를 한다. 원래 부품의 외부 벽은 쉘의 외부 벽이 된다.
  - 외부 : 부품 외부에 쉘 벽 간격띄우기를 한다. 원래 부품의 외부 벽은 쉘의 내부 벽이다.
  - 양쪽 면 : 부품의 내부와 외부에 동일한 거리의 쉘 벽 간격띄우기를 한다. 쉘 두께의 반을 부품의 두께에 추가한다.

- 면 제거 : 제거할 부품 면을 선택하여 나머지 면을 쉘 벽으로 남겨둔다. 클릭하여 부품을 활성화한 다음 제거할 면을 선택한다. 면을 다시 사용하려면 Ctrl키를 누른 상태에서 면을 선택한다. 선택된 면은 제거된다. 두께는 남아 있는 면에 적용되어 쉘 벽을 작성한다. 제거할 부품 면이 선택되지 않은 경우 쉘 구멍은 부품 내에 완전히 둘러싸이게 된다.

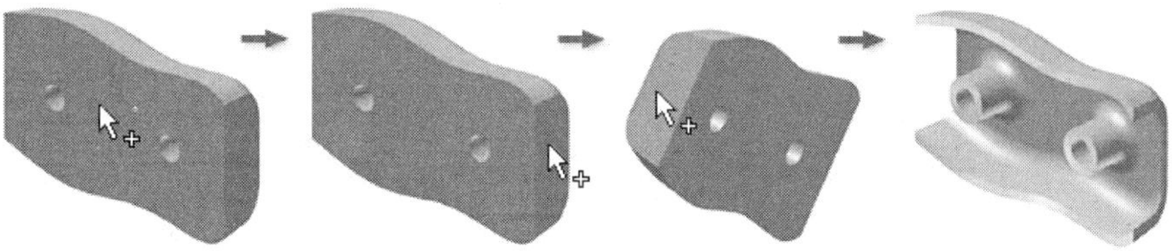

- 자동 면 체인 : 다중 접선 연속 면의 자동 선택을 사용하거나 사용하지 않는다. 기본 설정은 켜기이다. 개별 접선 면을 선택하려면 선택을 취소한다.

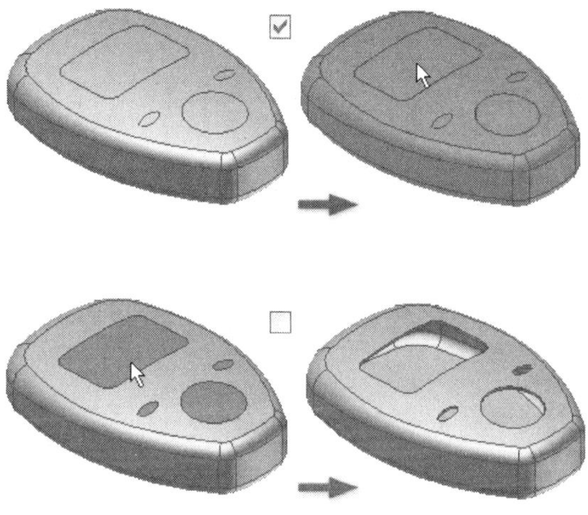

- 두께 : 쉘 벽에 균일하게 적용할 두께를 지정한다. 제거할 부품 곡면을 선택하지 않으면 쉘 벽이 된다.

3.2.5 면 기울기(Face Draft)

피쳐의 지정된 면에 기울기를 적용한다. 기울기 각도는 고정된 모서리 또는 접하는 모서리, 기존 피쳐의 고정 면이나 작업 평면으로부터 계산된다.

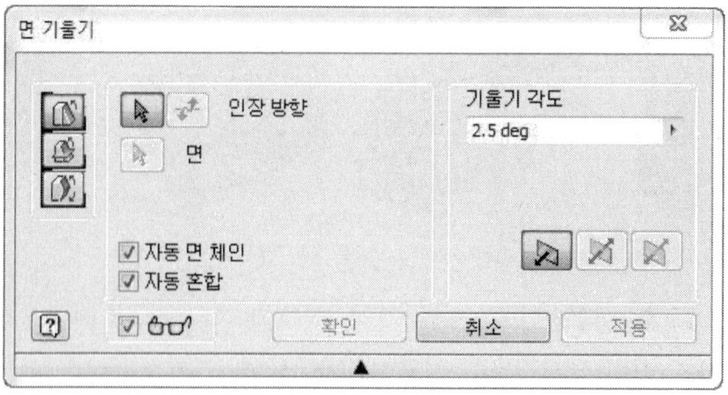

■ 기울기 유형

• 고정된 모서리 : 한 면당 하나 이상의 고정된 인접 연속 모서리에 대한 기울기를 작성한다. 그 결과로 면이 추가된다.

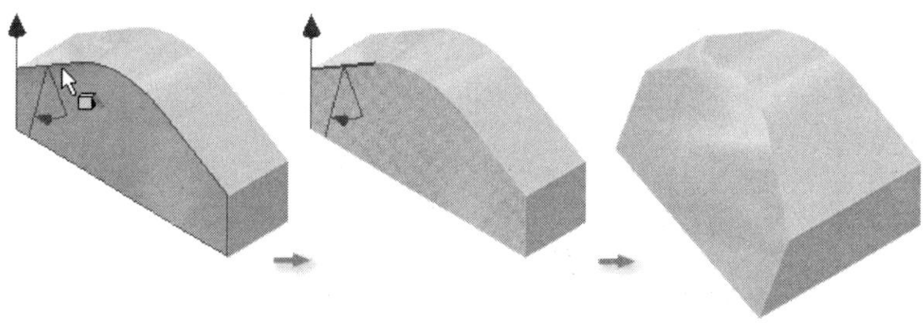

• 고정된 평면 : 평면형 면이나 작업 평면을 선택하고 인장 방향을 결정한다. 인장 방향은 선택한 면이나 평면에 수직이다.

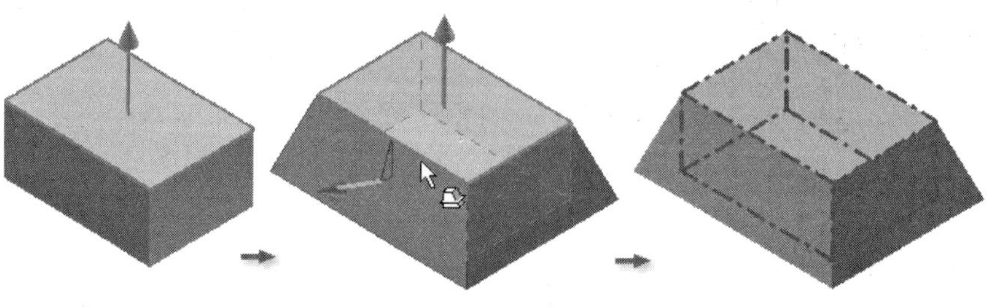

• 분할선 : 2D 또는 3D 스케치에 대한 기울기를 작성한다. 모형에는 분할선 위와 아래에 기울기가 적용된다.

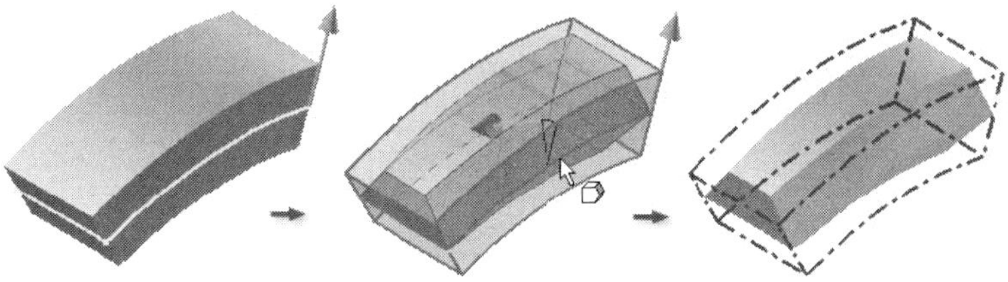

■ 선택

- 인장 방향 : 부품에서 인장되는 방향을 설정한다.
- 방향 반전 : 인장 방향 화살표를 반전시킨다.
- 분할선 : 분할선으로 사용할 2D 또는 3D 스케치를 선택한다.
- 면 : 기울기를 적용할 면 또는 모서리를 선택한다.
- 기울기 각도 : 기울기의 각도를 설정한다.
  - 자동 면 체인 : 기울기 선택 세트에서 선택한 면에 접하는 면을 포함한다.
  - 자동 혼합 : 모깎기 또는 다른 피처를 사용하여 인접 면에 혼합되는 면에 사용할 수 있다. 혼합된 형상을 유지하려면 자동혼합을 켠다.

3.2.6 스레드(Thread)

구멍, 샤프트, 스터드 또는 볼트에 스레드를 작성한다. 스레드 위치, 스레드 길이, 간격띄우기, 방향, 유형, 호칭 크기, 클래스 및 피치를 지정한다. 스레드 데이터는 스프레드시트에 생성되며 스레드 유형 및 크기를 추가하여 사용자 지정할 수 있다.

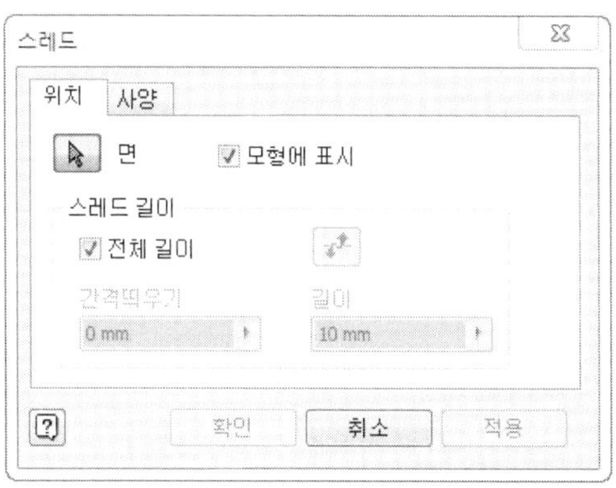

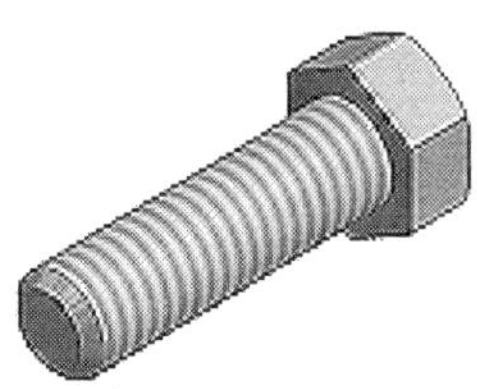

■ 위치

- 면 : 단일 원통형 또는 원추형 면을 선택한다.
- 모형에 표시 : 모형에 스레드 표현을 사용할지 여부를 지정한다.

■ 스레드 길이

- 전체 길이 : 선택된 면의 전체 길이를 스레드한다.
- 반전 : 스레드 방향을 선택된 면의 전체 길이보다 작게 변경한다.
- 길이 : 선택된 면의 스레드된 일부를 지정한다. 전체 길이 스레드에서는 사용할 수 없다.
- 간격띄우기 : 스레드의 시작 면에서부터 거리를 설정한다. 전체 길이 스레드에서는 사용할 수 없다.

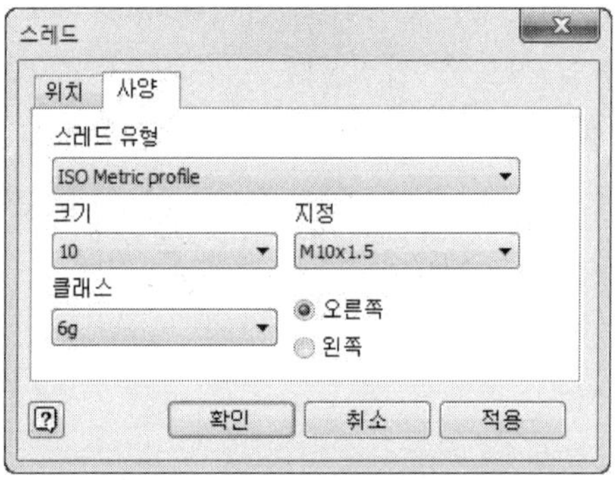

■ 사양

- 스레드 유형 : 스프레드시트에 정의된 리스트에서 스레드 유형을 선택한다.
- 크기 : 선택된 스레드 유형의 호칭 크기(지름)를 선택한다.
- 지정 : 선택된 스레드 지름에 대한 피치를 리스트에서 선택한다.
- 클래스 : 선택된 지름과 피치에 대한 스레드 클래스를 리스트에서 선택한다.
- 방향 : 왼쪽 또는 오른쪽 방향을 지정한다. 스레드 주에 사용되지만 크기나 스레드 모양에는 영향을 주지 않는다.

3.2.7 분할(Split)

부품 면을 분할하고, 전체 부품을 자르고, 결과로 발생하는 면 중 하나를 제거하거나 솔리드를 두 개의 본체로 분할한다.

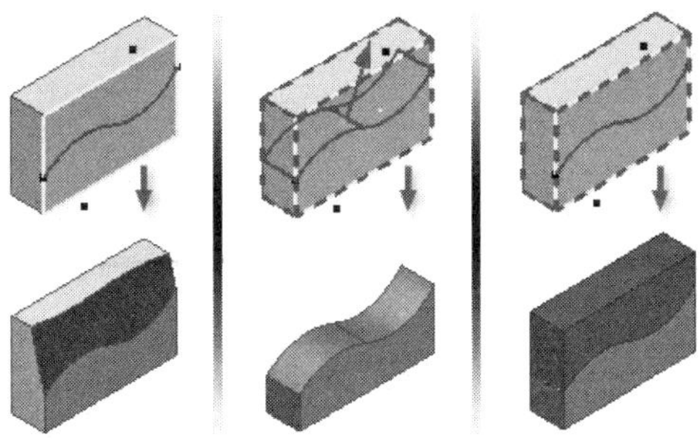

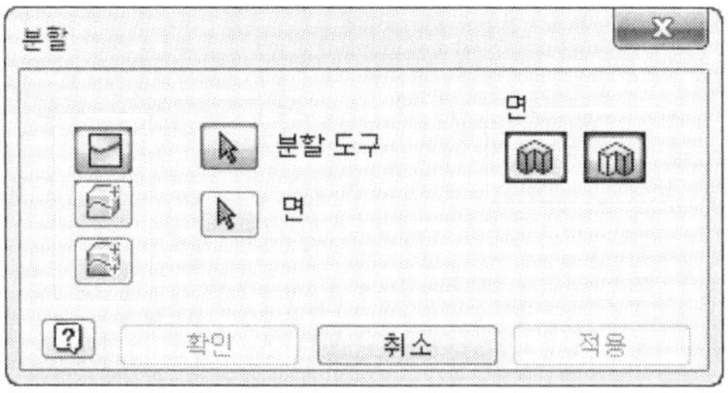

■ 방법

- 면분할 : 하나 이상의 면을 선택하여 두 부분으로 분할한다.
- 솔리드 자르기 : 부품 또는 본체를 선택하여 분할하고 한쪽을 버린다.
- 솔리드 분할 : 솔리드 본체를 두 개의 조각으로 분할하는 데 사용할 작업 평면 또는 분할선을 선택한다.

■ 선택

- 분할 도구 : 하나 이상의 면을 선택하여 두 부분으로 분할한다.
- 면 : 면 분할 방법이 활성화되면 분할할 면을 선택한다.
- 솔리드 : 분할 방법이 활성화되면 자르거나 분할할 솔리드 본체를 선택한다.

■ 면

면 분할 방법이 활성화되면 분할할 전체 또는 특정 면을 선택한다.

- 전체 : 모든 면을 선택하여 분할한다.
- 선택 : 분할할 면을 선택한다.

■ 제거

제거할 면을 클릭하여 미리 본 다음 지정된 면을 제거한다.

3.2.8 결합(Join)

하나 이상의 솔리드 본체를 접합한다. (본체에서 접합, 잘라내기, 교차 작업수행)

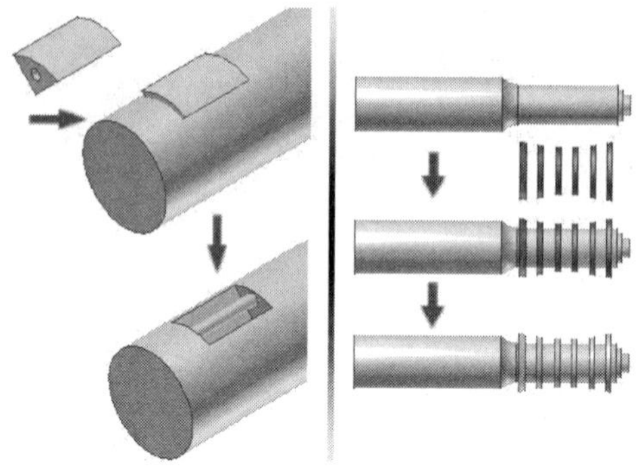

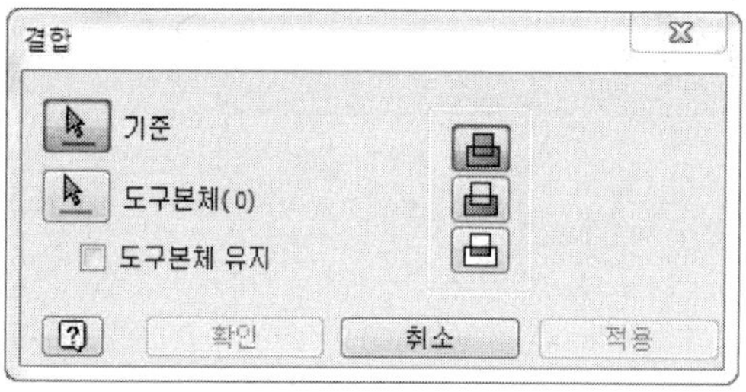

■ 선택

통합할 둘 이상의 본체를 선택한다.

- 기준 : 적용을 받는 솔리드 본체를 선택한다.
- 도구본체 : 기준 솔리드 본체에서 적용을 받을 하나 이상의 본체를 선택한다.
- 도구본체 유지 : 독립된 본체로서 작업에 포함된 도구본체를 유지하려면 선택한다.

■ 작업

접합 작업 시 선택된 본체를 접합하거나, 잘라내거나, 교차할지 지정한다.

- 접합 : 기본 본체와 선택한 도구본체를 결합한다.
- 잘라내기 : 기본 본체에서 선택한 도구본체의 체적을 뺀다.
- 교차 : 기본 본체와 선택한 도구본체의 공유 체적에서 기준 솔리드를 수정한다.

3.2.9 면 이동(Face Move)

지정된 거리와 방향 또는 평면형 이동을 기준으로 기준 솔리드 또는 피쳐에서 하나 이상의 면을 이동한다.

■ 면

이동할 하나 이상의 면을 선택한다.

- 자유이동 : 트라이어드라고 하는 3D 캔버스 내 도구를 사용하여 자유 이동한다.

- 방향 및 거리 : 지정된 방향과 거리로 면을 이동한다.
- 점 및 평면 : 평면에서 선택한 점 사이로 면을 이동할 수 있다.
- 자동혼합 : 인접해 있는 접한 면을 자동으로 이동하고 필요하면 새 혼합도 작성하는 재혼합 기술로, 부품 모델링, 조립품 및 솔리드 편집 환경에서 기본적으로 활성화되어있다.

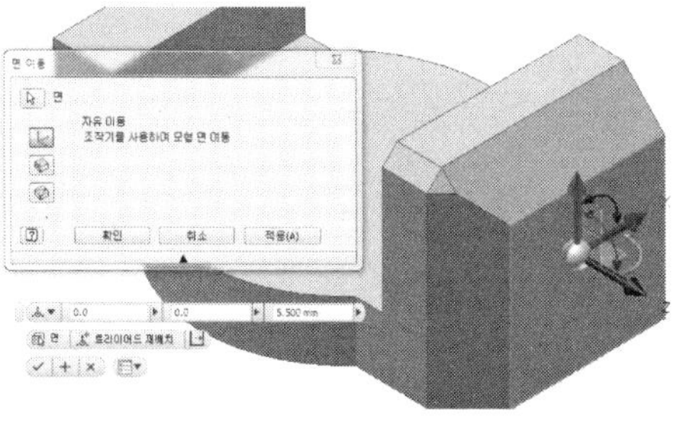

• 자유이동

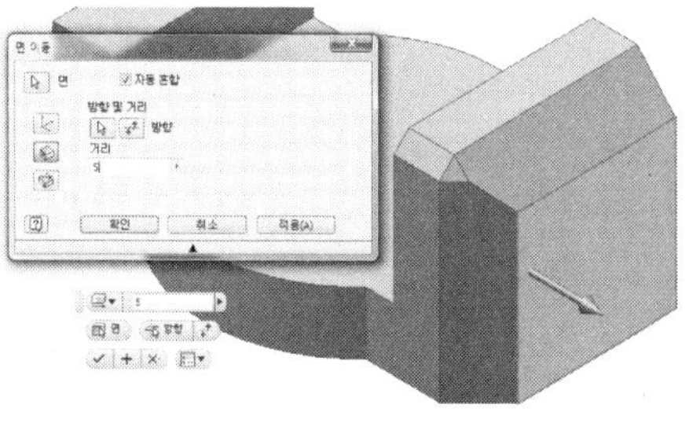

• 방향 및 거리

3.2.10 객체 복사

부품 파일 내의 형상을 구성 환경 내에서 복합, 기준 곡면 또는 그룹으로 복사하거나 이동한다.

조립품에서 한 부품으로부터 다른 부품에 곡면 형상의 연관 또는 비연관 사본을 작성한다.

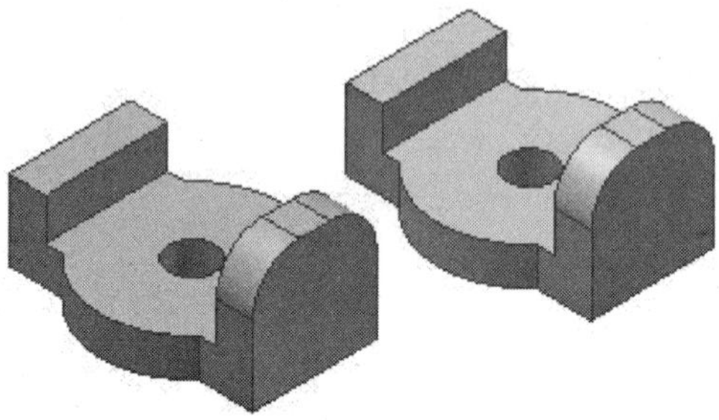

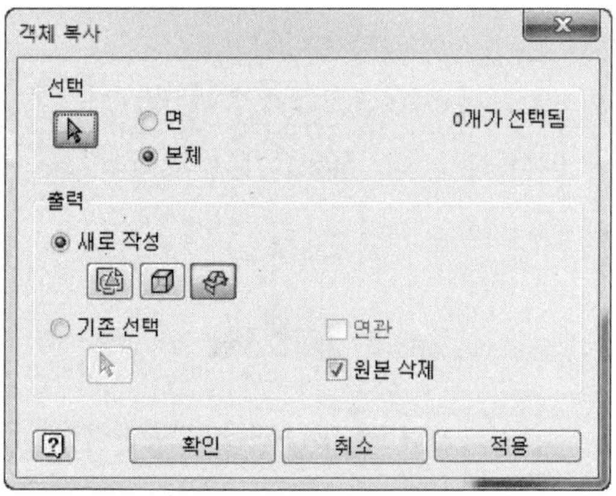

■ 선택

하나 이상의 면 또는 본체을 선택한다.

- 면 : 퀼트 또는 솔리드 본체의 개별 면 선택한다.
- 본체 : 전체 퀼트 또는 솔리드 본체을 선택한다.

■ 출력

하나 이상의 면 또는 본체을 선택한다.

- 새로작성
  - 복구된 형상 : 객체 복사를 사용하여 기본 본체를 작성한 다음 새 복구 본체를 작성할 수 있다.

- 곡면 : 선택한 단일 본체의 모든 본체 또는 모든 연속 면 세트에 대해 기준 곡면 피처를 작성한다.
- 복합 : 선택 세트를 부품 모델링 환경에서 하나의 복합 피처에 복사하거나 이동한다.

- 기존선택

  대상 복구 본체, 복합 피처 또는 그룹을 선택할 수 있다.

3.2.11 본체이동

다중 본체 부품 파일에서 원하는 방향으로 솔리드 본체를 이동한다.

모델링 명령을 사용하거나 파생 구성요소 명령을 통해 하나 이상의 솔리드를 가져와서 부품 파일에 다중 솔리드 본체를 작성한다. 본체 이동 명령을 사용하여 솔리드 본체 구성요소를 다시 배치한다.

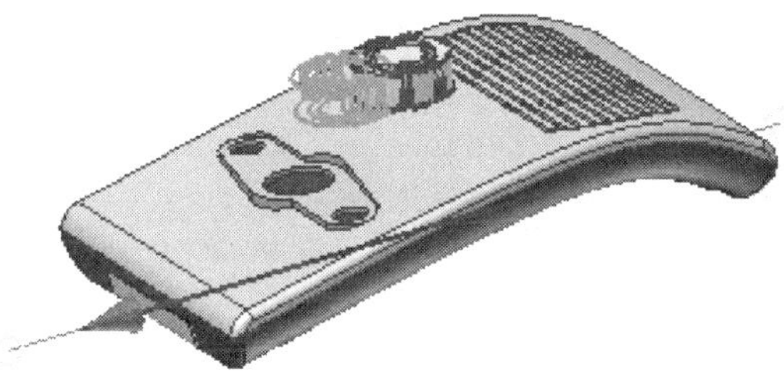

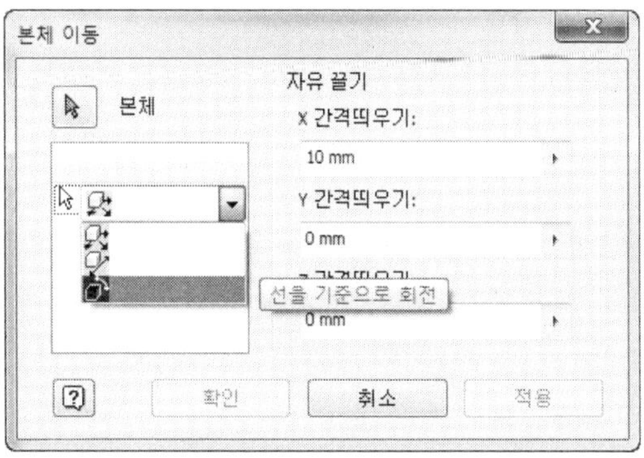

■ 이동유형

자유 끌기, 레이를 따라 이동 또는 회전 기능을 선택한다.

- 자유 끌기 : 정밀한 X, Y 또는 Z 간격띄우기 값을 입력한다.
- 레이를 따라 이동 : 선형 간격띄우기 값을 입력한다.

- 선을 기준으로 회전 : 정밀한 회전 값을 입력한다.
  - 방향 : 모서리 또는 축을 지정하여 선형 이동 방향을 정의한다.
  - 축회전 : 선회전 모서리 또는 축을 지정한다.

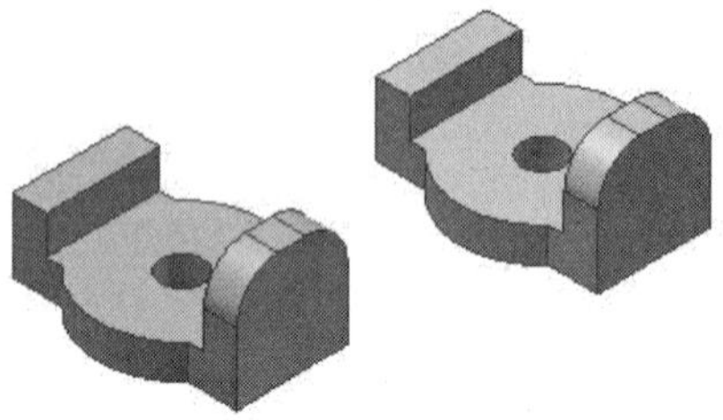

• 자유 끌기

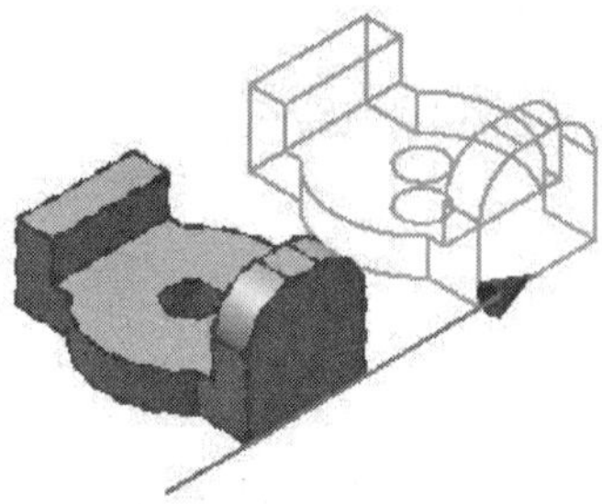

• 레이어를 따라 이동

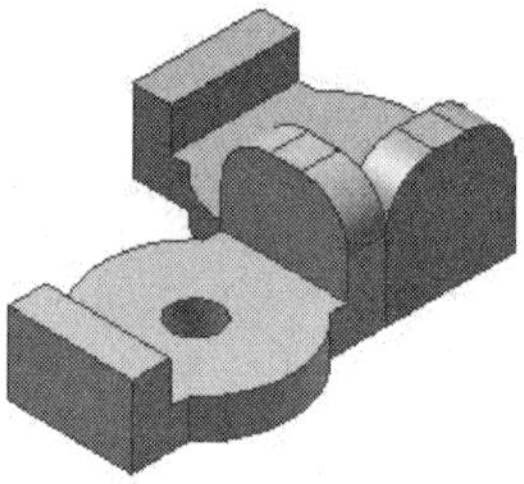

• 선을 기준으로 회전

3.3 작업 피쳐

작업 피쳐는 새 피쳐를 작성하고 배치하기에 형상이 충분하지 않을 때 사용되는 추상적인 구성 형상이다. 작업 피쳐에는 작업 평면, 작업축 및 작업점이 포함되어 있다.

3.3.1 작업 평면

부품에서 작업 평면은 파라메트릭하게 피쳐에 부착되는 무한 구성 평면이다. 조립품에서 작업 평면은 기존 구성요소에 상대적으로 구속된다.

기본적으로 YZ평면, XZ평면, XY평면을 가지고 Inventor는 모델링을 생성하지만, 사용자에 의해 생성된 평면 위에 스케치를 하고, 3D 모델링을 할 수도 있다.

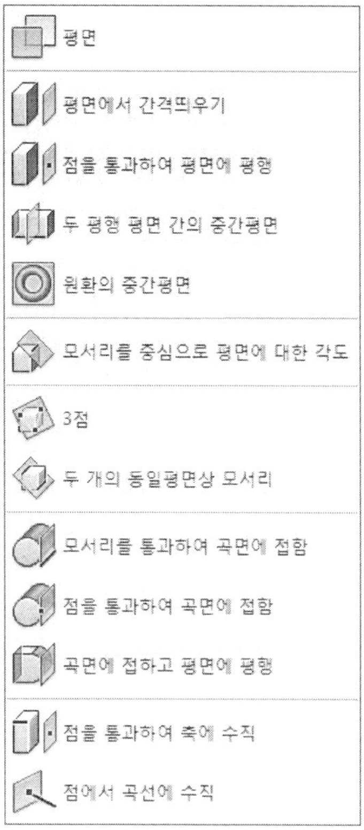

- 평면에서 간격띄우기

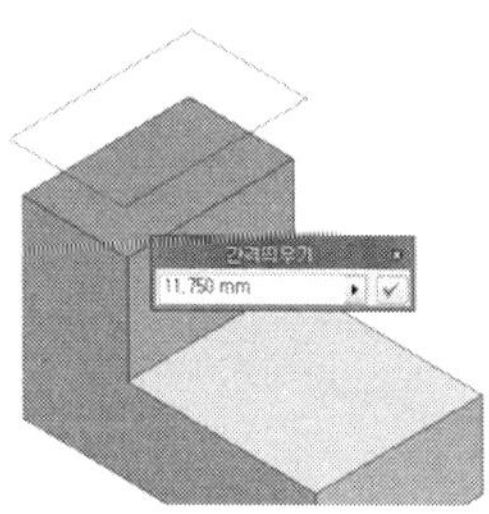

- 평행 평면 간의 중간평면

- 평면과 축을 이용한 작업 평면 생성

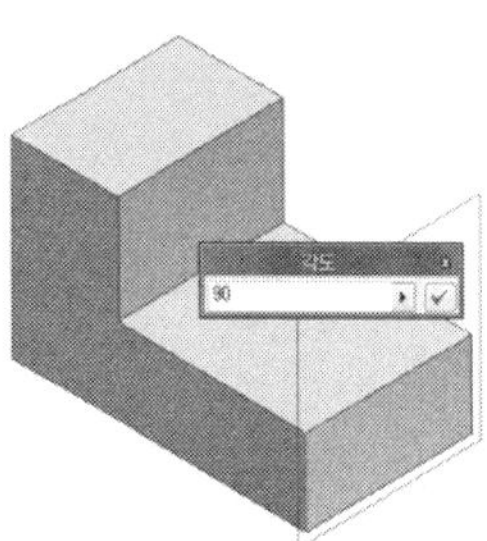

- 축과 축을 이용한 작업평면 생성

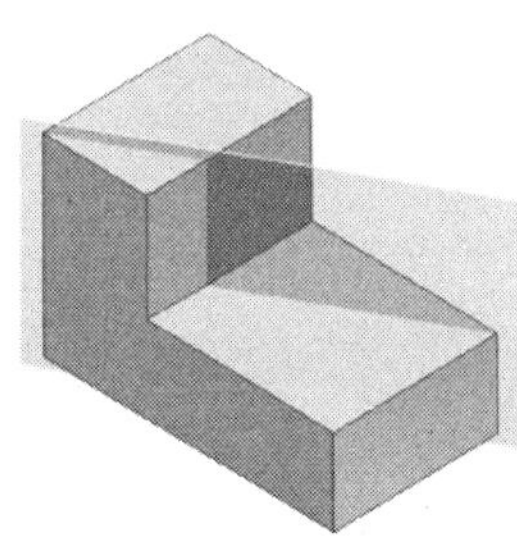

- 평면과 점을 이용한 작업평면 생성

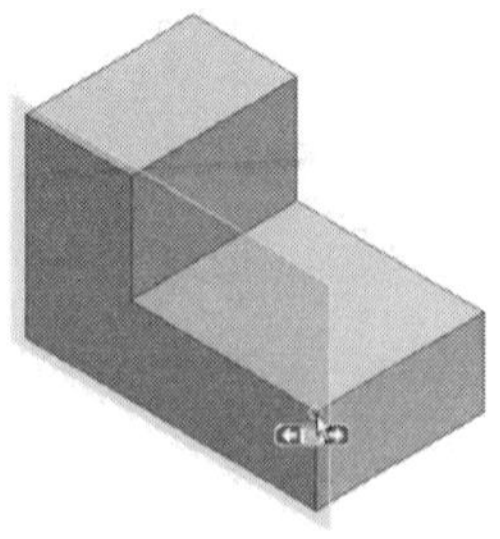

- 축과 점을 이용한 작업 평면생성

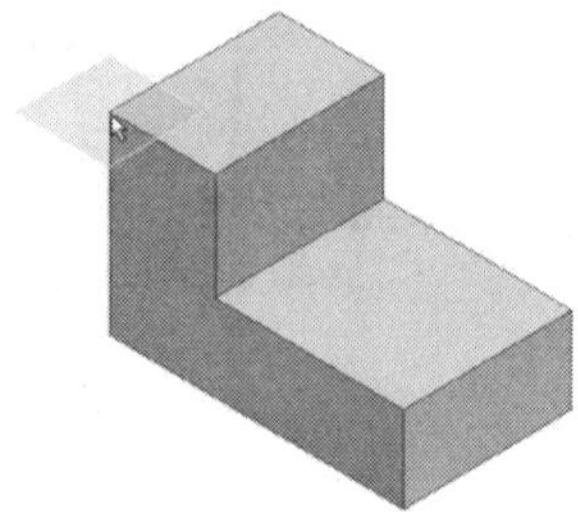

- 모서리를 중심으로 평면에 대한 각도

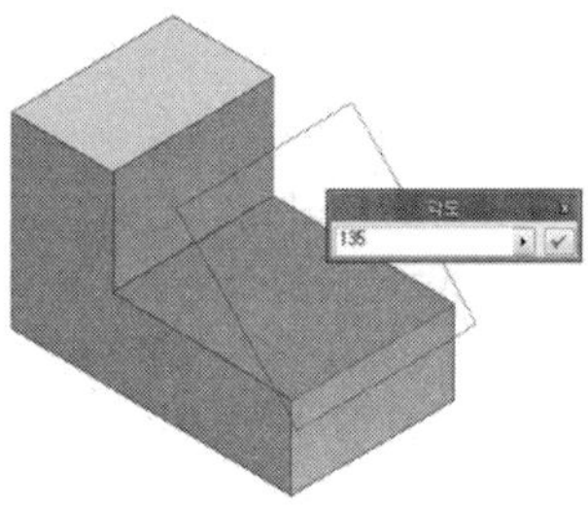

- 3점

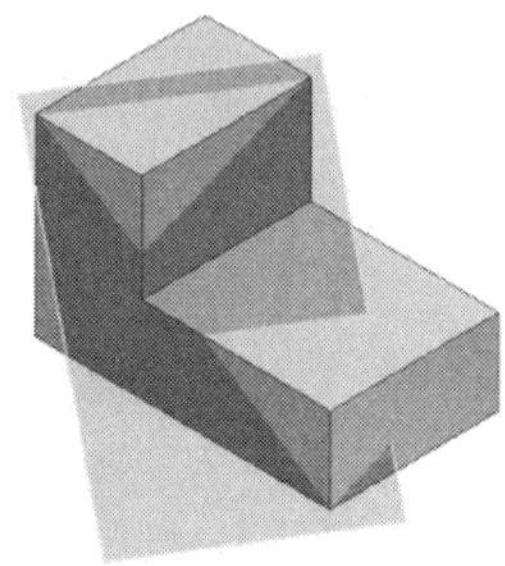

- 원통 면을 접하는 작업평면 생성

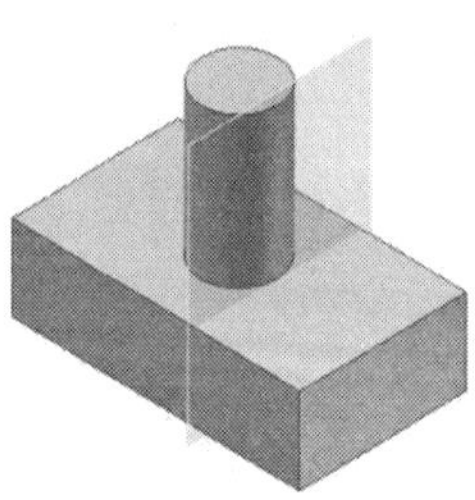

- 원통 축을 지나는 작업평면 생성

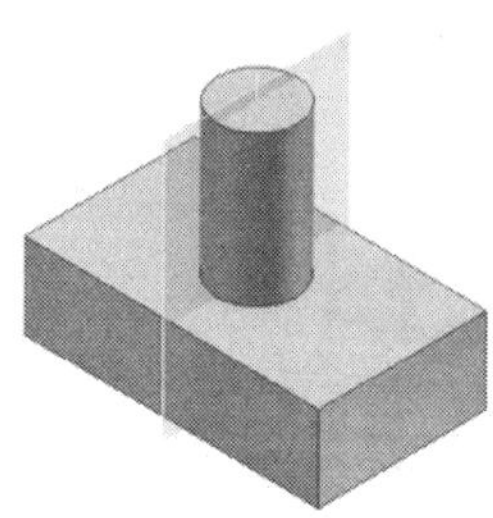

3.3.2 작업축

피쳐와 조립품을 구성할 때 작업축을 사용하여 대칭선, 중심선 또는 회전된 피쳐축 사이의 거리를 표시한다. 도면에서 작업축을 사용하여 자동화된 중심선 및 중심 표식의 위치를 표시한다.

보스, 샤프트 또는 구멍과 같은 원형 피쳐의 축을 따라 작업축을 배치할 수도 있다. 조립품에 구성요소를 배치할 때, 작업축을 따라 구속한다.

3D 스윕을 작성할 때 작업점을 작업축과 작업 평면의 교차점에 배치한 다음 작업점을 선택하여 스윕 경로를 지정할 수 있다.

• 작업축 작성

축 명령을 사용하여 사용되지 않은 스케치 형상, 점 또는 부품 모서리를 작업축으로 지정한다.

3.3.3 작업점

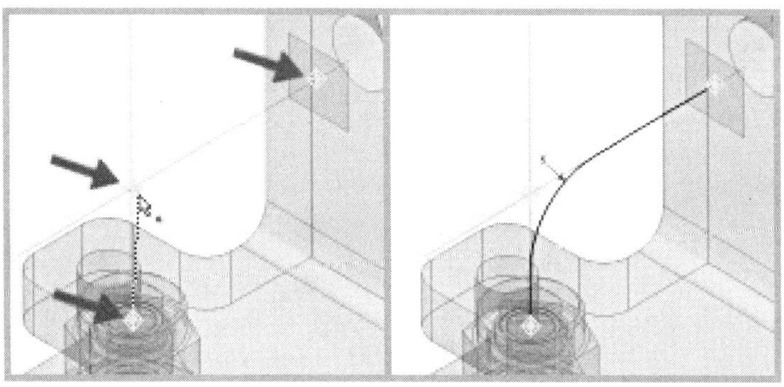

작업점은 부품 형상, 구성 형상 또는 3D 공간에 배치할 수 있는 파라메트릭 구성 점이다. 조립품에서 작업점을 선의 중간점에 작성할 수 없다.

작업점은 부품 면, 모형 곡면, 구성 곡면 및 기준 곡면의 구멍과 절단부에 배치할 수 있다. 루프 선택 모드가 활성화된 경우 모든 닫힌 루프에 작업점을 배치할 수 있다.

3.3.4 UCS(사용자 좌표계)

UCS(사용자 좌표계)는 작업 피처(3개의 작업 평면, 3개의 축 및 중심점)의 집합이다. 그러나 원점과 달리 문서에 여러 UCS가 있을 수 있으므로 이러한 UCS를 서로 다르게 배치하고 방향을 지정할 수 있다.

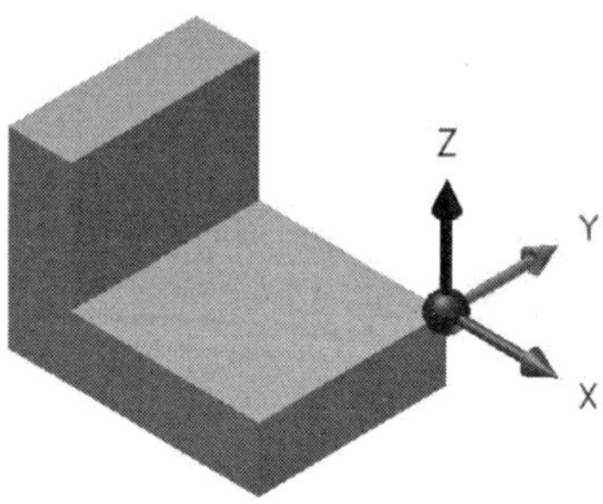

3.4 패턴

3.4.1 직사각형 배열

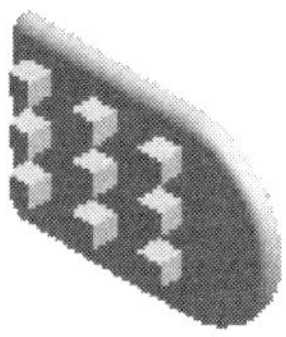

하나 이상의 피쳐를 복제하고 한쪽이나 양쪽 방향의 선형 경로를 따라 또는 직사각형 패턴의 특정 개수와 간격에 따라 결과 발생을 배열한다. 행과 열은 선, 호, 스플라인 또는 잘린 타원일 수 있다.

- 개별 피쳐 패턴 : 이 옵션을 사용하여 개별 솔리드 피쳐, 작업 피쳐 및 곡면 피쳐를 패턴화한다.
- 피쳐 : 패턴에 포함할 솔리드 피쳐, 작업 피쳐 또는 곡면 피쳐를 선택한다.
- 전체 솔리드 패턴 : 이 옵션을 사용하여 개별적으로 패턴화할 수 없는 피쳐가 포함된 부품을 패턴화한다.
- 작업 피쳐/곡면 피쳐 포함 : 패턴화할 부품에서 하나 이상의 작업 피쳐 또는 곡면 피쳐를 선택한다.
- 방향1
  - 경로 : 발생을 추가할 방향을 선택한다.
  - 반전 : 발생의 방향을 반전시킨다.
  - 중간평면 : 발생이 원래 피쳐의 양쪽 면에 분포되는 패턴을 작성한다.

- 개수 : 열이나 선형 경로에서 발생 수를 지정한다.
- 길이 : 발생 간의 간격 또는 거리를 지정하거나 방향 1열이 걸치는 거리를지정한다.

■ 방향2 : 방향1과 동일한 조건으로 작성한다.

3.4.2 원형 배열

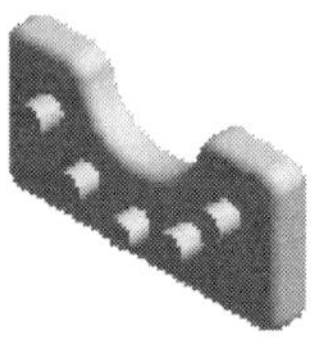

피쳐를 하나 이상 복제하고 호 또는 원의 특정 개수 및 간격에 따라 결과 발생을 배열한다.

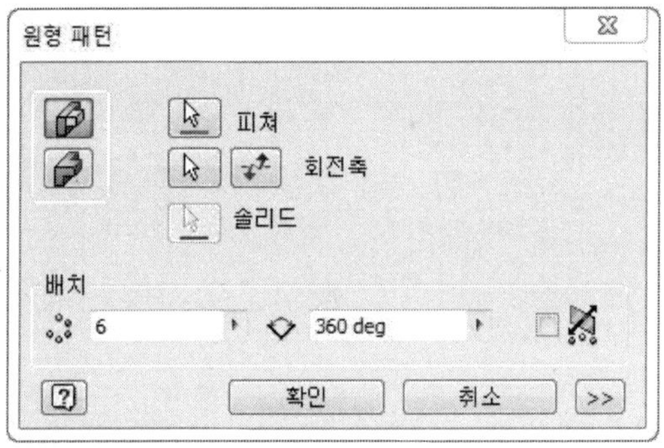

■ 개별 피쳐 패턴 : 이 옵션을 사용하여 개별 솔리드 피쳐, 작업 피쳐 및 곡면 피쳐를 패턴화한다.

- 피쳐 : 패턴에 포함할 솔리드 피쳐, 작업 피쳐 또는 곡면 피쳐를 선택한다.

■ 전체 솔리드 패턴 : 이 옵션을 사용하여 개별적으로 패턴화할 수 없는 피쳐가 포함된 부품을 패턴화한다.

- 작업 피쳐/곡면 피쳐 포함 : 패턴화할 부품에서 하나 이상의 작업 피쳐 또는 곡면 피쳐를 선택한다.

■ 회전축 : 반복되는 발생의 축(각도의 피벗 점)을 지정한다. 축은 패턴화할 피쳐와 다른 평면에 있을 수 있다.

■ 반전 : 패턴의 방향을 반전시킨다.

■ 배치

- 개수 : 패턴의 발생 수를 지정한다.
- 각도 : 발생 사이의 각도 간격은 배치 방법에 따라 다른다.
- 중간평면 : 일반적으로 가운데 위치에 작성되는 원래 피쳐의 양쪽 면에 피쳐 발생을 분포시키도록 지정한다.

3.4.3 대칭피쳐

작업 평면이나 평면형 면은 선택된 피쳐를 대칭시킬 대칭 평면으로 사용할 수 있다. 대칭된 피쳐는 선택된 피쳐의 반전된 사본이다. 조립품에서는 스케치된 피쳐만 대칭시킬 수 있다. 부품의 경우 솔리드 대칭 옵션을 사용하여 개별적으로 대칭시킬 수 없는 피쳐가 포함된 본체를 대칭시킨다. 본체의 패턴에는 작업 피쳐 및 곡면 피쳐가 포함될 수도 있다.

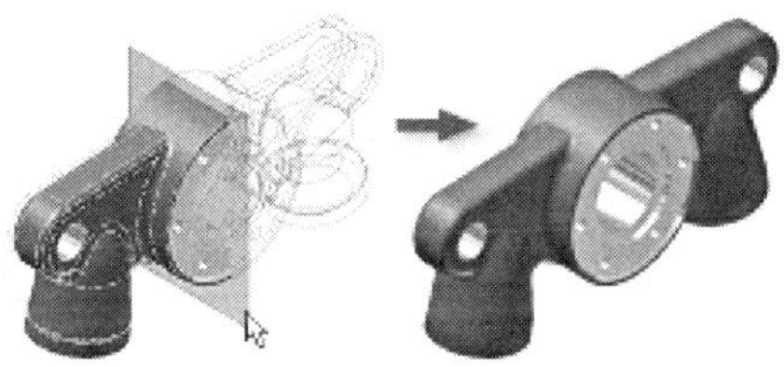

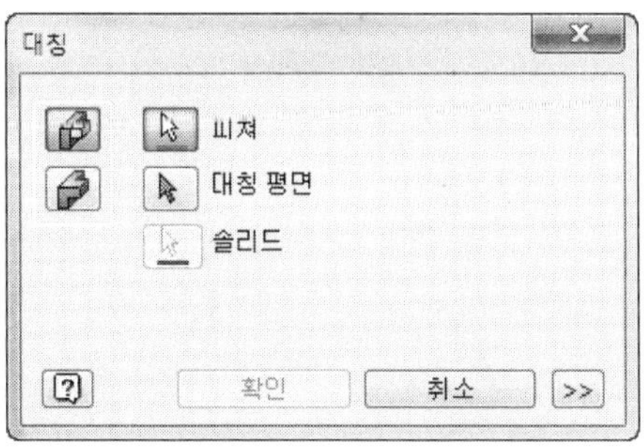

■ 개별 피쳐 대칭

- 피쳐 : 대칭시킬 솔리드 피쳐, 작업 피쳐 또는 곡면 피쳐를 선택한다.
- 대칭평면 : 선택된 피쳐가 대칭되는 기준 작업 평면이나 평면형 면을 선택한다.
- 솔리드 : 다중 본체 부품에서 솔리드 본체를 선택하여 대칭을 받는다.

■ 전체 솔리드 대칭

- 작업 피처/곡면 피처 포함 : 부품에서 대칭시킬 하나 이상의 작업 피처 또는 곡면 피처를 선택한다.
- 대칭평면 : 선택된 작업 피처, 곡면 피처 및 솔리드가 대칭되는 기준 작업 평면이나 평면형 면을 선택한다.
- 원본제거 : 원래 본체를 제거한다.
- 접합 : 선택한 본체에 피처를 접합한다.
- 새 솔리드 : 다중 본체 부품에서 새 본체를 작성한다.

예제1 모델링 따라하기

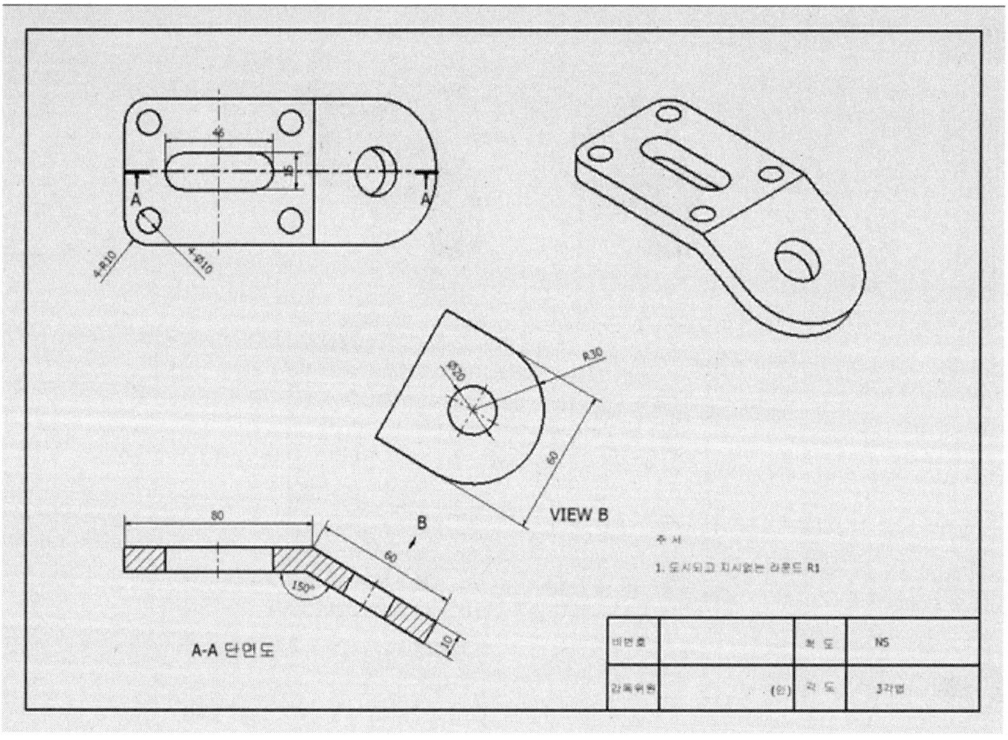

① 2D 스케치 패널에서 선 아이콘을 클릭한다.
1번 지점을 마우스 왼쪽 버튼으로 클릭한다.
2번 지점을 마우스 왼쪽 버튼으로 클릭한다.
3번 지점을 마우스 왼쪽 버튼으로 클릭한다.

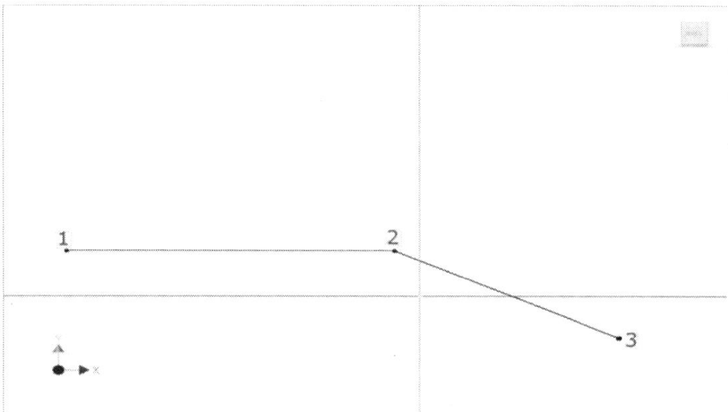

② 2D 스케치 패널에서 치수 아이콘을 클릭한다.
1번 선을 클릭하여 80mm 지정한다.
2번 선을 클릭하여 60mm 지정한다.

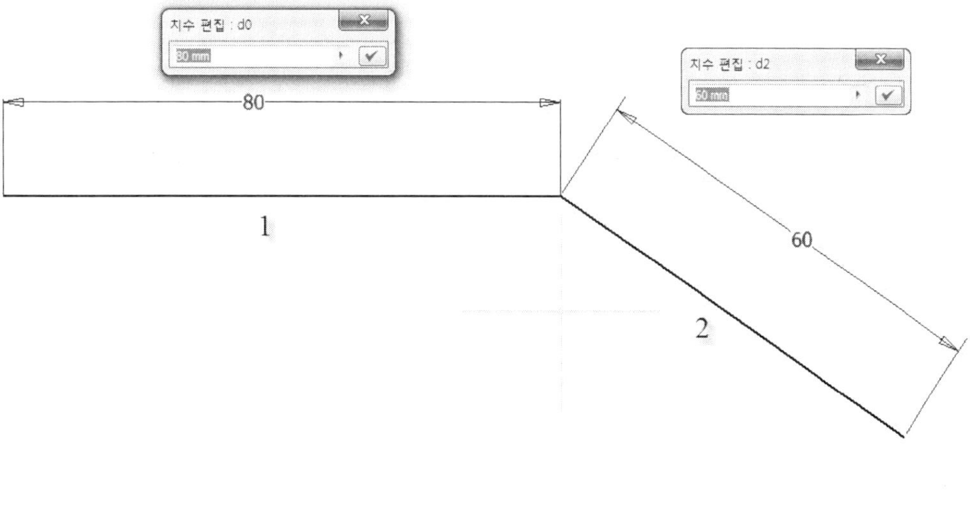

③ 2D 스케치 패널에서 치수 아이콘을 클릭한다.

선1과 선2을 클릭해서 원하는 자리에 클릭한다.

각도 값 150mm 지정한다.

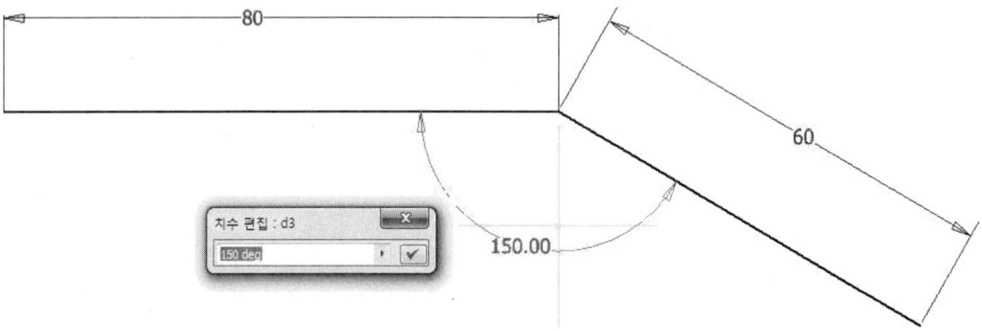

④ 간격띄우기 아이콘을 클릭한다.

왼쪽 버튼으로 1번 선을 클릭한다.

원하는 지점에 두고 클릭한다.

치수 아이콘을 클릭한다.

A, B선을 클릭하여 10mm 지정한다.

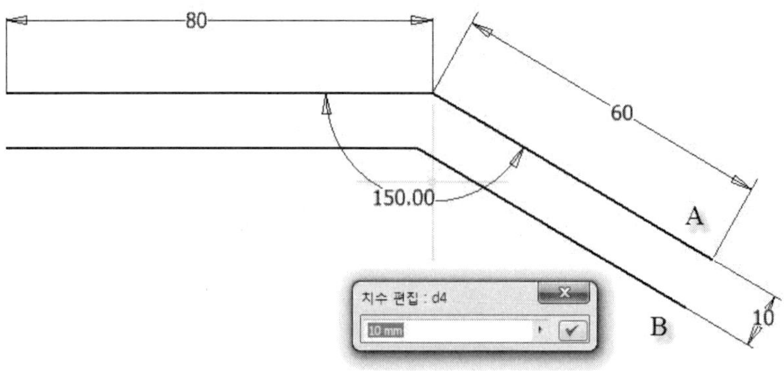

⑤ 2D 스케치 패널에서 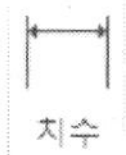 치수 아이콘을 클릭한다.

간격을 띄운 사이에 연결선을 그려준다.

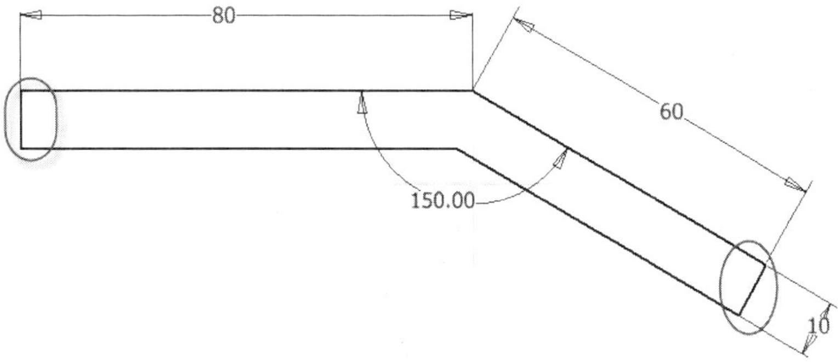

⑥  스케치 마무리 아이콘을 클릭해서 스케치 화면을 빠져 나간다.

⑦ 3D 작업을 할 수 있는 부품 피쳐 화면이 나타난다.

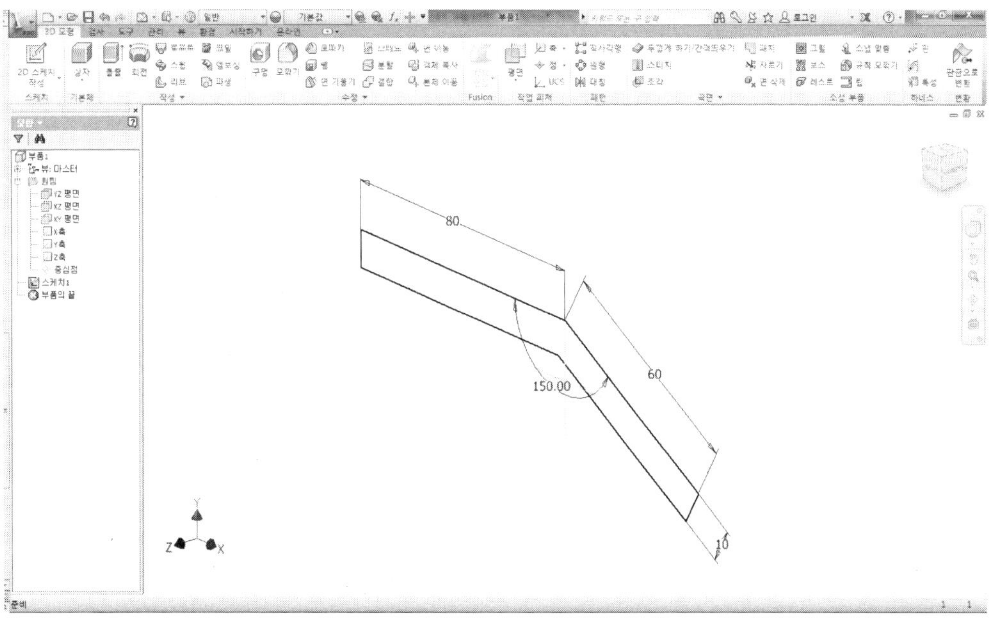

⑧ 돌출 아이콘을 클릭한다.

프로파일을 클릭하고 빨간 영역을 클릭한다.

거리값 60mm 지정한다.

확인을 누른다.

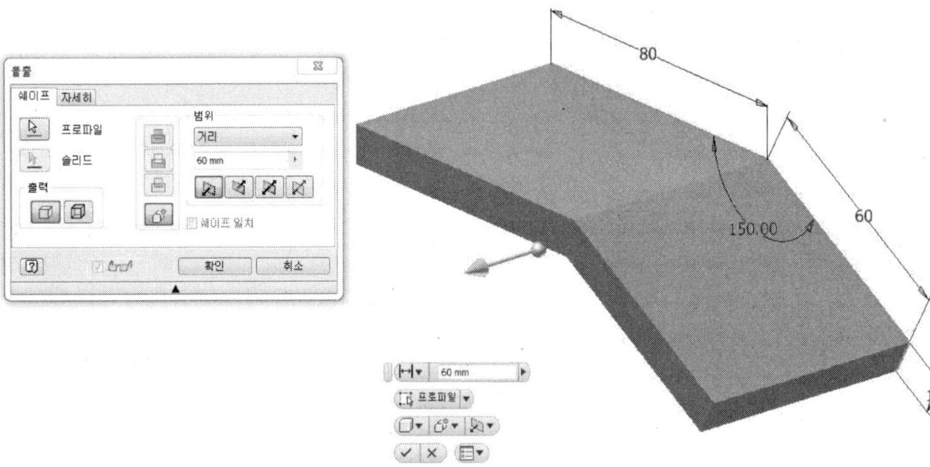

⑨ 모깎기 아이콘을 클릭한다.

모깎기할 모서리를 클릭한다.(1번)

반지름 값 30mm 지정한다.(2번)

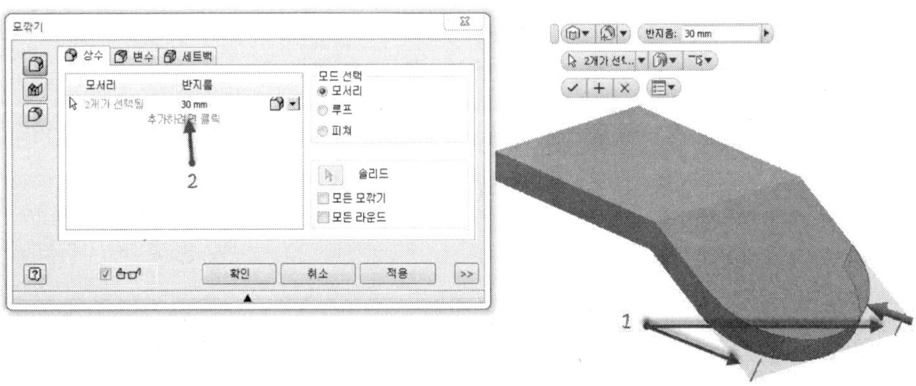

3

⑩ 모깎기할 모서리를 클릭한다.
반지름 값 10mm 지정한다.

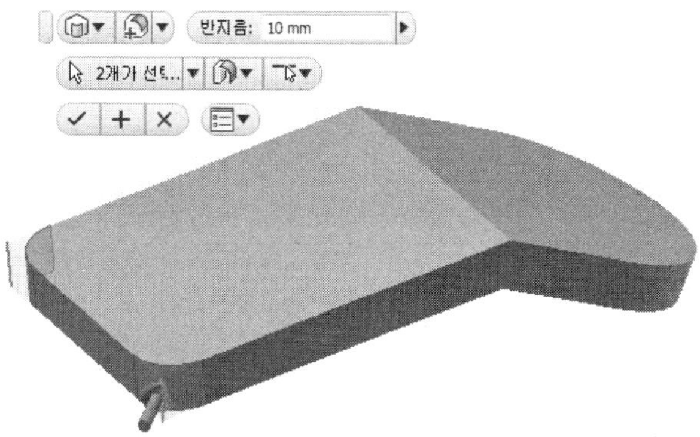

⑪ 

아이콘을 클릭하고 작업할 평면을 클릭한다.
(여기선 빨간 테두리 영역 안을 클릭한다.)

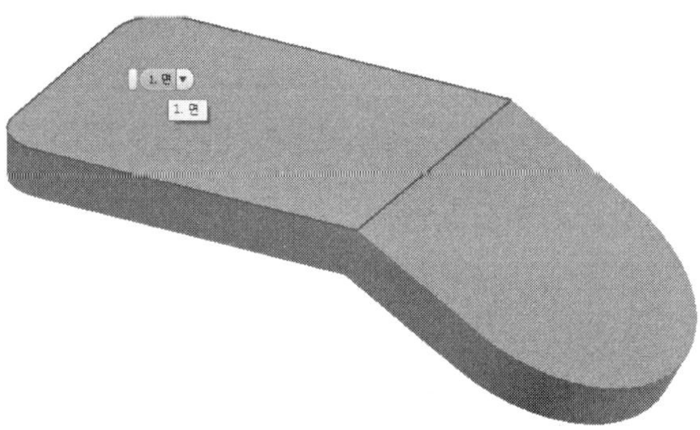

⑫ 스케치 화면으로 들어가면서 2D작업을 할 수 있는 공간으로 전환된다.

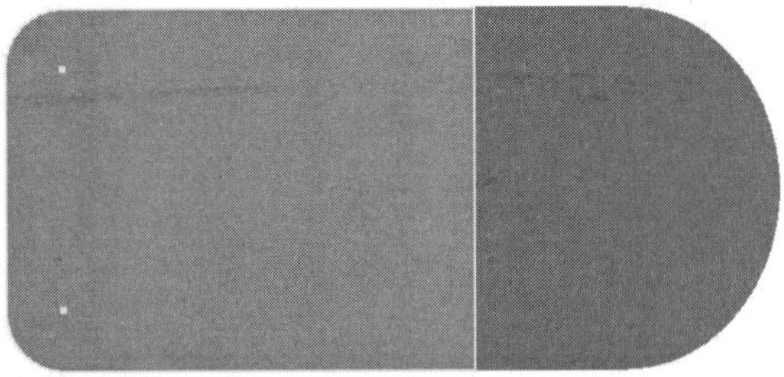

⑬ 

아이콘을 클릭한다.

1번 지점을 클릭하고 2번 지점을 클릭한다.

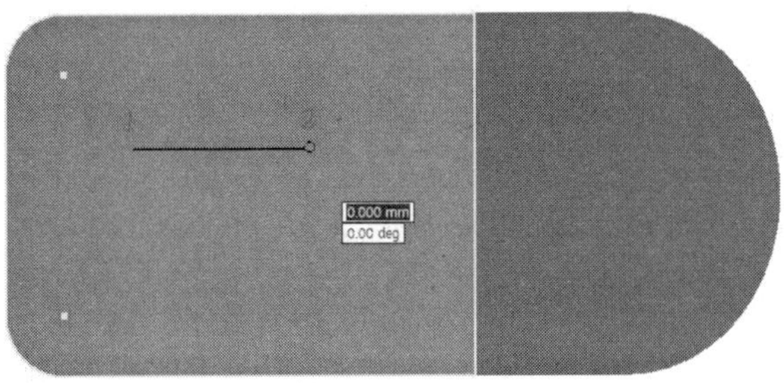

⑭ 끝점에 선이 연결되어 있는 상태에서, 선의 끝점을 마우스 왼쪽 버튼으로 누른 상태에서 호 생성 방향으로 드래그 하면, 3번과 같이 호를 생성할 수 있다.

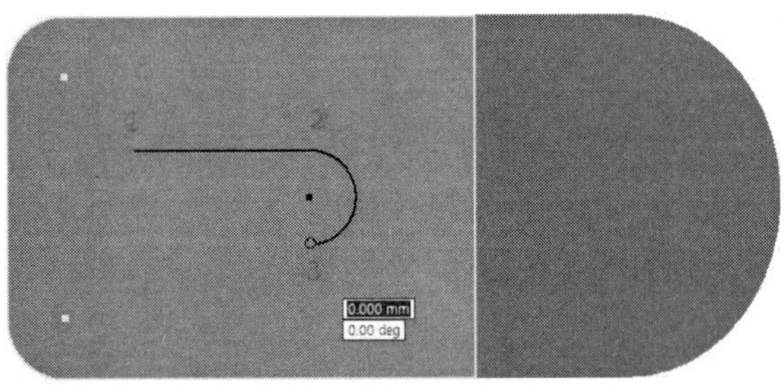

⑮ 3번 지점에서 1, 2번 라인과 평행하게 4번 지점까지 라인을 그린다.

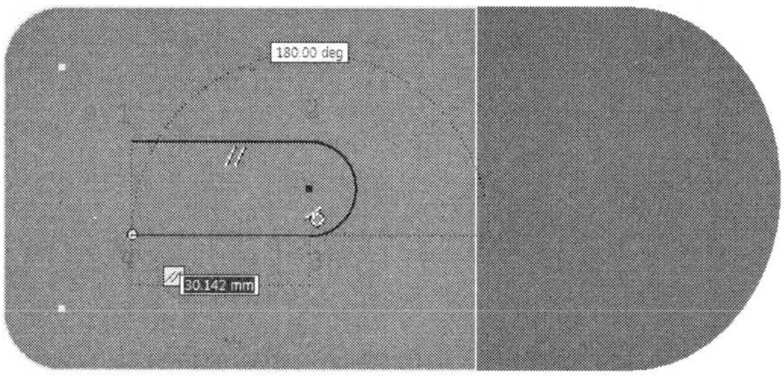

⑯ 4번 끝점에서 다시 라인으로 호를 그린다.

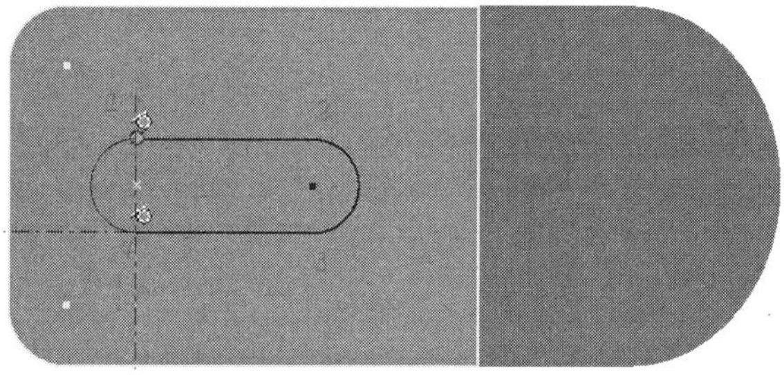

여기서 잠깐!!!

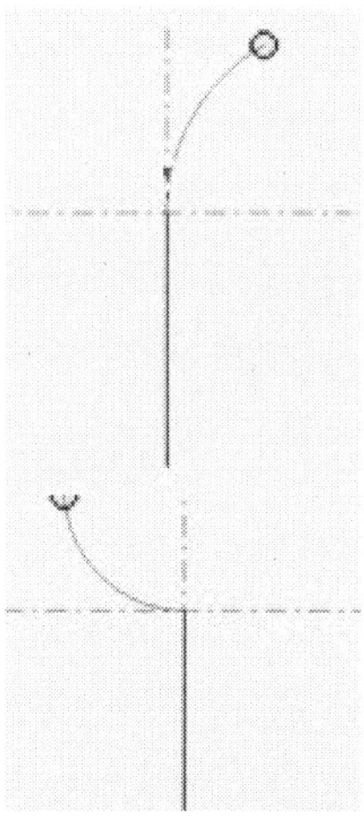

라인이 끝나는 지점에서 마우스를 그림과 같이 좌, 우, 아래, 위로 움직이면 다음과 같은 호를 그릴 수 있다.

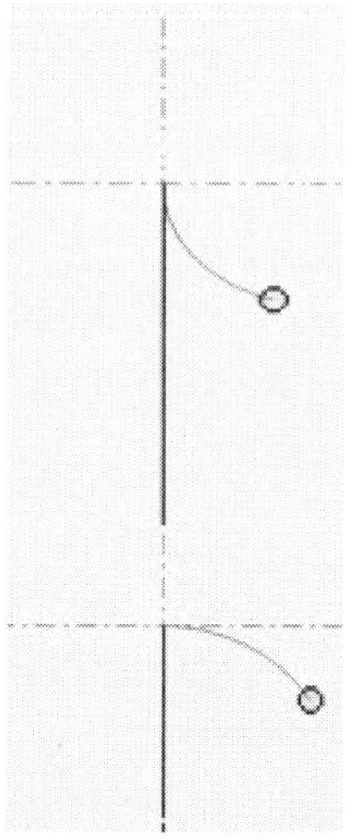

⑰ 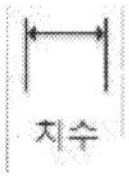

아이콘을 클릭한다.

아래 그림과 같이 치수를 넣어준다. (사칙연산도 가능하다.)

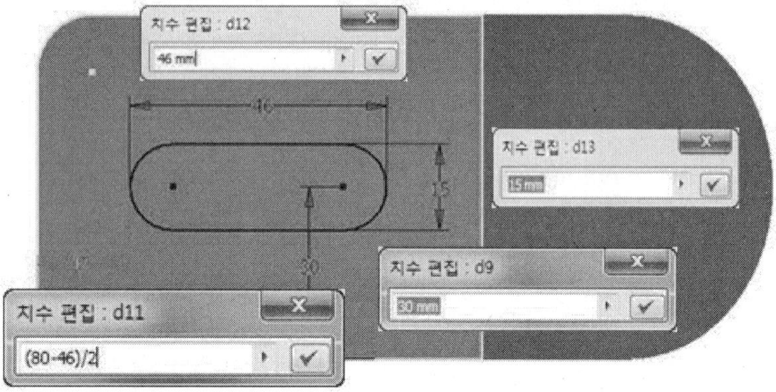

⑱ 

아이콘을 클릭해서 스케치 화면을 빠져나가 부품 피쳐 화면으로 전환한다.

아이콘을 클릭한다.

프로파일을 선택하고 빨간 영역을 클릭한다.

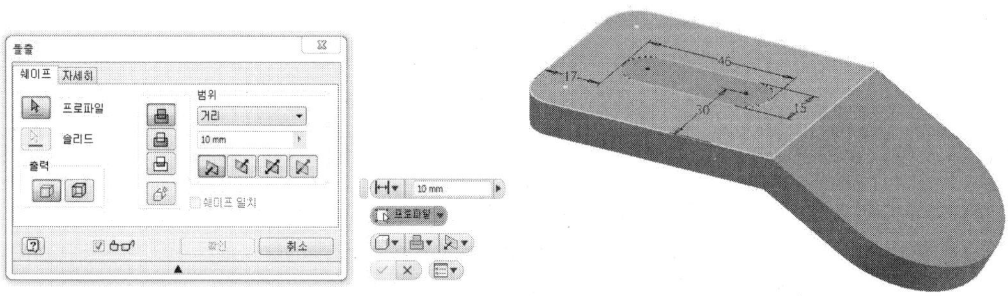

거리 값 10mm 지정하고 차집합을 클릭한다.

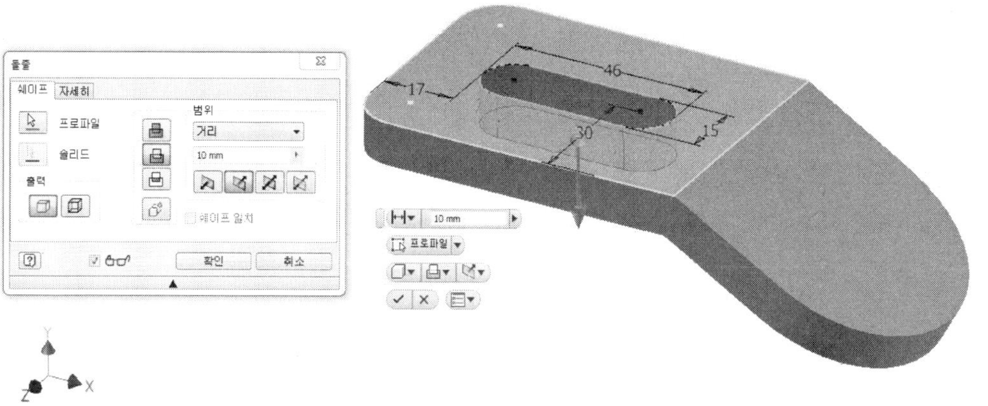

확인을 클릭한다.

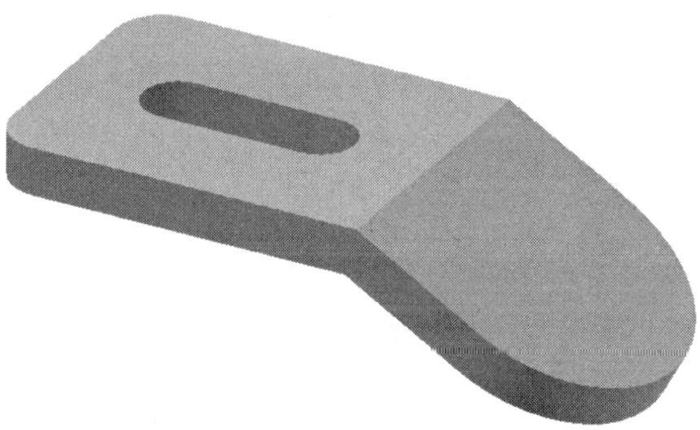

⑲ 2D 스케치 작성 아이콘을 선택하고 작업할 초록색 평면을 클릭한다.

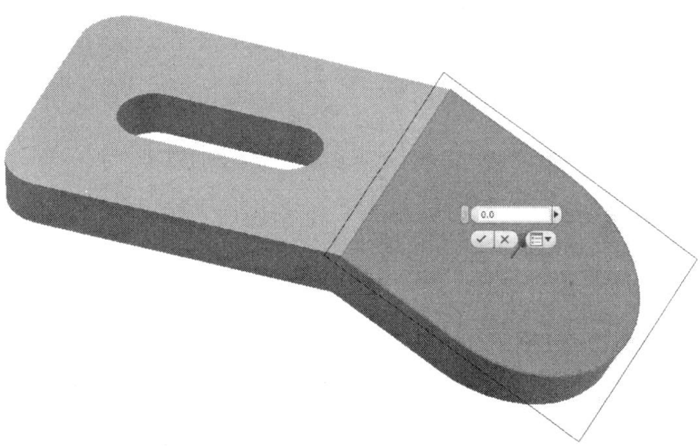

스케치 화면으로 들어가면서 2D작업을 할 수 있는 작업공간으로 전환된다.

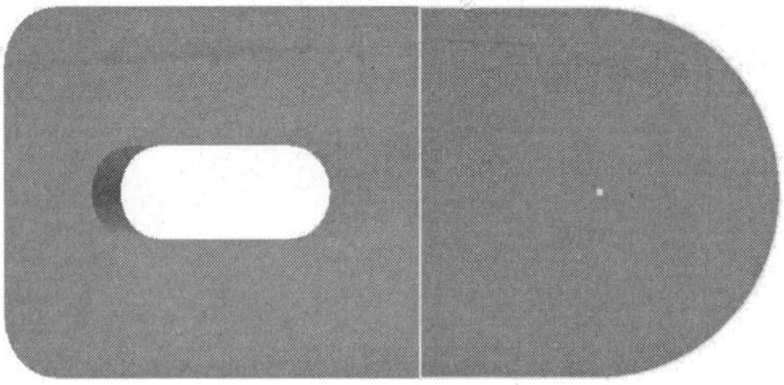

원 중심점 아이콘을 클릭한다.

작업할 평명의 중심원을 클릭하고 원하는 곳에 클릭한다.

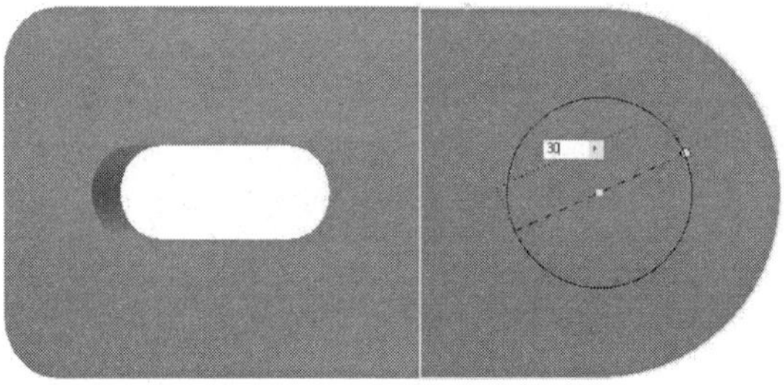

치수 아이콘을 클릭해서 원의 값을 20mm 지정한다.

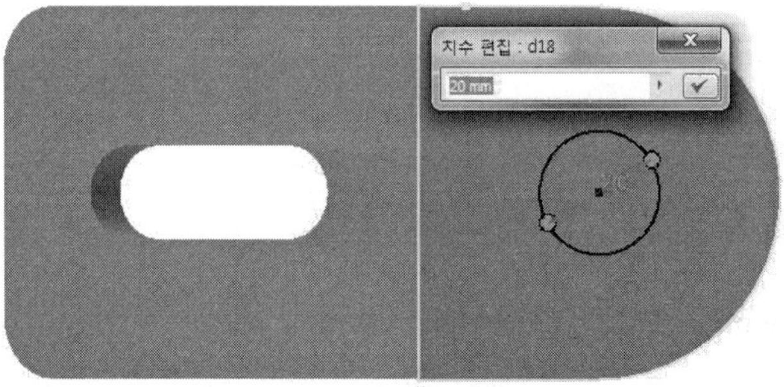

스케치 마무리 아이콘을 클릭해서 스케치 화면을 빠져나가 부품 피처 화면으로 전환한다.

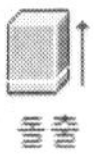

아이콘을 클릭한다.

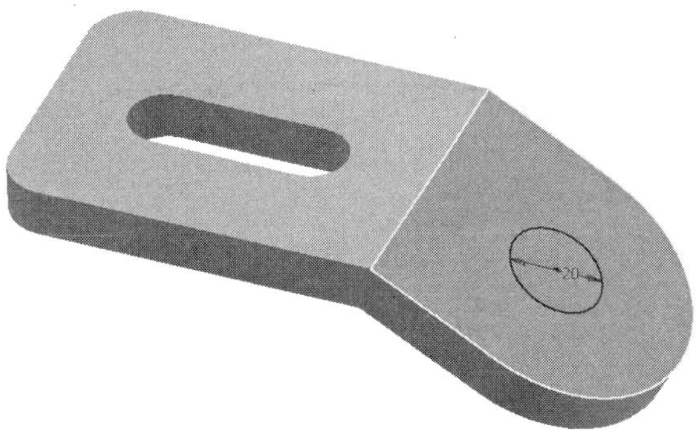

프로파일을 선택하고 빨간 영역을 클릭한다.

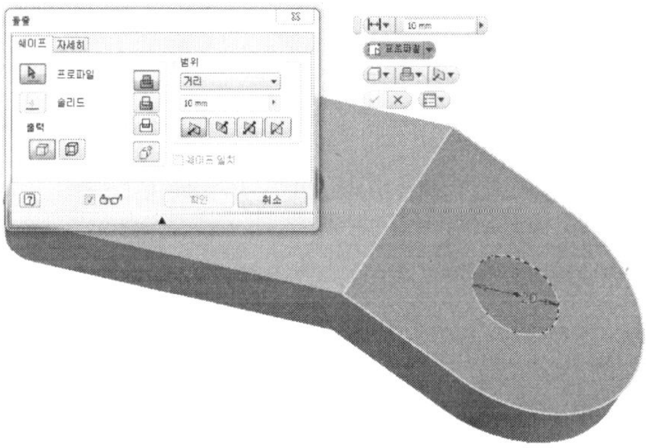

거리 값 10mm 지정하고 차집합을 클릭한다.

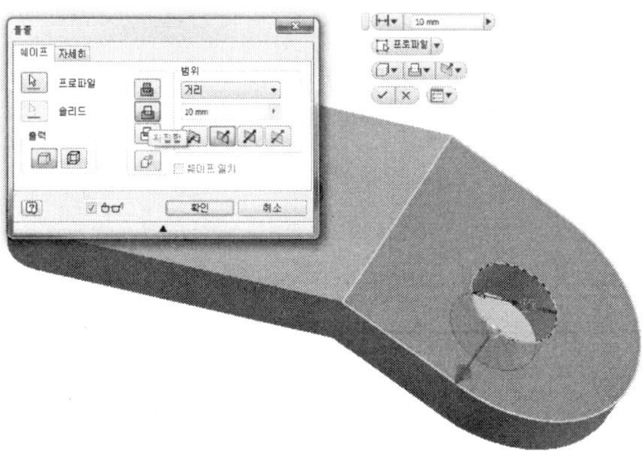

확인을 클릭한다.

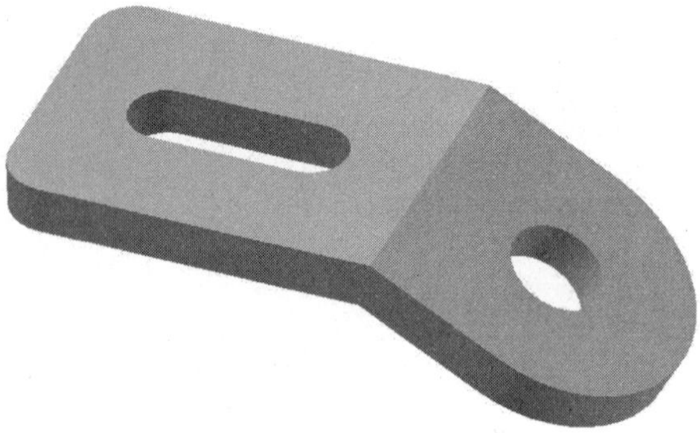

⑳ 2D 스케치 작성 아이콘을 선택하고 작업할 파란색 평면을 클릭한다.

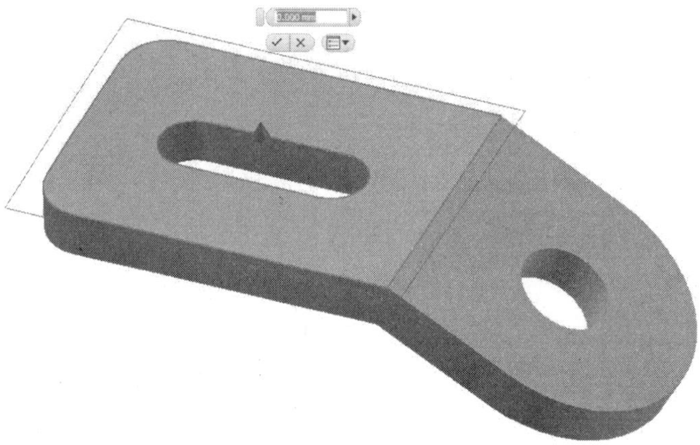

스케치 작업공간으로 들어간다.

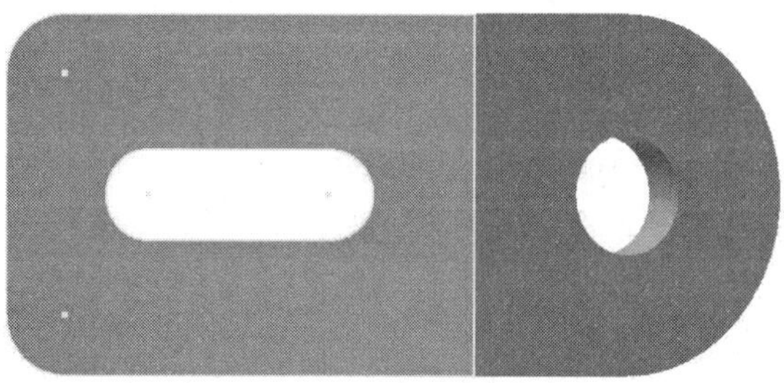

원 중심점 아이콘을 클릭한다.

작업할 평명의 중심원을 클릭하고 원하는 곳에 클릭한다.

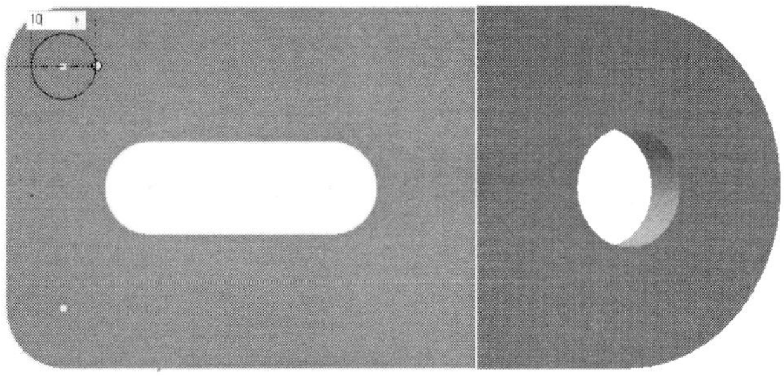

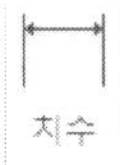

아이콘을 클립해서 원의 값을 10mm 지정한다.

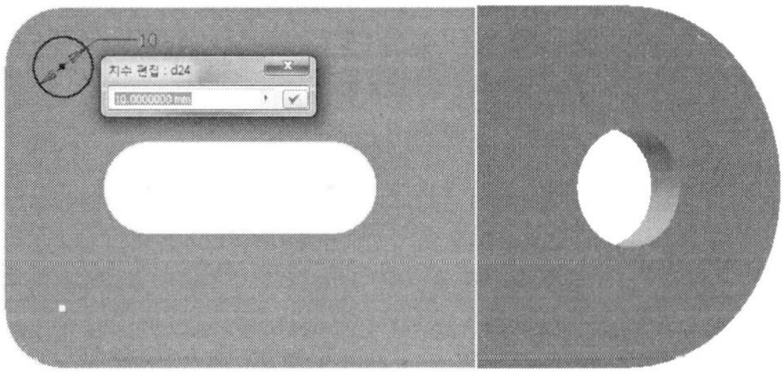

아이콘을 클릭해서 스케치 화면을 빠져나가 부품 피쳐 화면으로 전환한다.

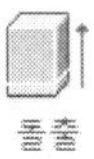

아이콘을 클릭한다.

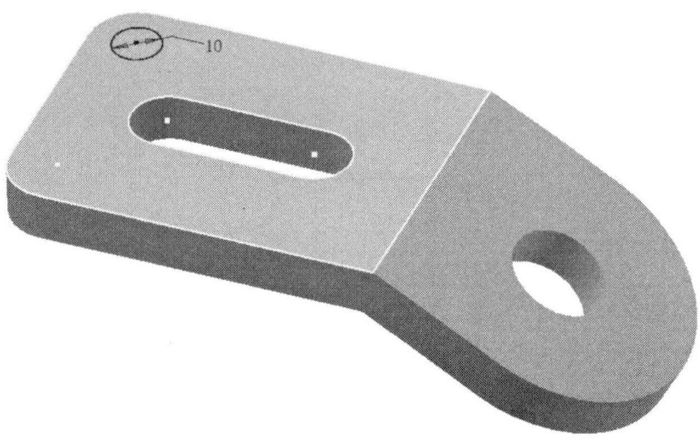

프로파일을 선택하고 빨간 영역을 클릭한다.

거리 값 10mm 지정하고 차집합을 클릭한다.

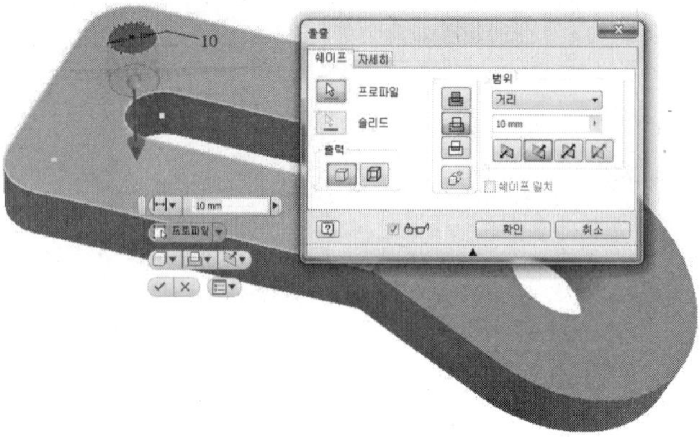

확인을 클릭한다.

직사각형 아이콘을 클릭한다.

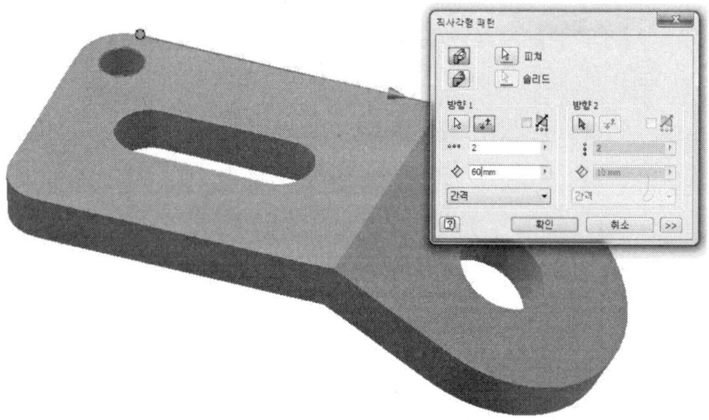

개별 피처 패턴에서 피처를 선택하고 파란 영역을 클릭한다.

방향1 선택하고 개수에 2 입력하고 간격에 60mm 입력한다.

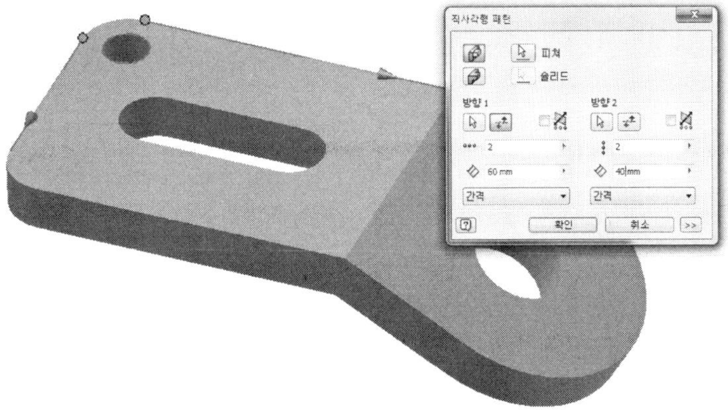

방향2 선택하고 개수에 2 입력하고 간격에 40mm 입력한다.

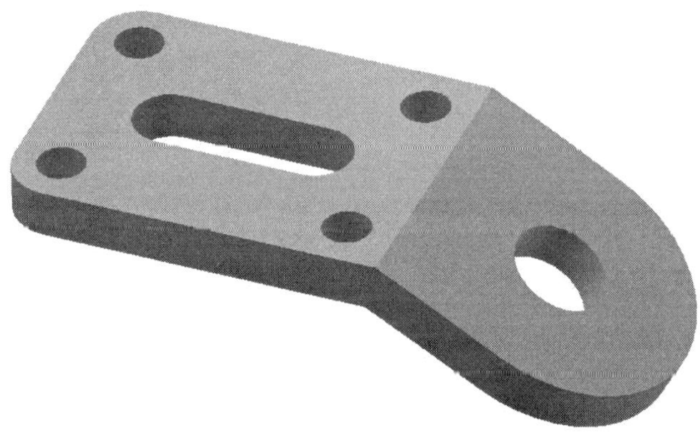

확인을 클릭한다.

㉑ 아이콘을 클릭한다. (파일에서 저장을 클릭한다)
저장 위치를 설정하고 파일이름을 준 다음 저장을 클릭한다.

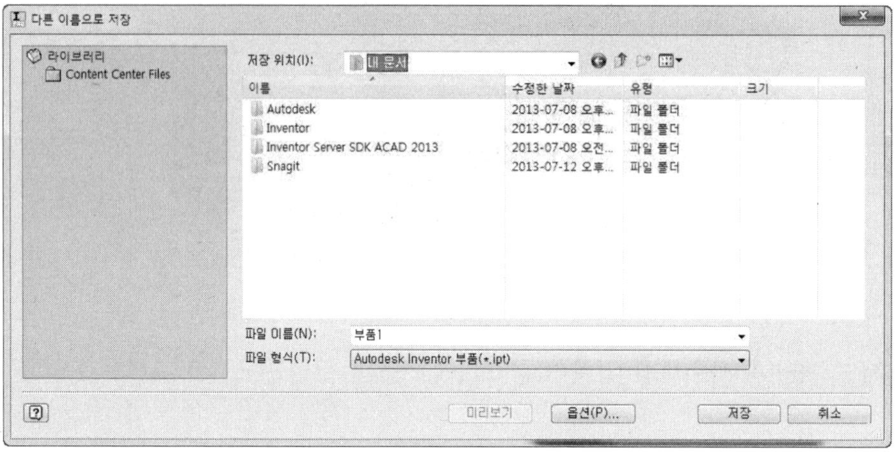

4

동력 전달 장치 – 부품 작성하기

조립도

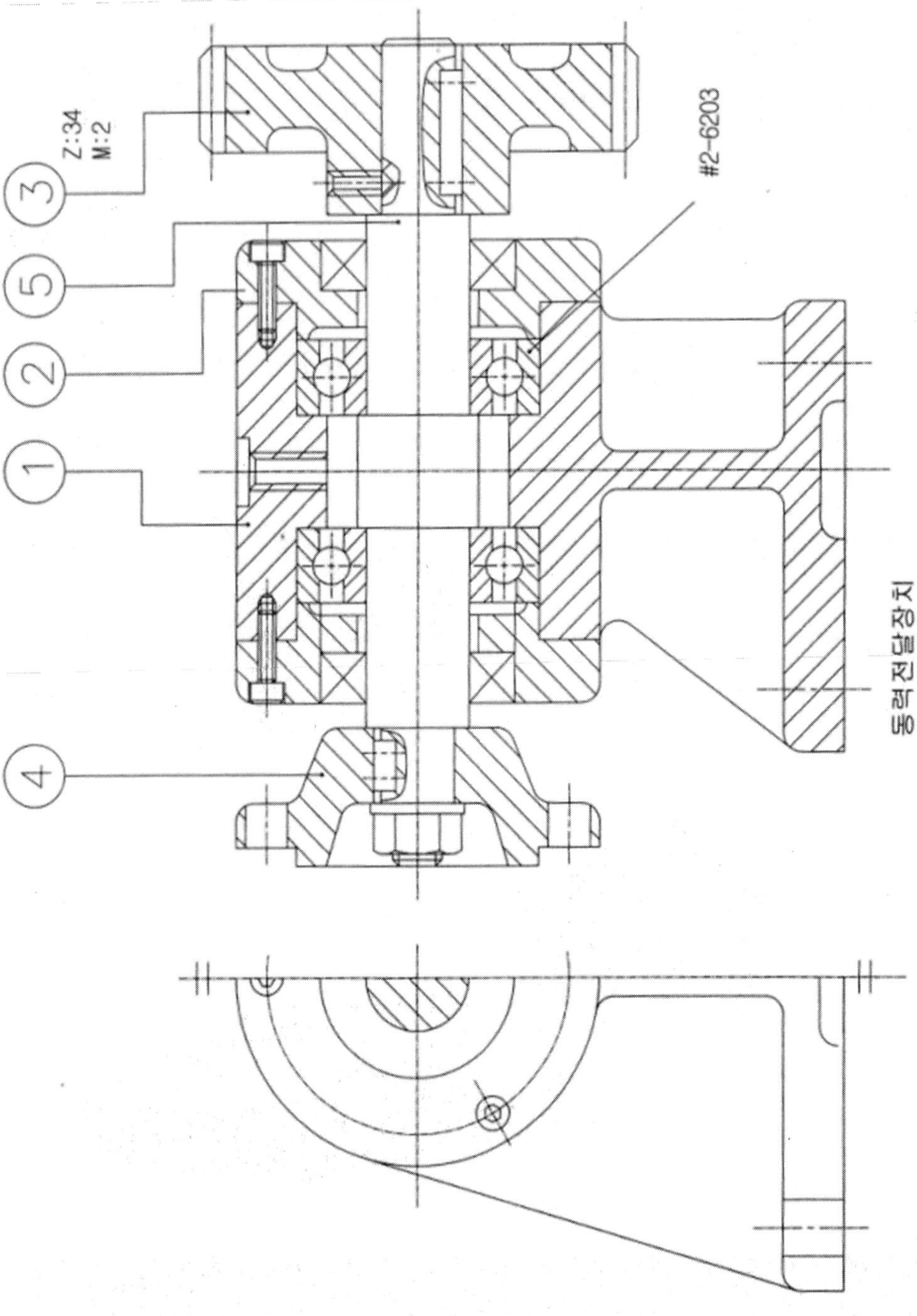

부품도

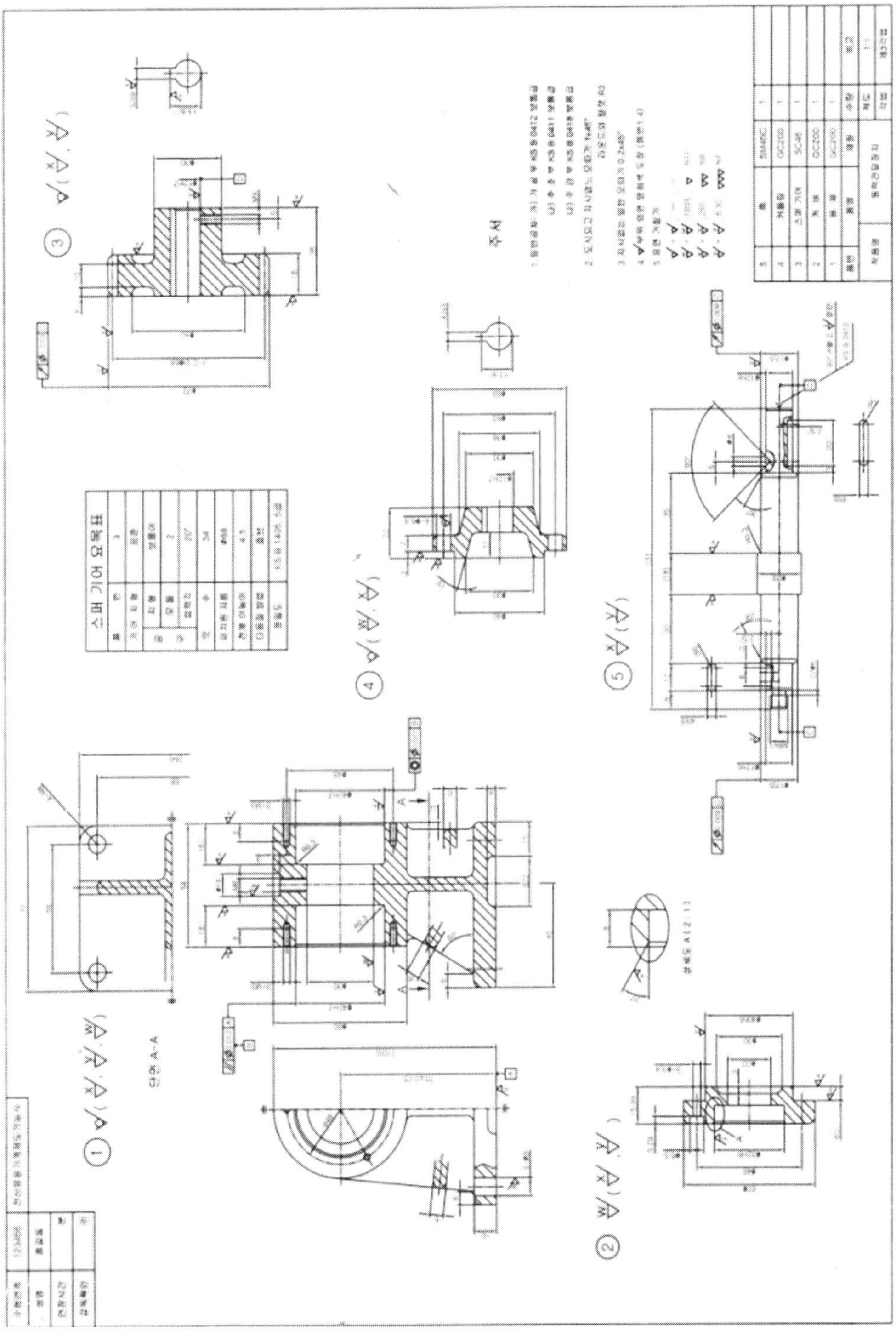

0. Inventor 시작하기

① 바탕화면에 있는 Inventor2013( )를 실행한다.

② 시작하기에서 새로 만들기를 클릭한다.

③ Standard.ipt를 선택하고, 확인을 클릭하여 부품 설계를 시작한다.

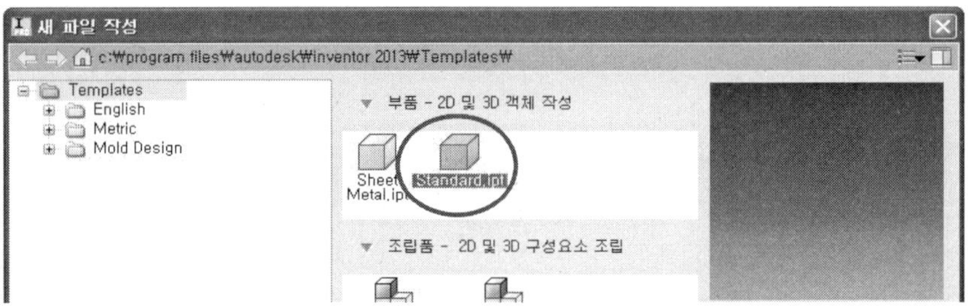

④ 기존과 다르게 스케치 평면을 선택할 수 있는 작업화면이 나타난다.

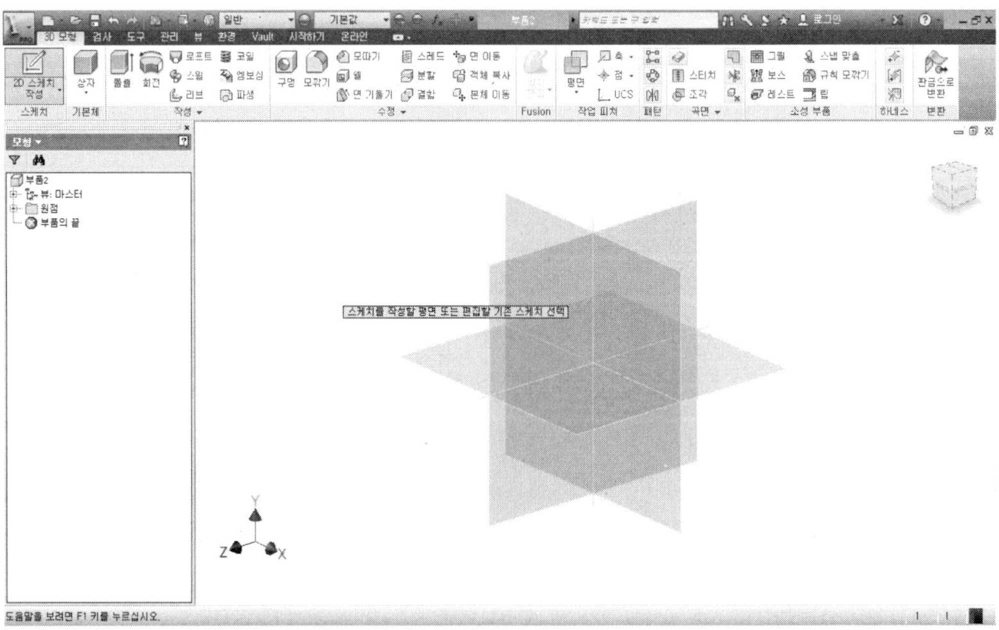

4.1 본체 작성하기

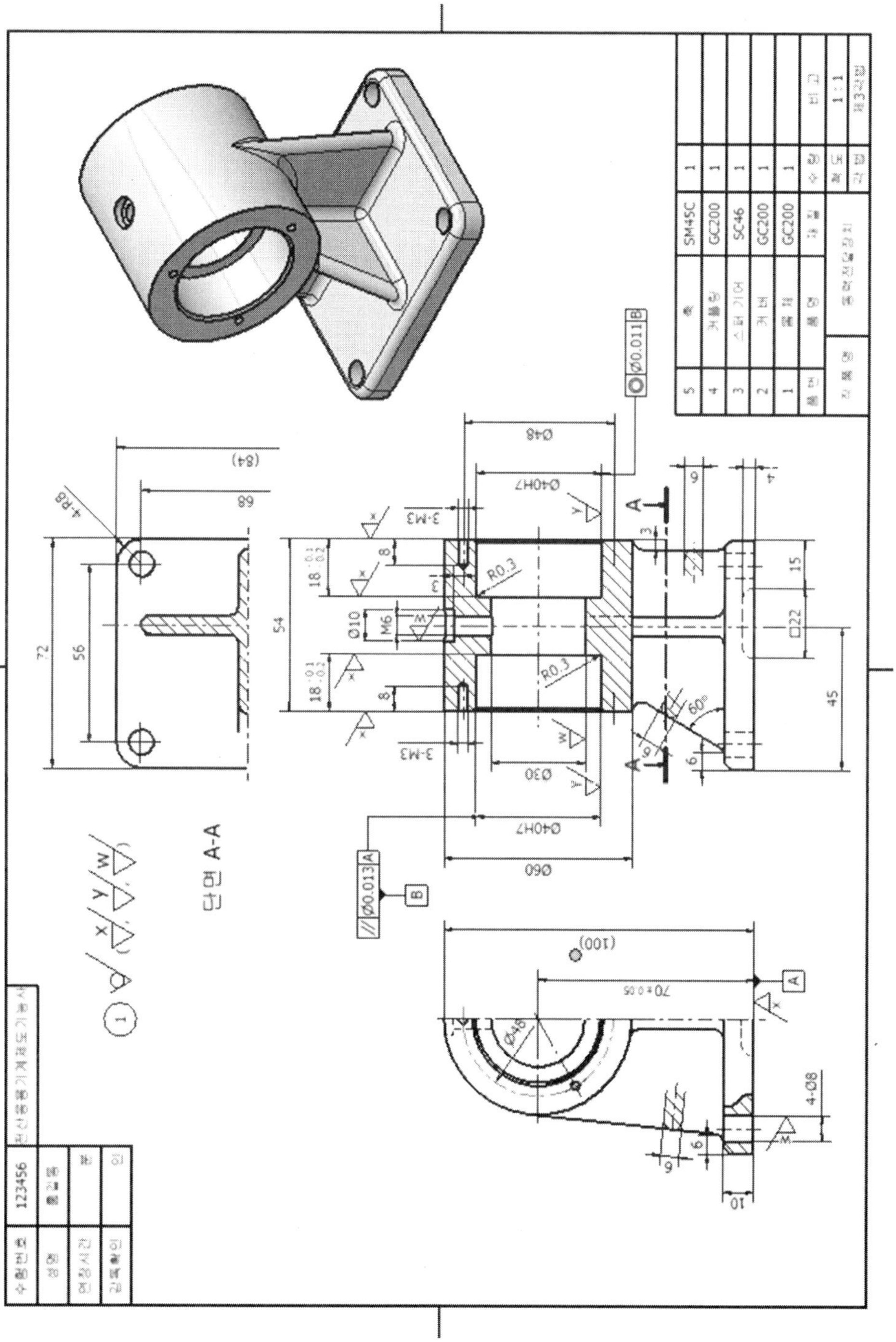

(1) 돌출 사각형 작성하기

① 직사각형( )을 이용하여 사각형을 작성하고, 가로, 세로의 치수( )를 기입한다.

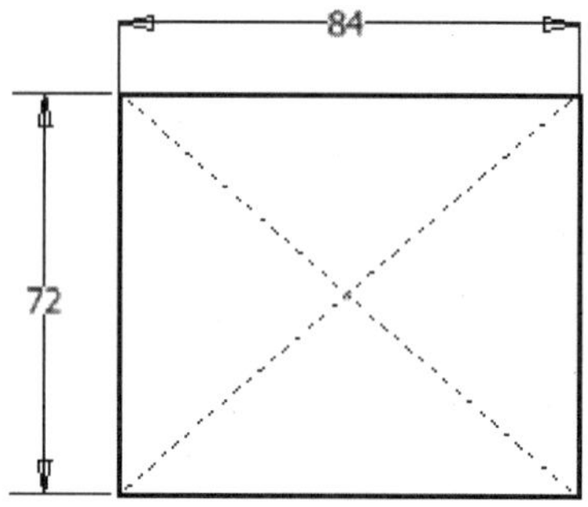

② 화면 우측 상단의 스케치 마무리( )를 클릭하여 스케치 환경에서 부품설계 환경으로 화면을 바꾼다.

③ 돌출( )을 클릭하면 작성한 사각형 프로파일이 자동으로 선택되어진다. 돌출 거리 10을 입력하고, 확인을 클릭한다.

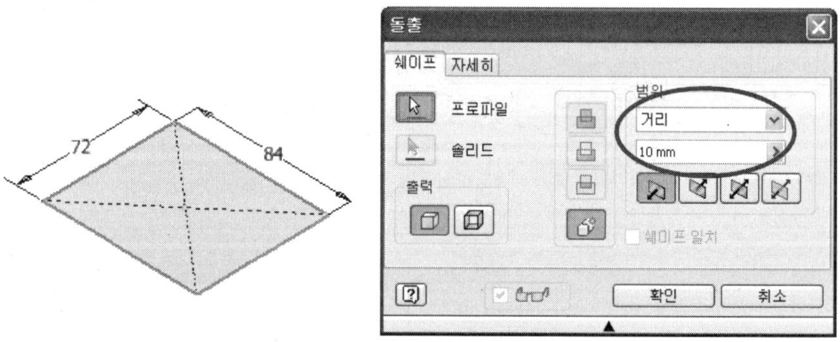

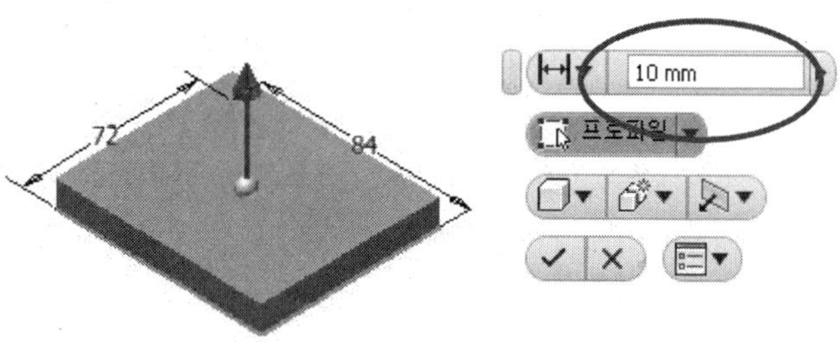

④ 사각형 형상이 완성되었다.

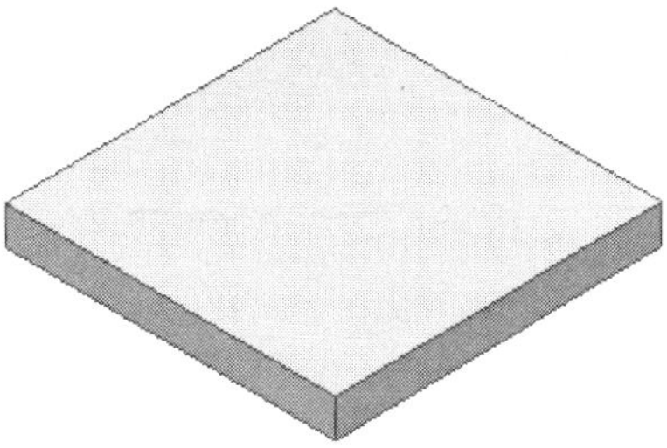

(2) 원기둥1 작성하기

① 2D 스케치 작성()을 클릭하고, 스케치 평면으로 돌출 사각형의 윗면을 선택한다. 스케치 환경으로 전환한다.

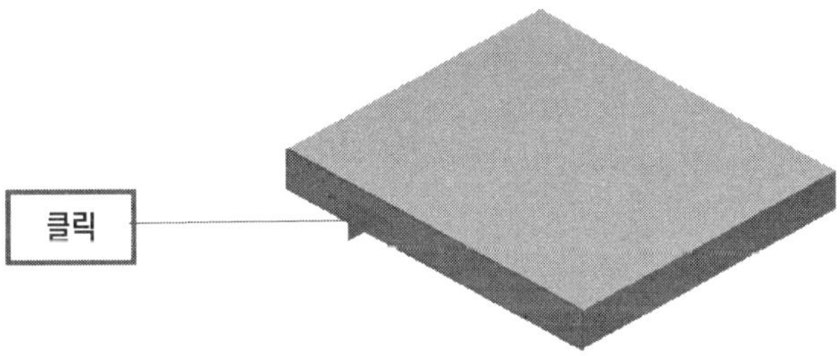

② 대략적인 위치에 원()을 그리고, 원 지름 56, 가로 45, 세로 70의 치수(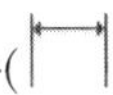)를 기입한다.

③ 스케치 마무리()를 클릭하여 부품 설계 환경으로 전환한다.

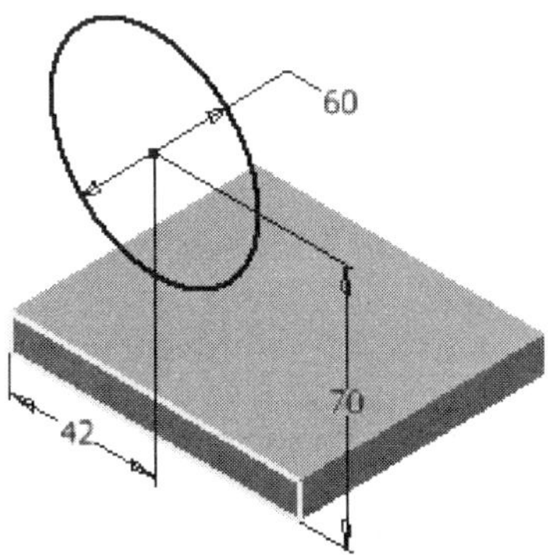

④ 돌출( )을 클릭하여 돌출시킬 프로파일 영역을 클릭한다. 합집합( )과 돌출 방향을 지정하고, 돌출거리 54을 입력한다. 확인을 클릭한다.

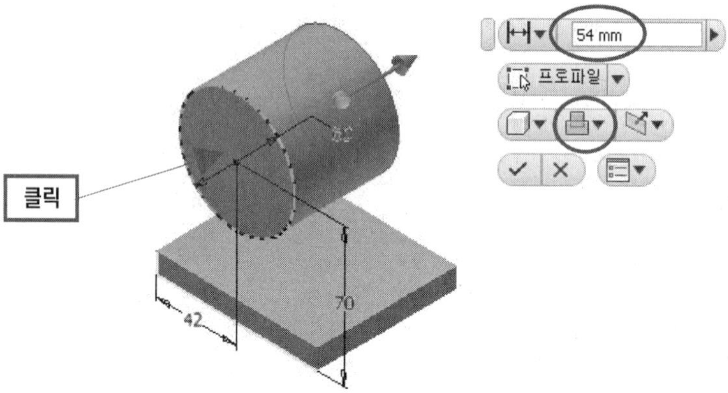

(3) 중간 작업평면1 작성 및 회전하기

① 평면( )을 클릭한다. 선택한 형상의 중간 평면을 작성하기 위해 측면1과 측면2를 차례로 클릭한다.

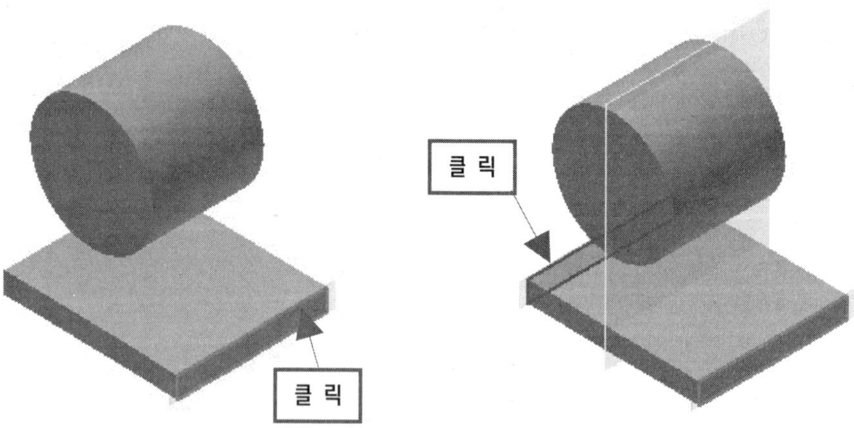

② 선택한 측면과 측면의 중간에 새로운 평면이 생성되었다.

③ 2D 스케치 작성( )으로 생성한 중간평면을 클릭한다.

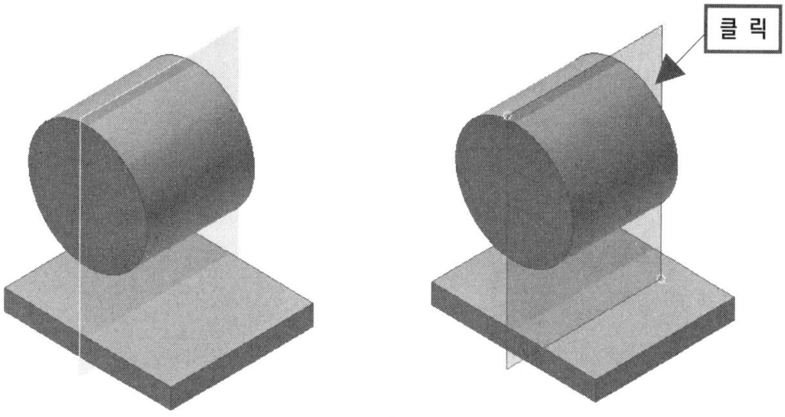

④ 작성하고자 하는 스케치 평면이 형상 중간에 존재하므로 키보드 F7(그래픽 슬라이스)를 누른다. 계속해서 절단모서리 투영을 클릭한다.

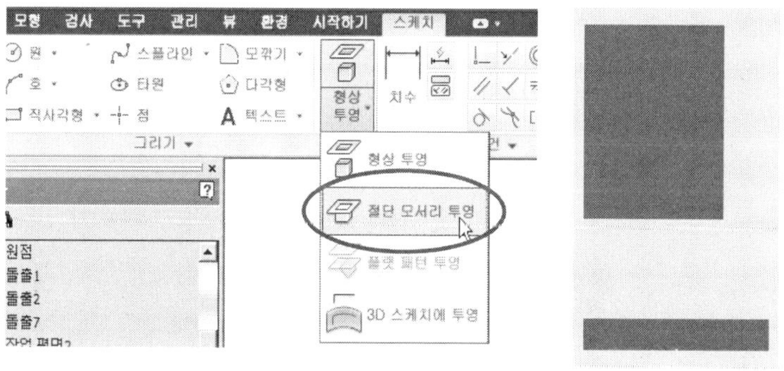

⑤ 선과 치수를 이용하여 아래 그림과 같이 그리고, 스케치 마무리를 한다.

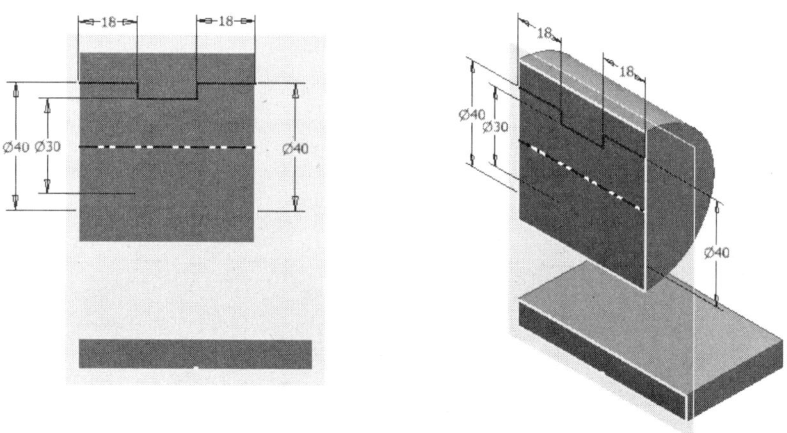

⑥ 회전( )을 실행한다. 프로파일과 축을 선택한다. 차집합으로 하고, 회전각도는 전체로 한다. 확인을 클릭한다.

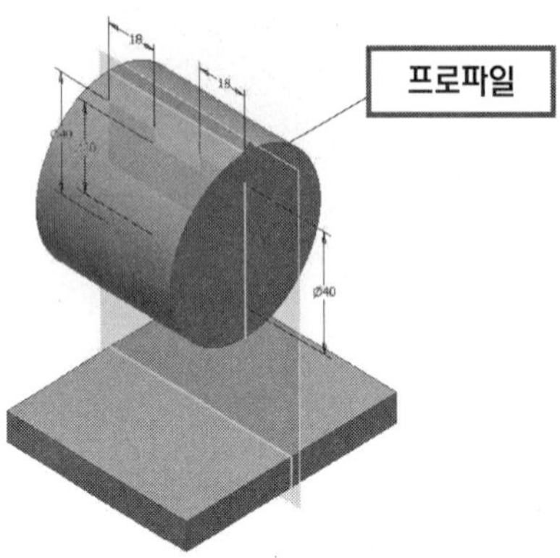

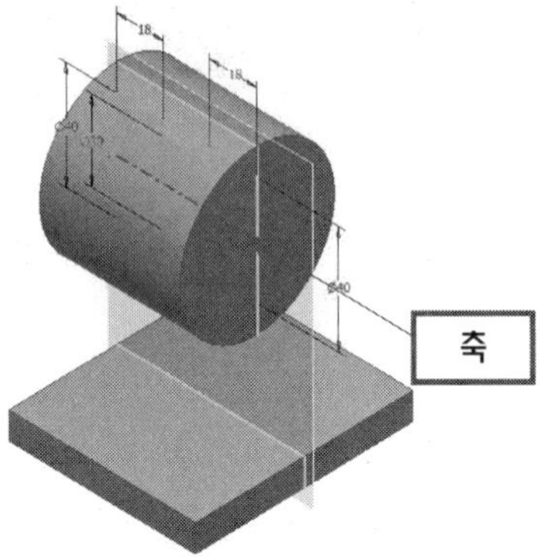

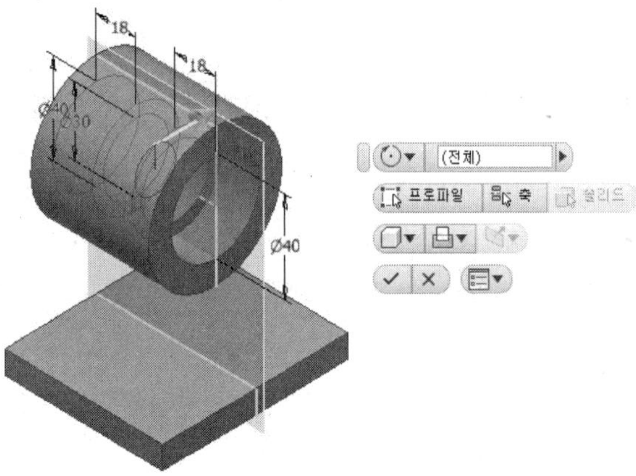

(4) 보강대1 작성하기

① 2D 스케치 작성( )으로 생성한 중간평면을 클릭한다.

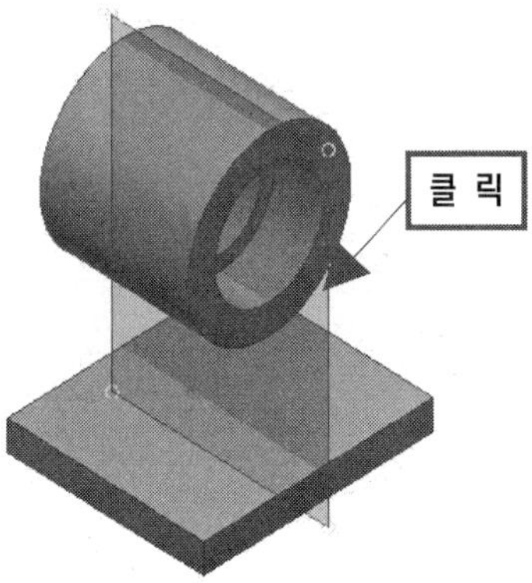

② 작성하고자 하는 스케치 평면이 형상 중간에 존재하므로 키보드 F7(그래픽 슬라이스)를 누른다. 계속해서 절단모서리 투영을 클릭한다.

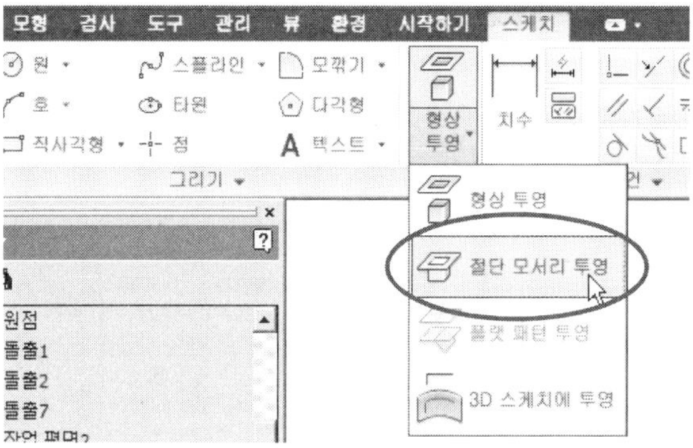

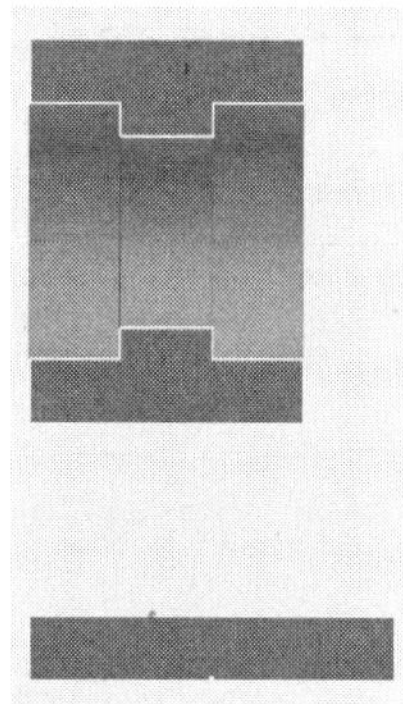

③ 선( )과 치수( )를 이용하여 아래 그림과 같이 그리고, 스케치 마무리( )를 한다.

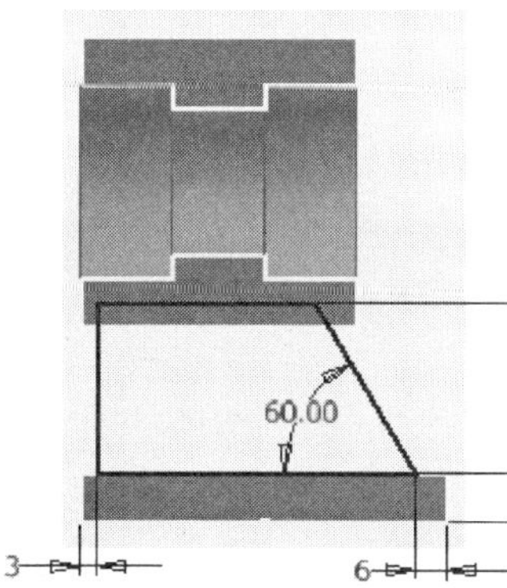

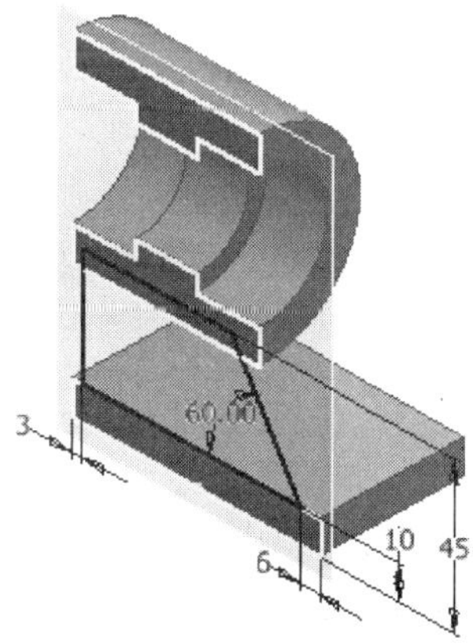

④ 돌출( )을 클릭하여 방금 작성한 원을 프로파일 영역으로 지정하고, 합집합( )에 돌출거리 10을 입력한다. 돌출 방향을 대칭으로 설정한다. 확인을 클릭하여 형상을 작성한다.

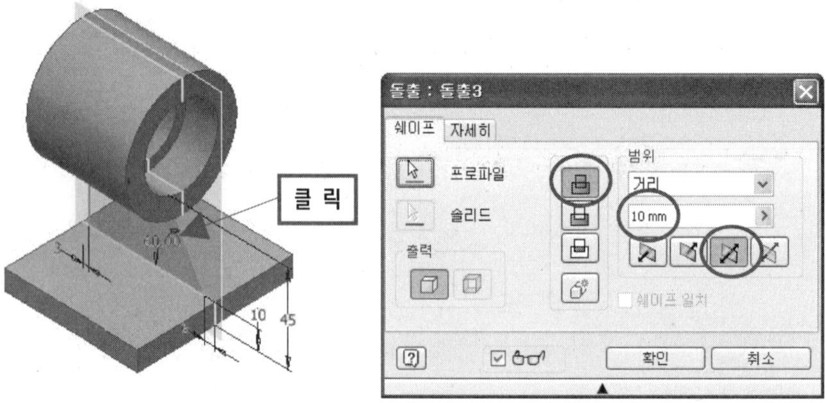

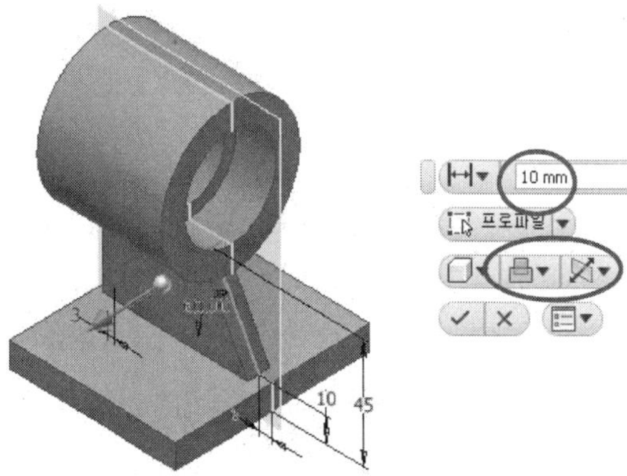

(5) 간격 작업평면 작성 및 보강대2 작성하기

① 평면( )을 클릭한다. 선택한 평면을 밀어서 간격거리 45를 입력한다.

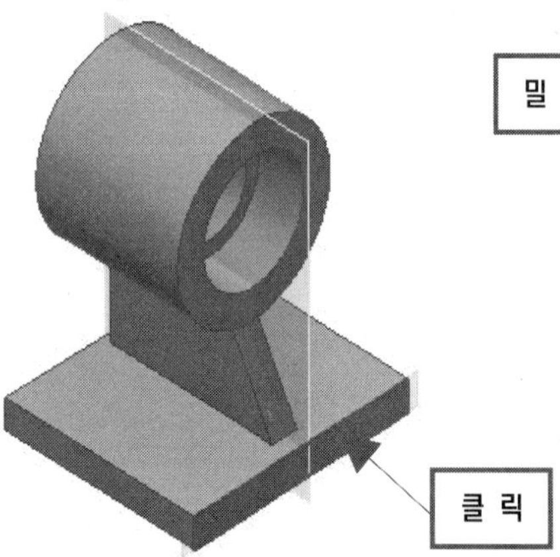

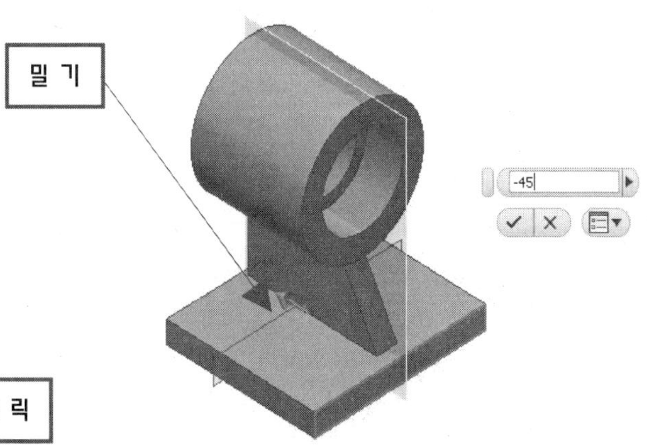

② 간격 값을 가진 새로운 평면이 생성되었다.

③ 2D 스케치 작성( )으로 생성한 중간평면을 클릭한다.

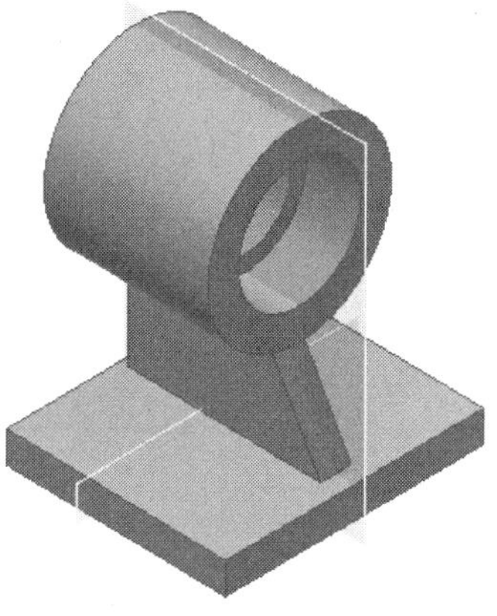

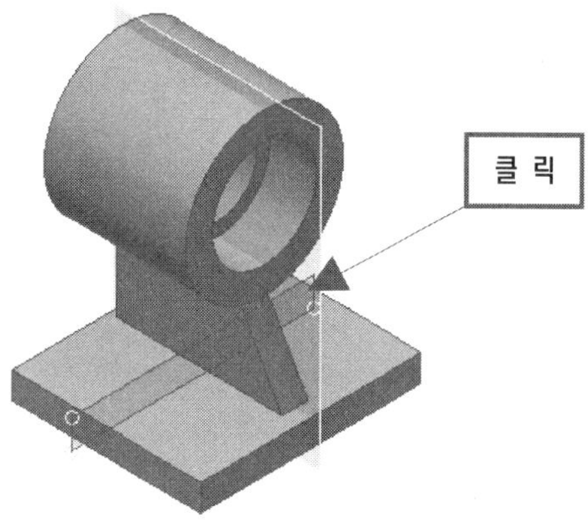

④ 작성하고자 하는 스케치 평면이 형상 중간에 존재하므로 키보드 F7(그래픽 슬라이스)를 누른다. 계속해서 절단모서리 투영을 클릭한다.

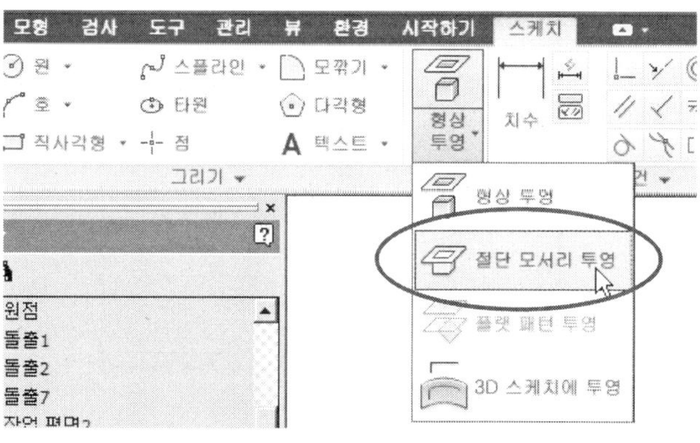

⑤ 아래와 같이 선을 그리고, 치수를 기입한 후, 스케치 마무리를 클릭한다.

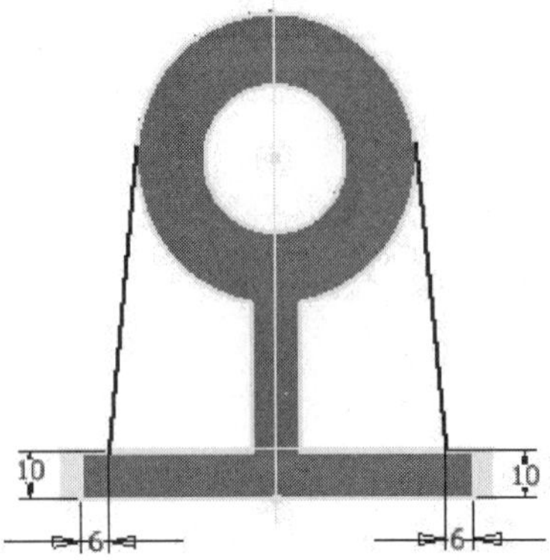

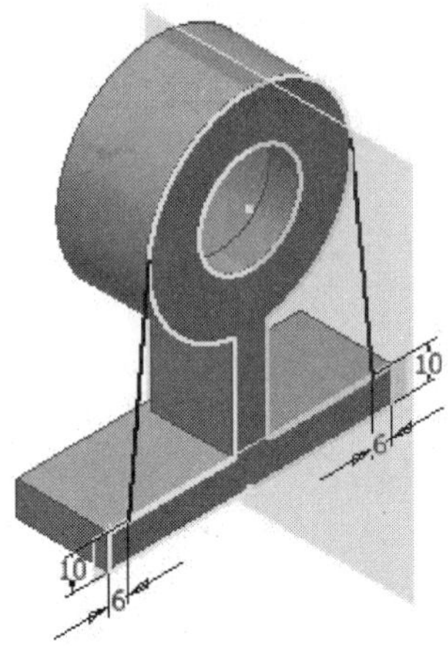

⑥ 돌출( )을 클릭하여 방금 작성한 원을 프로파일 영역으로 지정하고, 합집합( )에 돌출거리 10을 입력한다. 돌출 방향을 대칭으로 설정한다. 확인을 클릭하여 형상을 작성한다.

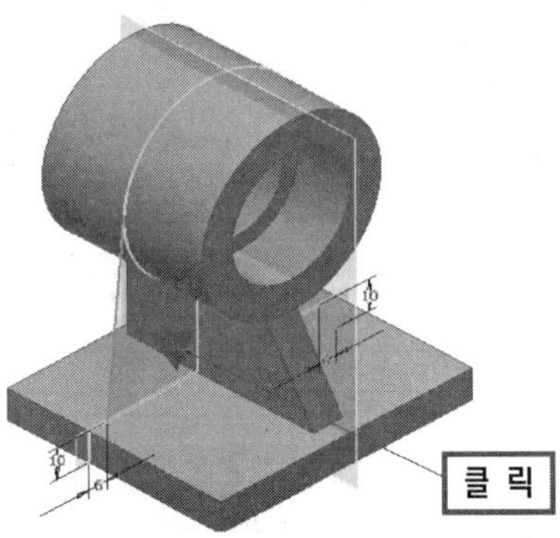

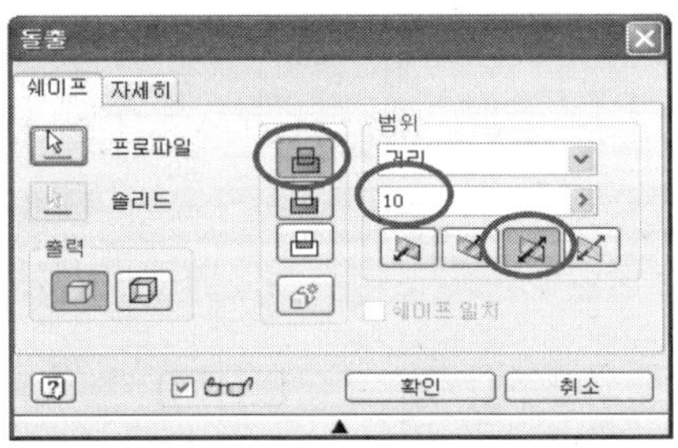

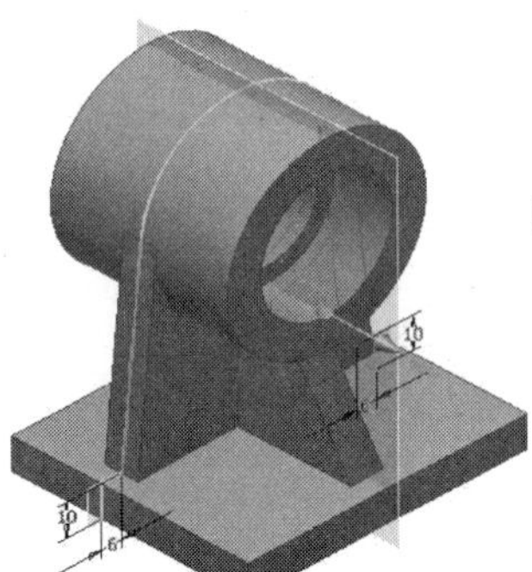

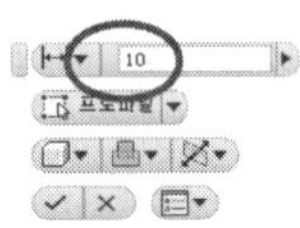

(6) 곡면에 접하고 평면에 평행한 평면 생성하기

① 평면()을 클릭하여 실행한다.

② 기준 평면으로 검색기의 XZ평면을 선택하고, 접하는 원통형 곡면을 선택한다.

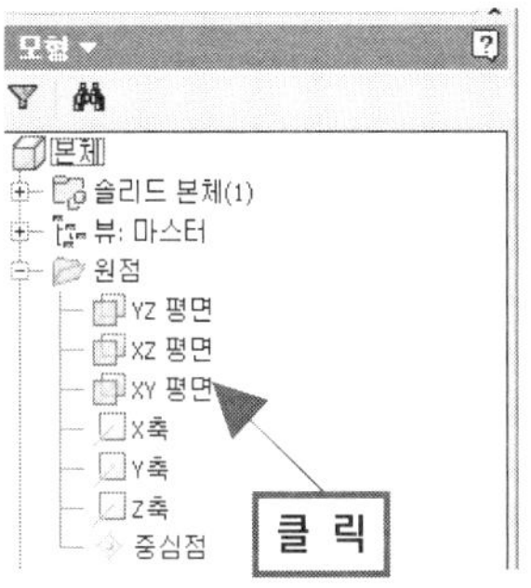

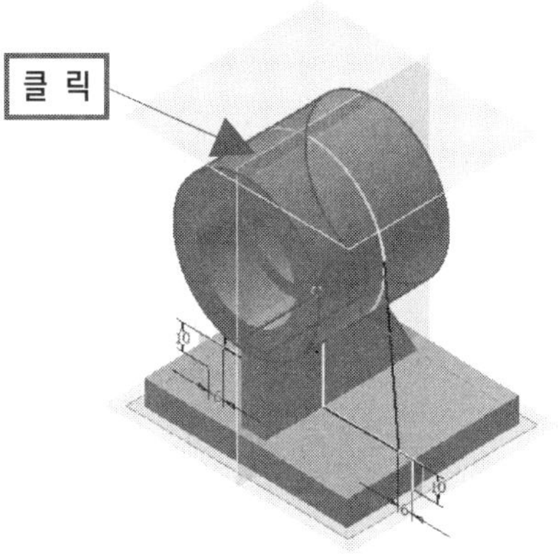

③ 평면을 완성한다.

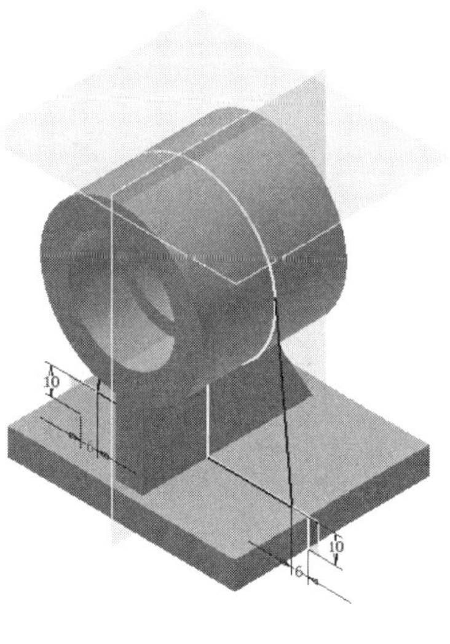

(7) 구멍 작성하기

① 2D 스케치 작성을 이용하여 생성한 평면을 클릭한다.

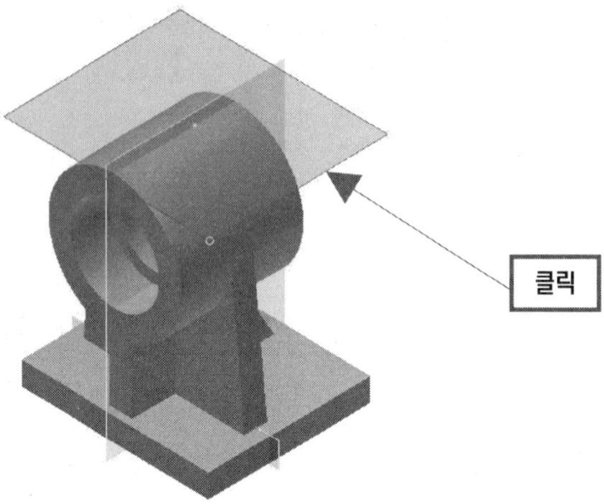

② 스케치 환경에서 점(+)을 찍고, 위치 치수를 기입한 후, 스케치 마무리를 한다.

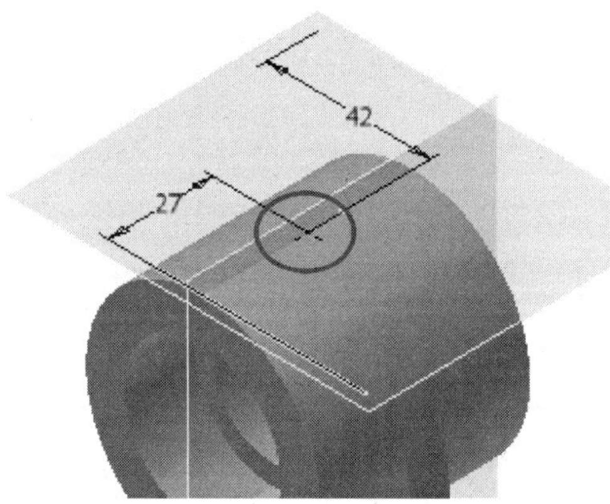

③ 구멍( )을 실행한다. 자동으로 구멍 중심점이 인식한다. 아래와 같이 설정을 한다.

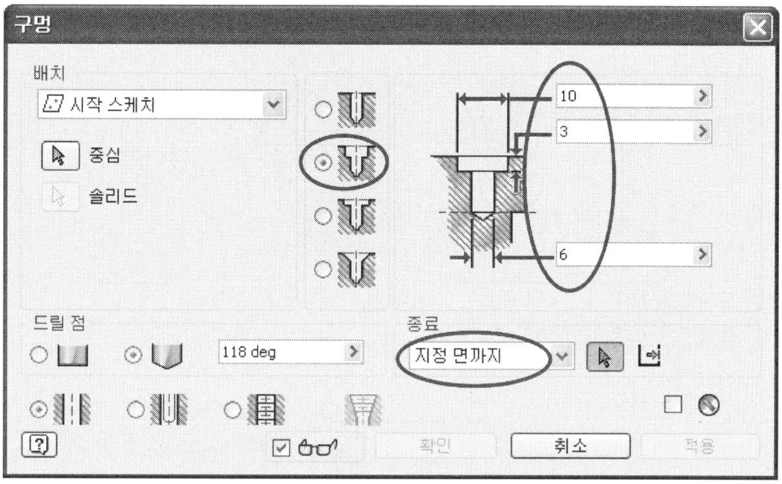

- 유형 : 카운터보어
- 카운터보어 지름 : 10mm / 카운터보어 깊이 : 3mm / 구멍 지름 : 6mm
- 종료 : 지정면까지

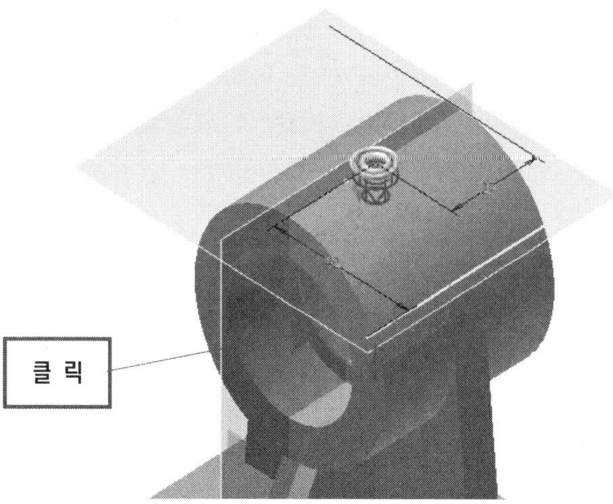

④ 확인을 클릭한다.

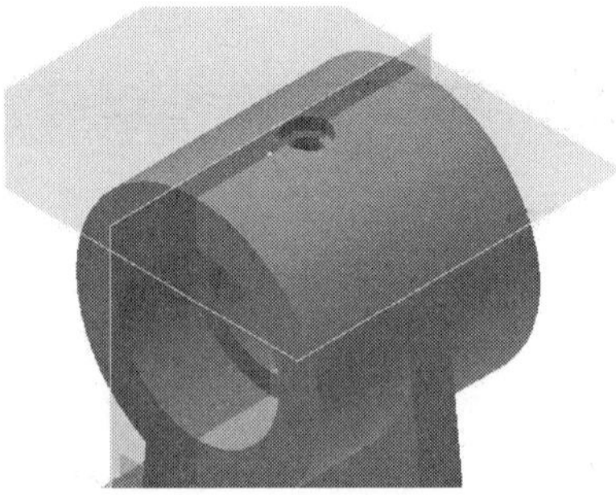

(8) 구멍(탭) 생성 및 원형 패턴하기

① 2D 스케치 작성으로 구멍이 생성될 면을 클릭한다.

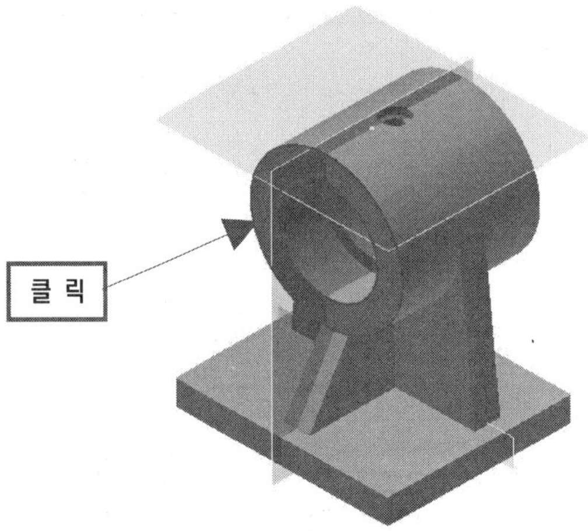

② 스케치 환경에서 점(-|-)을 찍고, 위치 치수를 기입한 후, 스케치 마무리를 한다.

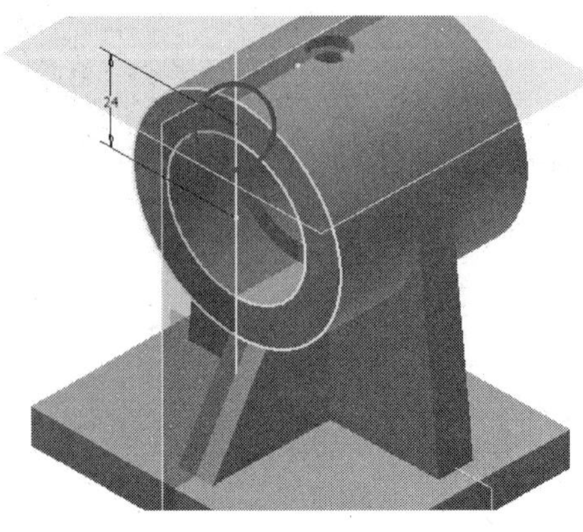

③ 구멍( )을 실행한다. 자동으로 구멍 중심점이 인식한다. 아래와 같이 설정을 한다.

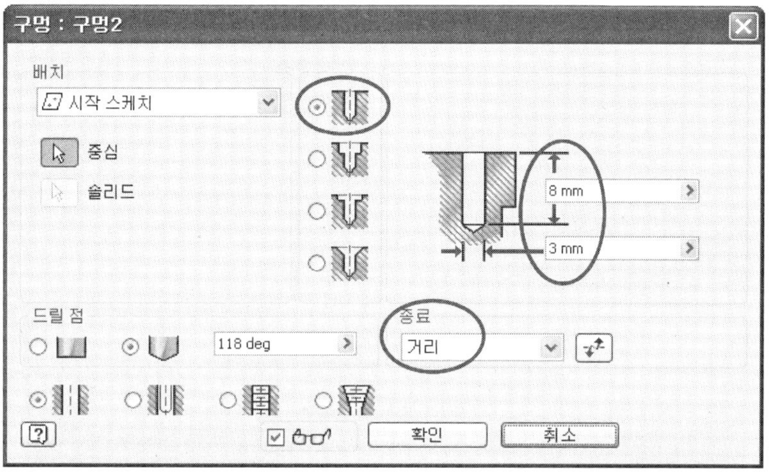

• 유형 : 탭 구멍
• 종료 : 거리
• 구멍 지름 : 3mm / 구멍 깊이 : 8mm

④ 확인을 클릭한다.

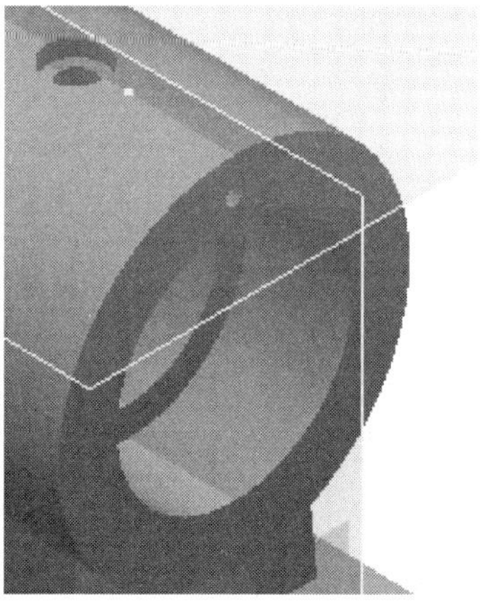

⑤ 원형 패턴( )을 클릭하고, 패턴을 만들 피처 선택에서 탭 구멍을 클릭하여 지정한다.

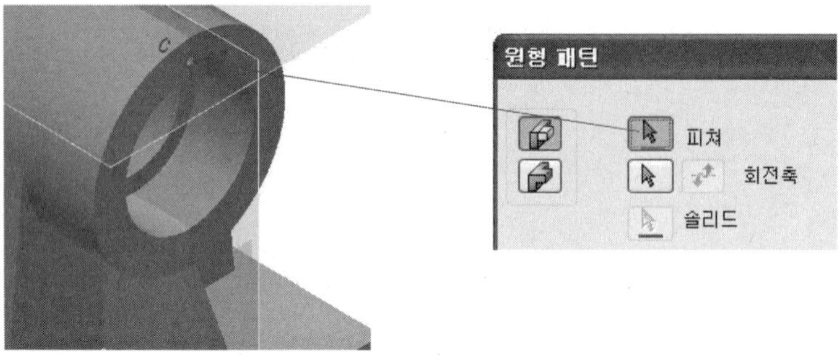

⑥ 회전축으로 원통형 면을 클릭한다. (원통형 면의 중심축을 회전축으로 사용한다.)

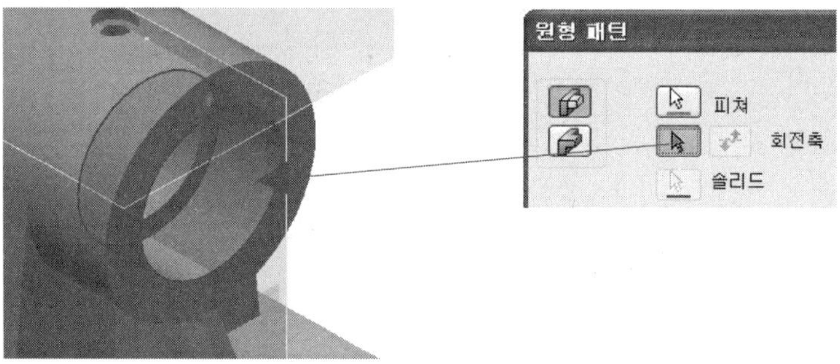

⑦ 배치의 개수 3개를 입력하고 확인을 클릭한다.

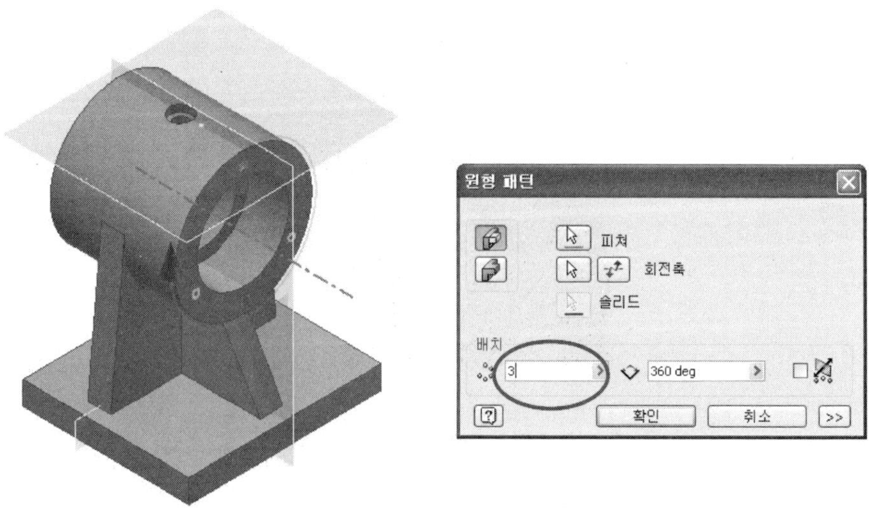

⑧ 원형 패턴이 완성되었다.

(9) 대칭하기

① 그림과 같이 평면을 클릭하여 중간평면을 작성한다.

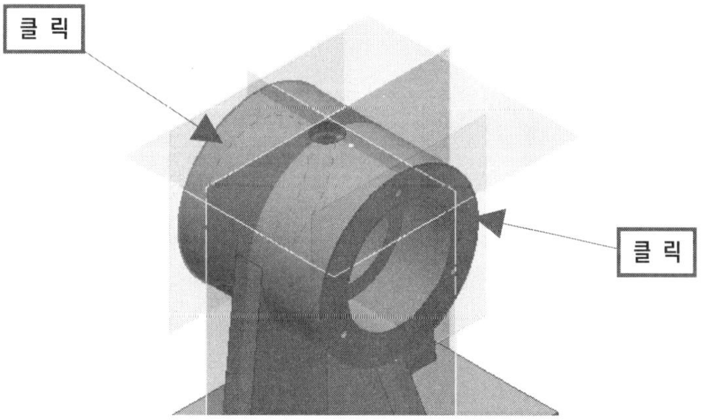

② 대칭( )을 실행하고, 대칭시킬 피처로 탭 구멍과 원형패턴을 클릭한다.

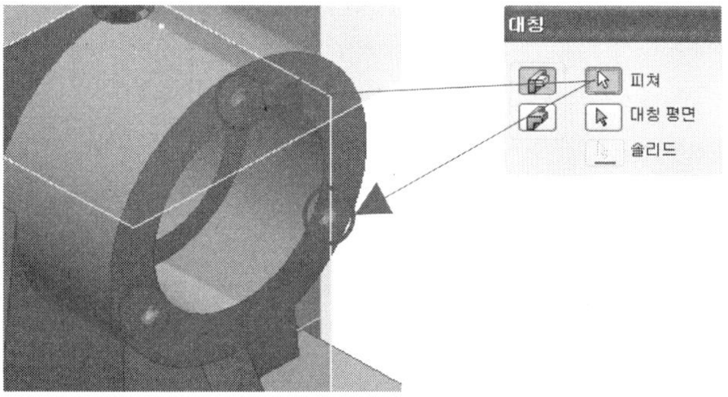

③ 대칭 평면을 선택한다.

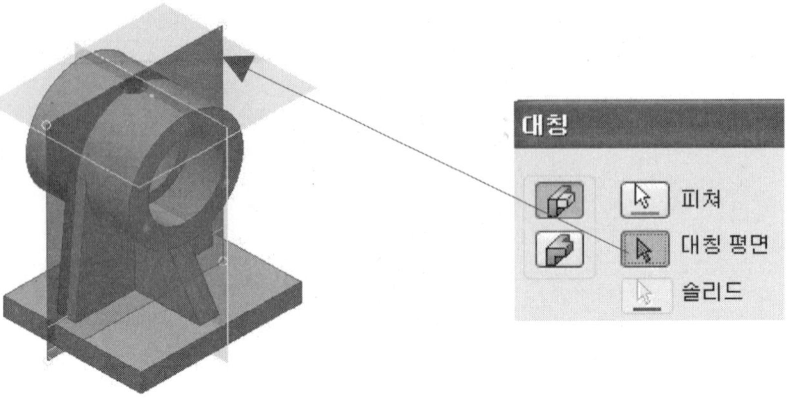

④ 확인을 클릭하여 대칭을 완성한다.

(10) 모깎기 생성하기

① 모깎기( )를 실행한다. 돌출 사각형의 4개 모서리를 선택하고, 반지름 8을 입력한다. 적용을 클릭한다.

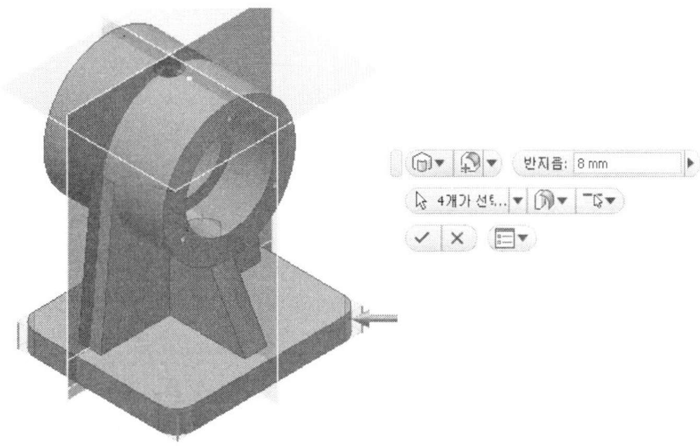

② 모깎기로 표시된 모서리를 선택하고, 반지름 3을 입력한다. 적용을 클릭한다.

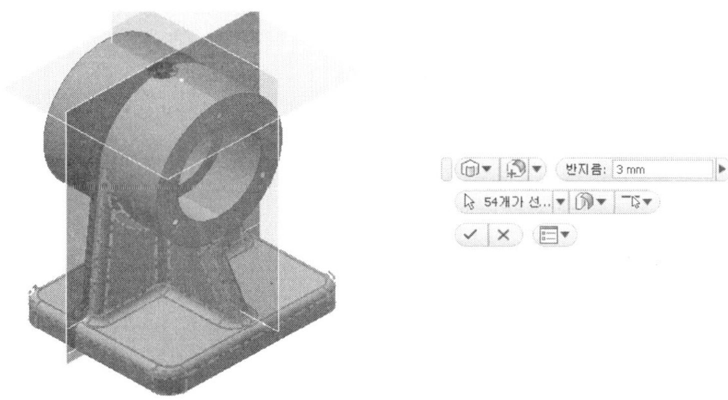

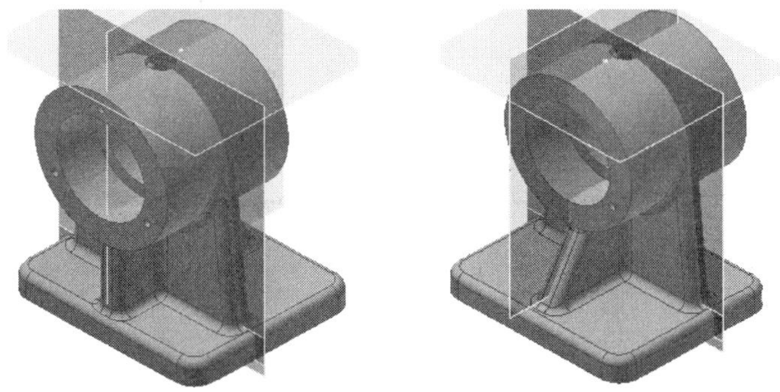

(11) 구멍(단순) 생성하기

* 구멍을 작성하기 위해서는 스케치에서 점이 필요하다.

① 2D 스케치 작성을 이용하여 돌출 사각형상의 윗면을 지정한다.

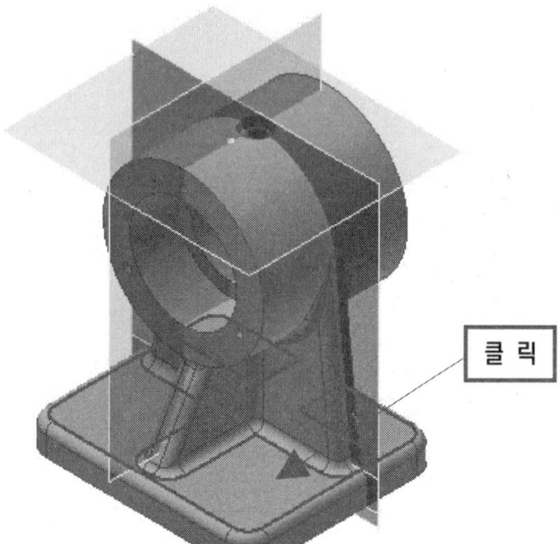

② 2D 스케치 면이 지정되면 앞서 생성한 모깎기의 중심점이 자동으로 발생된다.
- 이 점들을 구멍의 중심점으로 하여 구멍을 생성한다.

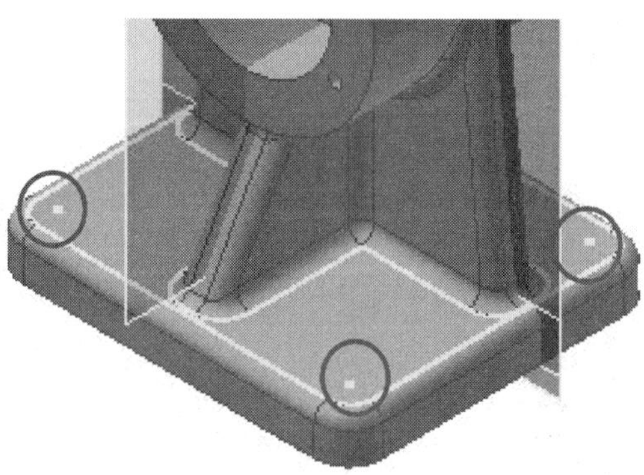

③ 스케치 마무리를 한다.

④ 구멍( )을 실행한다. 나타나는 창의 배치는 시작 스케치로 되어 있고, 중심( )을 이용하여 구멍이 생성될 스케치 점을 클릭한다.

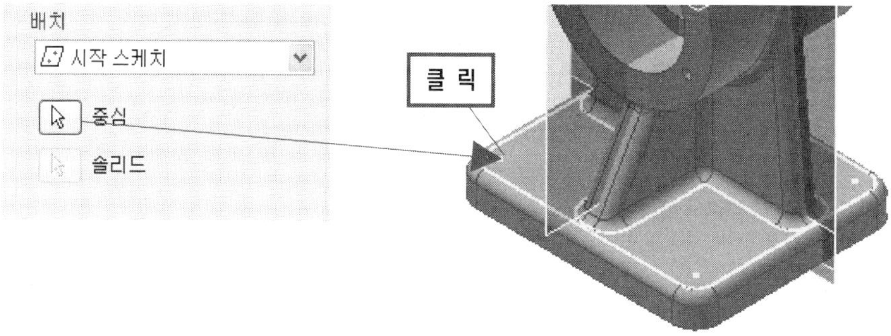

⑤ 아래와 같이 설정하고, 확인을 클릭한다.

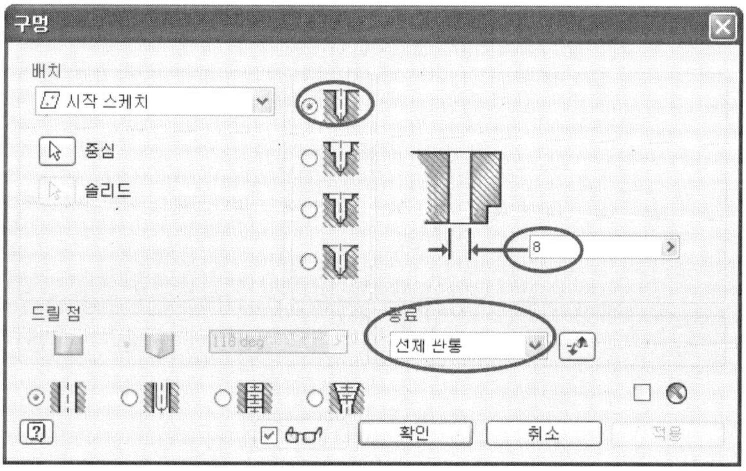

⑥ 구멍이 생성되었다. 나머지 구멍도 같은 방법으로 작성한다.

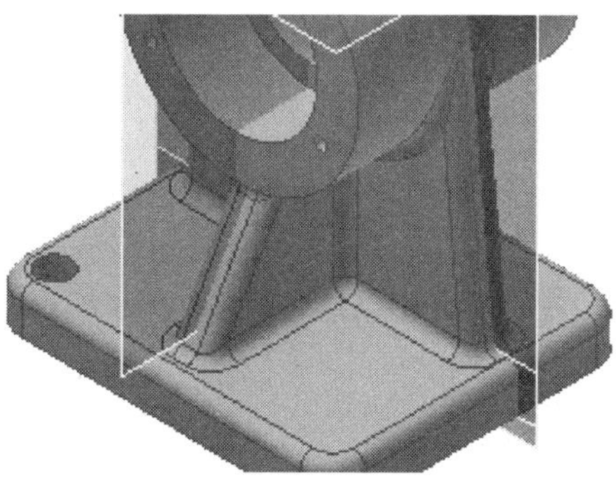

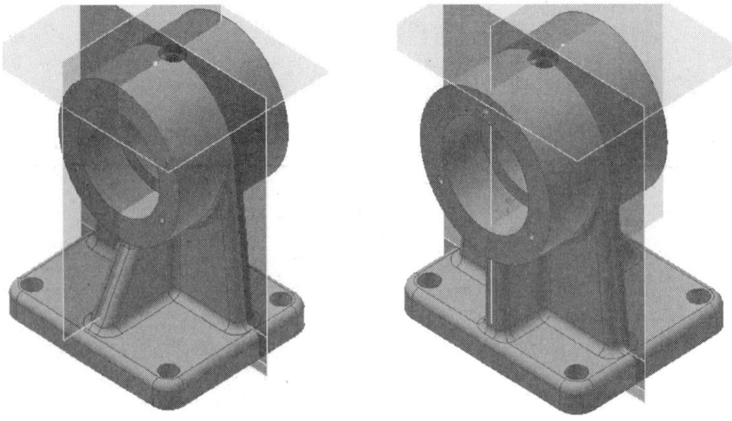

(12) 돌출 제거하기

① 형상 바닥면을 클릭하여 2D 스케치 작성( )을 한다.

② 사각형( )을 그리고, 원 지름 46, 중심거리 44의 치수( )를 기입하고, 스케치 마무리( )를 클릭한다.

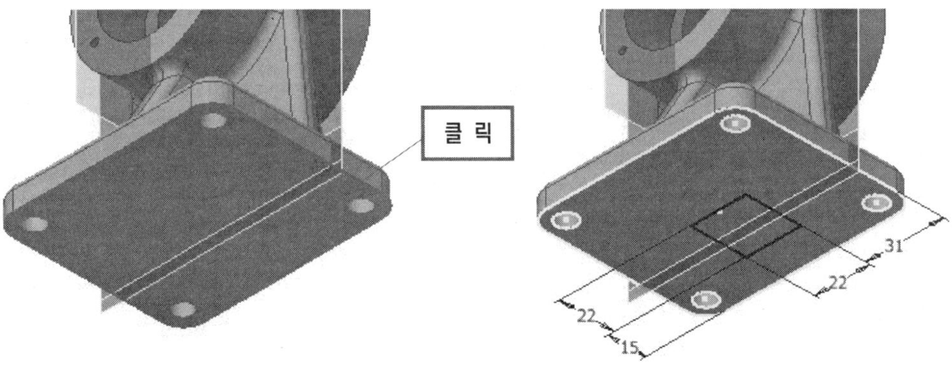

③ 돌출( )을 클릭하여 방금 작성한 원을 프로파일 영역으로 지정한다. 차집합( )에 돌출거리 4 입력한다. 돌출 방향을 위로 설정한다.

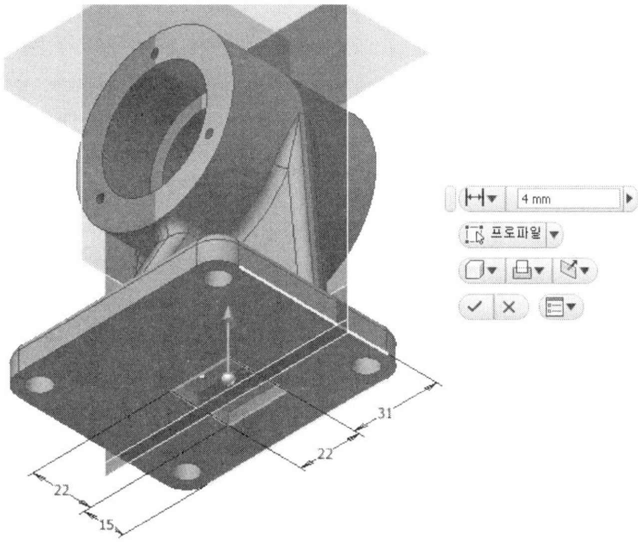

④ 확인을 클릭하여 형상을 작성한다.

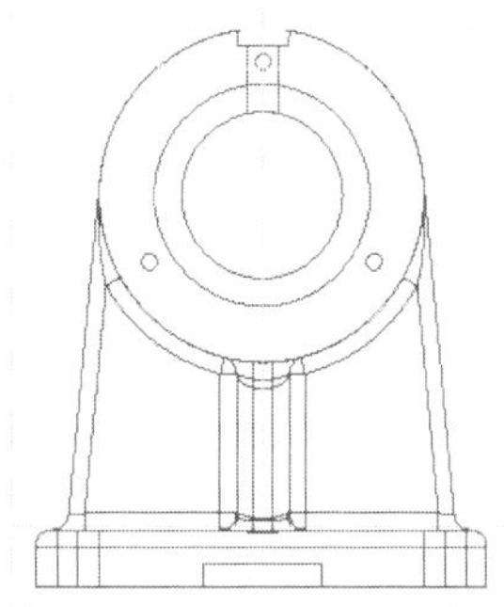

앞면과 뒷면을 차례로 클릭한다.

① 모깎기( )를 실행한다. 돌출 사각형의 4개 모서리를 선택하고, 반지름 3을 입력한다. 적용을 클릭한다.

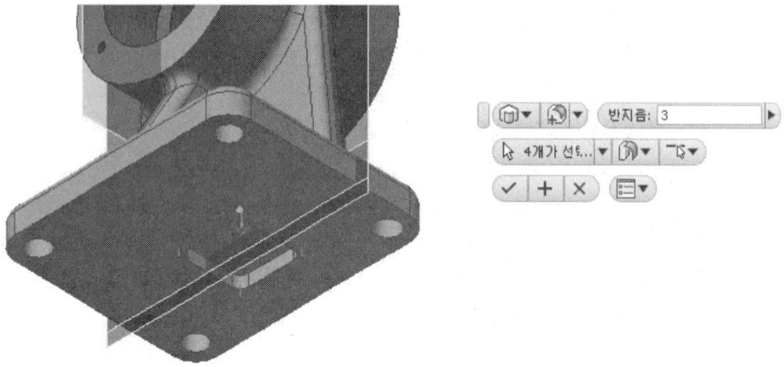

(13) 본체 부품 완성

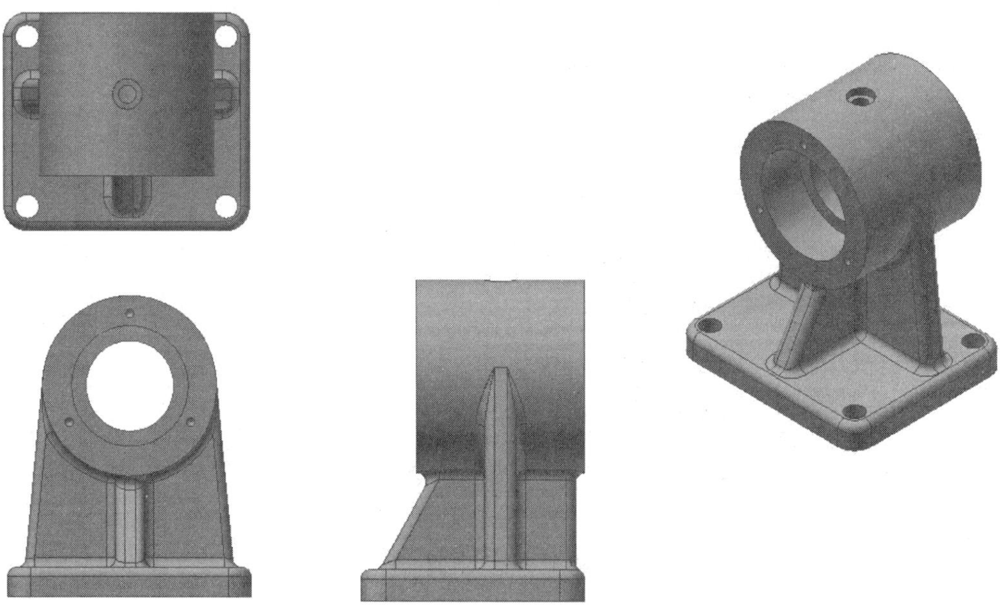

4.2 편심 축 작성하기

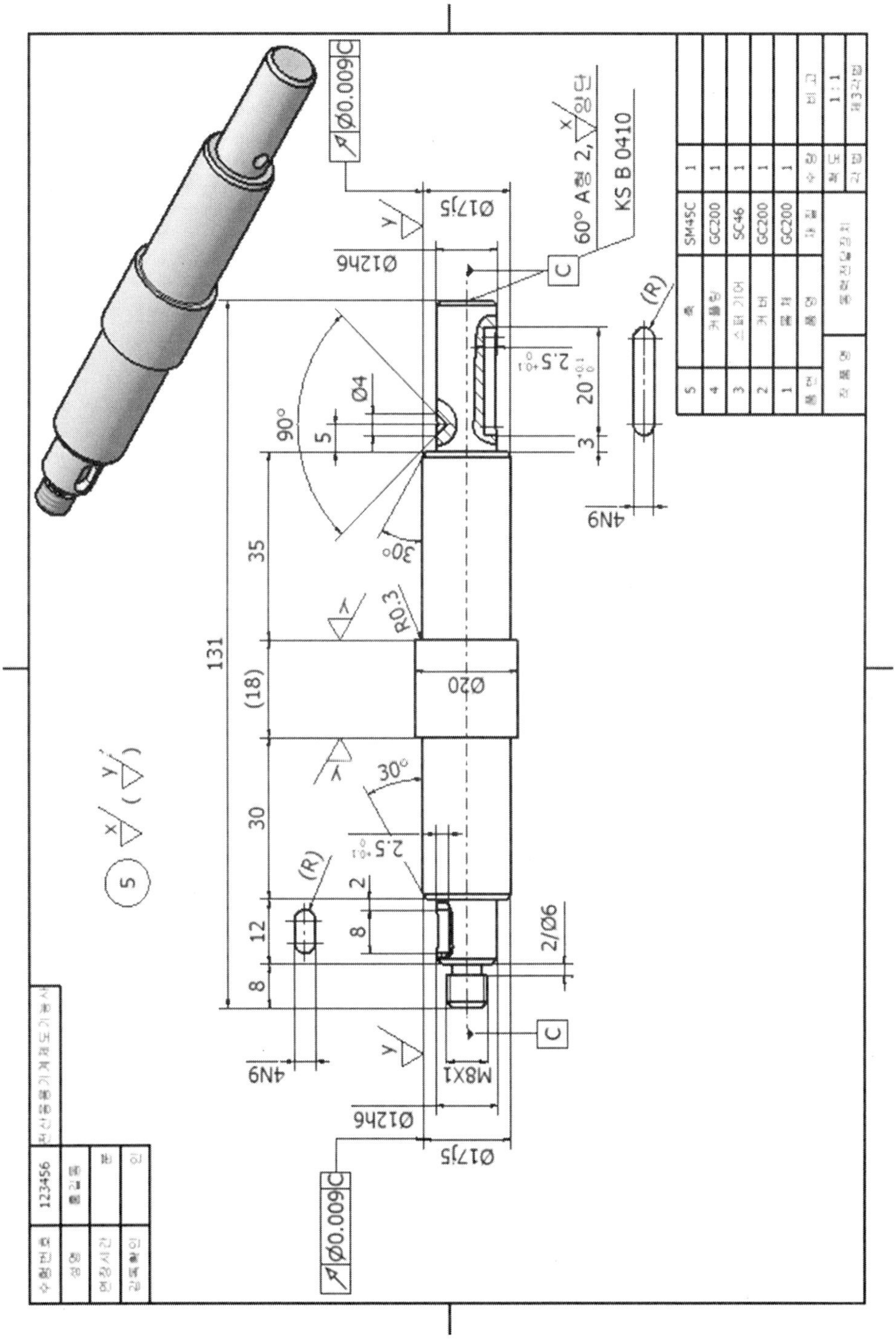

① 바탕화면의 Inventor2013를 실행하고, 새로 만들기를 클릭한다.

② Standard.ipt를 선택하고, 확인을 클릭하여 스케치 XY평면의 작업화면을 선택한다.

(1) 원통형 회전체 작성하기

① 선( )을 이용하여 아래와 같이 그린다. 선을 선택하고, 중심선( )을 클릭하여 선의 형식을 중심선으로 바꾼다. 동일선상( )을 클릭하여 아래와 같이 그리고 치수를 기입하고, 스케치를 마무리한다.

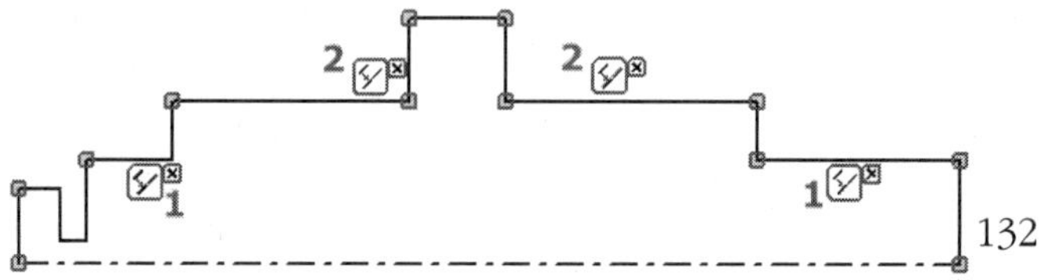

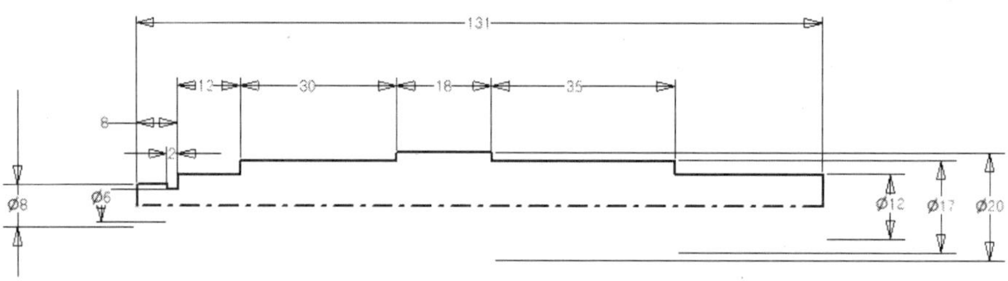

② 회전( )을 실행하면 프로파일 영역과 축이 하나씩 존재하므로 자동으로 회전이 실행됨을 볼 수가 있다. 확인을 클릭한다.

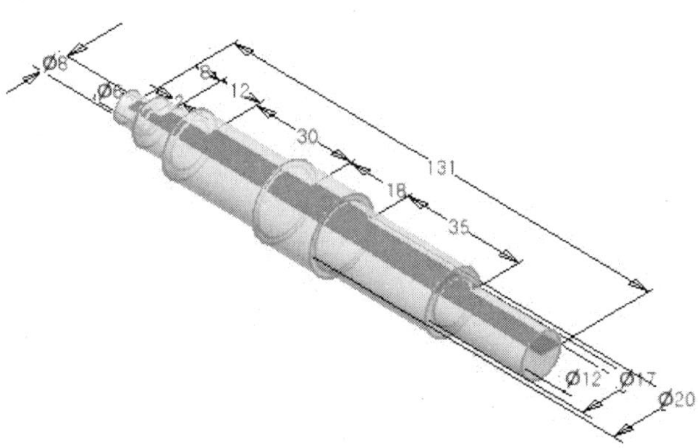

(2) 곡면에 접하고 평면에 평행한 평면 생성하기

① 평면( )을 클릭하여 실행한다.

② 기준 평면으로 검색기의 XZ평면을 선택하고, 접하는 원통형 곡면을 선택한다.

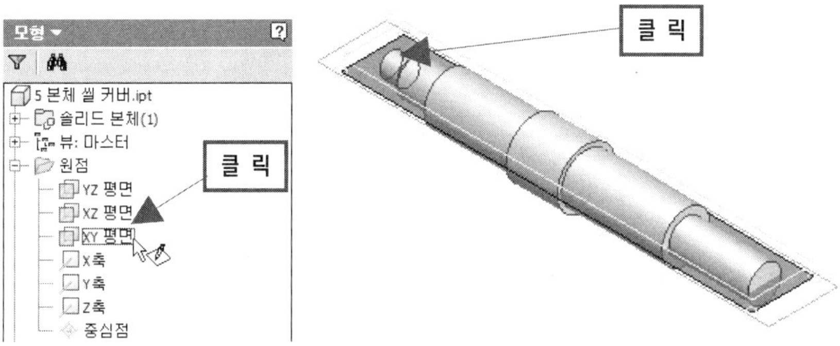

③ 평면을 완성한다.

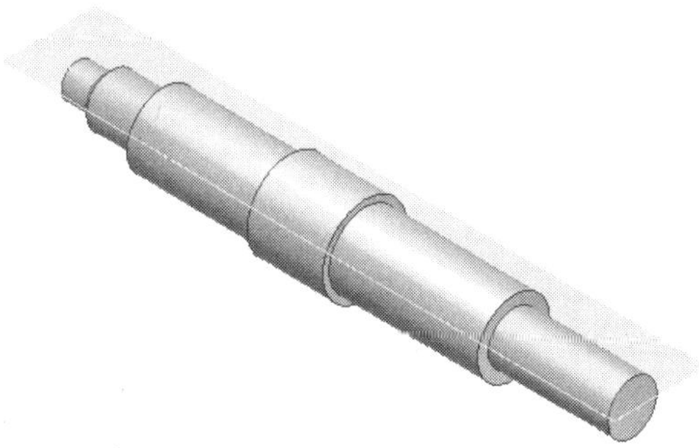

(3) 키 홈 작성하기

① 2D 스케치 작성을 이용하여 생성한 평면을 클릭한다.

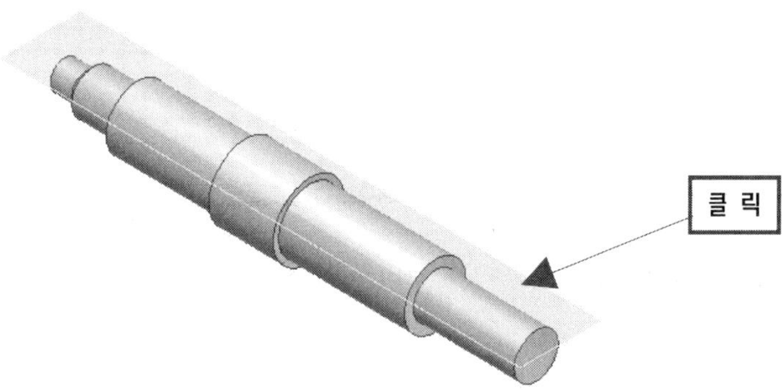

② 선을 이용하여 아래와 같이 그리고, 치수를 기입한다. 스케치 마무리를 한다.

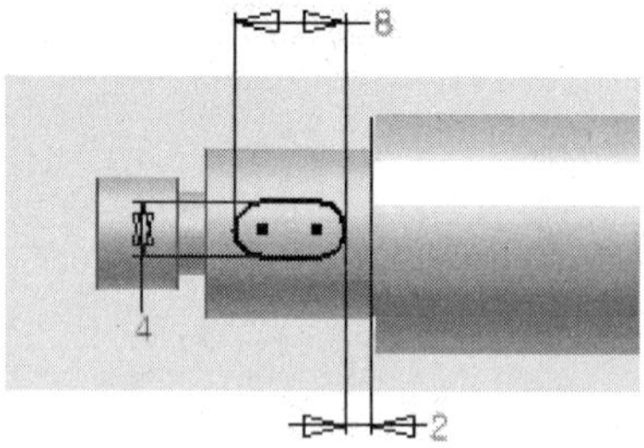

③ 돌출을 이용하여 스케치 영역을 돌출 거리 2.5만큼 아래 방향으로 차집합을 한다.

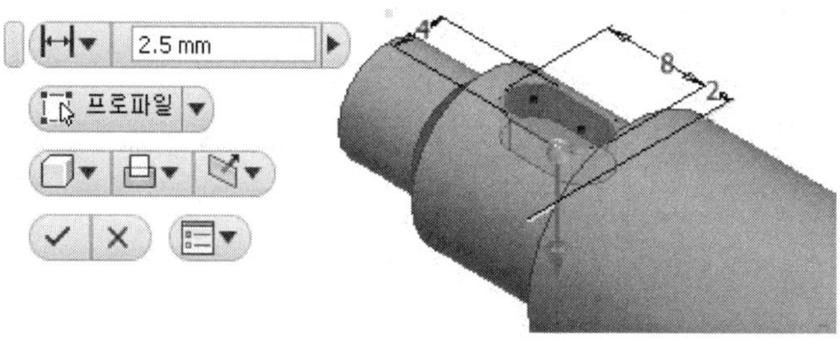

④ 확인을 클릭한다.

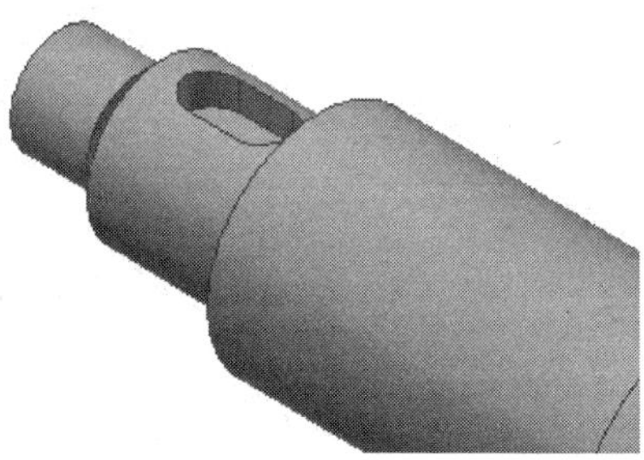

(4) 곡면에 접하고 평면에 평행한 평면 생성하기2

① 평면( )을 클릭하여 실행한다.

② 기준 평면으로 검색기의 XZ평면을 선택하고, 접하는 원통형 곡면을 선택한다.

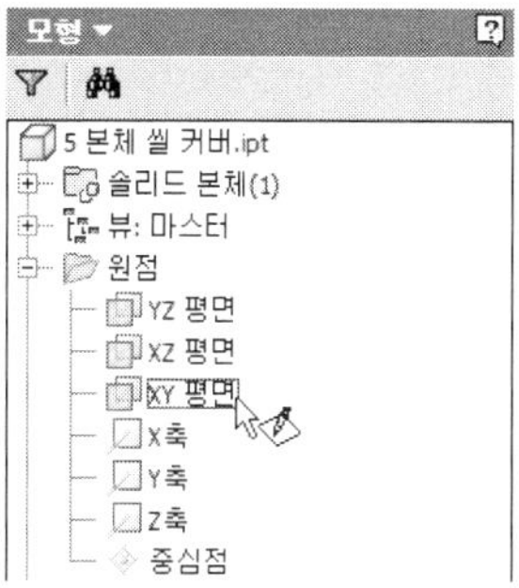

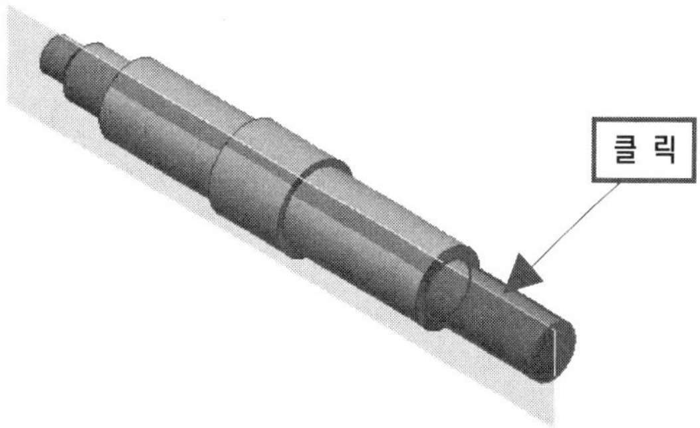

③ 평면을 완성한다.

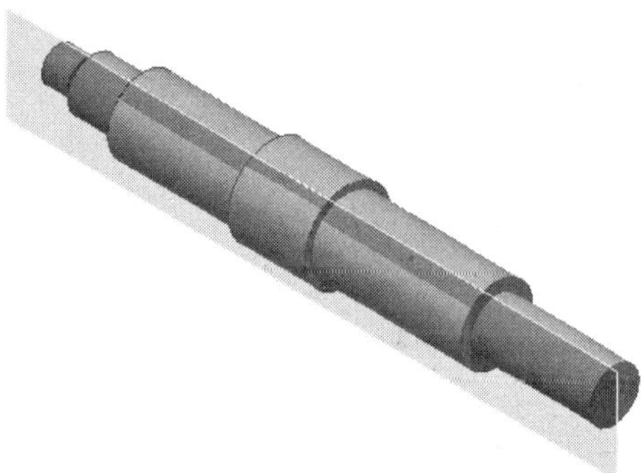

(5) 키 홈 작성하기2

① 2D 스케치 작성을 이용하여 생성한 평면을 클릭한다.

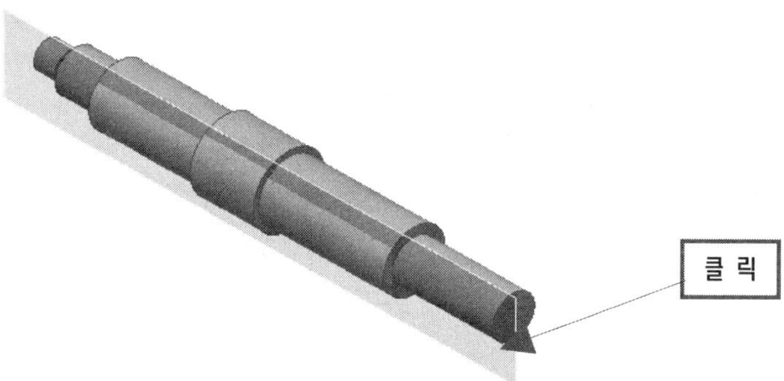

② 선을 이용하여 아래와 같이 그리고, 치수를 기입한다. 스케치 마무리를 한다.

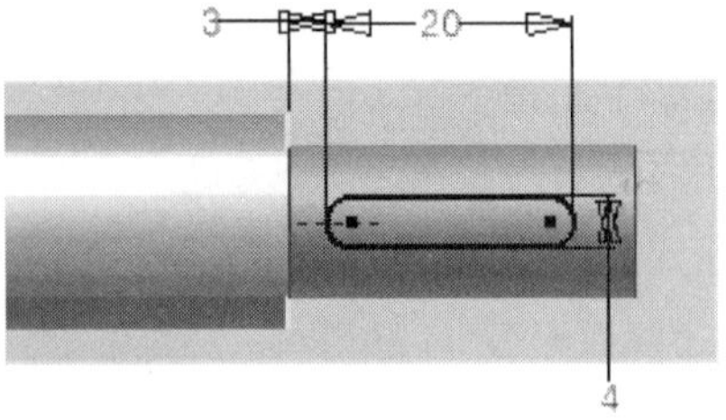

③ 돌출을 이용하여 스케치 영역을 돌출 거리 2.5만큼 아래 방향으로 차집합을 한다.

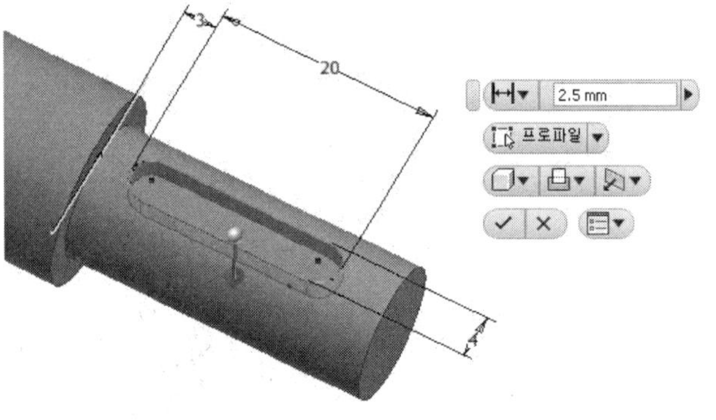

④ 확인을 클릭한다.

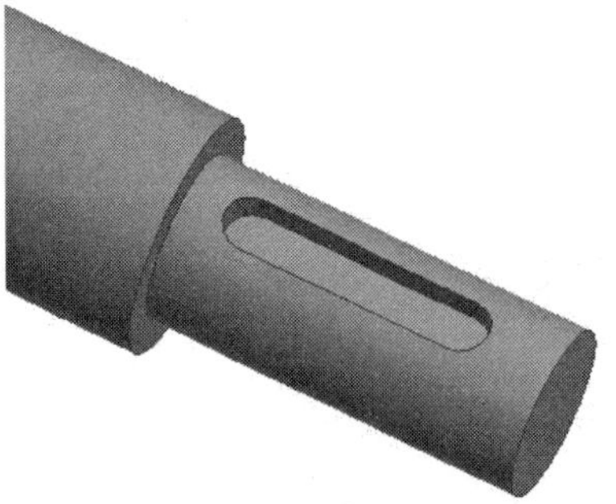

(6) 홈 작성하기

① 2D 스케치 작성을 클릭하고, 검색기의 원점 아래에 있는 XY 평면을 선택하여 스케치 평면으로 지정한다.

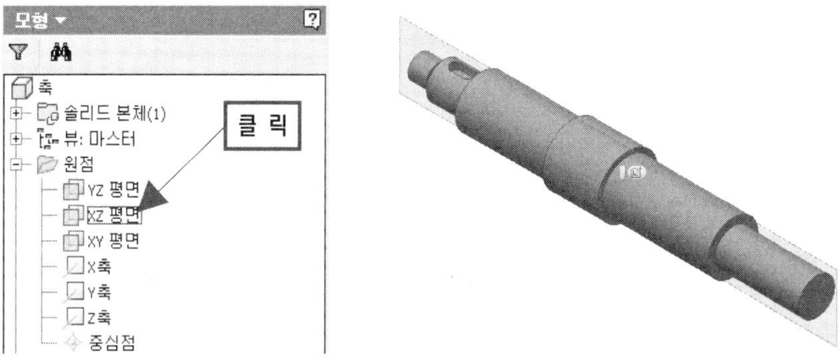

② 스케치 면이 형상 중간에 가려져 있으므로 F7(그래픽 슬라이스)을 누르고, 절단 모서리 투영을 실행한다.

③ 선과 치수를 이용하여 아래와 같이 작성한다. 스케치 마무리를 한다.

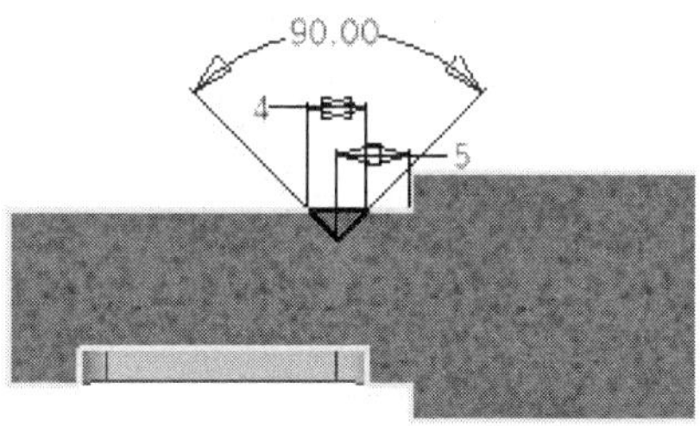

④ 회전( )을 실행한다. 프로파일과 축을 선택한다.

⑤ 회전각도는 전체로 하고, 차집합으로 설정한다. 확인을 클릭한다.

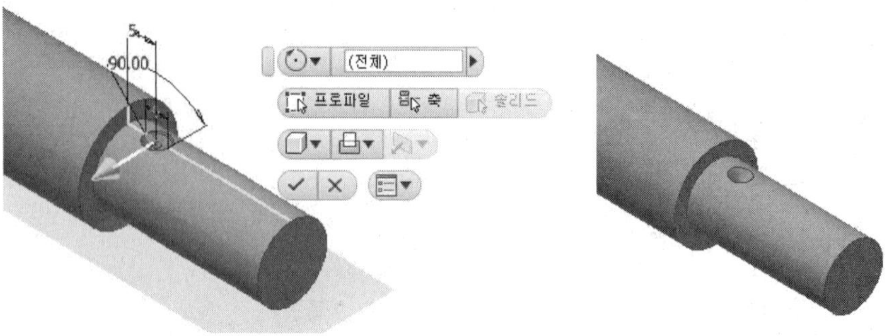

(7) 모따기 작성하기

① 표시된 모서리에 모따기( ) 거리값 1을 작성한다.

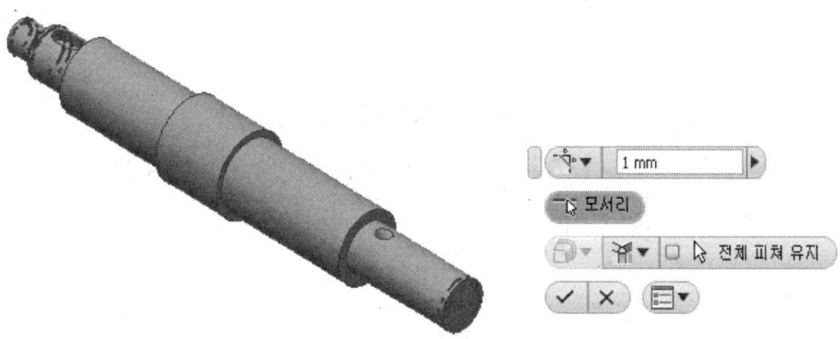

② 확인을 클릭하여 모따기를 완성한다.

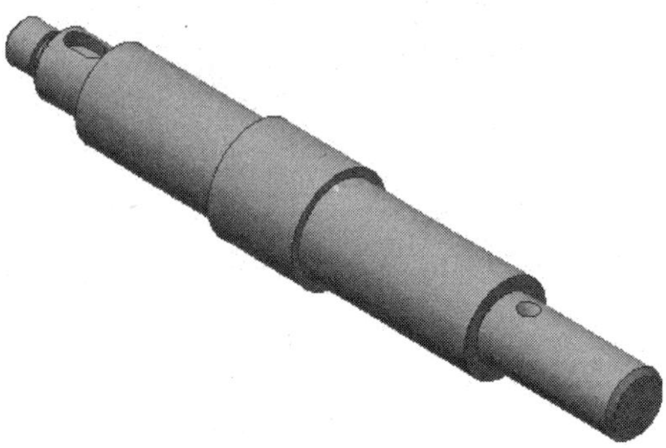

③ 면과 표시된 모서리를 그림과 같이 거리값 1, 각도값 30을 작성한다.

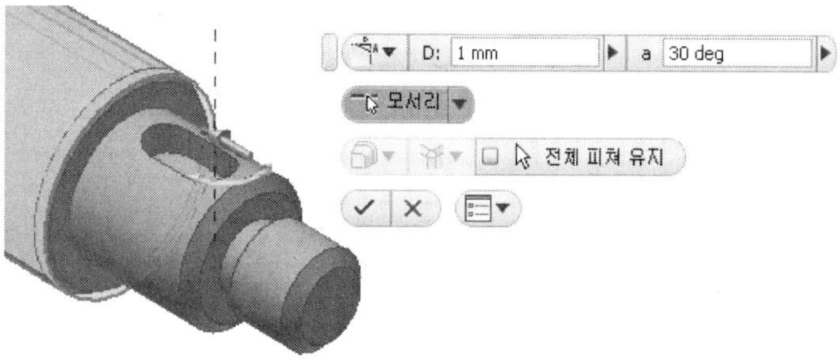

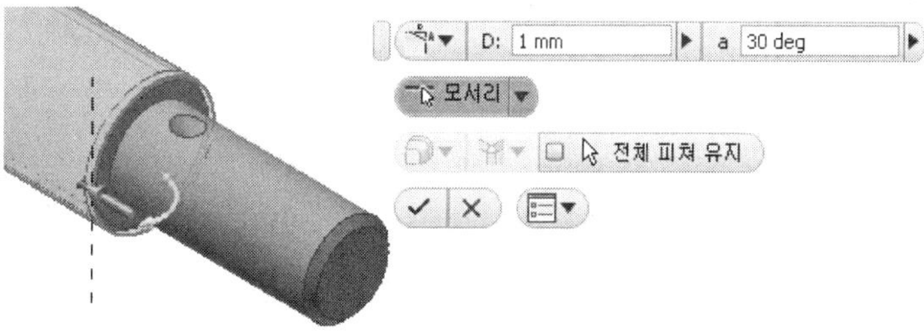

④ 확인을 클릭하여 모따기를 완성한다.

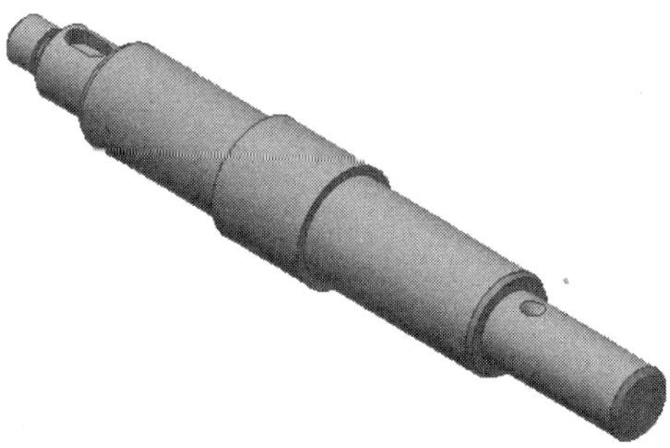

(8) 모깎기 작성하기

① 표시된 모서리에 모따기( ) 거리값 0.3을 작성한다.

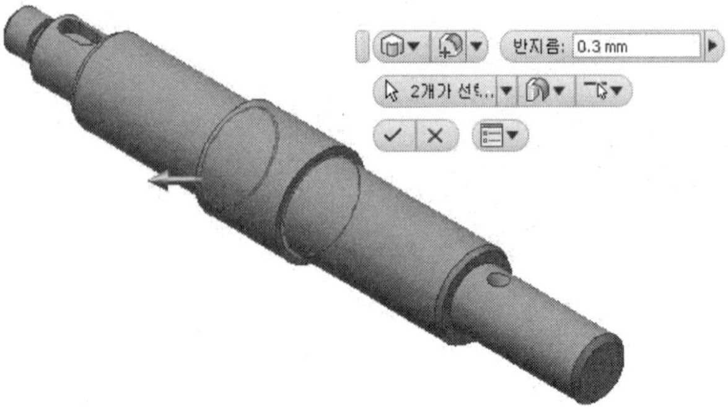

② 확인을 클릭하여 모따기를 완성한다.

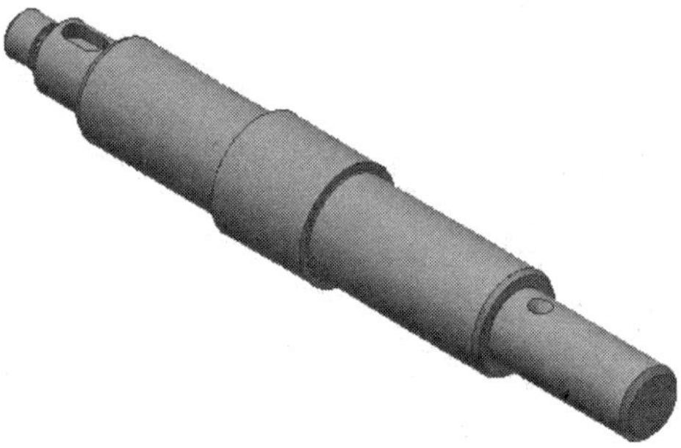

(9) 스레드 작성하기

① 스레드( )를 클릭하여 실행하고, 위치 탭에서 스레드할 원통형 면을 선택한다.

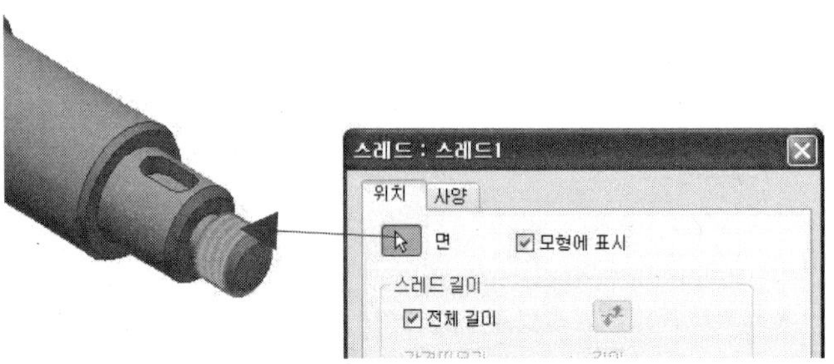

② 사양 탭에서 다음과 같이 설정하고, 확인을 클릭한다.

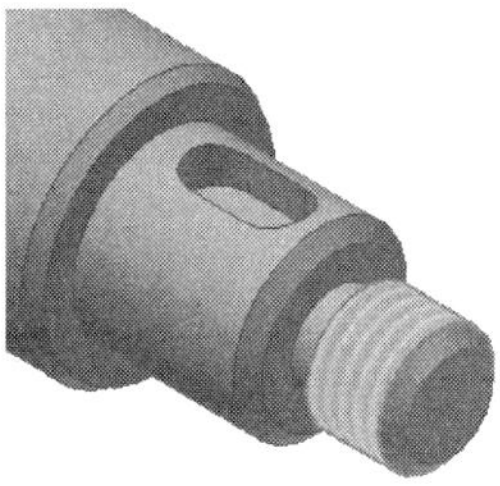

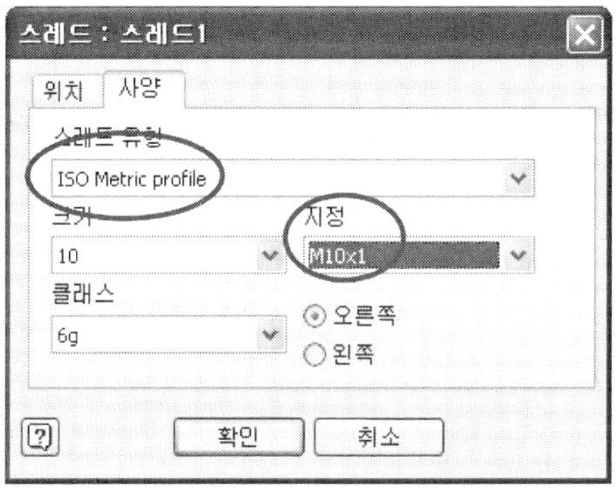

(10) 편심 축 부품 완성

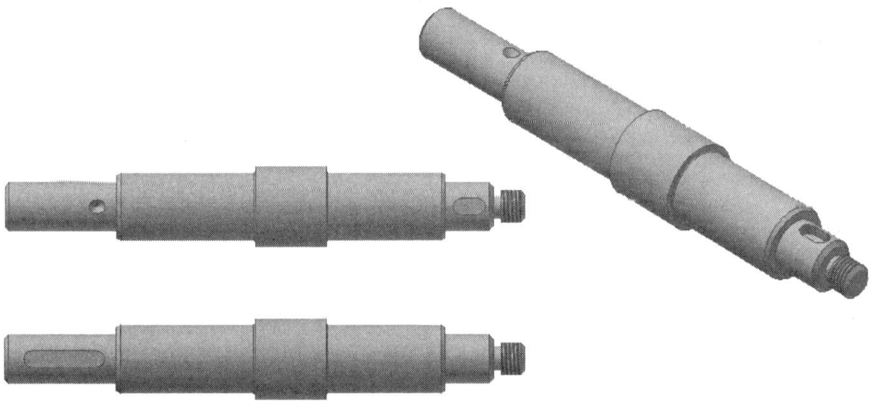

4.3 본체 씰 커버 작성하기

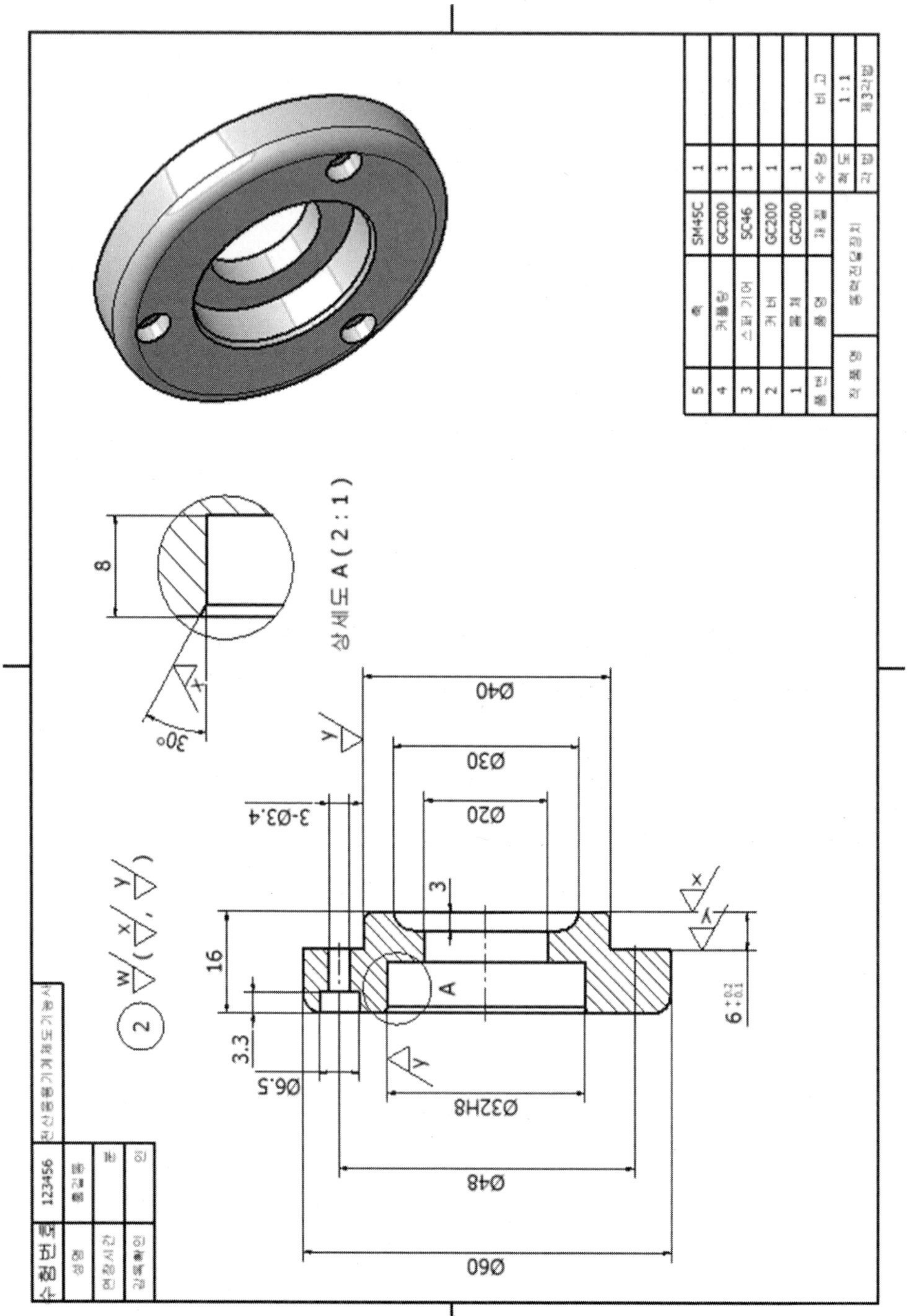

① 바탕화면의 Inventor2013를 실행하고, 새로 만들기를 클릭한다.
② Standard.ipt를 선택하고, 확인을 클릭하여 스케치 XY평면의 작업화면을 선택한다.

(1) 원통형 회전체 1 작성하기

① 선( )을 이용하여 아래와 같이 그린다. 선을 선택하고, 중심선( )을 클릭하여 선의 형식을 중심선으로 바꾼다. 치수를 기입하고, 스케치를 마무리한다.

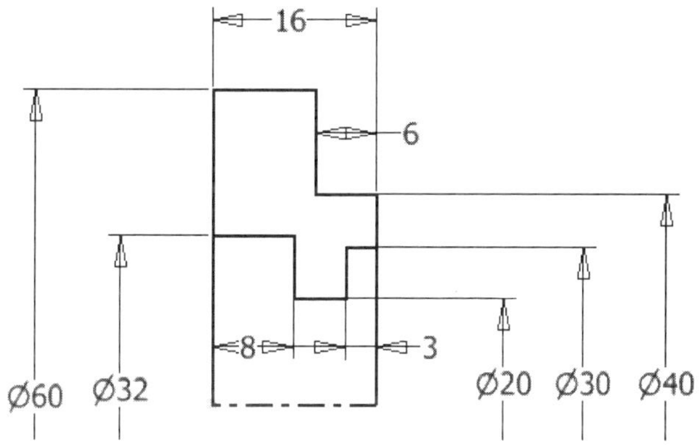

② 회전( )을 실행하면 프로파일 영역과 축이 하나씩 존재하므로 자동으로 회전이 실행됨을 볼 수가 있다. 확인을 클릭한다.

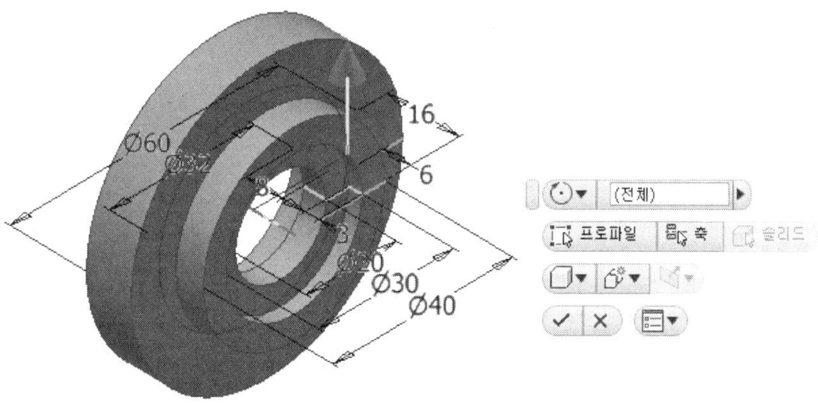

1

(2) 구멍과 원형패턴 작성하기

① 커버 형상의 측면을 2D 스케치 작성 평면으로 클릭한다.

② 스케치 환경에서 점(+)을 찍고, 위치 치수를 기입한 후, 스케치 마무리를 한다.

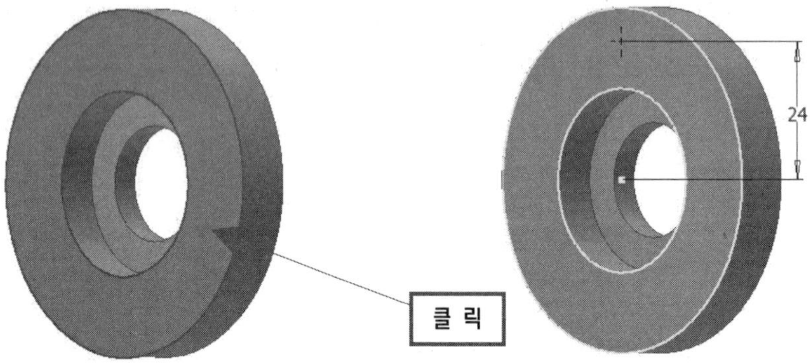

③ 구멍( )을 실행한다. 자동으로 구멍 중심점이 인식한다. 아래와 같이 설정을 한다.

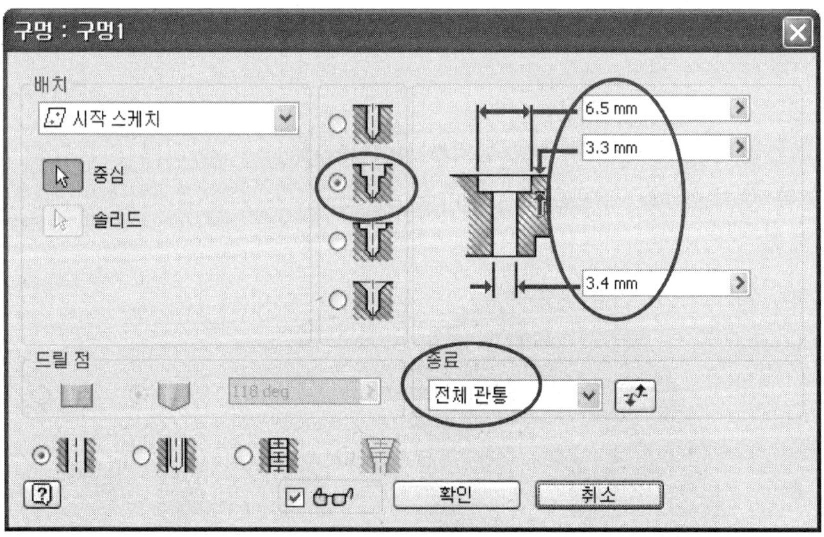

- 구멍 유형 : 카운터보어 / 종료 : 전체 관통
- 카운터보어 지름 : 6.5mm / 카운터보어 깊이 : 3.3mm / 구멍 지름 : 3.4mm

④ 확인을 클릭한다.

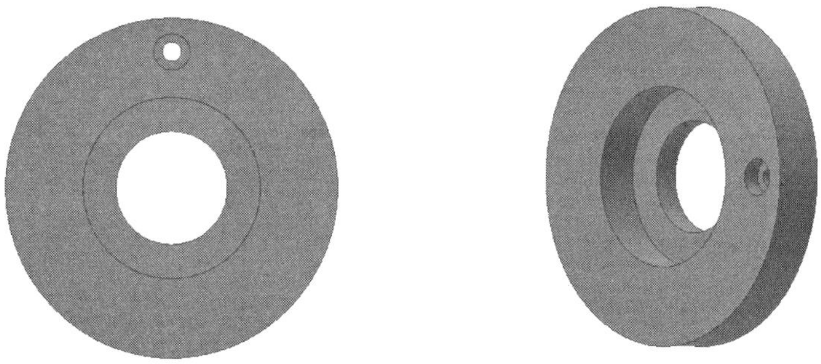

⑤ 원형패턴( )을 클릭하여 실행하고, 패턴시킬 피처로 카운터보어 구멍과 원통형 면을 회전축으로 선택한다. 개수는 4를 입력하고 확인을 클릭한다.

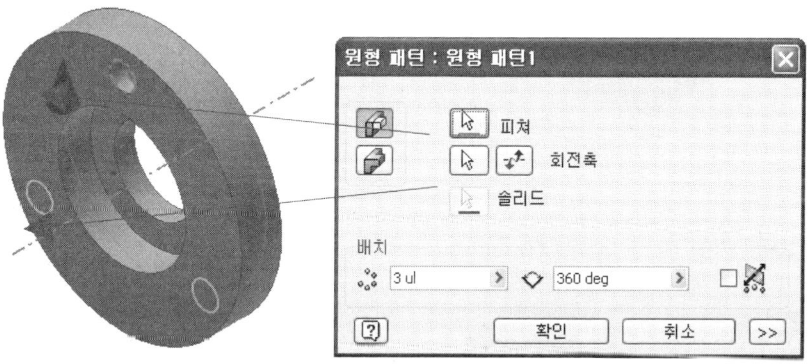

(4) 모깎기와 모따기 작성하기

① 다음 그림에 표시된 모서리에 모깎기와 모따기를 적용한다.

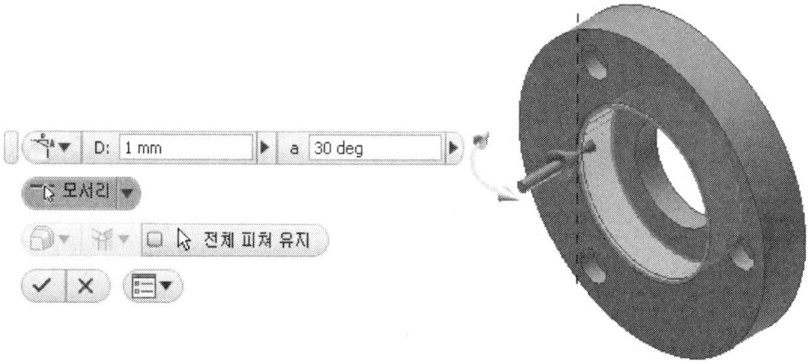

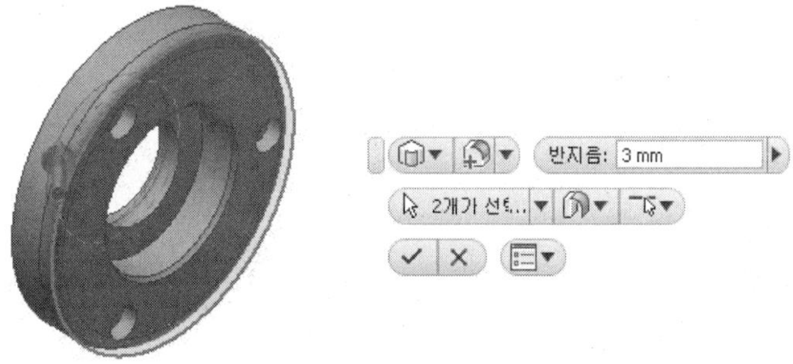

(5) 커버 부품 완성

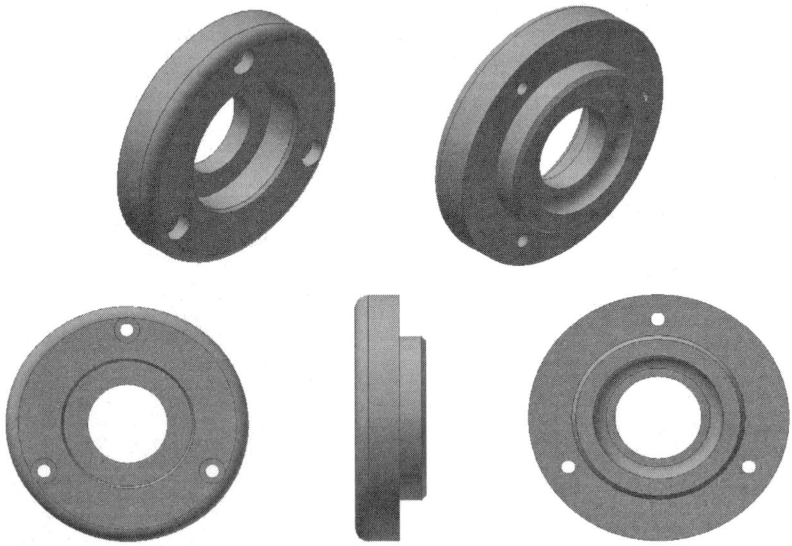

4.4 커플링 작성하기

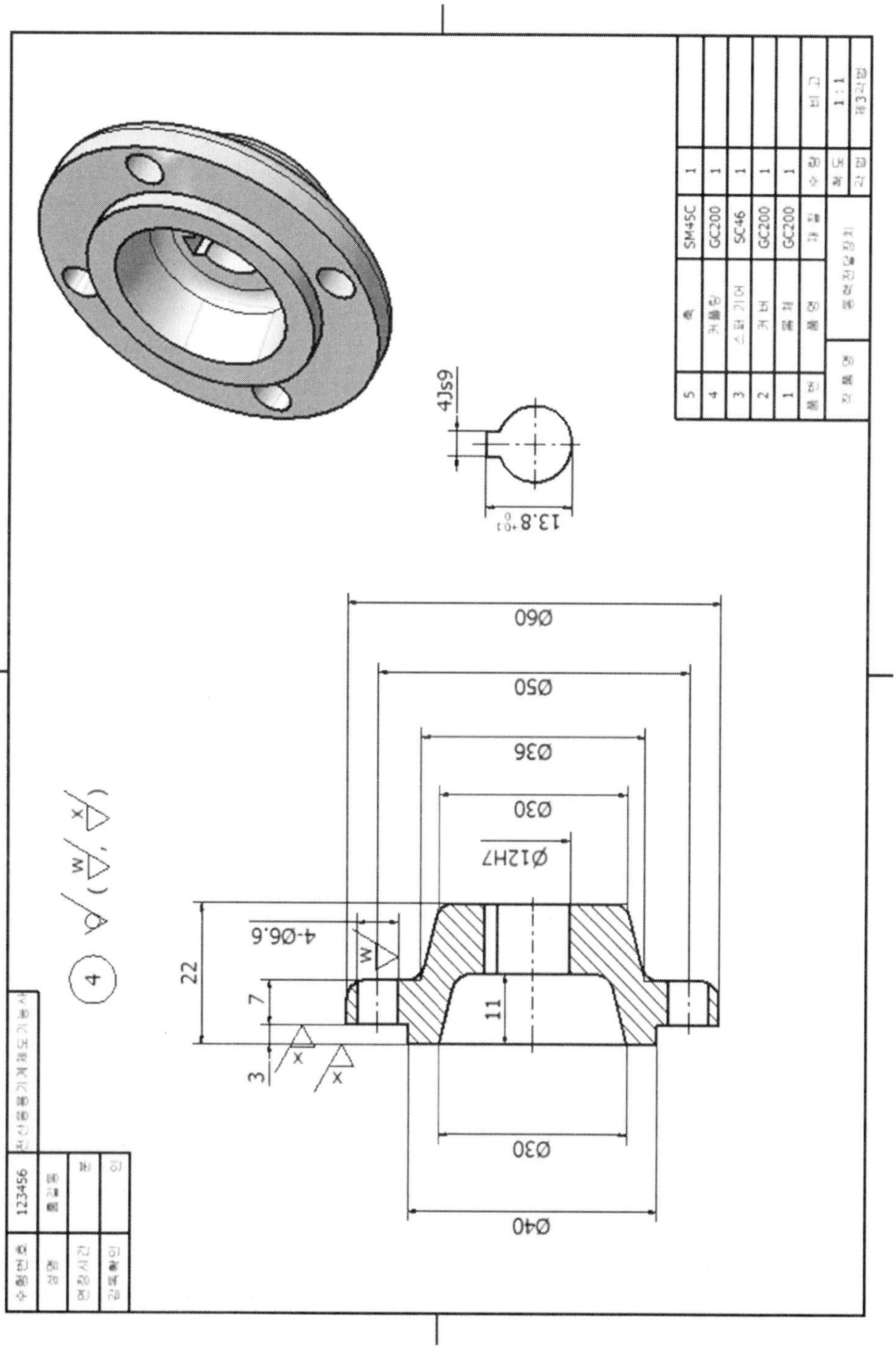
SM45C
GC200
SC46
GC200
GC200
1:1
4Js9
Ø60
Ø50
Ø36
Ø30
Ø12H7
4-Ø6.6
22
7
11
3
Ø30
Ø40
123456

① 바탕화면의 Inventor2013를 실행하고, 새로 만들기를 클릭한다.

② Standard.ipt를 선택하고, 확인을 클릭하여 스케치 XY평면의 작업화면을 선택한다.

(1) 원통형 회전체 1 작성하기

① 선( )을 이용하여 아래와 같이 그린다. 선을 선택하고, 중심선( )을 클릭하여 선의 형식을 중심선으로 바꾼다. 치수를 기입하고, 스케치를 마무리한다.

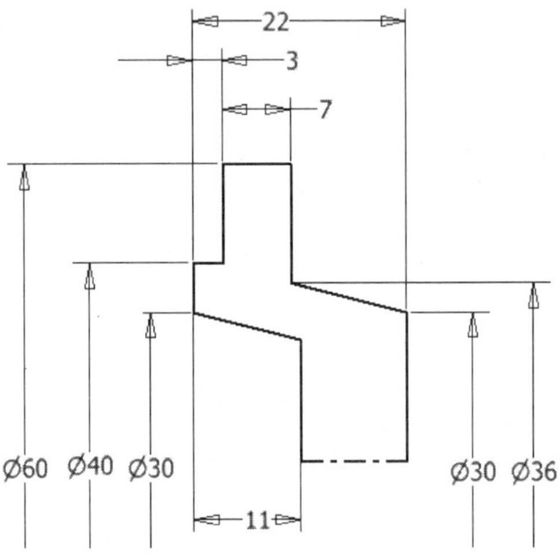

② 회전( )을 실행하면 프로파일 영역과 축이 하나씩 존재하므로 자동으로 회전이 실행됨을 볼 수가 있다. 확인을 클릭한다.

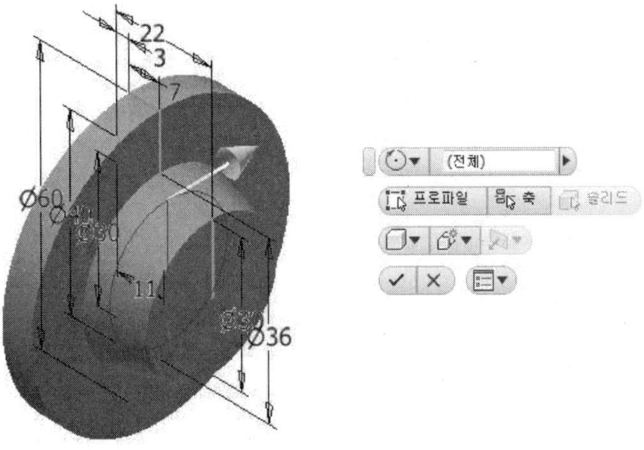

(2) 키홈 작성하기

① 2D 스케치 작성을 클릭하고, 검색기의 원점 아래에 있는 XY 평면을 선택하여 스케치 평면으로 지정한다.

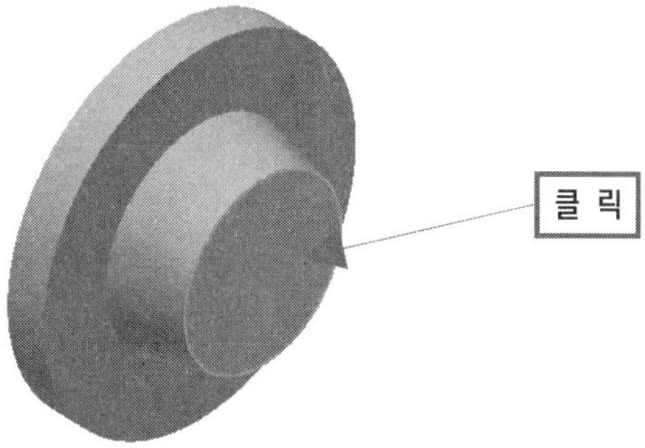

② 선, 원, 치수를 이용하여 아래 그림과 같이 그리고, 스케치 마무리를 한다.

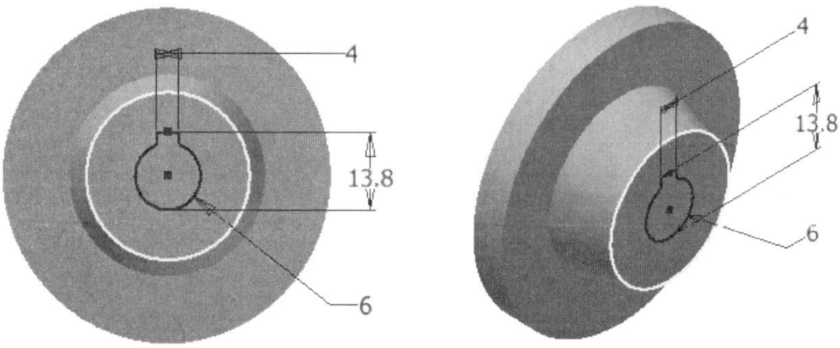

③ 돌출( )을 클릭하여 방금 작성한 원을 프로파일 영역으로 지정하고, 합집합( )에 돌출거리 전체로 입력하고, 확인을 클릭한다.

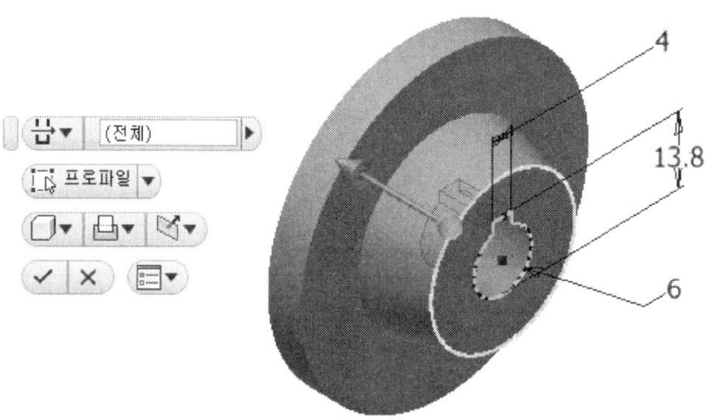

(3) 카운터보어 구멍과 원형패턴 작성하기

① 커버 형상의 측면을 2D 스케치 작성 평면으로 클릭한다.

② 스케치 환경에서 점(+)을 찍고, 위치 치수를 기입한 후, 스케치 마무리를 한다.

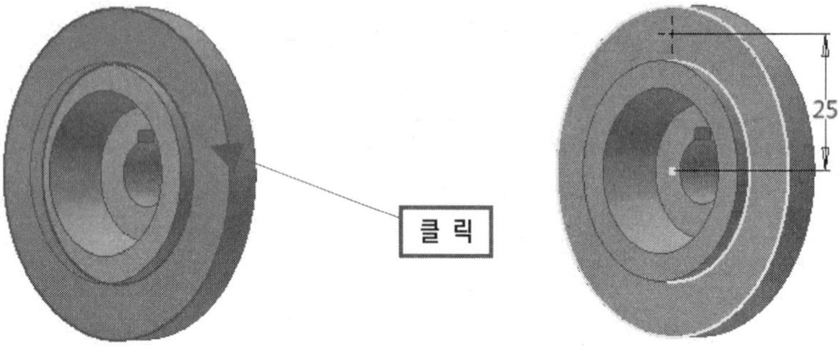

③ 구멍( )을 실행한다. 자동으로 구멍 중심점이 인식한다. 다음과 같이 설정을 한다.

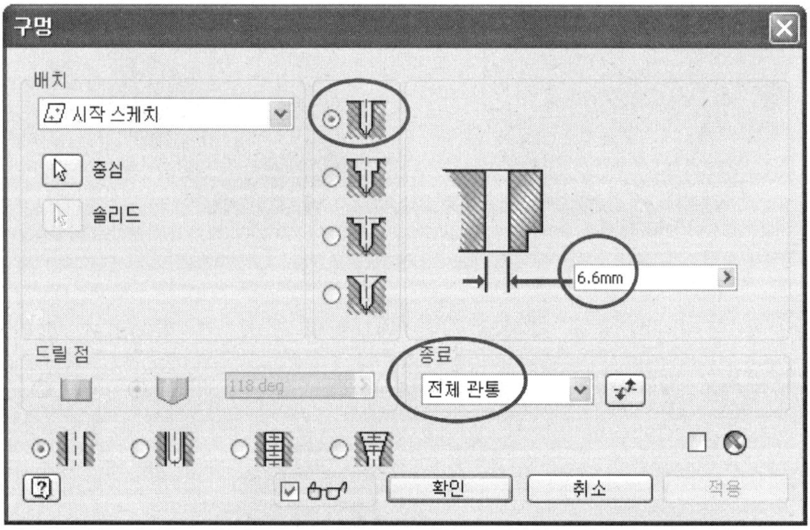

- 구멍 유형 : 드릴 / 종료 : 전체 관통 / 드릴 지름 : 6.6mm

④ 확인을 클릭한다.

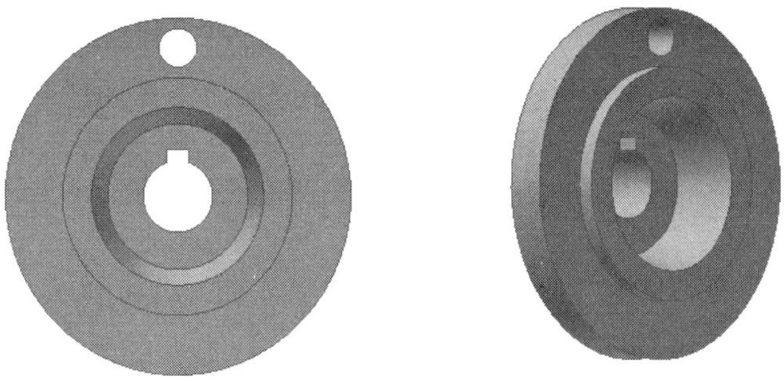

⑤ 원형패턴( )을 클릭하여 실행하고, 패턴시킬 피쳐로 카운터보어 구멍과 원통형 면을 회전축으로 선택한다. 개수는 4를 입력하고 확인을 클릭한다.

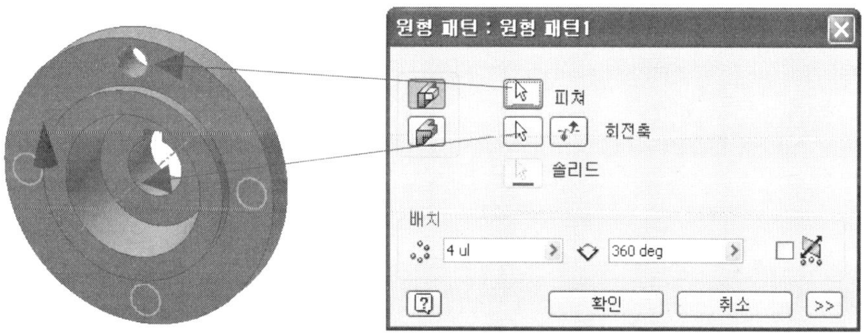

(4) 모깎기 작성하기

① 아래 그림에 표시된 모서리에 모깎기를 적용한다.

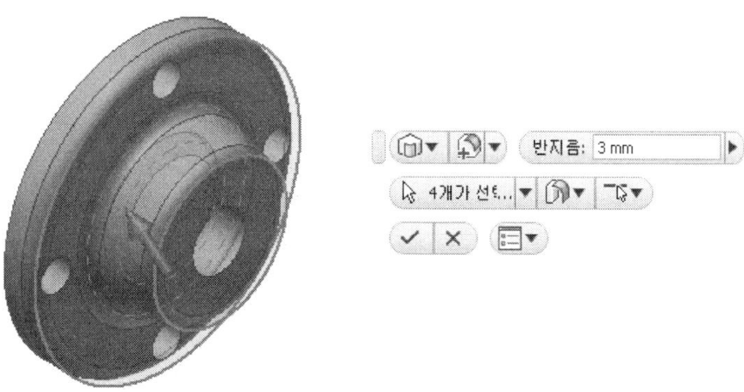

(5) 커플링 부품 완성

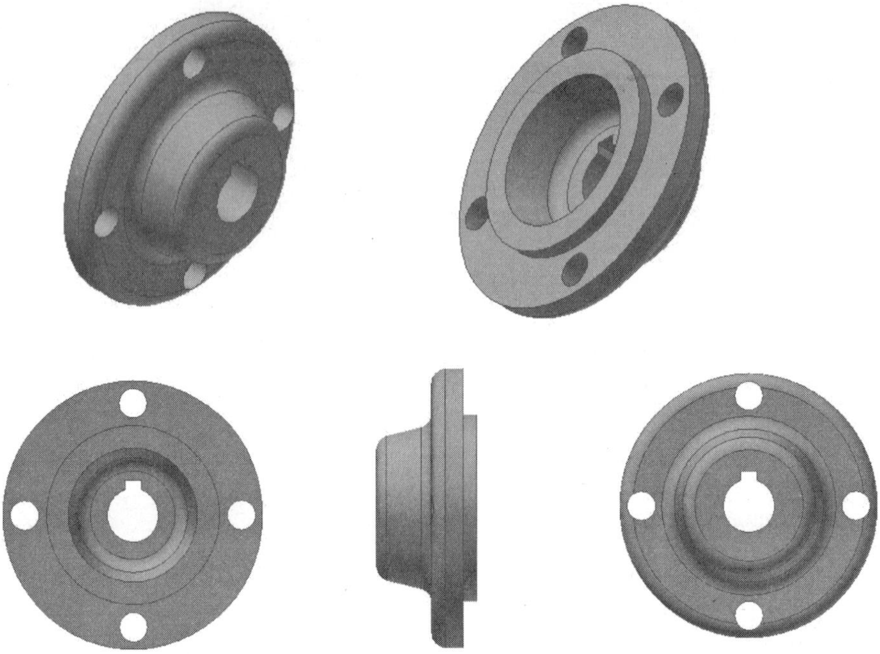

4.5 스퍼기어 휠 작성하기

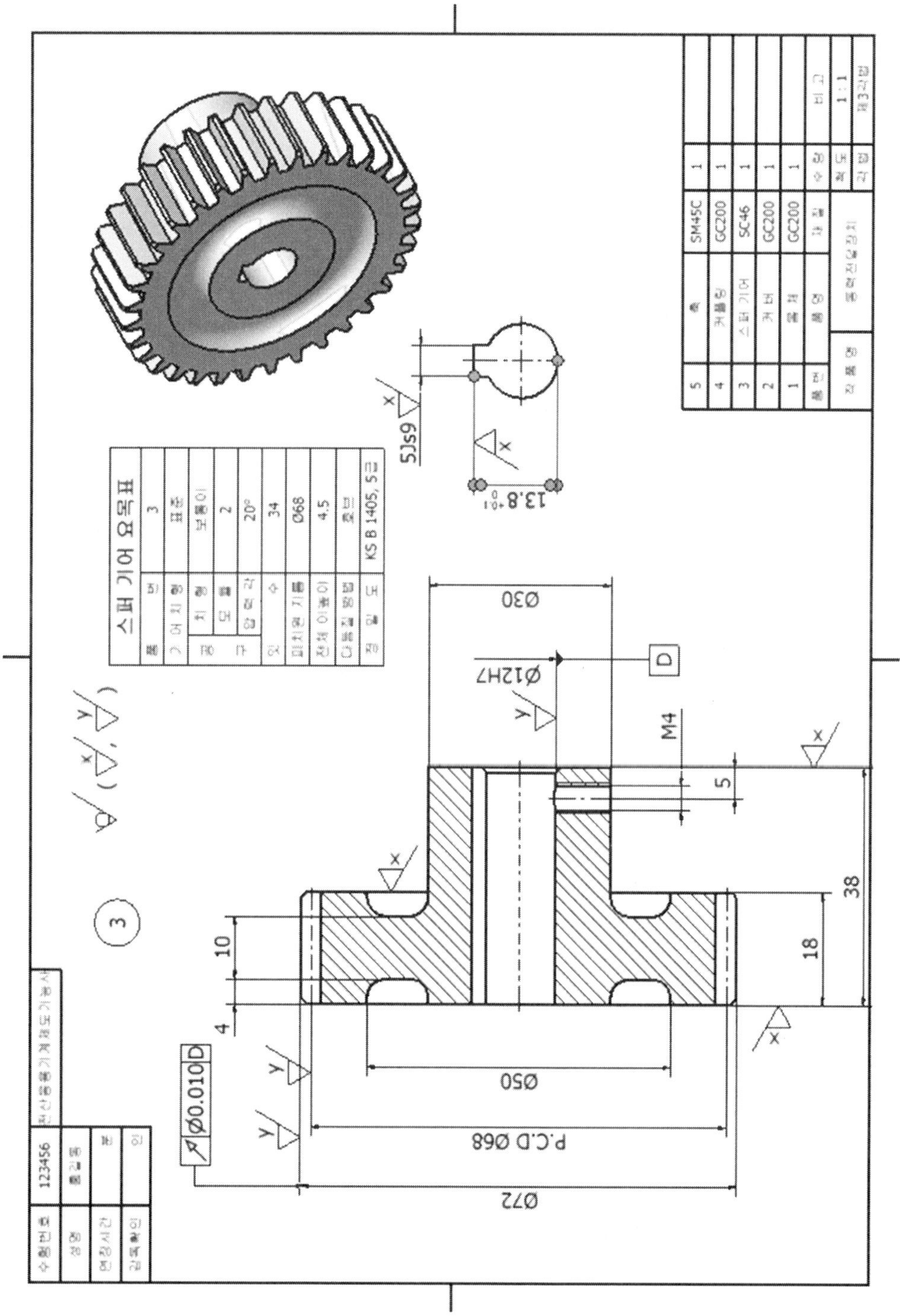

① 바탕화면의 Inventor2013를 실행하고, 새로 만들기를 클릭한다.
② Standard.ipt를 선택하고, 확인을 클릭하여 스케치 XY평면의 작업화면을 선택한다.

(1) 원통형 회전체 작성하기

① 선을 이용하여 아래와 같이 그린다. 치수를 기입하고, 스케치를 마무리한다.

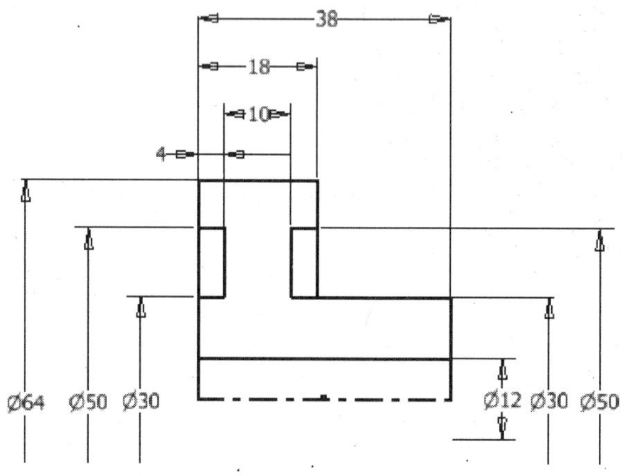

② 회전( )을 실행하면 프로파일과 축을 선택하고, 회전 각도를 전체로 해서 확인을 클릭한다.

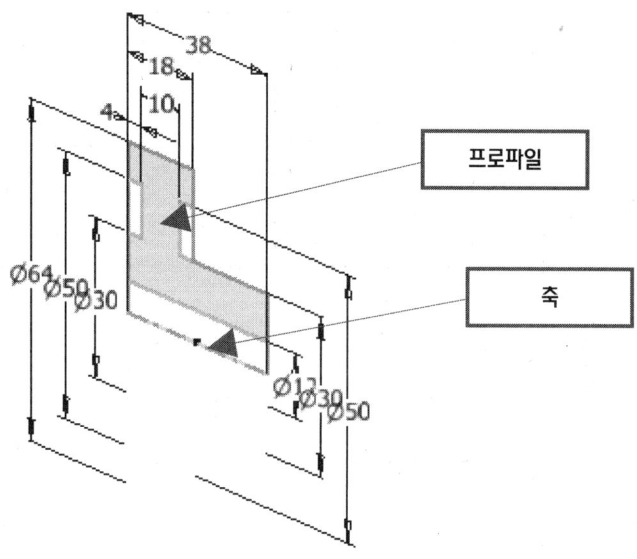

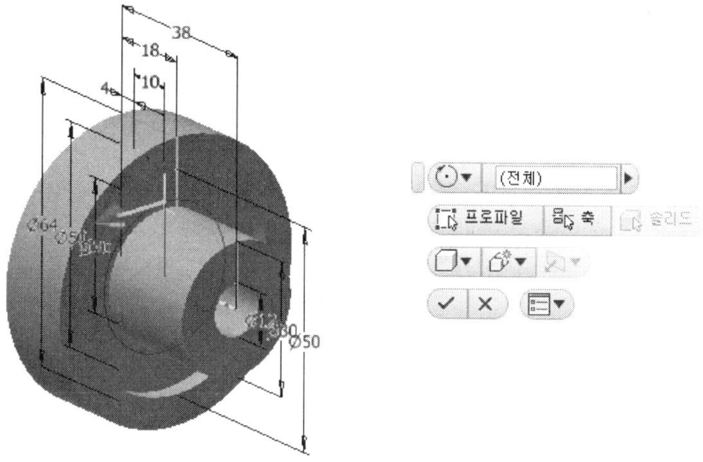

(2) 키 홈 생성하기

① 측면에 2D 스케치 작성으로 키 홈 모양을 그린다. 스케치 마무리를 한다.

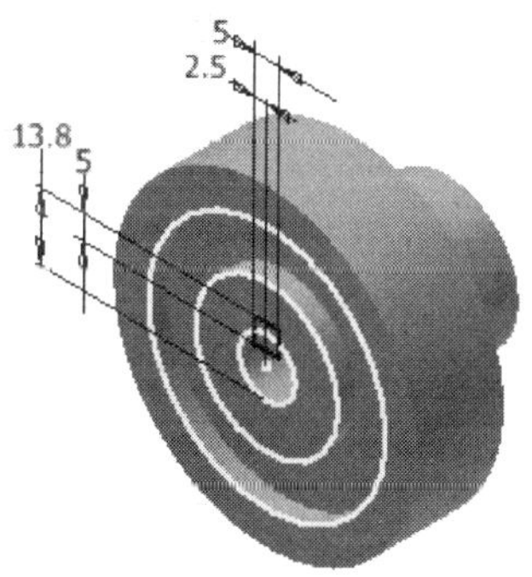

② 돌출로 사각형 프로파일을 거리 전체 관통으로 하고, 차집합으로 잘라낸다.

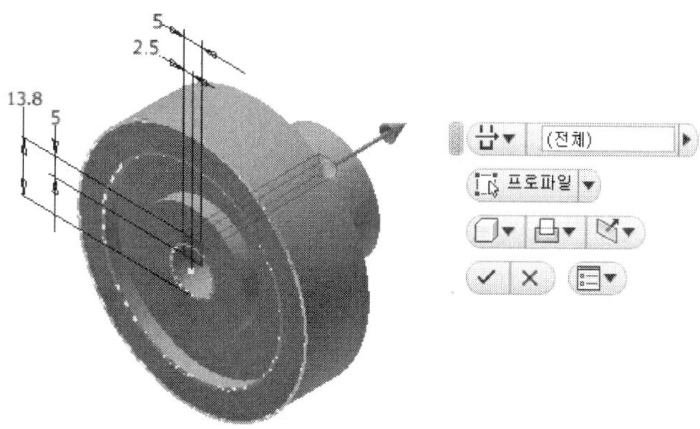

(3) 스퍼기어 이 생성하기

① 앞면을 2D 스케치 면으로 클릭한다.

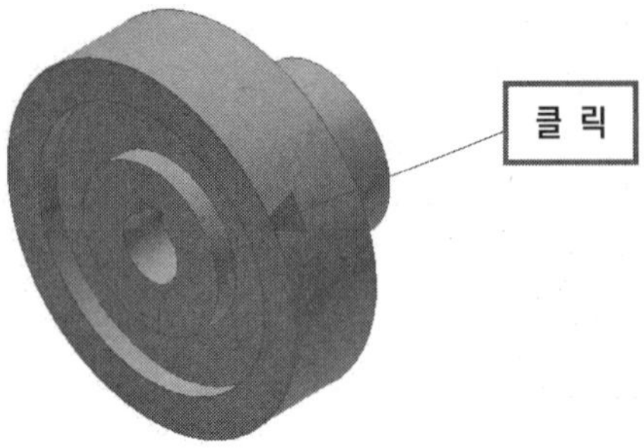

② 다음과 같이 원과 선 그리고 호를 이용하여 스퍼기어 이를 그린다. 선의 형식을 구성선과 중심선 등으로 변경을 시킨다.

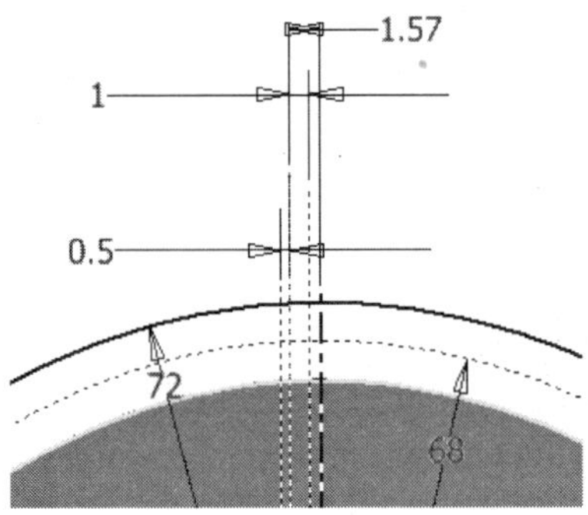

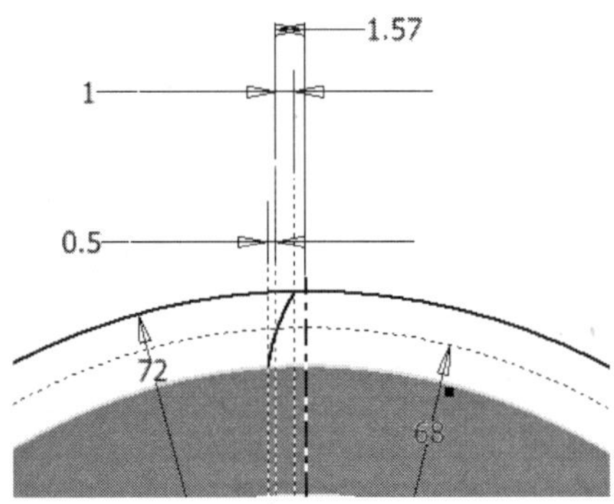

③ 스케치 대칭( )을 이용하여 작성한 호를 오른쪽으로 대칭복사한다.

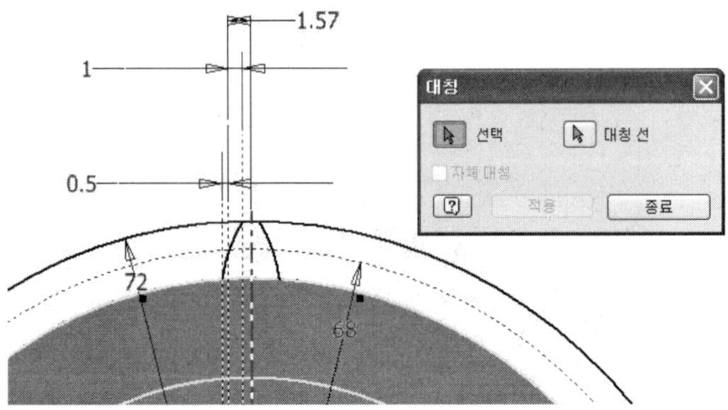

④ 자르기(✂)로 필요가 없는 스케치 요소들을 지운다. 스케치 마무리를 한다.

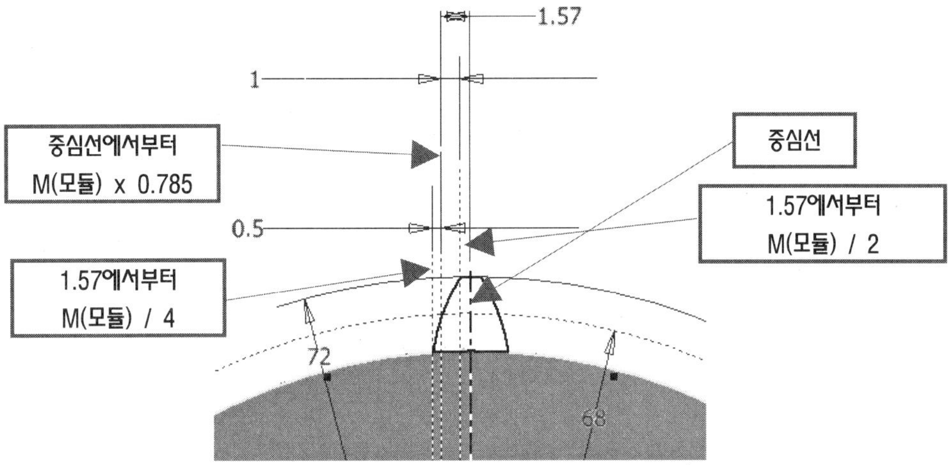

⑤ 돌출을 이용하여 작성한 스퍼기어 이 영역을 거리 18만큼 합집합으로 생성한다.

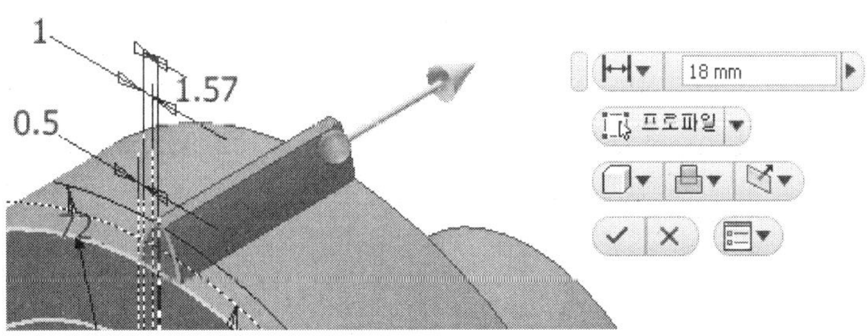

⑥ 그림에 표시된 모서리에 모따기를 한다.

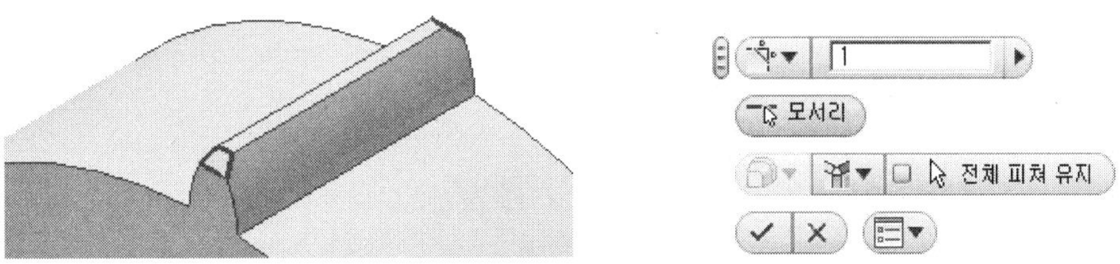

⑦ 돌출시킨 스퍼기어 이와 모따기 형상을 피쳐로 하고, 원통형 면을 회전축으로 하는 개수 34개의 원형패턴을 실행한다. 확인을 클릭한다.

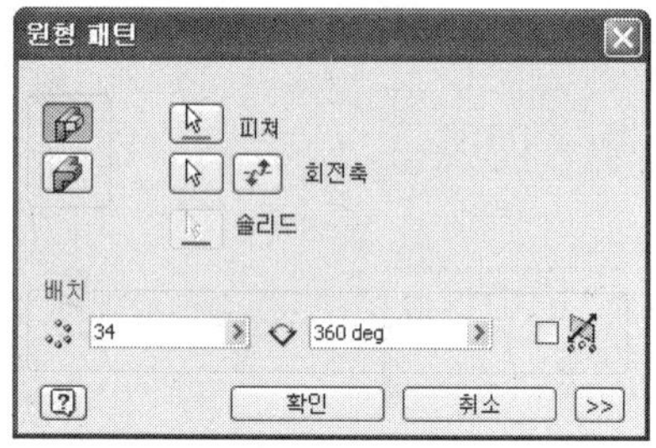

(4) 모깎기와 모따기를 작성하기

① 그림에 표시된 모서리에 모깎기와 모따기를 적용한다.

(5) 곡면에 접하고 평면에 평행한 평면 생성하기

① 평면( )을 클릭하여 실행한다.

② 기준 평면으로 검색기의 XZ평면을 선택하고, 접하는 원통형 곡면을 선택한다.

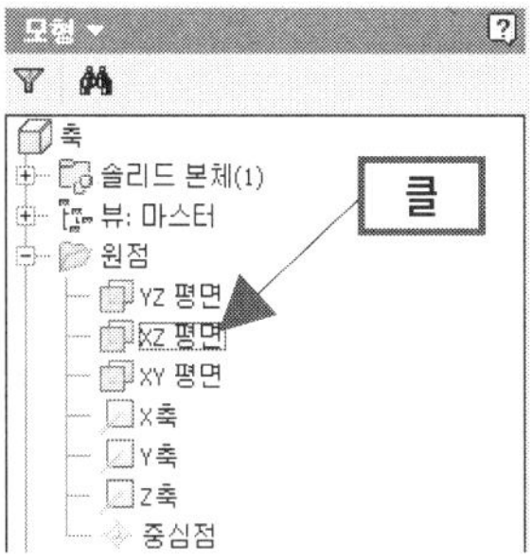

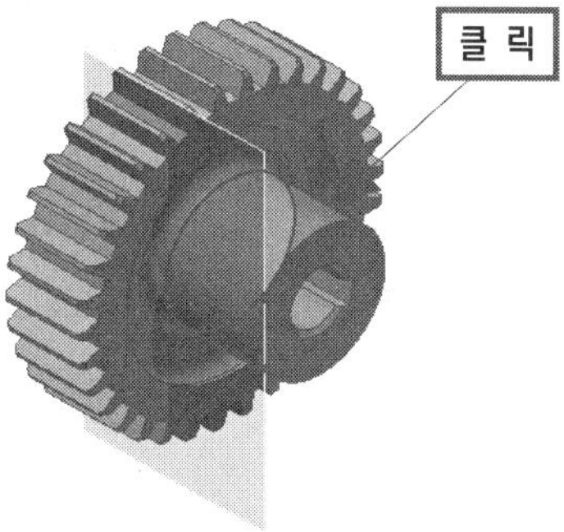

③ 평면을 완성한다.

(6) 키 홈 작성하기

① 2D 스케치 작성을 이용하여 생성한 평면을 클릭한다.

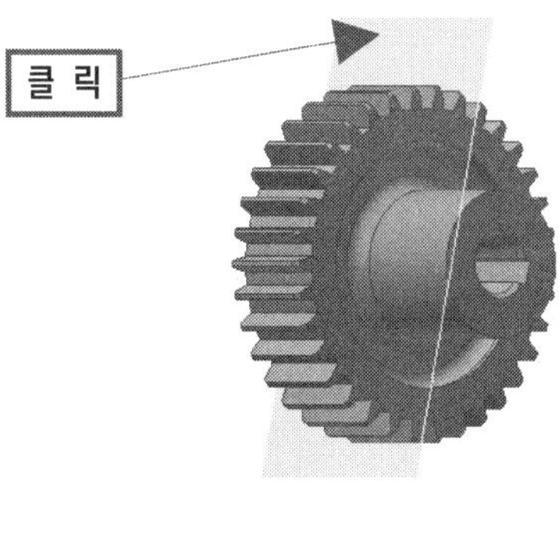

② 선을 이용하여 아래와 같이 그리고, 치수를 기입한다. 스케치 마무리를 한다.

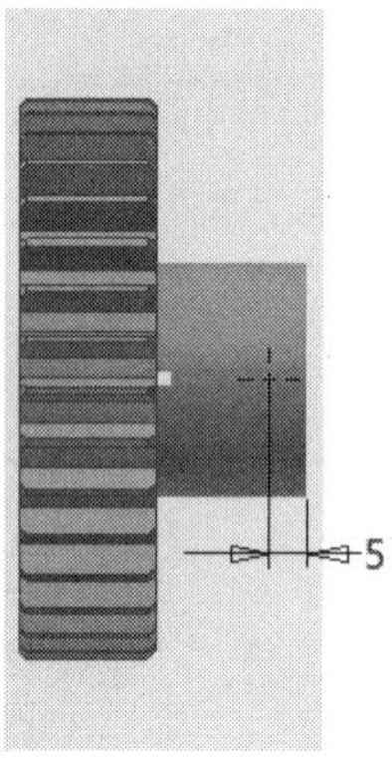

③ 구멍()을 실행한다. 자동으로 구멍 중심점이 인식한다. 아래와 같이 설정을 한다.

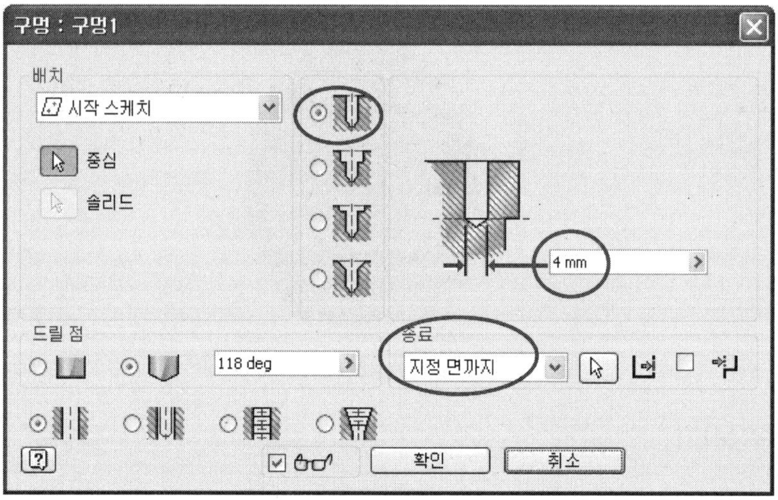

- 유형 : 드릴
- 드릴 지름 : 4mm

• 종료 : 지정면까지

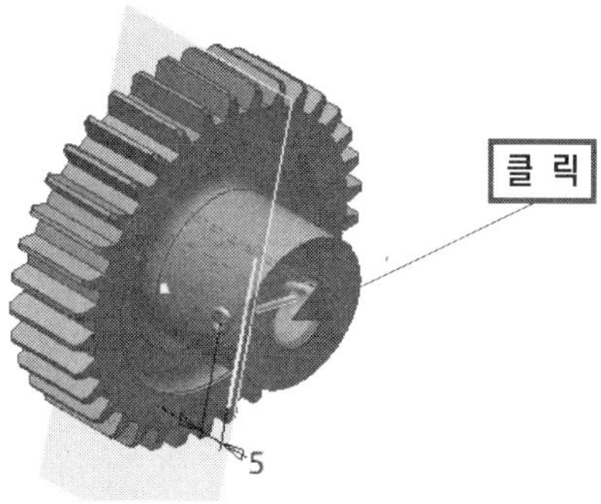

④ 확인을 클릭한다.

(7) 스퍼기어 휠 부품 완성

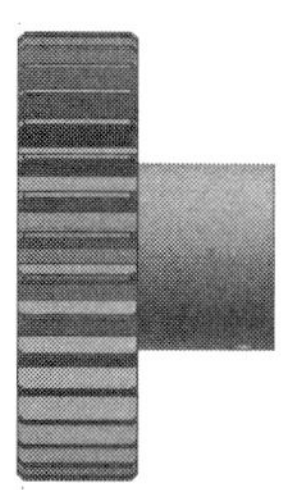

BUCYRUS

5

동력 전달 장치 – 조립하기

5.1 배치

Autodesk Inventor Professional 2013

조립도

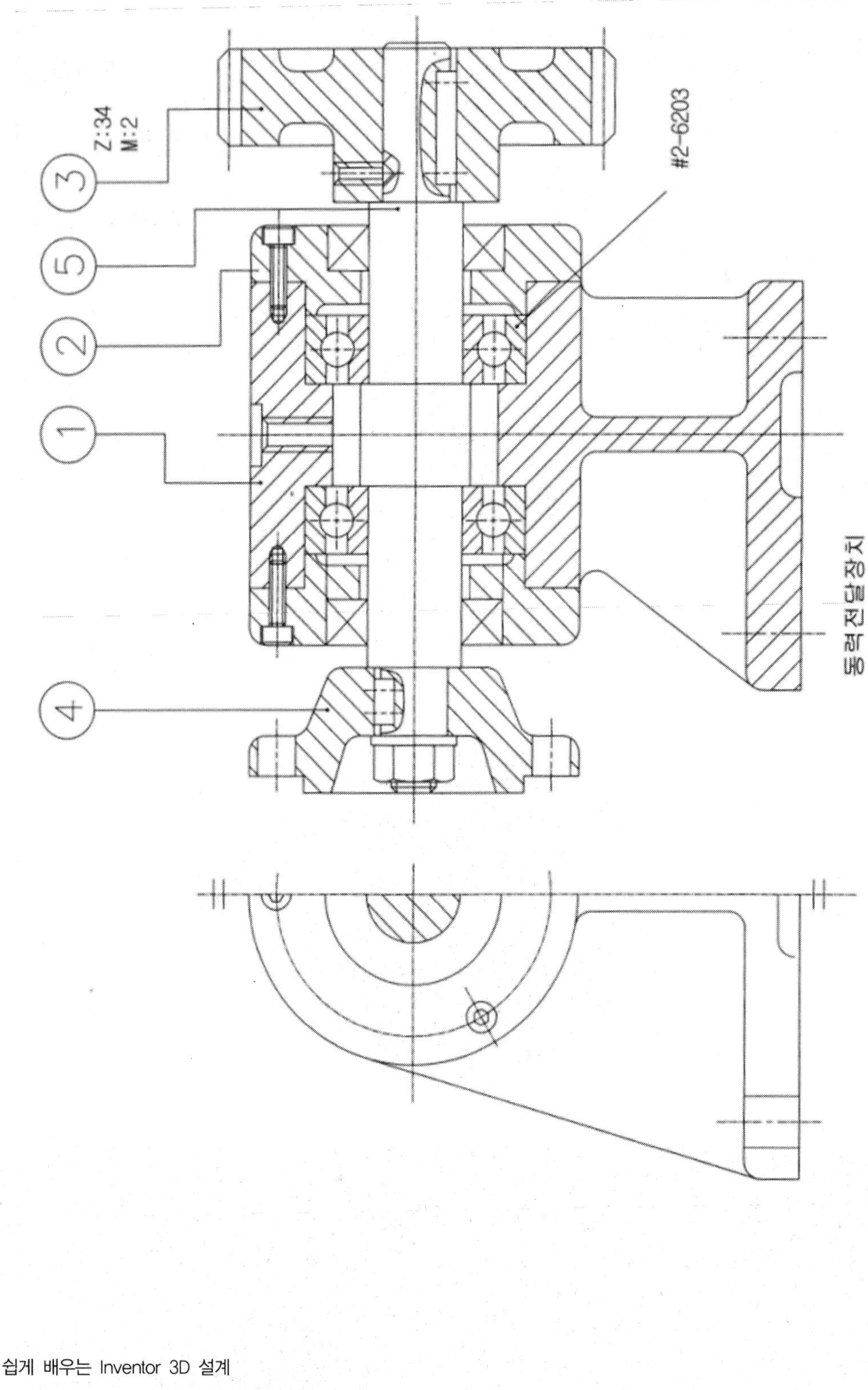

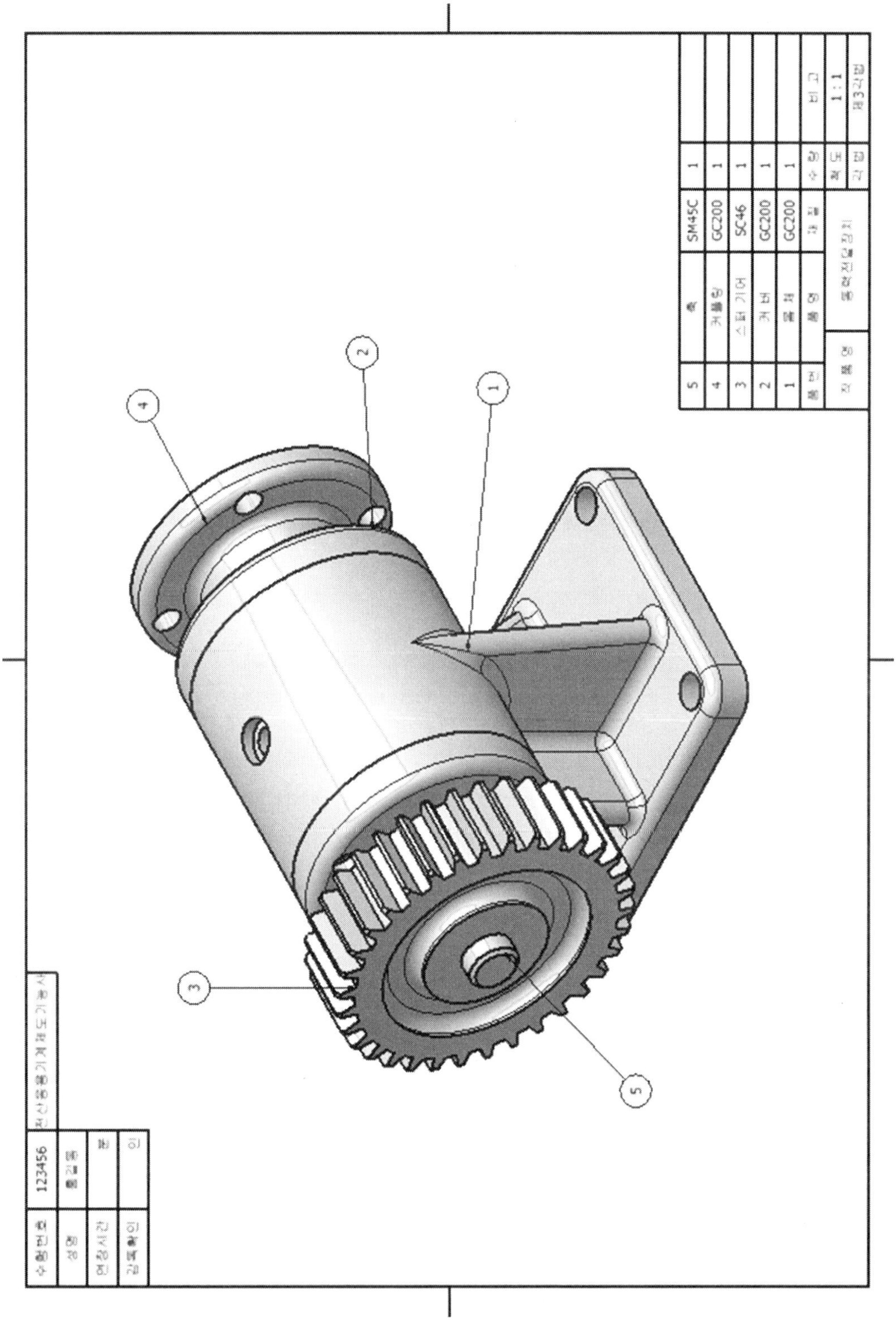
1
2
3
4
5
5 축 SM45C 1
4 커플링 GC200 1
3 스퍼 기어 SC46 1
2 커버 GC200 1
1 몸체 GC200 1
품번 품명 재질 수량 비고
작품명 동력전달장치
척도 1:1
각법 제3각법
전산응용기계제도기능사
수험번호 123456
성명 홍길동
연장시간 분
감독확인 인

0. Inventor 시작하기

① 바탕화면에 있는 Inventor2013(

)를 실행한다.

② 시작하기에서 새로 만들기를 클릭한다.

③ Standard.ipt를 선택하고, 확인을 클릭하여 부품 설계를 시작한다.

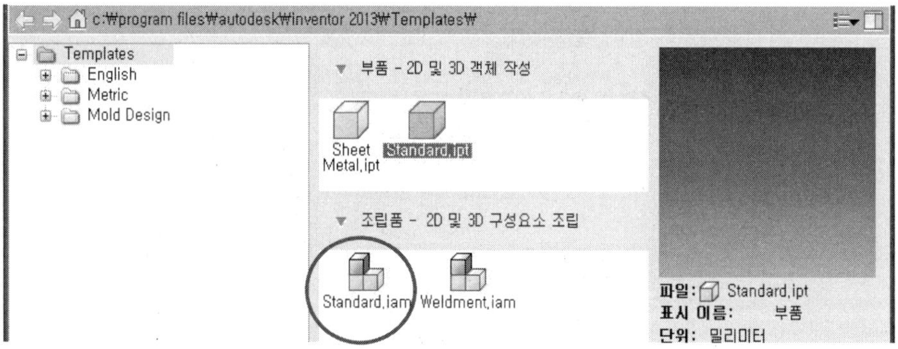

④ 기존과 다르게 스케치 평면을 선택할 수 있는 작업화면이 나타난다.

5.1 배치

5.1.1 구성요소 배치

- 조립품의 첫 번째로 배치되는 구성요소.
- 조립품을 작성하는 기초가 되는 프레임이나 같은 베이스 부품 혹은 부조립품
- 이 구성요소의 원점은 조립품 좌표계의 원점과 일치되고 부품은 모든 자유도가 제거된 기준(Grounded) 상태로 배치.

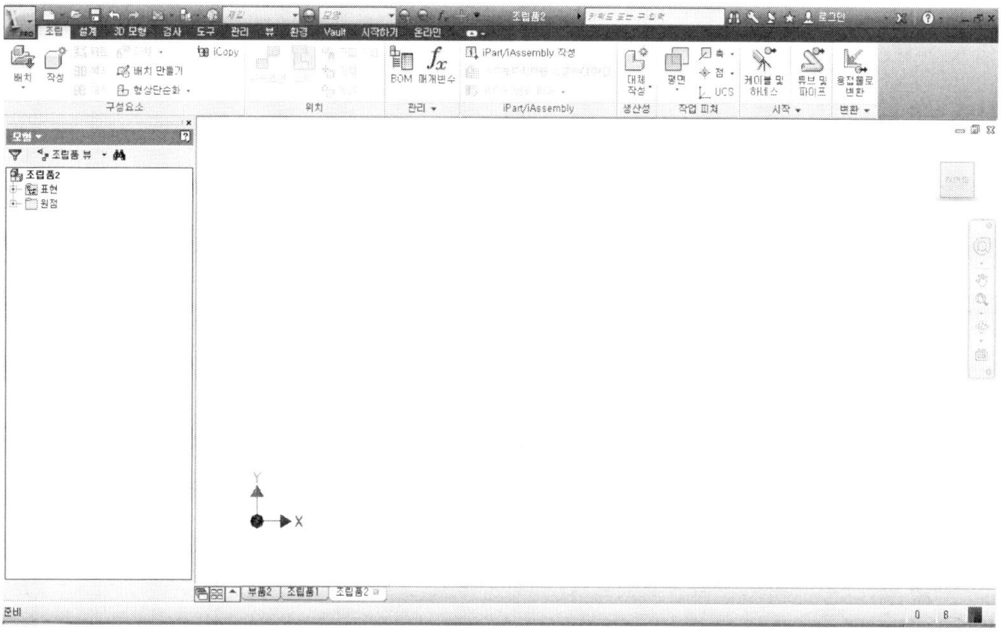

- 추가 구성요소는 구성요소 중심에 부착된 커서를 사용하여 배치.
- 동일한 구성요소를 반복하여 배치하고자 할 때는 마우스를 이동한 후 클릭하여 추가 배치
- 종료하려면 마우스 오른쪽 버튼을 클릭하고 완료 버튼을 선택.

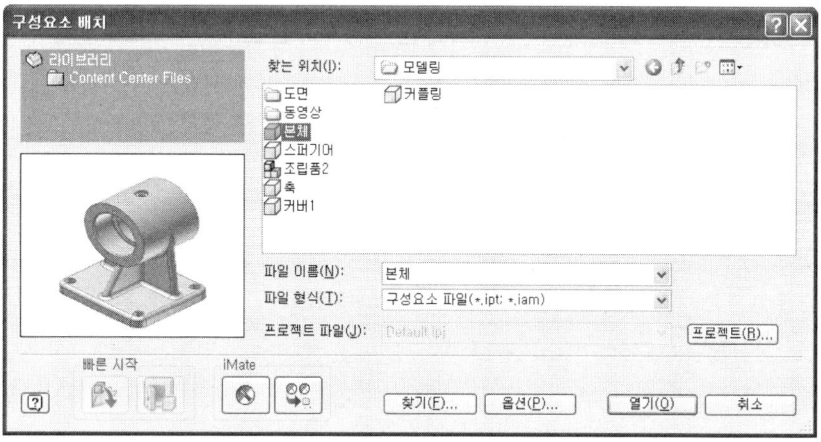

5.1.2 구성요소 작성

- 조립품 파일 환경에서 새 부품을 작성.
- 내부 부품 작성은 조립품 구성요소의 면에 스케치를 할 수 있다.
- 다른 조립품 구성요소의 형상을 피처 스케치에 포함할 수 있어 편리하다.

5.1.3 구속조건

조립품 탭

- 선택된 구성요소들 간의 자유도 제거한다.
- 형태 및 솔루션
  - 구속조건 형태를 지정하고 구속조건을 적용하기 전에 구성요소를 배치하는데 사용되는 솔루션의 예시한다.
  - 대화상자가 열려 있을 때 구속조건 유형을 변경하고 배치한다.
- 면, 곡선 등을 선택하면 화살표가 솔루션의 기본 방향을 제시한다.
- 메이트(Mate) 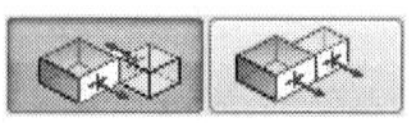
  - 구성요소를 서로 마주보게 배치한다.
  - 면이 플러쉬 된 상태에서 설 인접하도록 배치한다.
  - 메이트 : 선택한 면들이 일치된 상태에서 서로 법선이 되도록 한다
  - 플러쉬 : 선택한 면, 곡선, 점이 동일한 방향을 가리키면서 곡면 법선에 정렬한다.
- 각도(Angle) 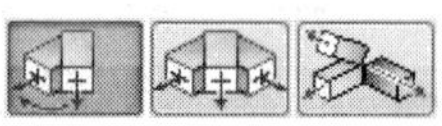
  - 모서리나 평면을 지정된 각도를 갖도록 두 구성요소에 배치한다.
  - 첫 번째 선택 요소를 반전시키면 첫 번째 선택한 부품이 180° 회전한다.
  - 두 번째 선택 요소를 반전시키면 두 번째 선택한 부품이 180° 회전한다.

- 접선(Tangent)
  - 면, 평면, 원통, 구 원추가 접점에 닿게 한다.
  - 접촉부는 선택한 곡면 법선 방향에 따라 곡선의 안쪽이나 바깥쪽에 존재할 수 있다.
  - 내부는 첫 번째 선택한 부품을 접점에서 두 번째 선택한 부품 안쪽에 배치한다.
  - 외부는 첫 번째 선택한 부품으로 접점에서 두 번째 선택한 부품 안쪽에 배치한다.
- 삽입 (Insert)
  - 평면 사이의 직접적인 메이트 구속조건과 두 구성요소의 축 사이에 메이트 구속조건을 결합한 것이다.
  - 회전 자유도는 개방 상태로 유지한다.
  - 첫 번째 선택된 구성요소의 메이트 방향을 반전시킨다.
  - 정렬은 두 번째 선택된 구성요소의 메이트 방향을 반전시킨다.
- 선택
  - 두 구성요소에서 함께 구속할 형상 선택한다.
  - 하나 이상의 곡선, 평면, 점을 지정하여 피처들이 결합되는 방식 정의한다.
- 간격 띄우기(각도)
  - 구속된 구성요소를 사이의 간격(각도) 지정한다.
  - 처음 선택한 구성요소가 양의 방향을 결정한다.
  - 간격(각도)의 방향을 반전시기 위해 음수 값 입력한다.

5.1.4 조립하기

① 파일에서 새로 만들기( )를 선택한다.

② [Standard.iam]을 선택하면 조립품 환경으로 들어간다.

③ 배치( )를 클릭하여 조립할 본체.ipt 파일을 열기한다. (인벤터는 가장 먼저 불러와서 배치하는 파일이 기준 부품이 된다.)

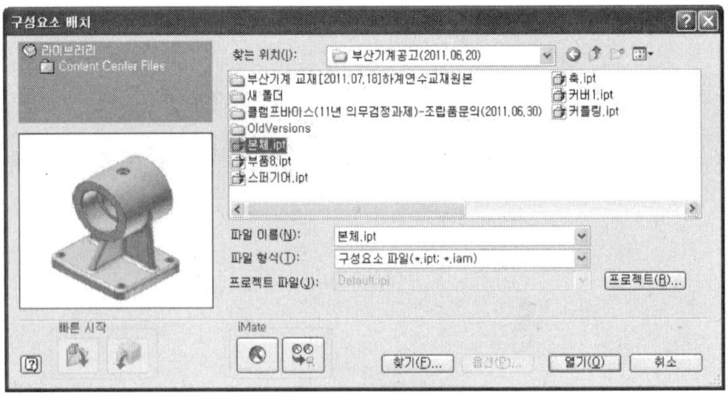

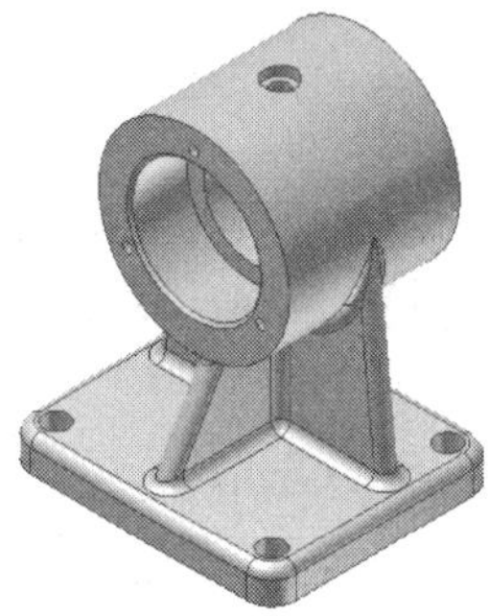

④ 같은 방법으로 배치( )를 클릭하여 조립할 축, 커플링, 스퍼 기어, 커버 2개 파일을 열기한다.

⑤ 조립품 패널 도구 막대에서 이동()을 클릭하여 이동하고자 하는 부품을 클릭하고, 마우스 왼쪽 버튼을 누른 상태로 끌기하면 해당 부품을 원하는 위치로 이동할 수 있다.

⑥ 조립품 패널 도구 막대에서 구속조건()을 클릭한다.

⑦ 유형 : 메이트(), 솔루션 : 메이트()로 설정한다. 첫 번째로 본체의 원통형 면을 클릭한다. 두 번째로 커버의 원통형 면을 클릭한다. (중심축이 화면에 나타난다.)

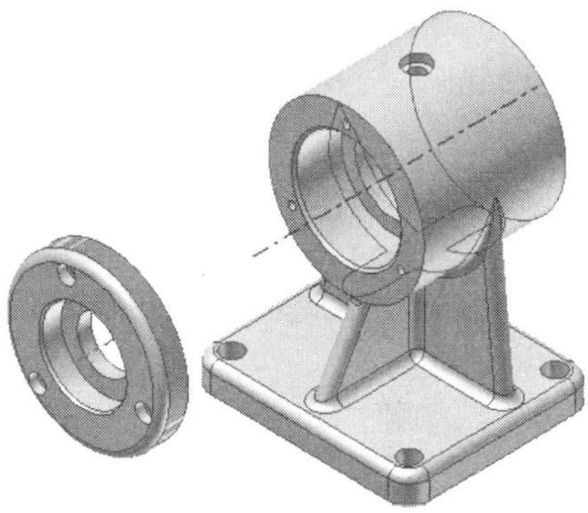

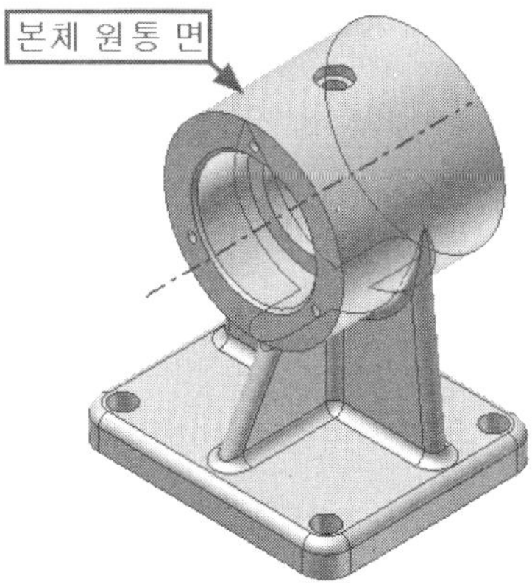

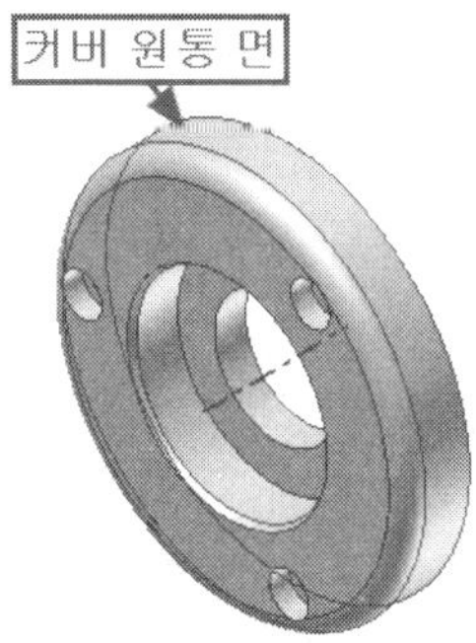

⑧ 구속조건을 실행하고, 구속조건 배치에서 유형 : 메이트, 솔루션 : 메이트로 설정한다. 첫 번째로 본체의 나사구멍 원통형 면을 클릭한다. 두 번째로 본체 씰 커버의 카운터보어 원통형 면을 클릭한다.

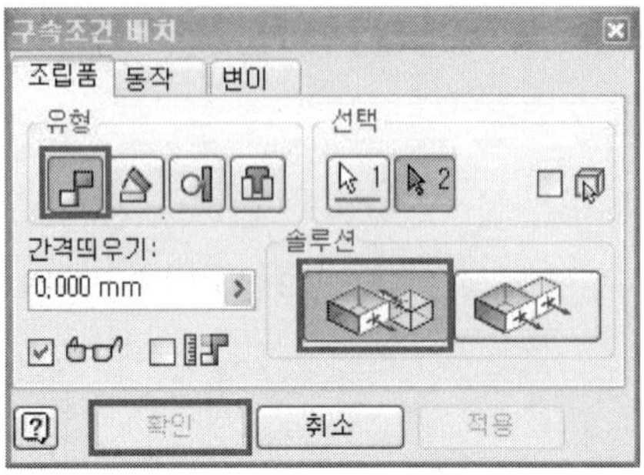

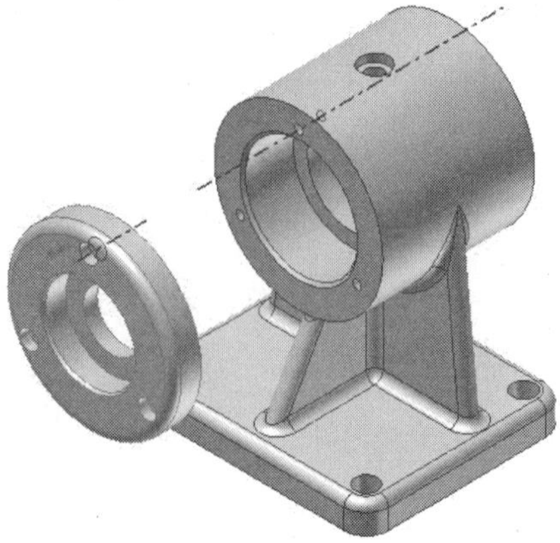

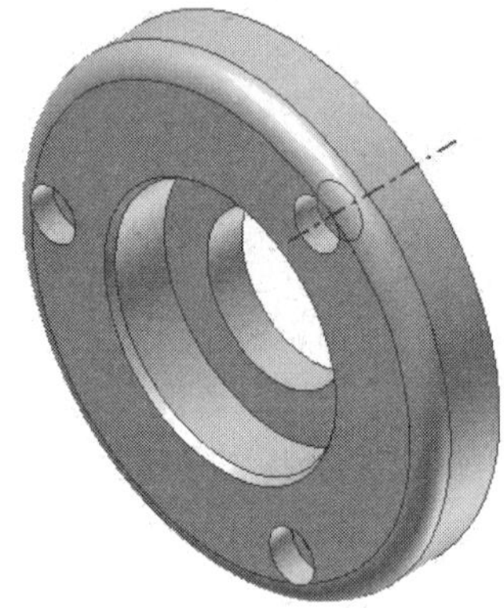

⑨ 구속조건 배치에서 유형 : 메이트, 솔루션 : 메이트로 설정한다.
첫 번째로 본체의 측면을 클릭한다. 두 번째로 본체 씰 커버의 측면을 클릭한다.
선택한 면들이 서로 일치되면서 조립이 되었다. 확인을 클릭한다.

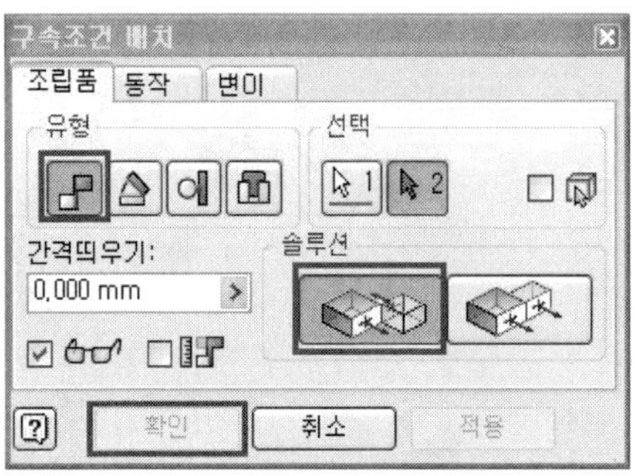

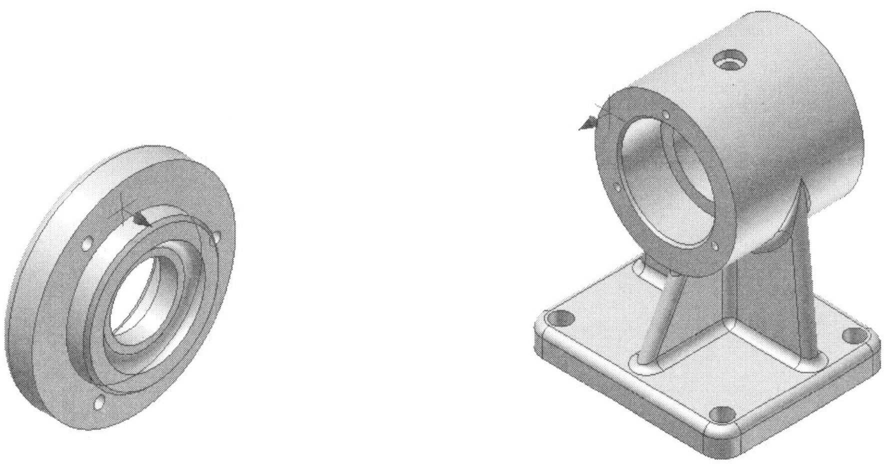

⑩ 본체 반대편에도 커버를 앞과 같이 조립한다.

⑪ 본체와 커버의 조립이 완성되었다.

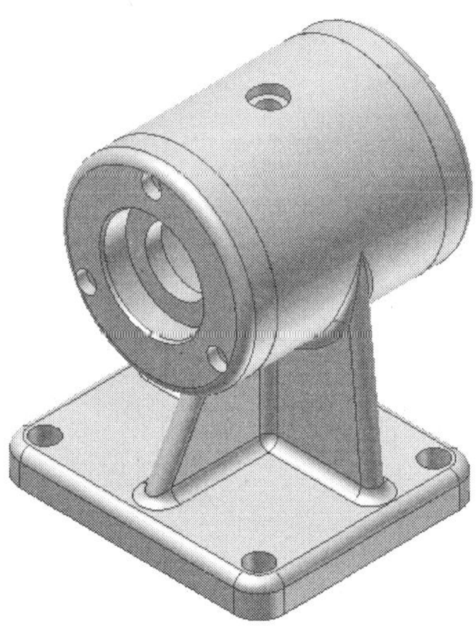

⑫ 유형 : 메이트( ), 솔루션 : 메이트( )로 설정한다. 첫 번째로 본체의 원통형 면을 클릭한다. 두 번째로 축의 원통형 면을 클릭한다. (중심축이 화면에 나타난다.)

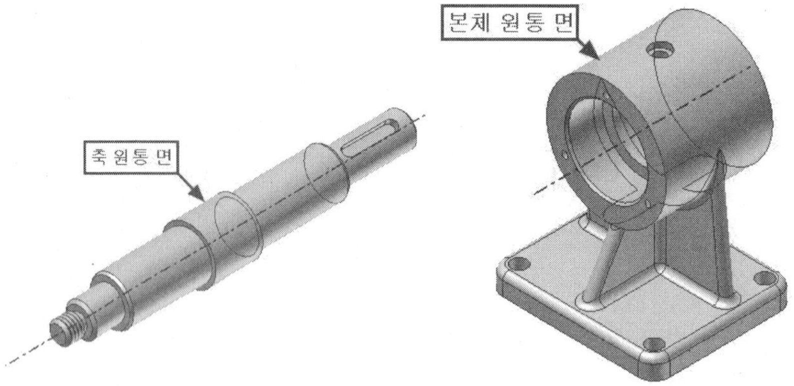

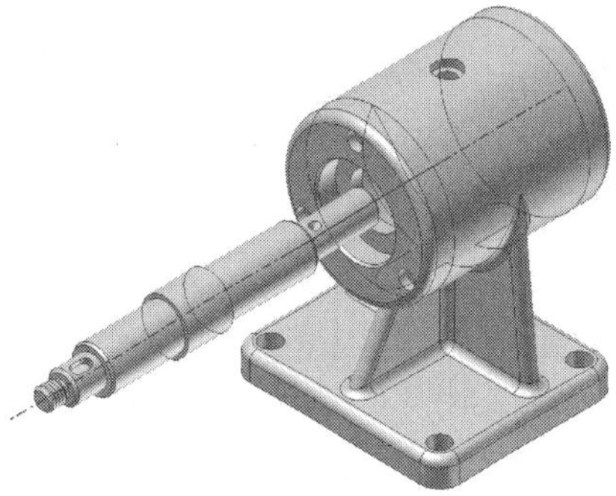

⑬ 구속조건 배치 창의 조립품 탭에서 유형 : 메이트, 솔루션 : 플러쉬로 설정한다.
커버 면과 간격 띄우기 할 축 면을 클릭하여 확인을 클릭하면 본체과 축이 나란한 면에 구속이 되는 걸 확인할 수 있다. 간격띄우기 32mm 입력한다.
축을 움직여 보면 본체 안에서 회전되는 것을 확인할 수 있다.

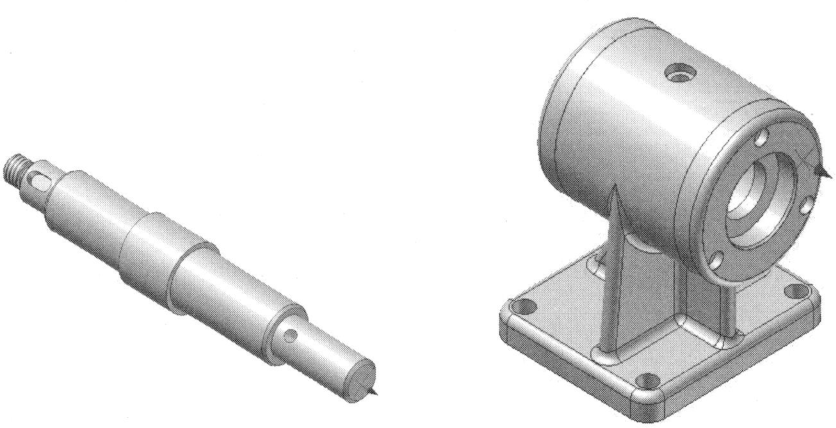

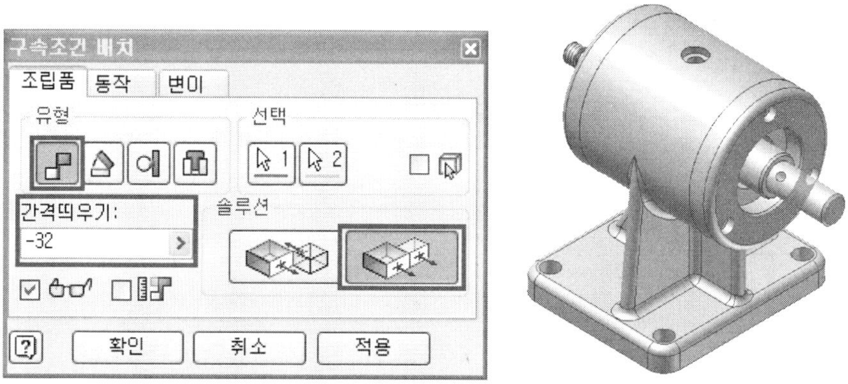

⑭ 구속조건을 실행하고, 구속조건 배치에서 유형 : 메이트, 솔루션 : 메이트로 설정한다. 본체의 원통형 면을 클릭하고, 스퍼기어 휠의 원통형 면을 클릭한다.

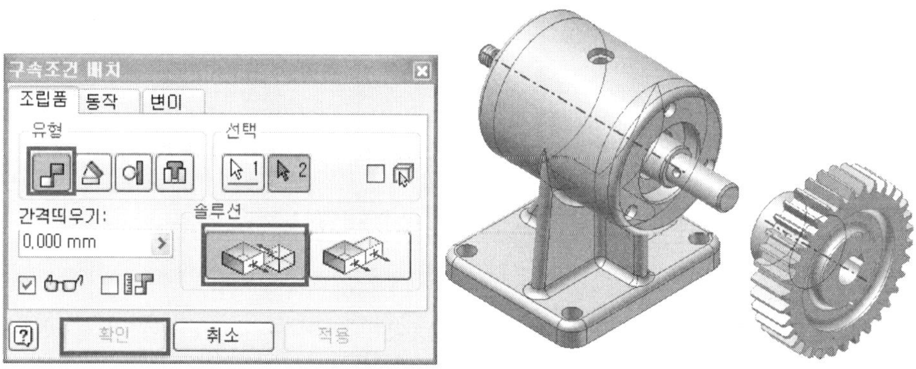

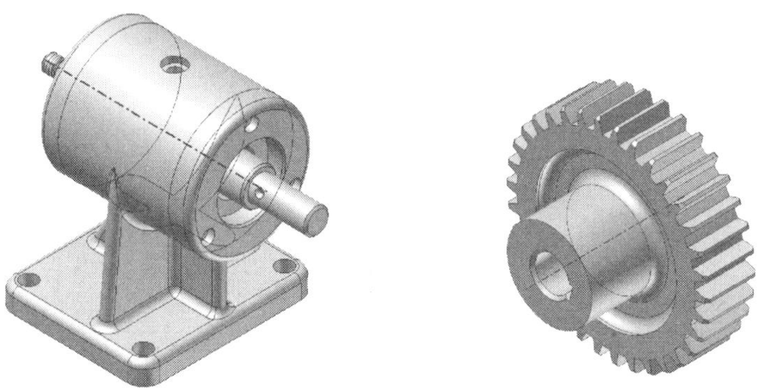

⑮ 구속조건을 실행하고, 구속조건 배치에서 유형 : 메이트, 솔루션 : 플러쉬로 설정한다. 축 측면과 기어 측면을 선택하여 간격 값 0.5를 입력한다.

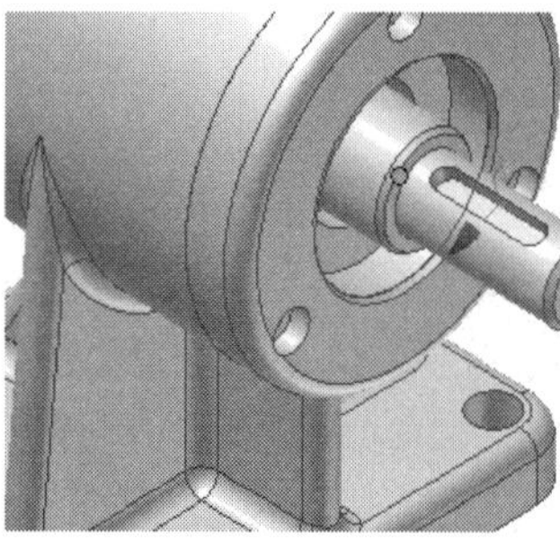

⑯ 계속해서 축의 모따기 라인과 기어의 측면을 선택하여 유형 : 메이트, 솔루션 : 메이트를 선택하고 확인을 클릭한다.

⑰ 구속조건을 실행하고, 구속조건 배치에서 유형 : 메이트, 솔루션 : 메이트로 설정한다. 첫 번째로 본체의 원통형 면을 클릭한다. 두 번째로 커플링의 원통형 면을 클릭한다.

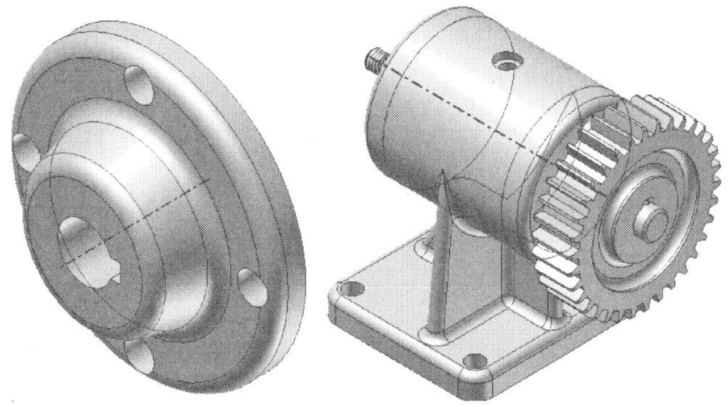

⑱ 커버의 면과 축의 면을 선택하여 플러쉬로 구속시킨다.

⑲ 동력 전달 장치 조립이 완성되었다.

6

동력 전달 장치 - 프리젠테이션 작성하기

6.1 프리젠테이션 작성하기

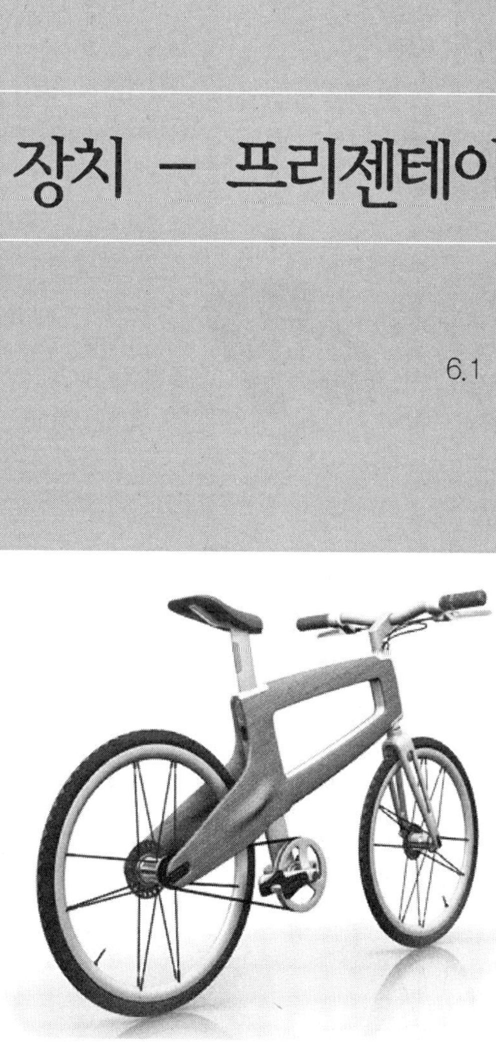

Autodesk Inventor Professional 2013

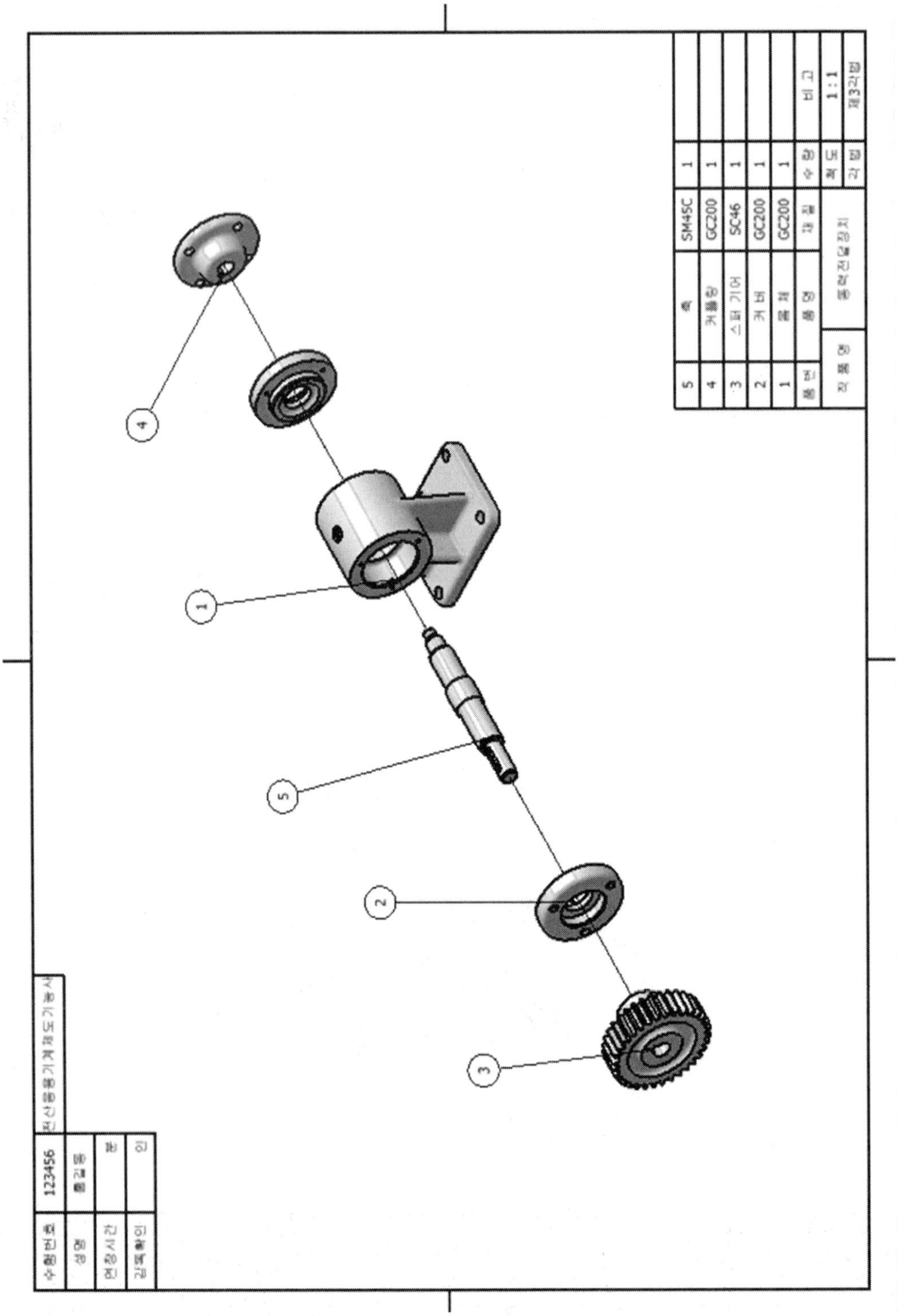

SM45C
GC200
SC46
GC200
GC200
1:1
123456

0. Inventor 시작하기

① 바탕화면에 있는 Inventor2013( )를 실행한다.

② 시작하기에서 새로 만들기를 클릭한다.

③ Standard.iam을 선택하고, 확인을 클릭하여 조립품 설계를 시작한다.

④ 프리젠테이션 환경이 나타난다.

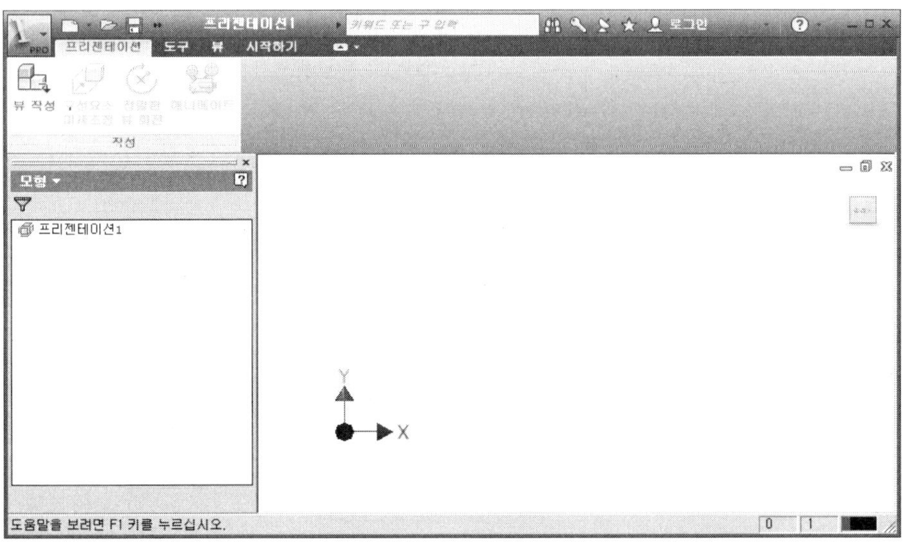

6.1 프리젠테이션 작성하기

(1) 프리젠테이션 작성

기본 템플릿이나 사용자 템플릿을 사용하여 프리젠테이션 문서를 작성할 수 있다. 프리젠테이션 템플릿은 조립품 프리젠테이션에 대한 파일 특성을 설정한다.

① ⇨ 새로 만들기를 클릭한다.
② 열기 대화상자에서 Standard.ipn 또는 사용자화된 프리젠테이션 템플릿을 선택한다.

(2) 조립품 선택

프리젠테이션 뷰를 작성할 때 사용할 조립품 파일 및 설계 뷰 표현을 선택한다. 단일 미세조정 거리를 설정하여 분해된 뷰를 자동으로 작성할 수도 있다.

▶ 리본: 프리젠테이션 탭 ⇨ 작성 패널 ⇨ 뷰 작성

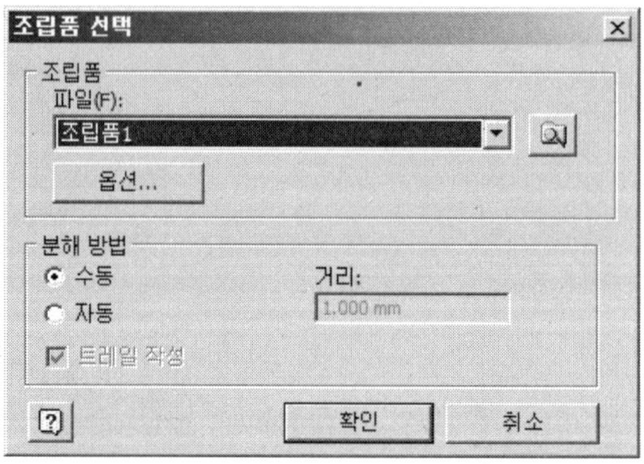

- 파일 : 프리젠테이션에 사용할 조립품 파일을 지정한다. 프리젠테이션의 첫 번째 뷰에 있을 때에만 사용할 수 있다
- 수동 : 분해된 뷰를 작성하지 않고 프리젠테이션 뷰를 작성한다. 분해된 뷰를 나중에 작성하기 위해 수동으로 미세조정을 추가할 수 있다.
- 자동 : 프리젠테이션 뷰를 분해된 뷰로 작성한다. 자동을 선택한 다음 표준 미세조정 거리와 트레일 가시성을 설정한다.
- 거리 : 분해된 뷰를 작성할 때 각 구성요소에 대한 미세조정 거리를 지정한다. 원하는 설정값을 입력한다. 자동을 선택한 경우에만 사용할 수 있다.

(3) 구성요소 미세조정

분해된 프리젠테이션 뷰에 미세조정을 추가할 때 선택한 구성요소 또는 구성요소의 그룹에 대한 거리, 방향 및 기타 설정을 지정한다.

▶ 리본: 프리젠테이션 탭 ⇨ 작성 패널 ⇨ 구성요소 미세조정

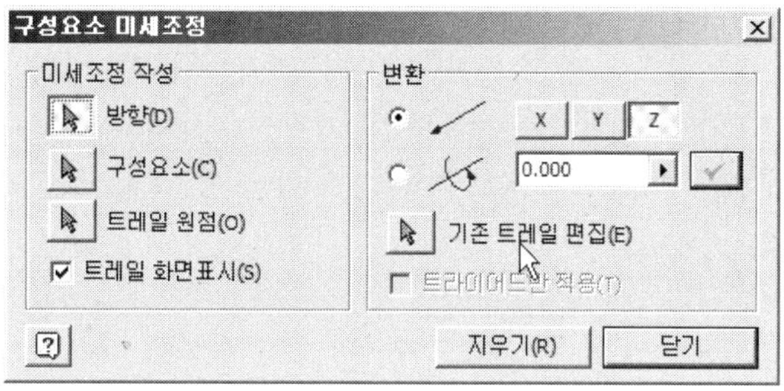

■ 미세조정 작성

- 방향 : 미세조정의 회전 방향 또는 회전축을 지정한다.
- 구성요소 : 미세조정할 구성요소를 선택한다.
- 트레일 원점 : 트레일의 원점을 설정한다. 트레일 원점을 클릭한 다음 그래픽 창에서 클릭하여 원점을 설정한다.
- 트레일 표시 : 트레일 표시를 설정한다.

■ 변환

-  : 미세조정 유형을 선형으로 설정한다. 클릭하여 선형을 선택한 다음, 축을 선택하고 거리를 입력한 다음 적용을 클릭한다.
-  : 미세조정 유형을 회전으로 설정한다. 클릭하여 회전을 선택한 다음, 회전축을 선택하고 각도를 입력한 다음 적용을 클릭한다.
-  : 선형 미세조정의 방향 또는 회전형 미세조정의 축을 지정한다. 원하는 좌표를 선택한 다음 거리나 회전 각도를 입력한다.
-  : 대화상자의 현재 설정을 사용하여 미세조정을 작성한다. 클릭하여 미세조정을 작성한다.
- 기존 트레일 편집 : 기존 미세조정에 대한 편집 모드를 시작한다. 클릭하여 편집을 시작하고 그래픽 창에서 해당 미세조정을 선택한 다음 원하는 설정을 변경한다.
- 트라이어드만 적용 : 선택한 구성요소를 회전시키지 않고 방향 트라이어드를 회전시킨다.
- 지우기 : 대화상자에서 설정값을 지워 다른 미세조정을 설정할 수 있다.

(4) 정밀한 뷰 회전

뷰를 지정된 증분만큼 사용자 뷰 창 또는 조립품 프리젠테이션에서 회전한다.

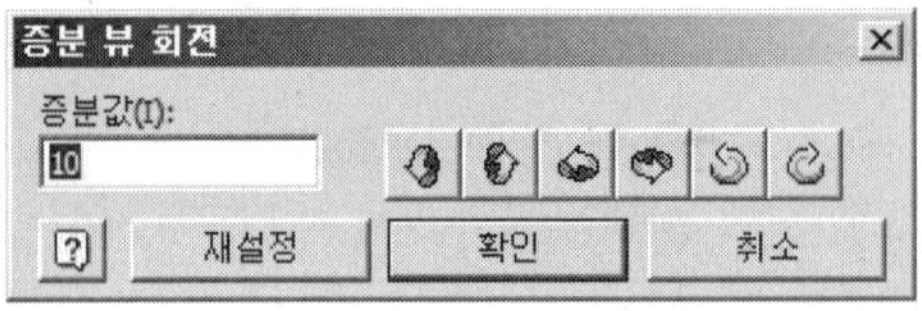

- 증분 : 클릭할 때마다 뷰가 회전하는 각도(도)를 설정한다.
-  : 지정된 증분 각도만큼 뷰를 회전한다. 화살표를 클릭하여 뷰를 적절한 방향으로 회전한다.

(5) 애니메이션

조립품 프리젠테이션의 애니메이션을 조정하고 재생할 수 있는 파일에 기록한다. 프리젠테이션 검색기와 작업 및 순서 대화상자의 옵션을 사용하여 애니메이션을 설정한다.

▶ 리본: 프리젠테이션 탭 ⇨ 작성 패널 ⇨ 애니메이트

- 반복 : 재생을 반복할 횟수를 설정한다. 원하는 반복 횟수를 입력하거나 위쪽 또는 아래쪽 화살표를 사용하여 횟수를 선택한다.
- 간격 : 미세조정에서 간격 횟수를 설정한다. 원하는 간격 횟수를 입력하거나 위쪽 또는 아래쪽 화살표를 사용하여 횟수를 선택한다.
- 동작 : 활성 분해된 뷰의 지정된 애니메이션을 재생한다.
  -  : 애니메이션이 한 번에 한 미세조정만큼 앞으로 간다.
  -  : 애니메이션이 한 번에 한 간격만큼 앞으로 간다.
  -  : 애니메이션이 한 번에 한 간격만큼 뒤로 간다.

- : 애니메이션이 한 번에 한 미세조정만큼 뒤로 간다.
- : 지정한 반복 횟수만큼 애니메이션을 앞으로 재생한다.
- : 지정한 반복 횟수만큼 애니메이션을 재생한다.
- : 지정한 반복 횟수만큼 애니메이션을 뒤로 재생한다.
- : 애니메이션 재생을 일시정지한다.
- : 지정한 애니메이션을 파일에 녹화하여 나중에 다시 재생할 수 있다.
- 녹화시 최소화 : 애니메이션을 녹화하는 동안 대화상자를 최소화한다.

• 애니메이션 순서 : 미세조정의 애니메이션 순서를 변경한다. 미세조정을 선택한 다음 명령을 클릭하여 원하는 작업을 수행한다. 애니메이트하는 동안 각 순서는 리스트에서 강조되며 그래픽 창에서 재생된다.
- 위로 이동 : 선택한 미세조정을 리스트에서 한 위치 위로 이동한다.
- 아래로 이동 : 선택한 미세조정을 리스트에서 한 위치 아래로 이동한다.
- 그룹 : 순서를 변경하면서 선택한 미세조정을 함께 유지하려면 해당 미세조정을 그룹화한다.
- 그룹 해제 :선택한 미세조정 그룹을 해제하여 해당 미세조정이 리스트에서 개별적으로 이동할 수 있도록 한다.

(6) 배치 및 조립품 불러오기

① 파일에서 새로 만들기( )를 선택한다.
② [Standard.ipn]을 선택하면 조립품 환경으로 들어간다.
③ 뷰 작성을 클릭한다. 열기를 클릭한다.

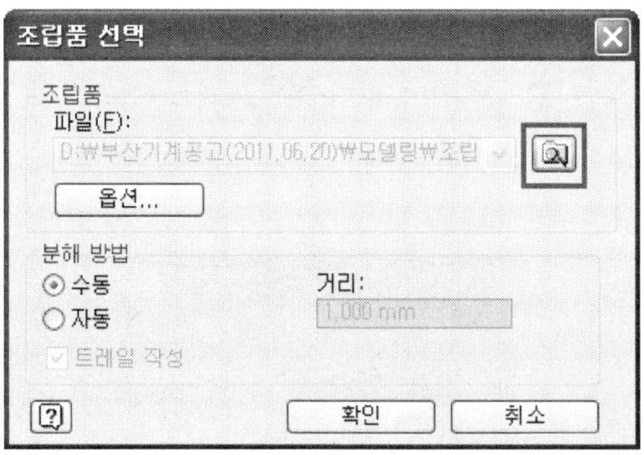

④ 파일을 선택하는 창에서 조립품.iam를 선택한 다음 열기를 클릭한다.

⑤ 조립품 선택 창에서 기본값으로 두고, 확인을 클릭하여 조립품 파일을 불러온다.

⑥ 검색기의 모형 아래에 있는 검색기 필터( )를 클릭하여 나오는 하위 항목 중에서 연속 뷰를 클릭한다.

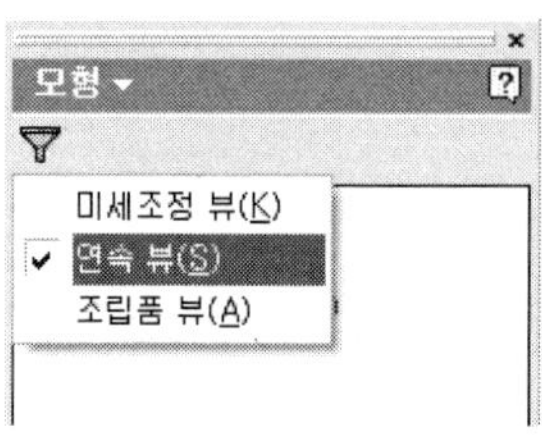

⑦ 구성요서 미세 조정을 클릭하여 실행하면 아래의 창이 나타난다.

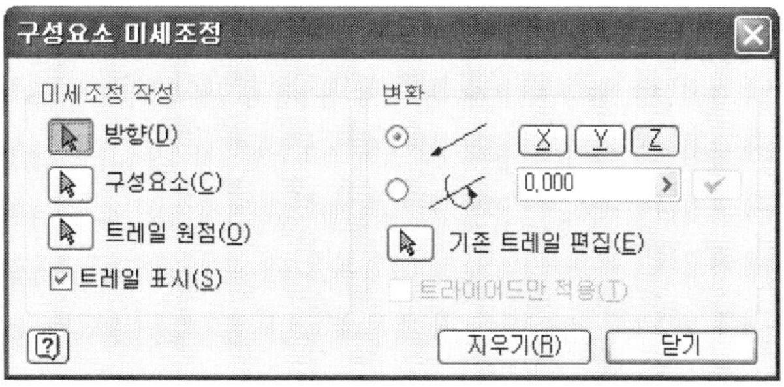

⑧ 미세조정 작성의 방향( )에서 프리젠테이션 할 좌표계 방향으로 본체 부품의 사각 돌출 윗면을 클릭한다.

⑨ 구성요소( )는 분해시킬 부품을 지정하는 옵션으로 스퍼기어 휠을 클립한다.

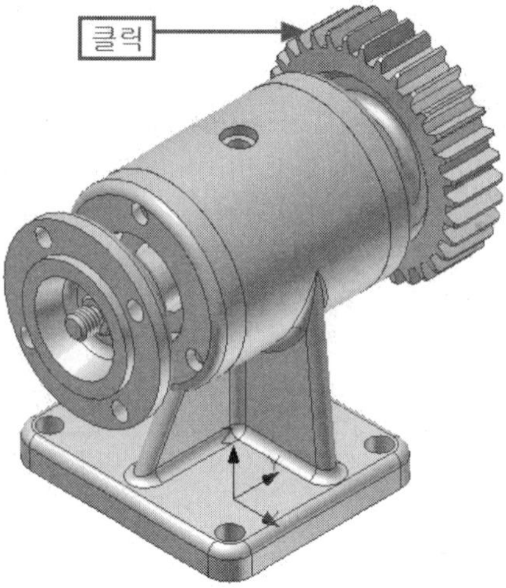

⑩ 변환은 직선( )으로 하고, 분해 방향을 Y로 설정한다. 분해 거리를 60을 입력하고 적용을 클릭한다.

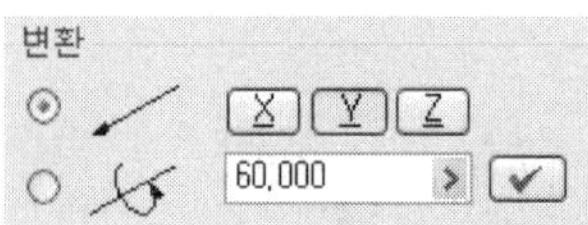

⑪ 기존 트레일 편집을 클릭하여 스퍼기어 휠의 선택을 해제하고, 닫기를 클릭한다.

⑫ 줌, 회전, 이동을 이용하여 화면이 잘 보이도록 아래과 같이 설정한다.

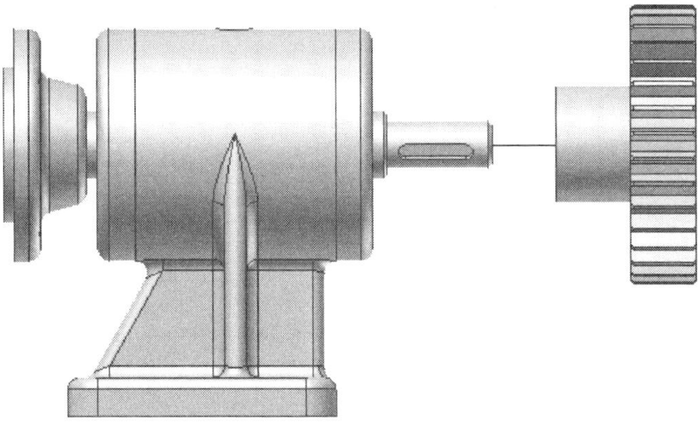

⑬ 검색기에서 작업1의 하위 항목에 순서1이 나타난다. 순서1에서 마우스 오른쪽 버튼을 이용하여 편집을 클릭한다.

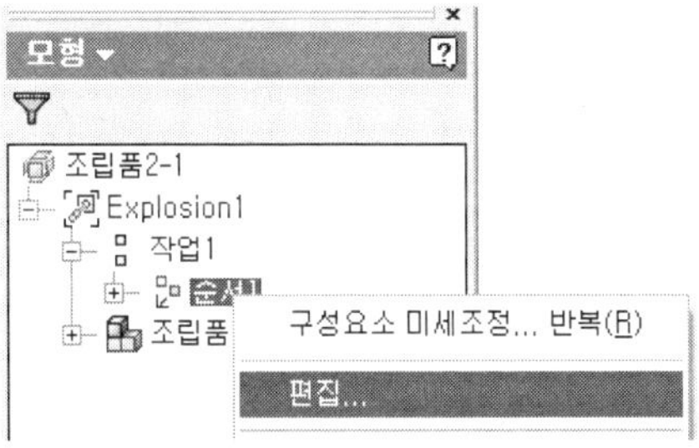

⑭ 작업 및 순서 편집 창에서 카메라 설정을 클릭하고, 확인을 누른다.

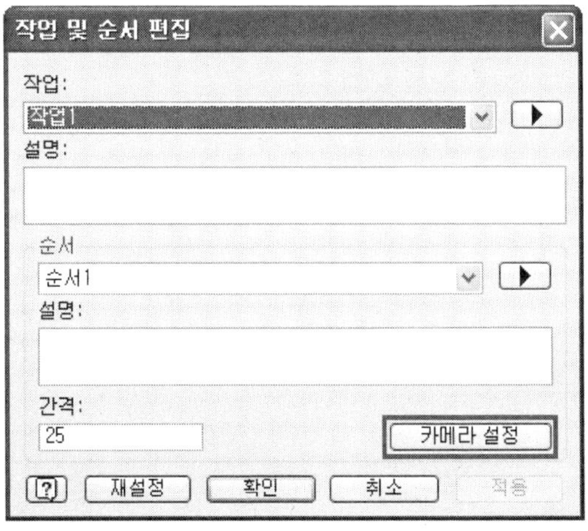

⑮ 나머지 부품들도 조립과 분해의 순서대로 사용자가 작성한다.

⑯ 분해된 뷰를 애니메이션을 작성한다.

⑰ 애니메이션 을 클릭한다.

⑱ 동작에서 앞으로, 뒤로 재생 버튼을 클릭하여 분해, 조립 과정을 확인한다.

⑲ 동영상 제작을 위해 녹화 버튼을 클릭한다.

⑳ 저장시킬 파일이름과 위치 및 파일형식(avi)을 입력하고, 저장을 클릭한다.

㉑ 비디오 압축 프로그램은 Microsoft Video 1, 압축 품질은 100으로 설정하고 확인을 클릭한다.

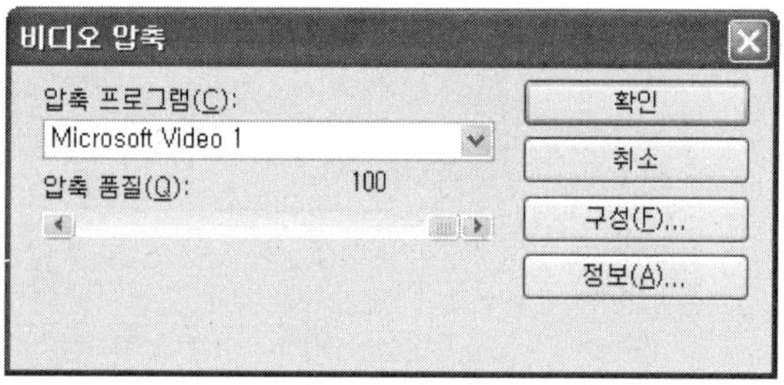

㉒ 재생 버튼을 클릭하면 동영상이 실행되면서 녹화가 시작된다.

㉓ 재생이 끝나면 애니메이션 창은 취소를 클릭하고 닫는다.

㉔ 저장된 동영상 파일(avi)를 실행한다.

7

동력 전달 장치 – 도면 작성하기

0. Inventor 시작하기

① 바탕화면에 있는 Inventor2013를 실행한다.

② 시작하기에서 새로 만들기를 클릭한다.

③ Standard.idw을 선택하고, 확인을 클릭하여 조립품 설계를 시작한다.

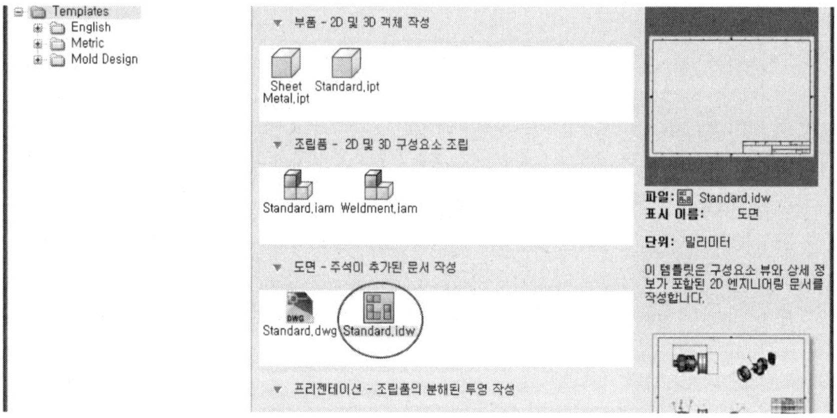

④ 도면 환경이 나타난다.

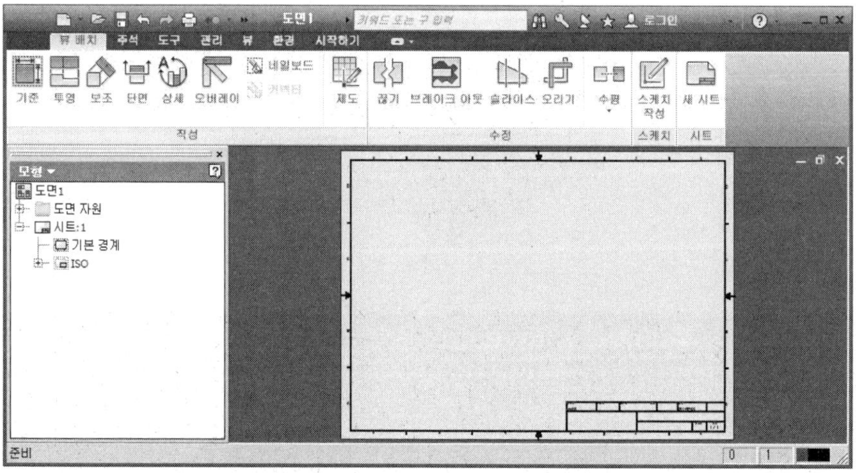

7.1 도면 환경 작성하기

7.1.1 기본 설정 변경하기 - 각법, 경계, 표제란 작성

① 관리 탭의 스타일 편집기를 클릭하여 실행한다.

② 기본 표준(ISO)의 뷰 기본 설정에서 투영 유형을 삼각법으로 설정한다. 저장과 종료 버튼을 클릭한다.

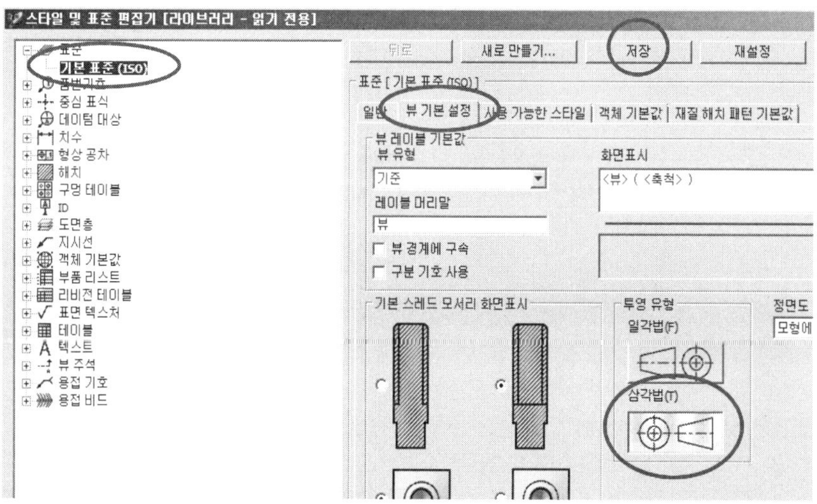

③ 검색기의 시트:1에서 마우스 오른쪽 버튼을 이용하여 시트 편집을 클릭한다.

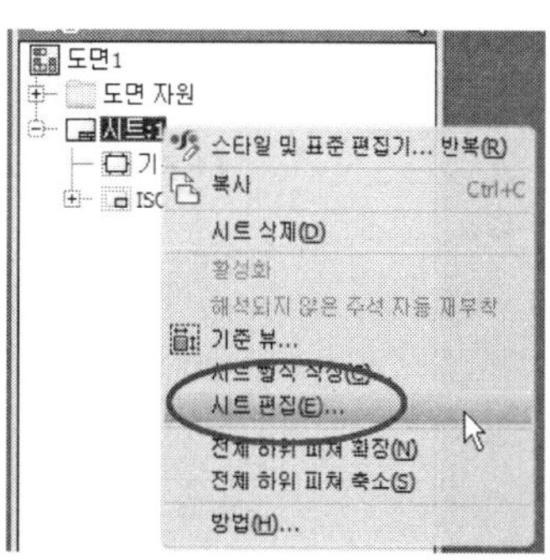

④ 시트(도면) 크기를 A2로 변경하고, 확인을 클릭한다.

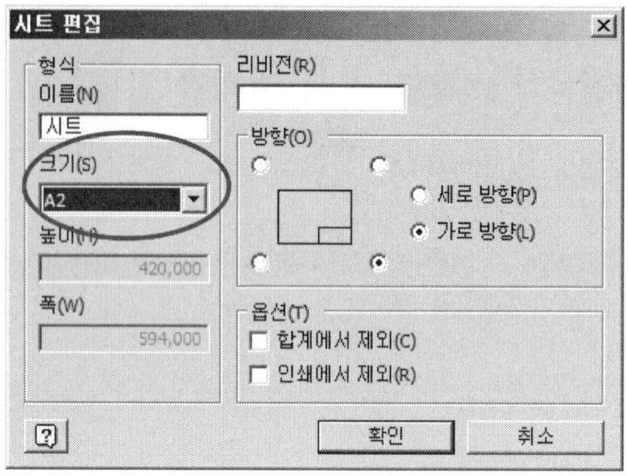

⑤ 검색기의 ISO를 마우스 오른쪽 버튼을 이용하여 삭제를 한다. -표제란(제목블록) 삭제

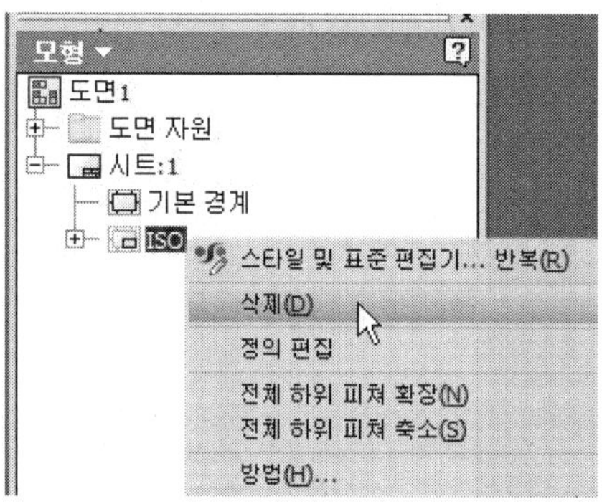

⑥ 검색기의 기본 경계도 삭제를 한다. -도면 경계(테두리) 삭제

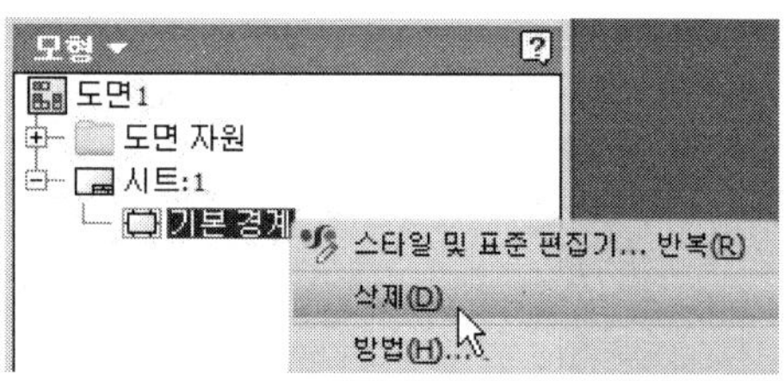

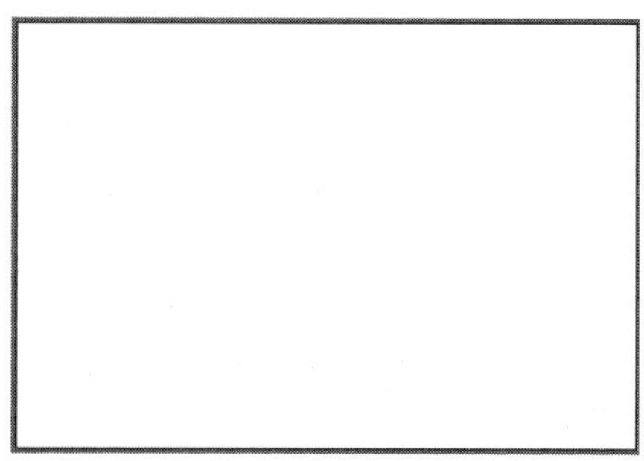

⑦ 검색기 도면 자원 아래에 있는 경계에서 마우스 오른쪽 버튼을 이용하여 새 경계 정의를 클릭한다. -사용자가 테두리를 직접 작성한다.

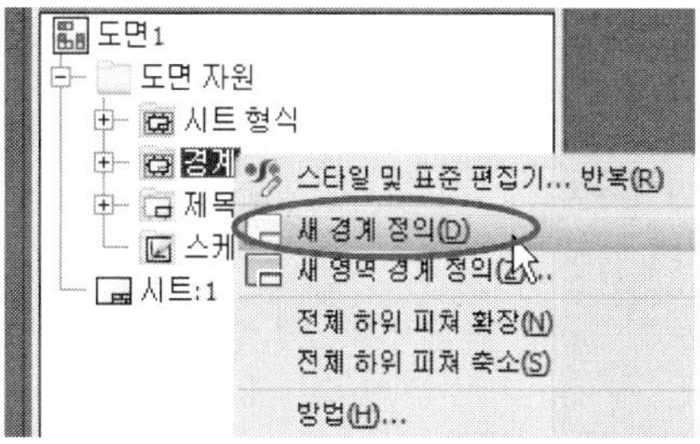

⑧ 직사각형( )으로 도면 테두리를 그리고, 치수 10을 입력하여 여백을 설정한다.

⑨ 선( )으로 중심마크를 작성한다.

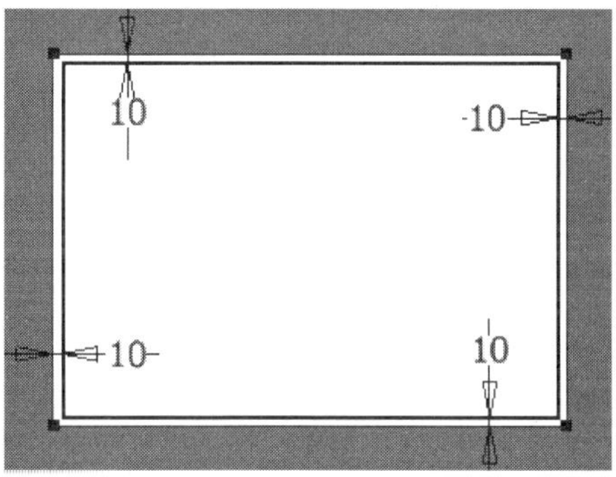

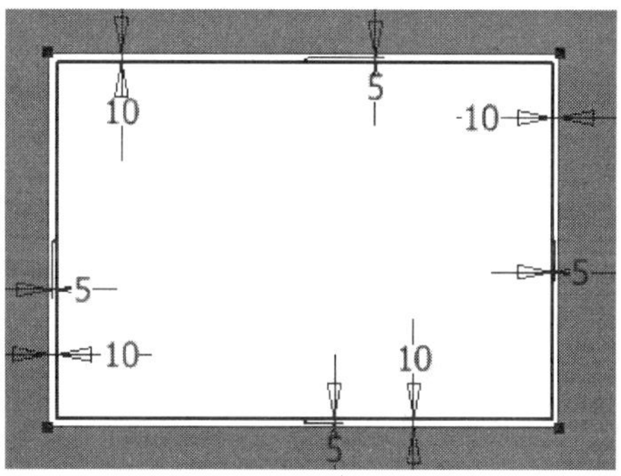

⑩ 계속해서 선과 치수를 이용하여 왼쪽 상단부에 수검란을 작성한다.

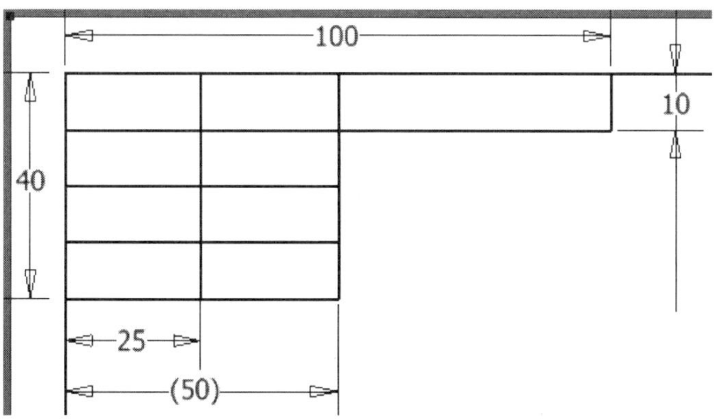

⑪ 텍스트(**A**)를 이용하여 문자가 들어갈 두 구석을 드래그를 하여 지정한다.

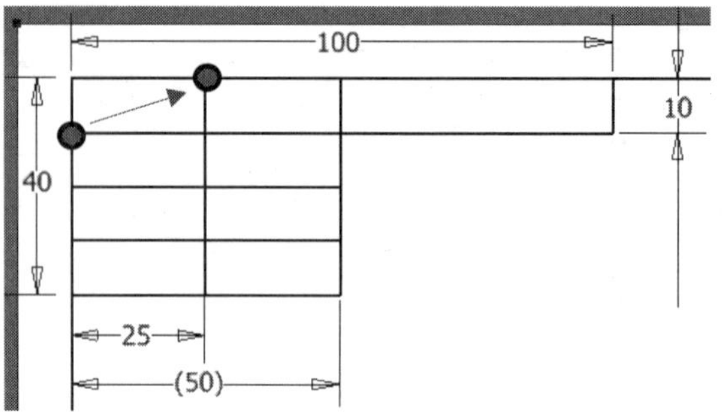

⑫ 중심/중간 자리맞추기, 크기:3.15로 문자를 입력하고, 확인을 클릭한다.

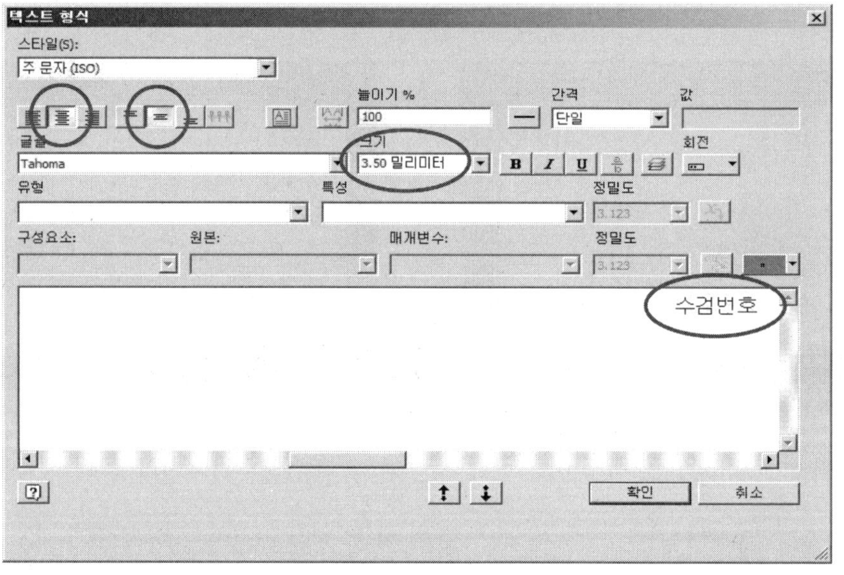

⑬ 문자가 입력되었다.

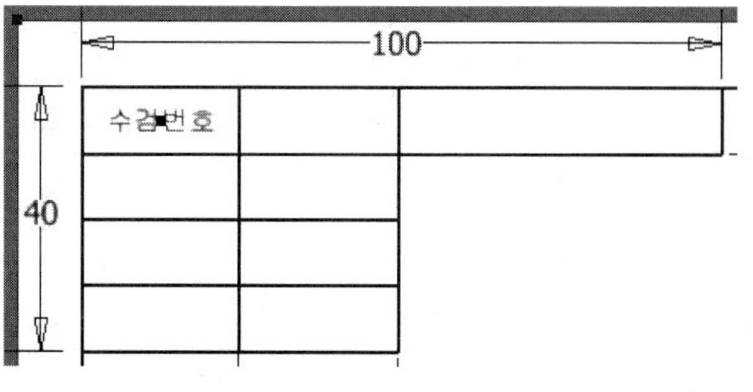

⑭ 나머지 부분도 수검란에 맞게 텍스트 기능으로 문자를 입력한다.

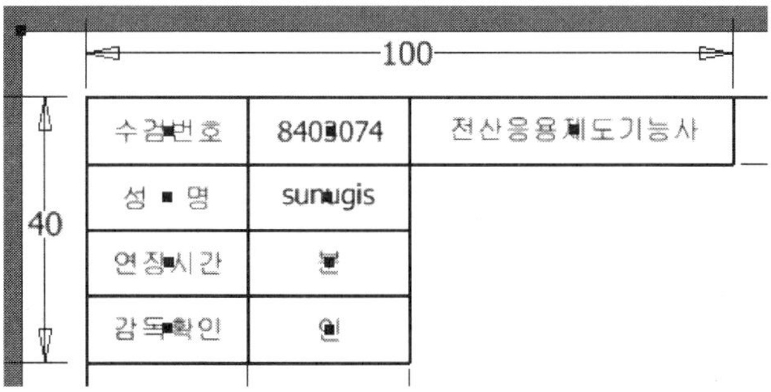

⑮ 도면경계, 수검란을 작성하였다면 스케치 마무리를 클릭한다. 경계에 대한 이름을 입력하고, 저장을 클릭한다.

⑯ 검색기의 경계 밑에 작성한 경계가 나타남을 볼 수 있고, 마우스 오른쪽 버튼을 이용하여 삽입을 클릭한다.

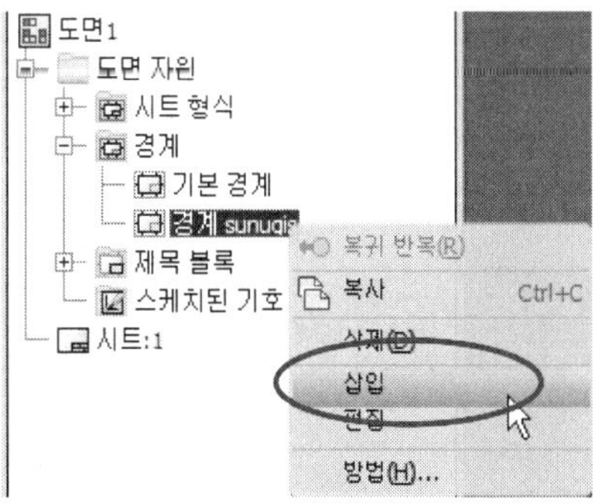

⑰ 검색기 도면 자원 아래에 있는 제목블록에서 마우스 오른쪽 버튼을 이용하여 새 제목 블록 정의를 클릭한다. - 오른쪽 하단의 표제란 부분을 작성을 한다.

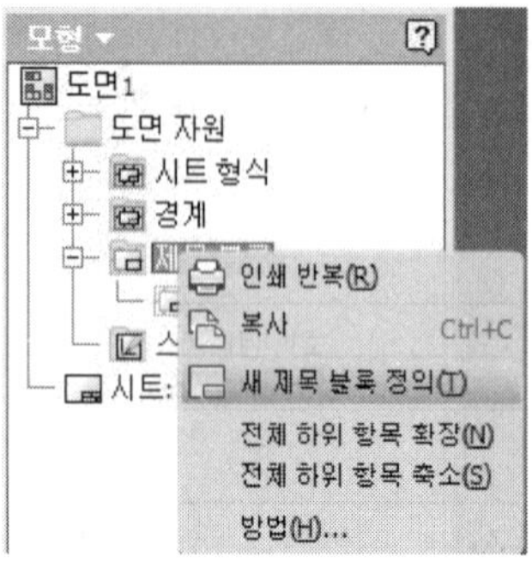

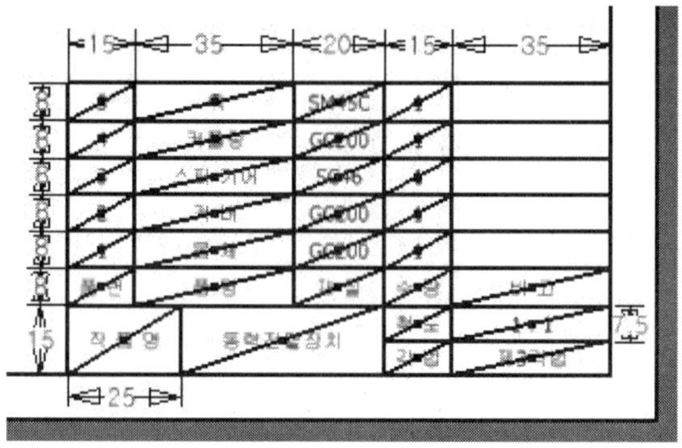

⑱ 표제란을 작성하였다면 스케치 마무리를 클릭한다. 제목블록에 대한 이름을 입력하고, 저장을 클릭한다.

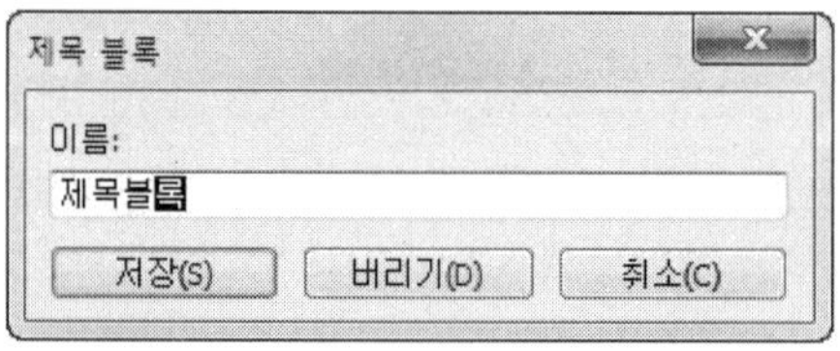

⑲ 검색기의 제목블록 밑에 작성한 제목블록이 나타남을 볼 수 있고, 마우스 오른쪽 버튼을 이용하여 삽입을 클릭한다.

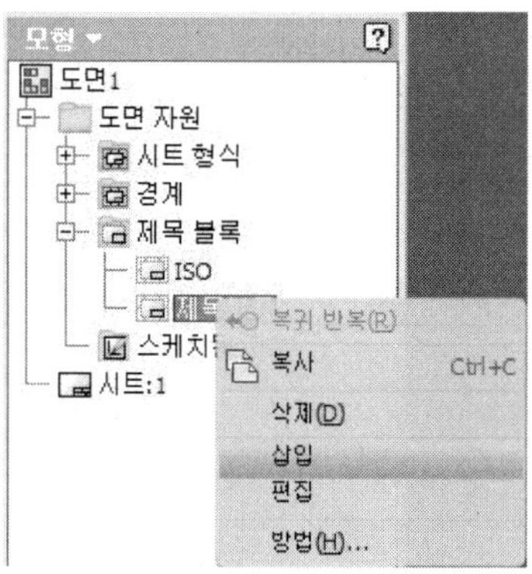

⑳ 작성한 경계와 제목블록이 화면에 삽입된다.

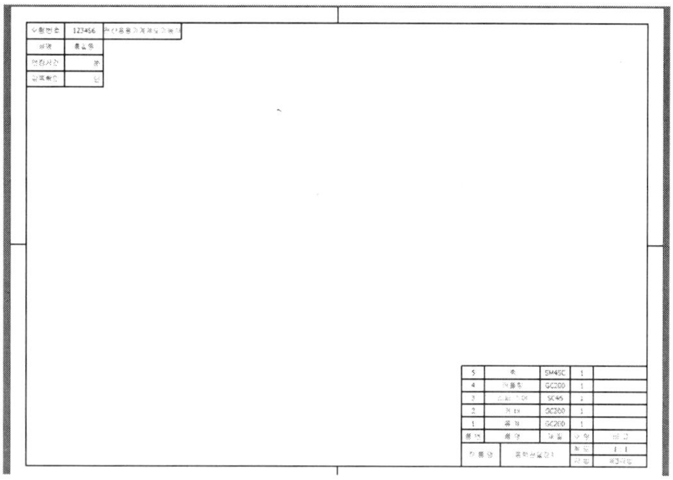

㉑ 도면층 편집하기

• 출력할 때 선의 두께를 주기 위해 도면층을 편집한다.

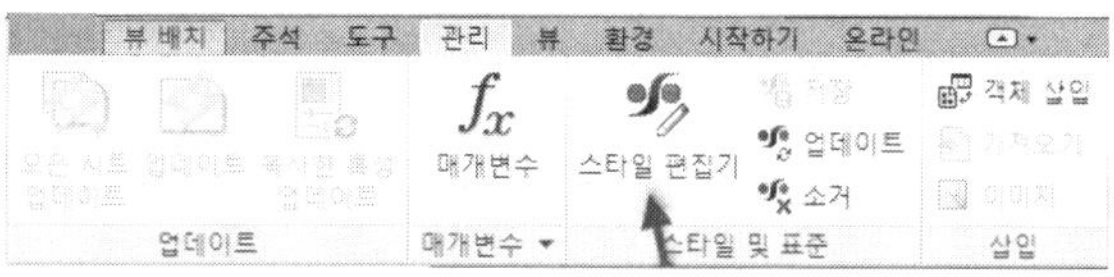

• 스타일 편집기를 클릭하여 실행한다.

• 스타일 및 표준 편집기 창에서 도면층 하위항목에서 아무 항목이나 클릭한다.

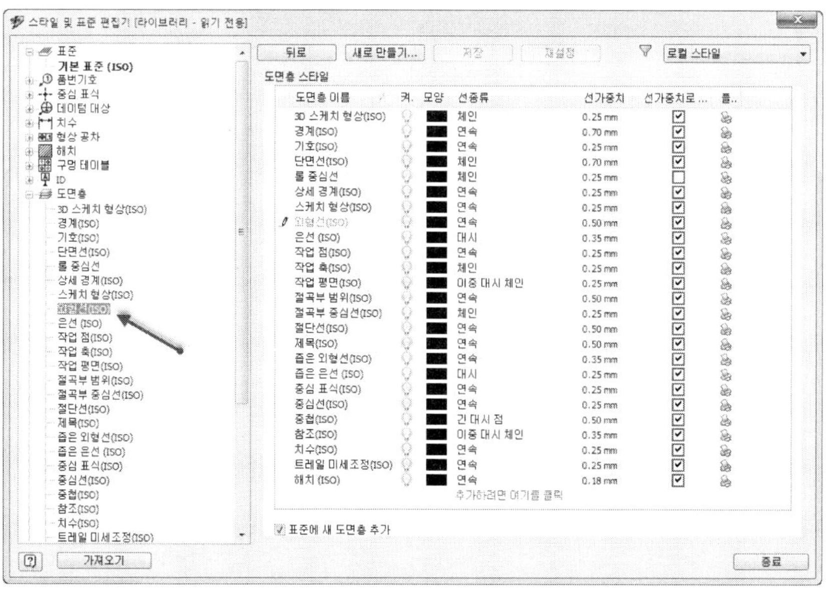

• 도면층 스타일창에서 하위항목에서 아무 항목이나 클릭하고 하단에 추가하려면 클릭 부분을 필요한 만큼 클릭한다.

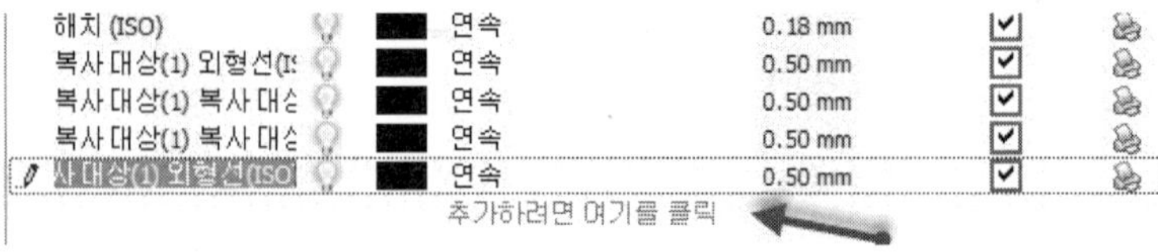

• 새로 생성된 도면층의 이름, 선의 종류, 선 가중치를 다음과 같이 AutoCAD에서 많이 사용하는 도면층과 같이 편집한다.

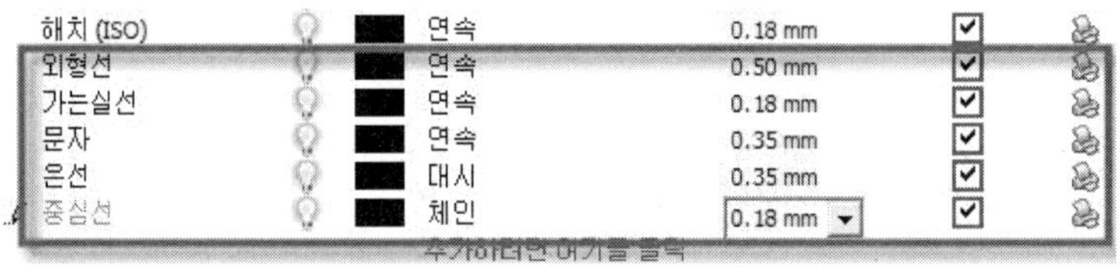

• 종료버튼을 눌러 편집사항을 저장한다.

㉒ 도면층 적용하기

작성한 경계와 제목블록의 스케치 요소에 도면층을 적용한다.

먼저 경계 항목을 마우스 오른쪽 버튼으로 편집한다.

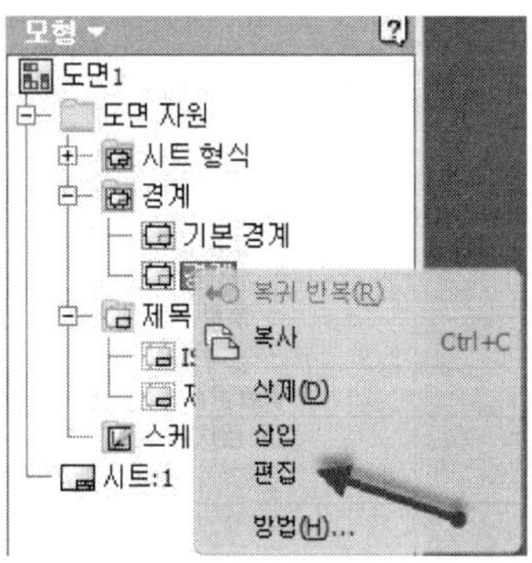

- 빨간색으로 표시된 선을 선택하고 주석탭에서 도면층을 바꾼다.

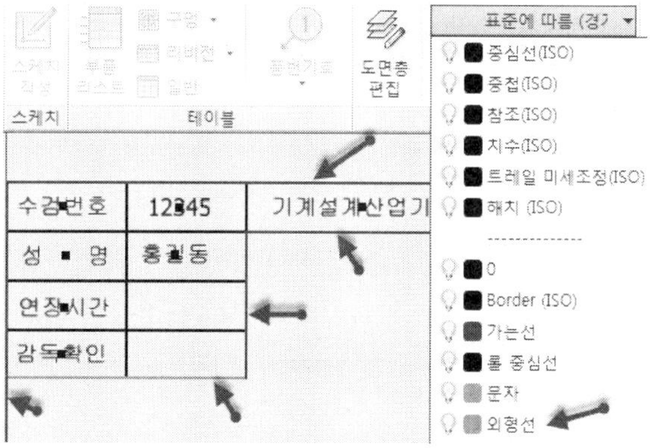

- 녹색으로 표시된 문자을 모두 선택하고 주석탭에서 도면층을 바꾼다.

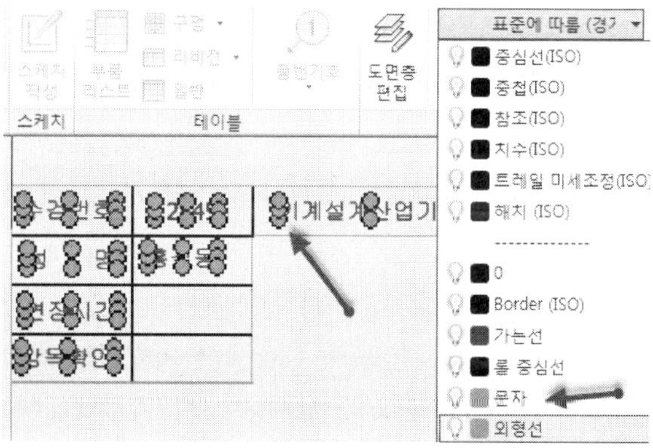

- 빨간색으로 표시된 선을 선택하고 주석탭에서 도면층을 바꾼다.

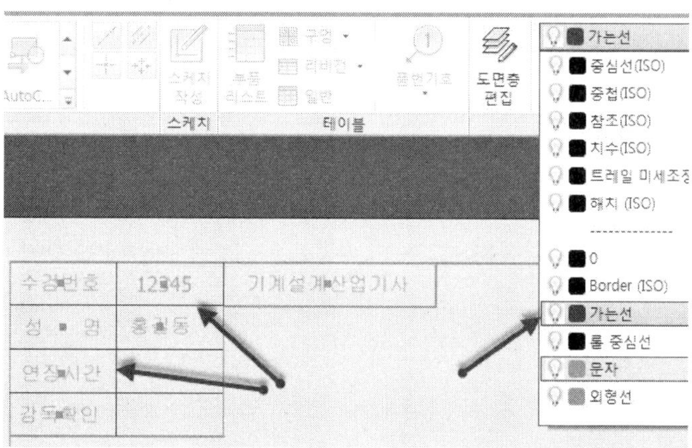

- 중심마크 등 선을 선택하고 주석탭에서 도면층을 바꾼다.
- 스케치를 마무리해서 저장한다.

▌제목블록 항목을 마우스 오른쪽 버튼으로 편집한다.

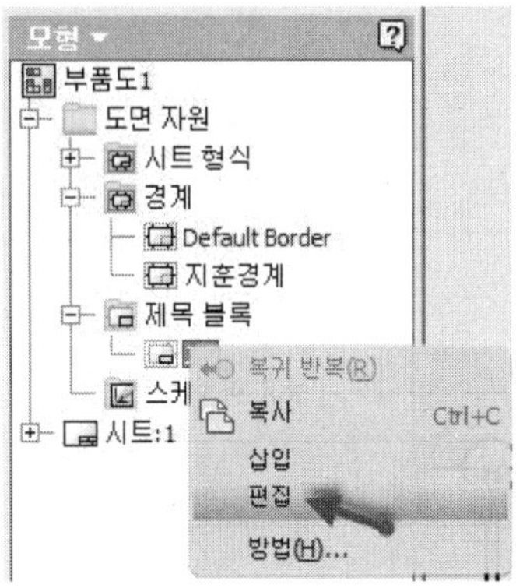

- 경계선, 가는 실선, 문자 등을 선택하고 주석탭에서 도면층을 바꾼다.

- 스케치를 마무리해서 저장한다.

7.2 뷰 작성하기

7.2.1 기준뷰(정면도) 작성하기

① 뷰 배치 탭의 기준( )을 클릭한다.

② 기존파일열기( )를 클릭하여 도면화시킬 본체.ipt 파일을 선택해서 열기를 한다.

③ 뷰 방향 변경( )을 클릭하여 정면도로 배치시킬 방향을 설정한다.

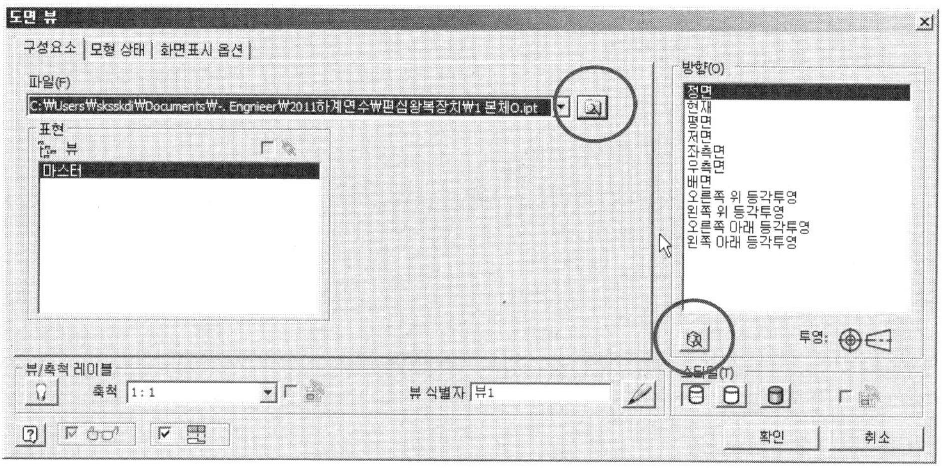

④ 기준뷰의 위치를 클릭하여 지정하면 기준뷰(정면도)가 배치된다.

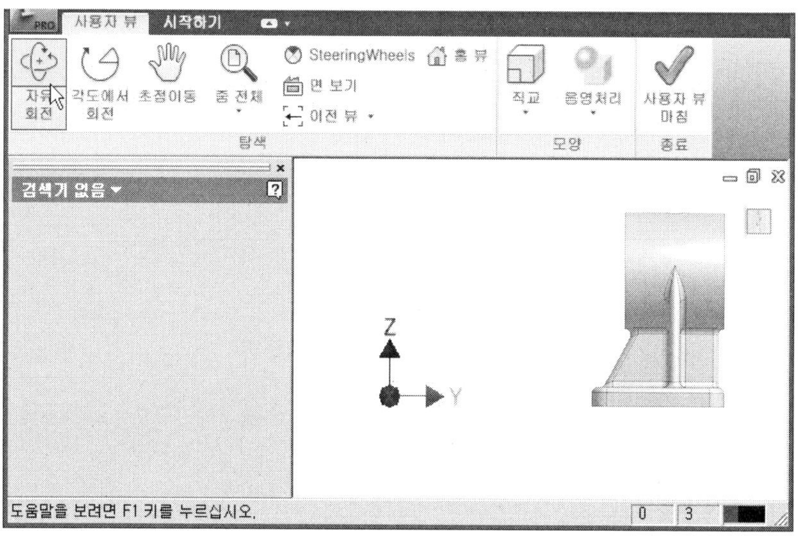

⑤ 계속해서 측면도와 평면도, 등각투상도의 위치를 클릭해서 지정하고, 마우스 오른쪽 버튼을 이용하여 작성을 클릭한다.

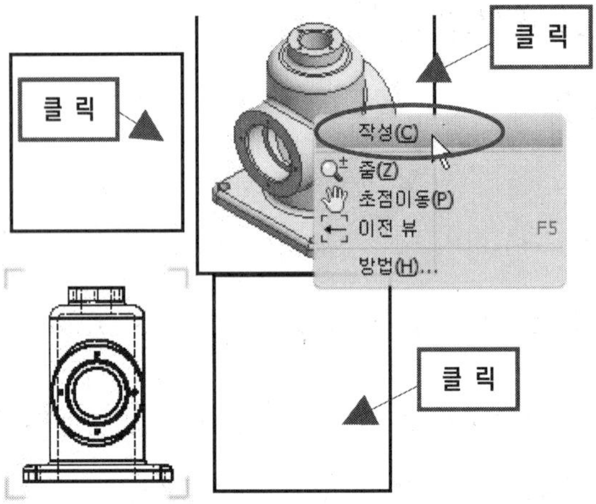

⑥ 3각법에 의한 기본적인 뷰가 배치된다.

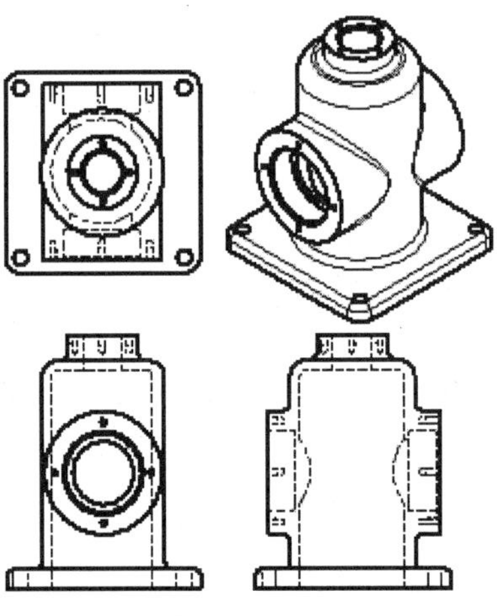

7.2.2 뷰 속성 및 위치 변경하기

① 해당 뷰에 마우스를 가까이 가져가면 빨간색 테두리가 나타난다. 테두리 위에서 마우스 왼쪽 버튼을 누른 채 드래그하면 원하는 위치로 이동할 수 있다.

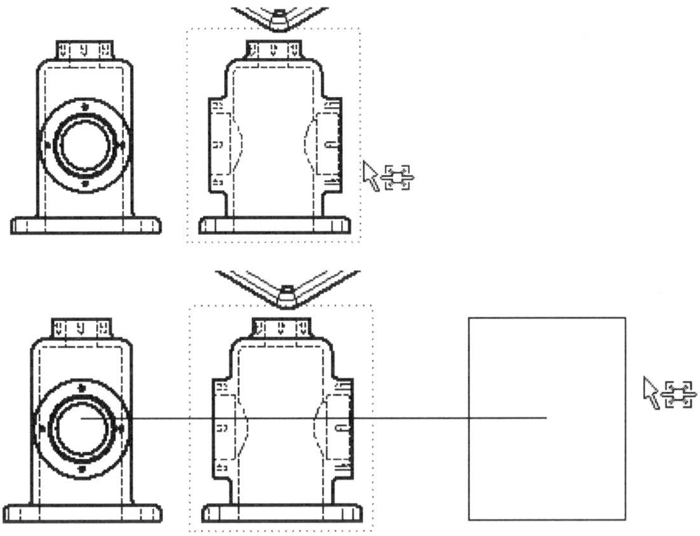

② 원하는 위치로 이동되었다.

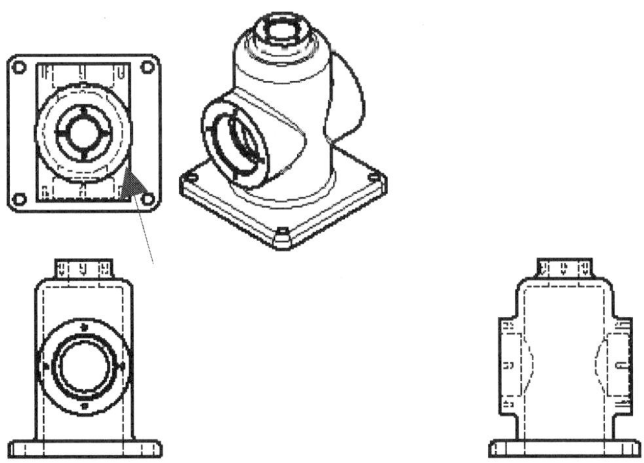

③ 기준(정면도)뷰에서 마우스를 가까이 가져가면 빨간색 테두리가 나타난다. 이때 뷰를 더블클릭한다.

④ 나타나는 도면 뷰의 구성요소 탭의 스타일에서 은선제거( )를 선택한다.

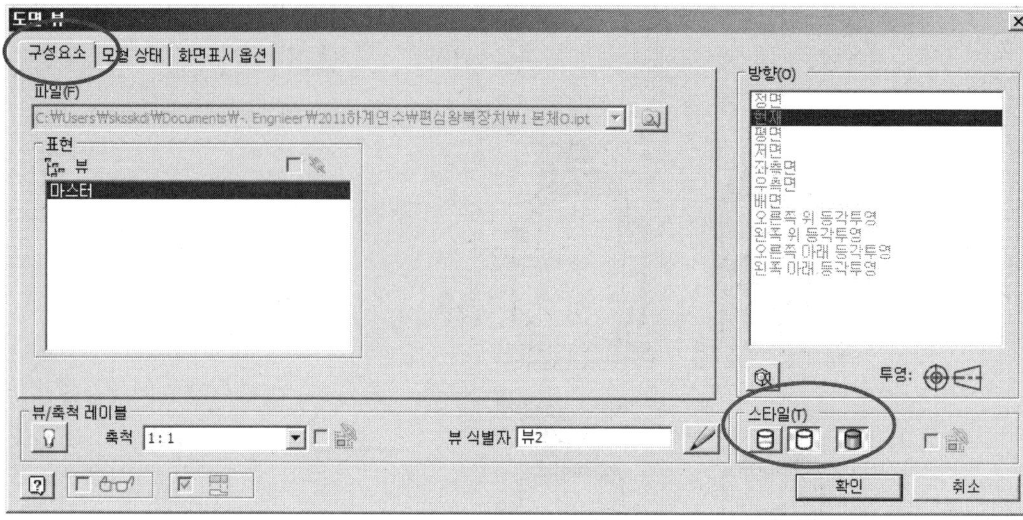

⑤ 화면표시 옵션 탭에서 접하는 모서리에 체크 표시를 하고, 확인을 클릭한다.

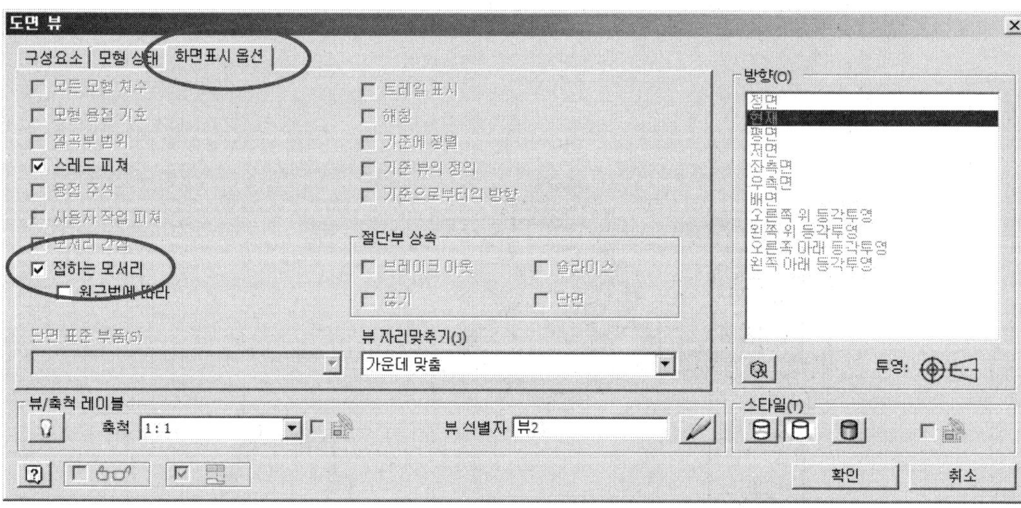

⑥ 기준뷰의 은선제거 및 접하는 모서리 표시 옵션으로 나머지 측면도와 평면도 및 등각 투상도의 옵션이 모두 바뀌었다.

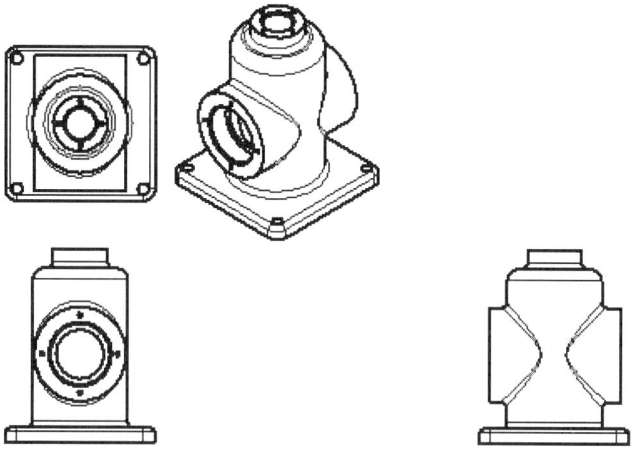

7.2.3 투상뷰(측면도, 평면도) 작성하기

① 뷰 배치 탭의 투상( )을 클릭하고, 기준이 되는 뷰를 선택한다.

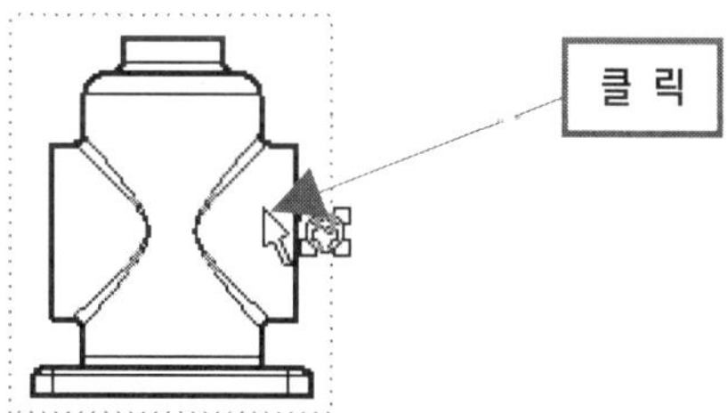

② 마우스를 오른쪽으로 이동시켜 클릭한다. 측면도의 위치를 지정한다.

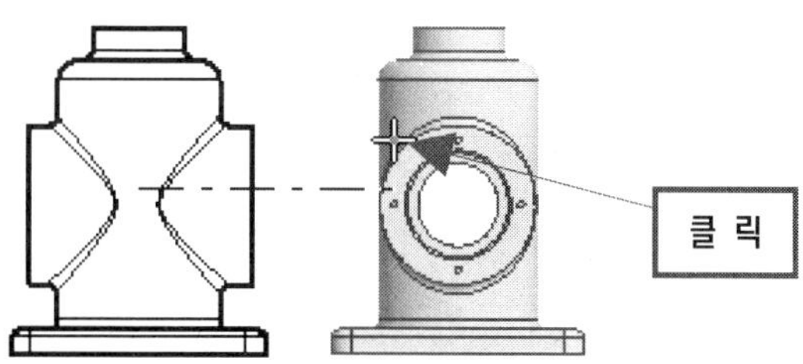

③ 마우스를 위로 이동시켜 클릭한다. 평면도의 위치를 지정하며, 마우스 오른쪽 버튼을 이용하여 작성을 클릭한다.

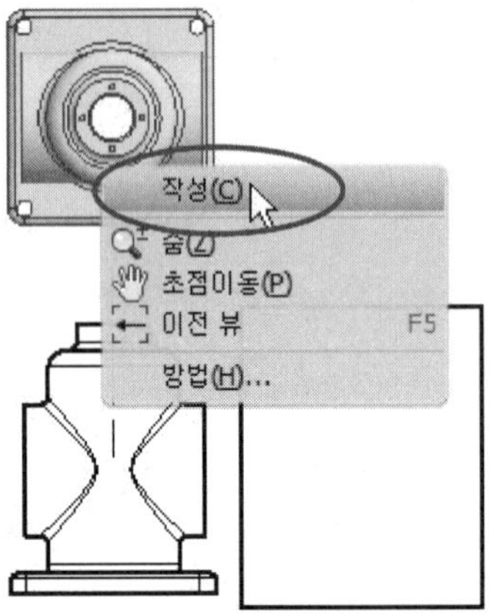

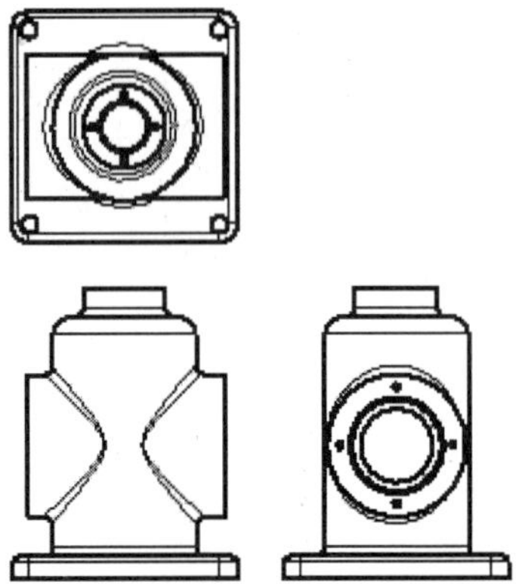

7.2.4 단면도 작성하기

① 뷰 배치 탭의 단면( )을 클릭하고, 기준이 되는 뷰를 선택한다.

② 전단면도를 작성하기 위해 아래 그림처럼 선을 작성하고, 마우스 오른쪽 버튼을 이용하여 계속을 클릭한다.

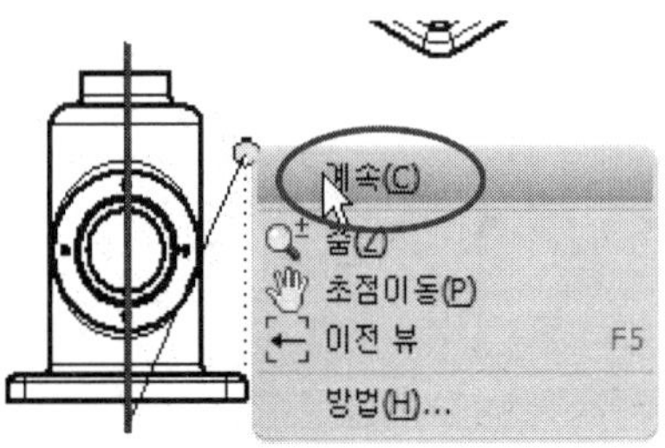

③ 단면도 창이 나타난다. 단면도의 위치를 지정하면 전단면도가 작성된다.

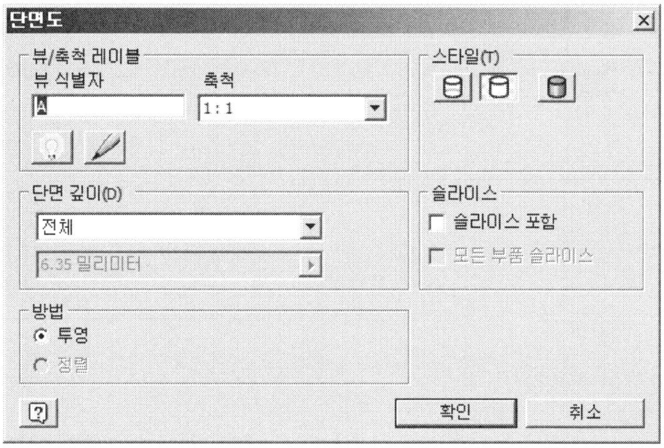

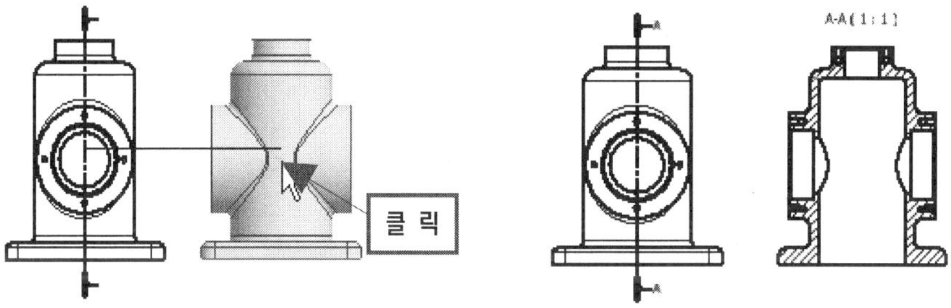

④ 뷰 배치 탭의 투상( )을 클릭하고, 전단면도를 기준으로 선택한다. 대각선 방향으로 클릭하여 등각투상도를 작성한다.

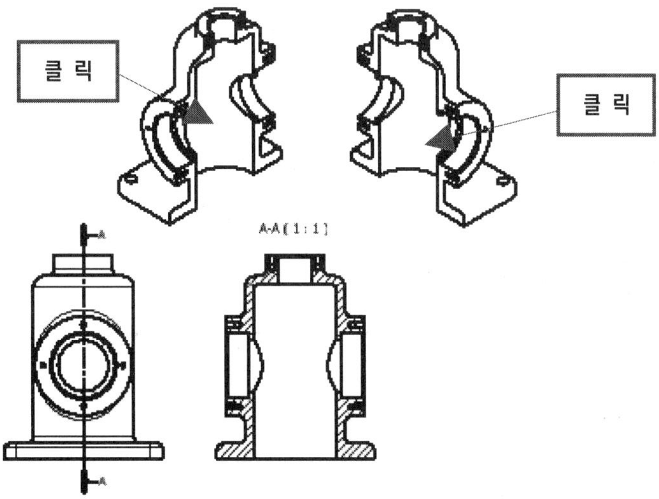

⑤ 작성된 전단면의 등각투상도를 더블클릭하여 화면표시 옵션 탭의 해칭에 체크를 하고, 확인을 클릭한다.

⑥ 반대편 뷰도 해칭 표시를 한다.

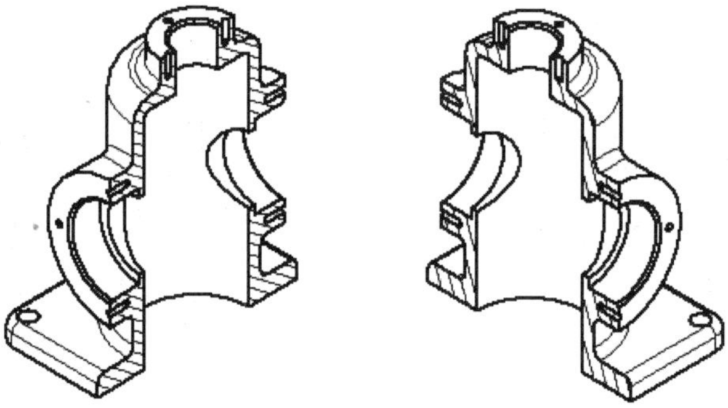

⑦ 뷰 배치 탭의 단면(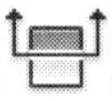)을 클릭하고, 기준이 되는 뷰를 선택한다.

⑧ 반단면도를 작성하기 위해 아래 그림처럼 선을 작성하고, 마우스 오른쪽 버튼을 이용하여 계속을 클릭한다. 단면도의 위치를 지정하면 전단면도가 작성된다.

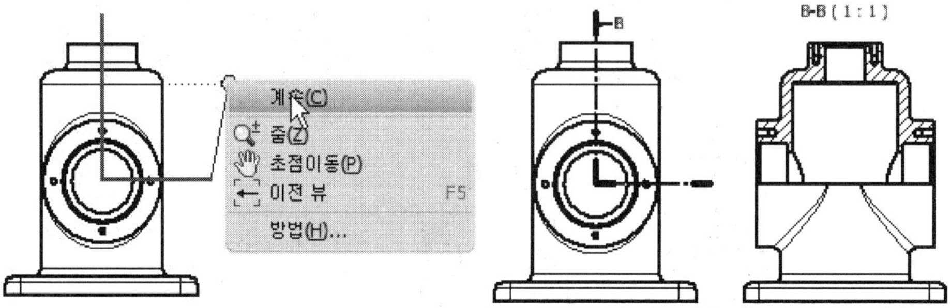

⑨ 뷰 배치 탭의 투상( )을 클릭하고, 전단면도를 기준으로 선택한다. 대각선 방향으로 클릭하여 등각투상도를 작성한다.

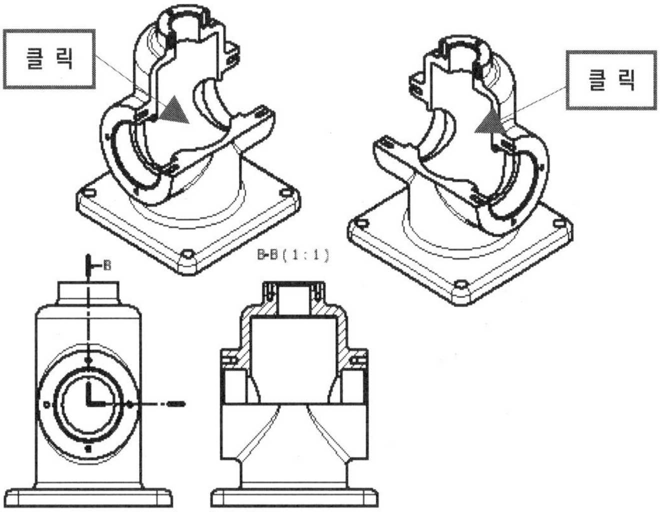

⑩ 작성된 전단면의 등각투상도를 더블클릭하여 화면표시 옵션 탭의 해칭에 체크를 하고, 확인을 클릭한다. 반대편 뷰도 해칭 표시를 한다.

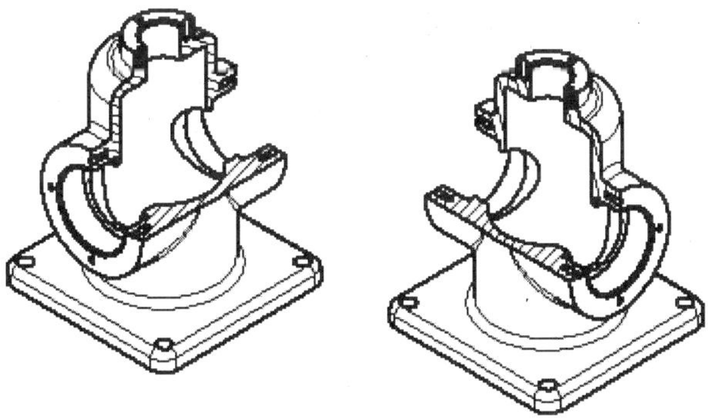

7.2.5 조립도 및 분해도 배치하기

① 기준( )을 이용하여 편심왕복장치.iam의 조립품을 배치할 수 있다.

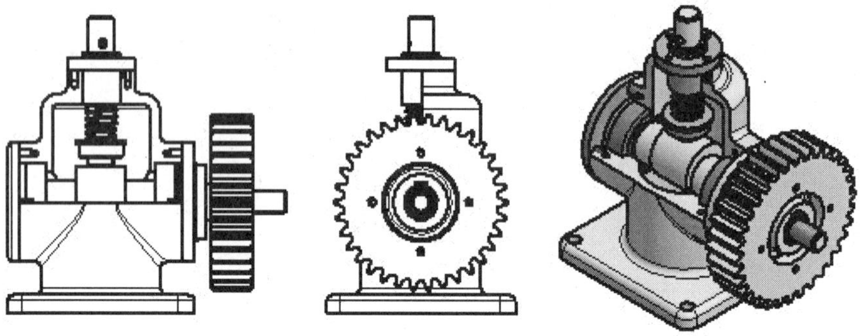

② 기준( )을 이용하여 편심왕복장치.ipn의 프리젠테이션을 배치할 수 있다.

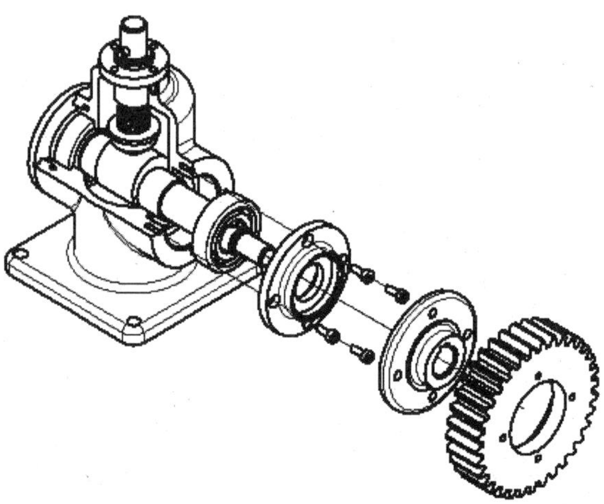

7.3 주석 작성하기

① 주석 탭을 클릭하여 치수, 텍스트 및 각종 기호나 주석을 도면에 기입할 수 있다.

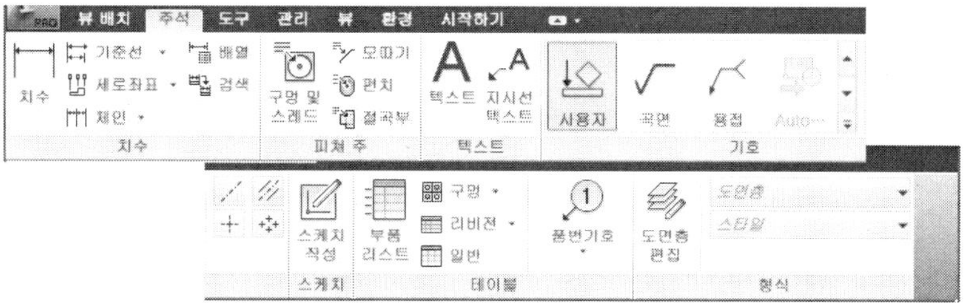

7.4 AutoCAD 파일로 내보내기

① 인벤터에서 도면을 작성하였다면 추가적인 작업을 위해 AutoCAD(*.dwg/*.dxf) 파일로 변환할 수 있다.

②  ⇨ 다른 이름으로 저장 ⇨ 다른 이름으로 사본 저장을 클릭한다.

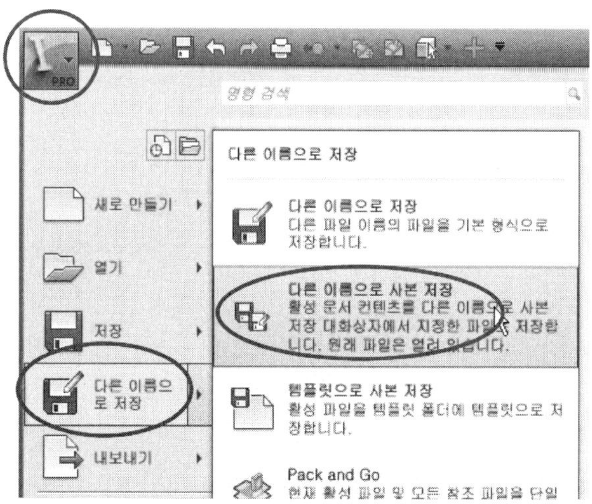

③ AutoCAD 파일로 변환하기 위해서는 파일 형식을 DXF파일(*.dxf)로 지정한다. 파일이름과 저장위치를 지정하고, 저장을 클릭한다.

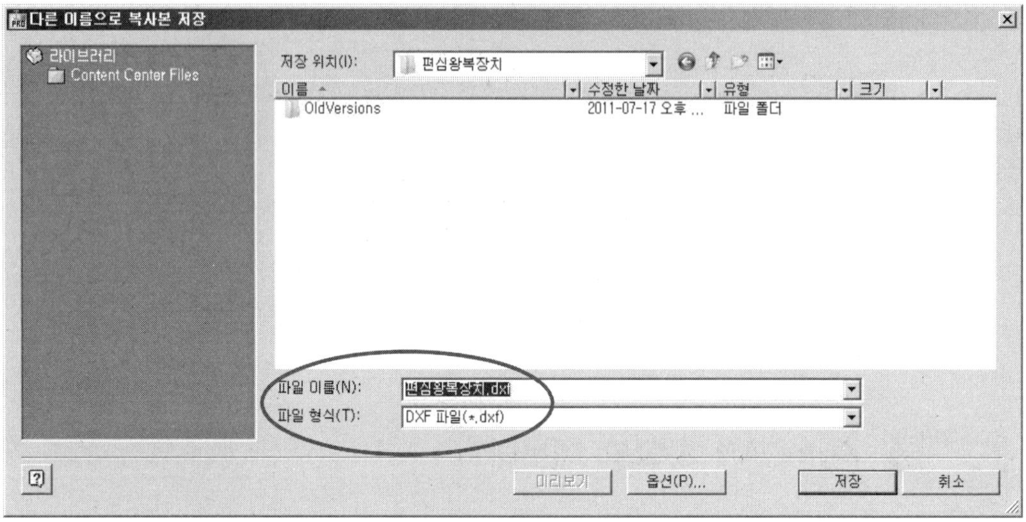

④ AutoCAD에서 저장시킨 편심왕복장치.dxf 파일을 열기한다.

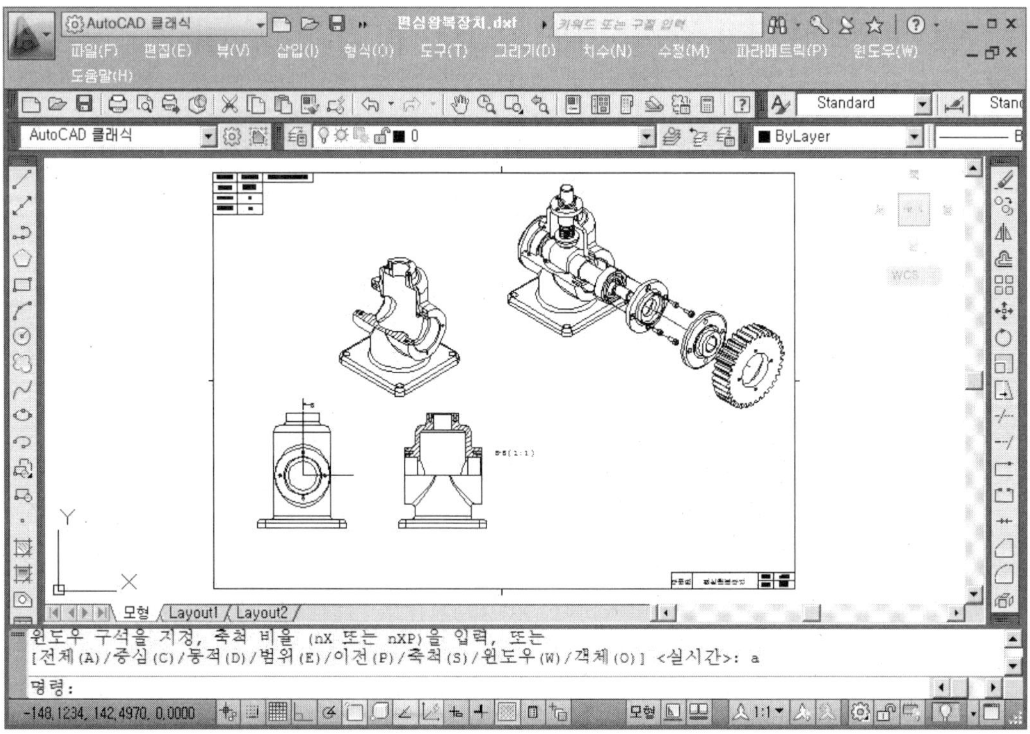

7.5 본체 도면화 작업

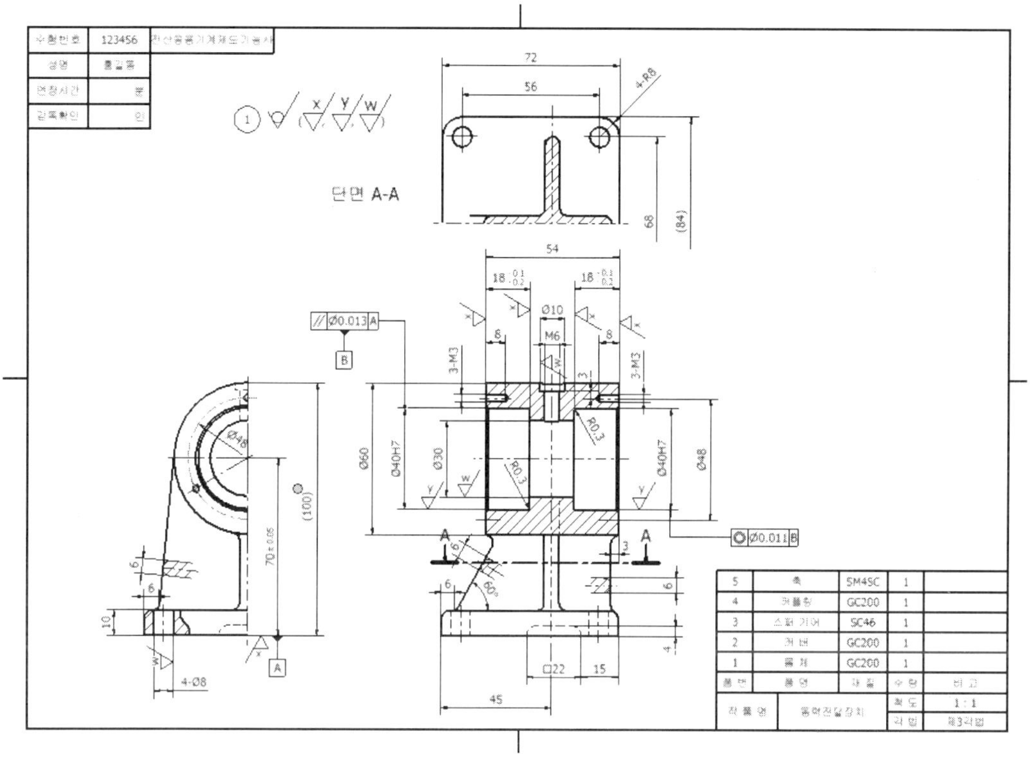

① 도면 파트에서 만들었던 홍길동 경계.idw를 선택한다.

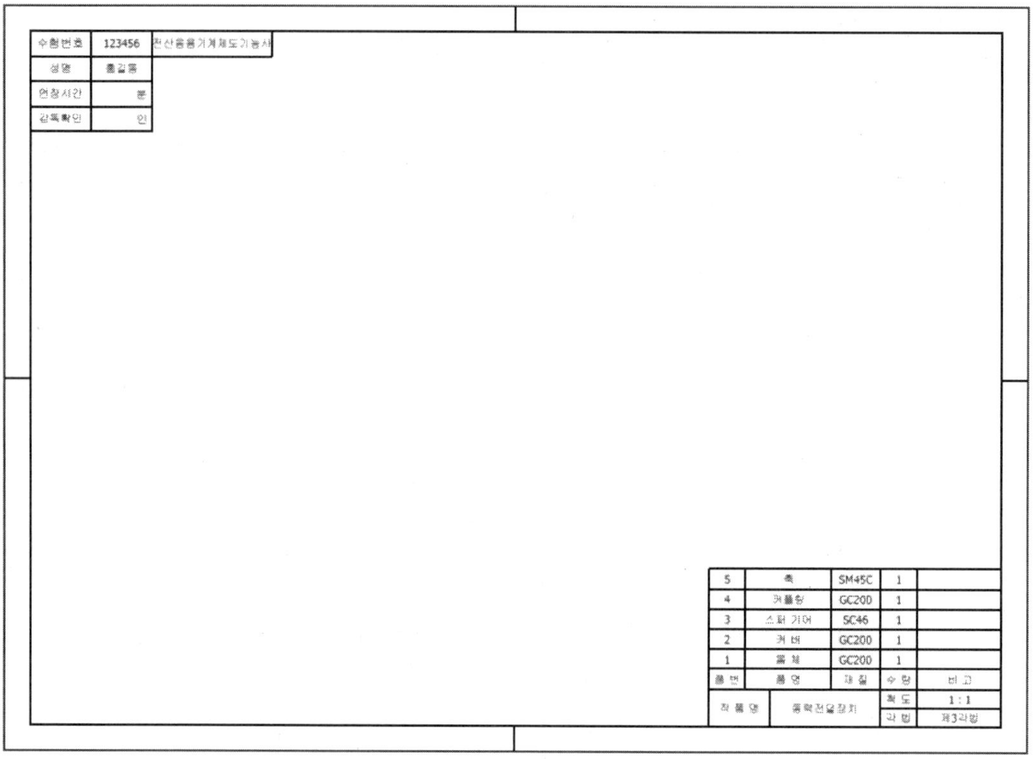

② 풀 다운 메뉴에 형식에서 스타일 및 표준 편집기를 선택한다.

③ 기본 표준(ISO)의 뷰 기본 설정에서 투영 유형을 삼각법으로 설정한다. 저장과 종료 버튼을 클릭한다.

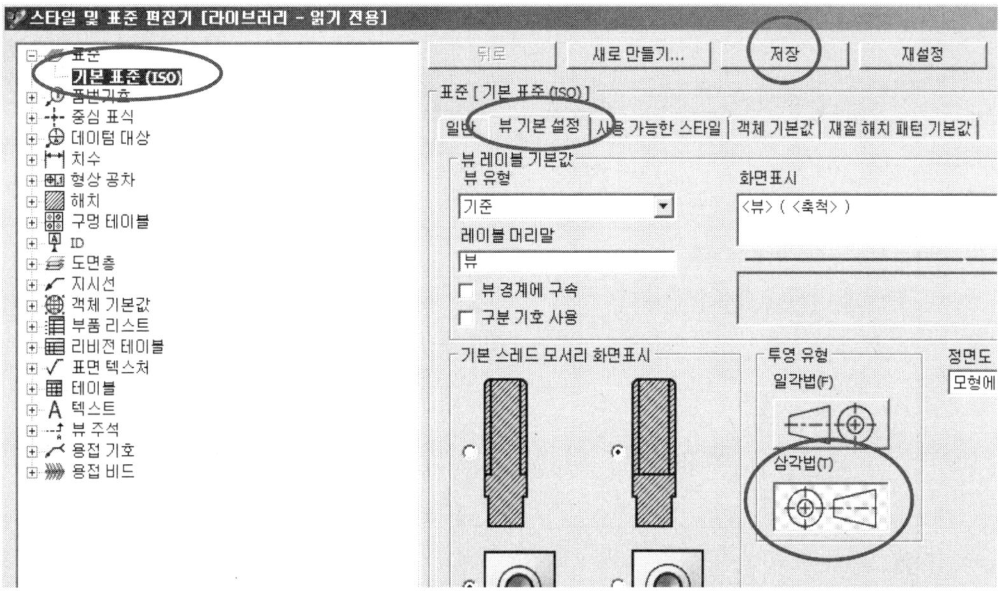

④ 뷰 배치 탭의 기준( )을 클릭한다.

⑤ 기존파일열기( )를 클릭하여 도면화시킬 본체.ipt 파일을 선택해서 열기를 한다.

⑥ 뷰 방향 변경( )을 클릭하여 정면도로 배치시킬 방향을 설정한다.

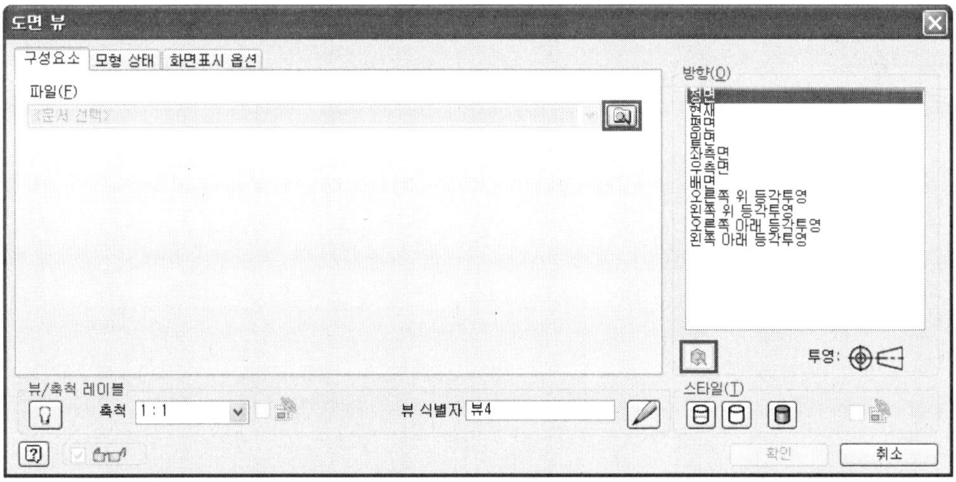

⑦ 기준뷰의 위치를 클릭하여 지정하면 기준뷰가 배치된다.

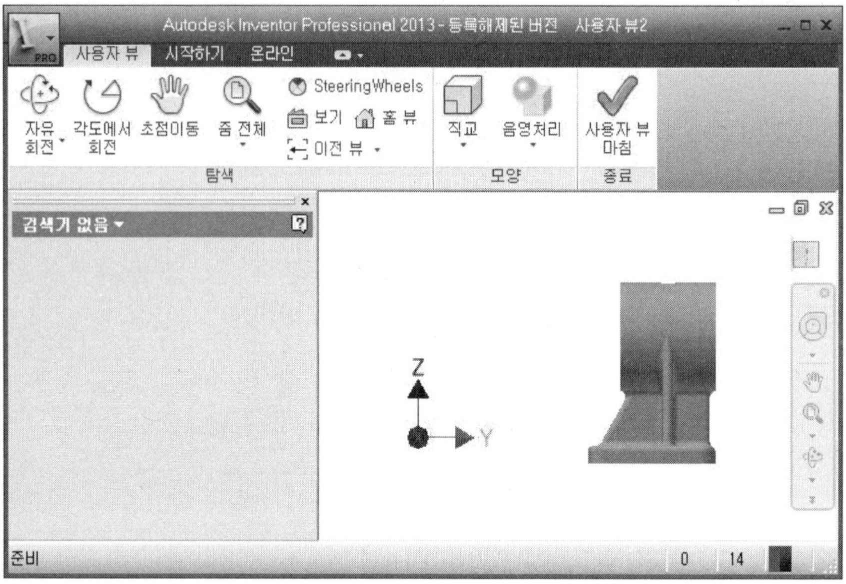

⑧ 원하는 위치를 지정 후 클릭한다.

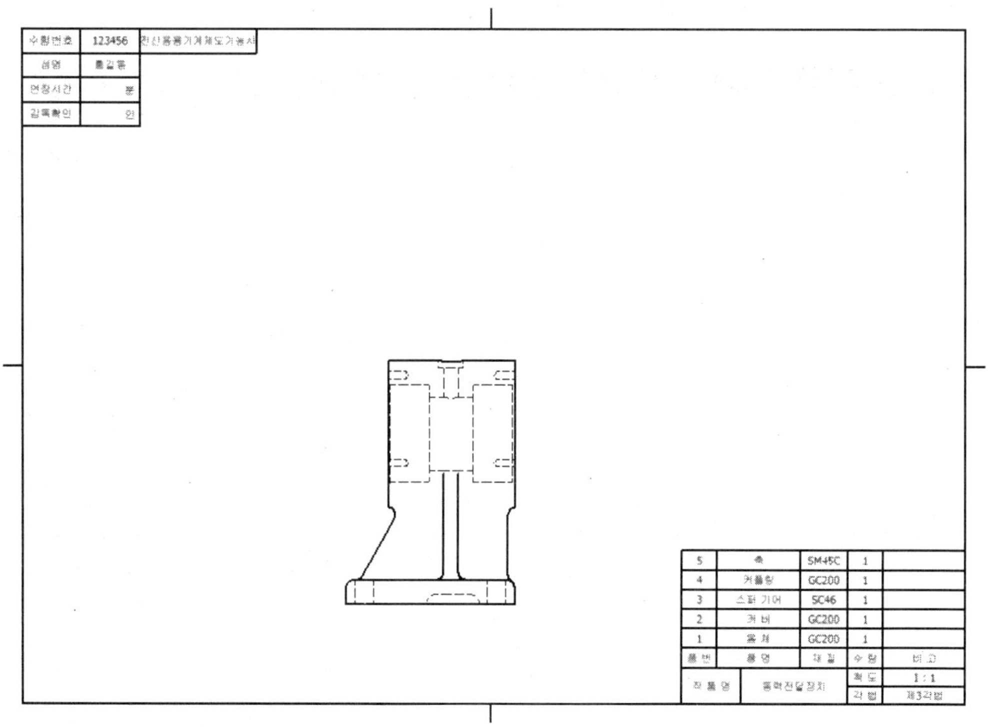

⑨ 도면 뷰 패널에서 투영( )을 선택한다.
기준 뷰를 기준으로 측면도의 위치를 클릭해서 지정하고, 마우스 오른쪽 버튼을 이용하여 작성을 클릭한다.

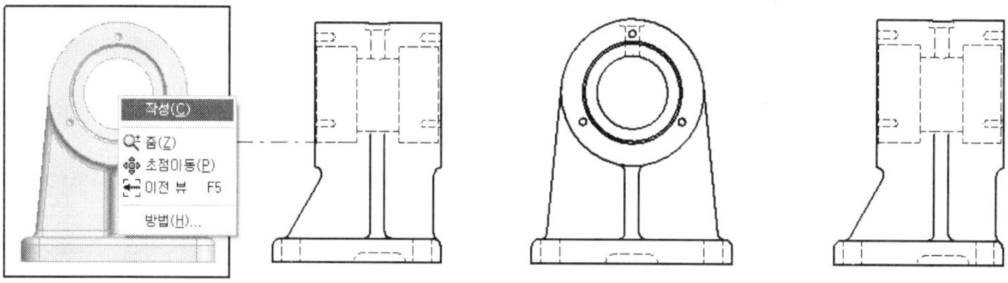

⑩ 도면 뷰 패널에서 단면( )를 클릭하고, 기준이 되는 뷰를 선택한다.
전단면도를 작성하기 위해 아래 그림처럼 선을 작성하고, 마우스 오른쪽 버튼을 이용하여 계속을 클릭한다. 단면도 창이 나타나면 단면도의 위치를 지정하면 전단면도가 작성된다.

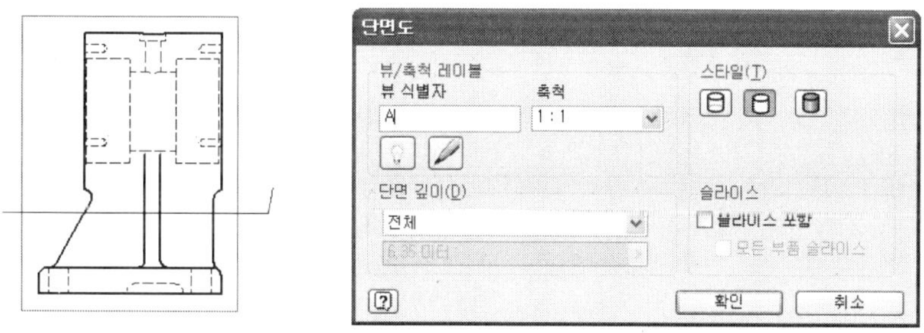

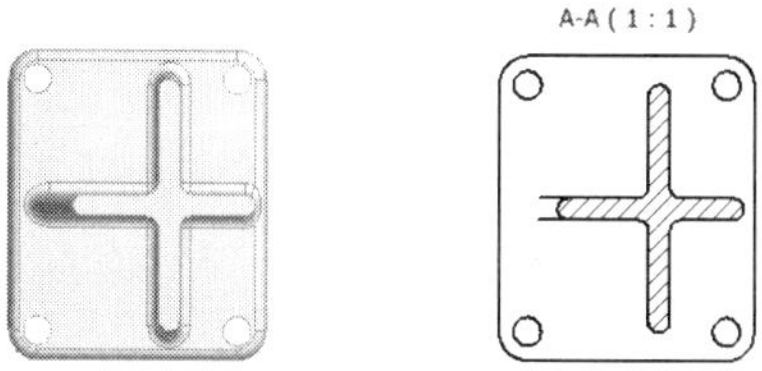

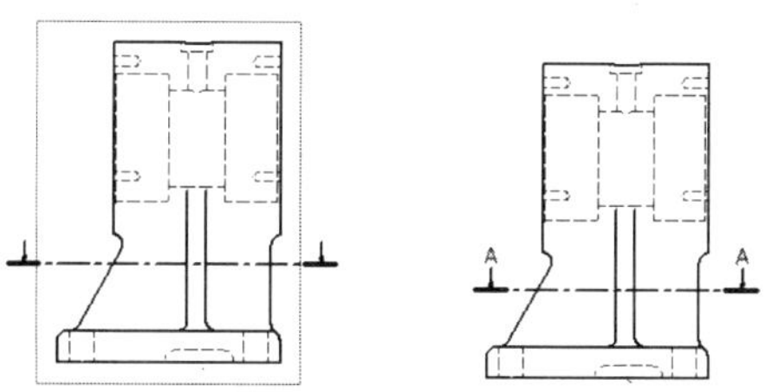

⑪ 기준 뷰를 선택하고 스케치 작성( )을 클릭하면, 도면 스케치 패널이 활성화 된 것을 확인할 수 있다.

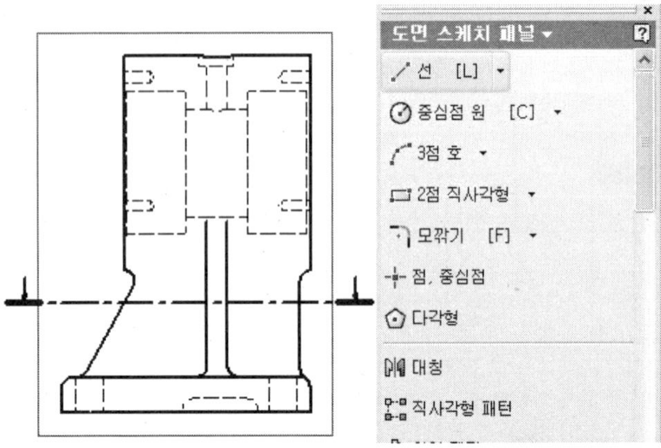

⑫ 선( )을 이용하여 그림과 같이 스케치한다.

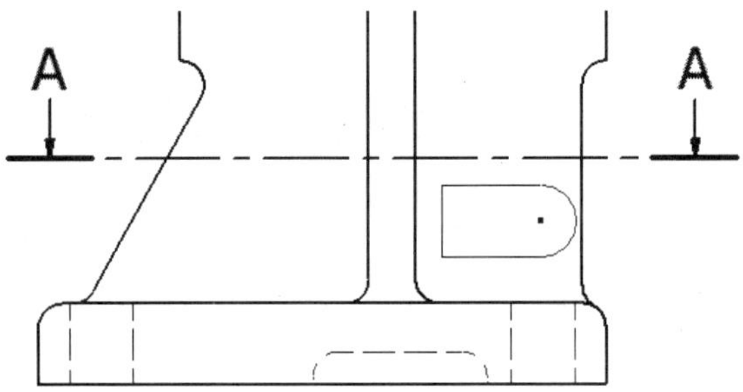

⑬ 형상투영( )을 선택하고 투영할 라인을 선택한 후 오른쪽 버튼을 이용하여 종료를 클릭한다.

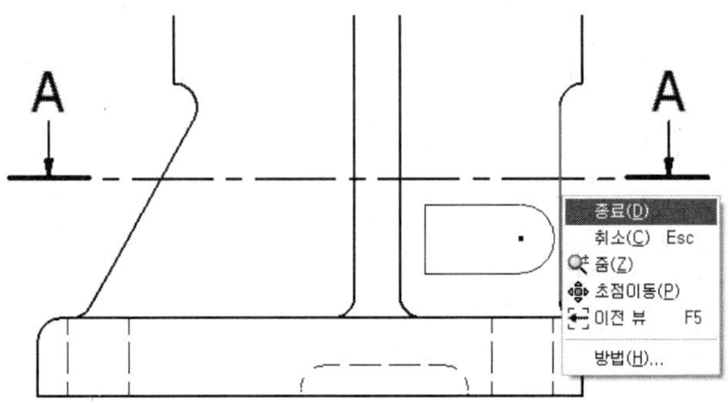

⑭ 일치( )를 선택하여 호의 사분점과 라인을 일치시킨다.

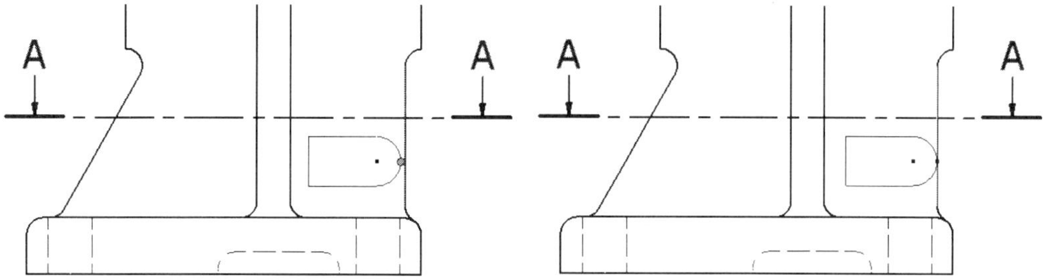

⑮ 치수( )를 선택해서 폭의 값을 6mm 입력한다.

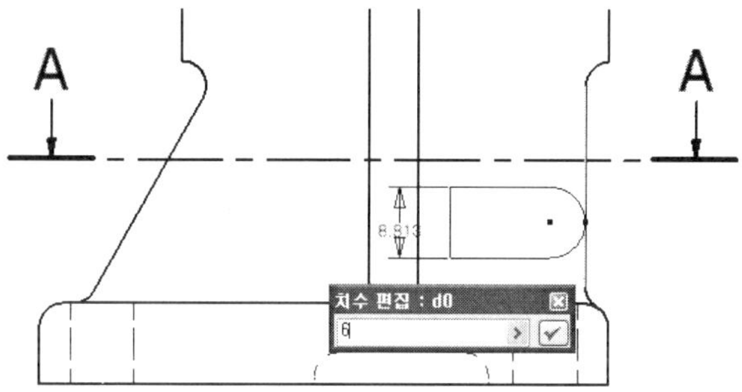

⑯ 영역 채우기/해치( )를 클릭하고, 스케치된 형상을 선택한다.
해치/색상 채우기 창에서 작동 가능을 체크 후 확인을 클릭한다. 축척과 각도 등을 설정하여 원하는 해치를 설정한다.

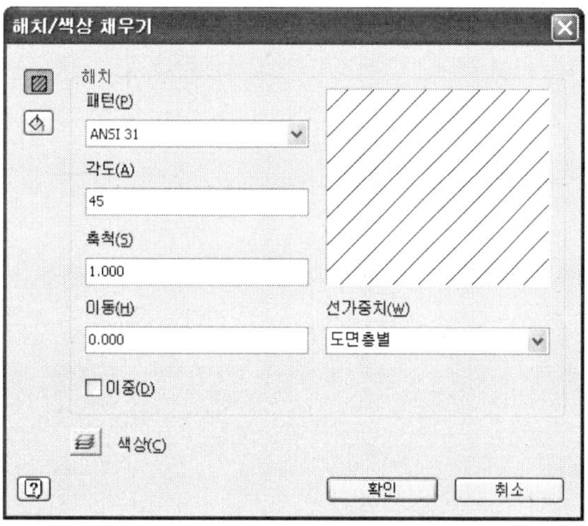

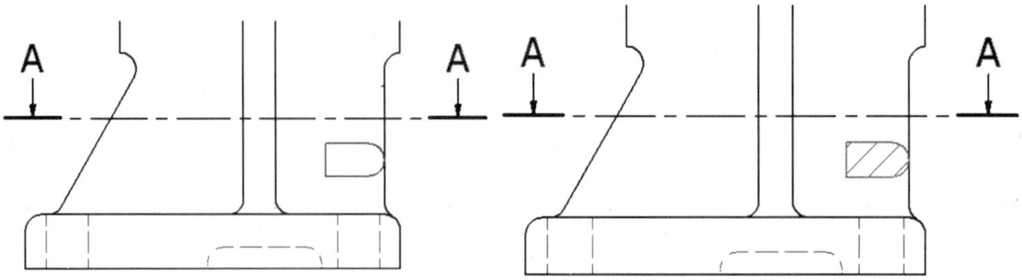

⑰ 그림과 같이 라인을 선택 후 스케치만( )을 클릭한다.

스케치만( )은 스케치 영역 안에서만 활성화 되는 기능으로 스케치를 빠져 나가면 선이 자동으로 숨겨지는 기능이다.

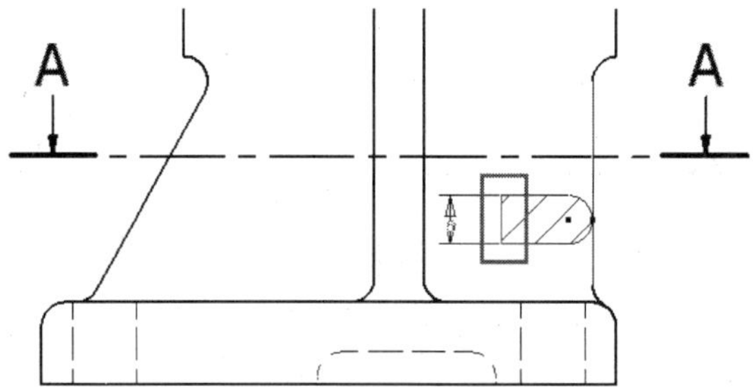

⑱ 리브 형상을 반대편에도 똑같은 방법으로 완성한다.

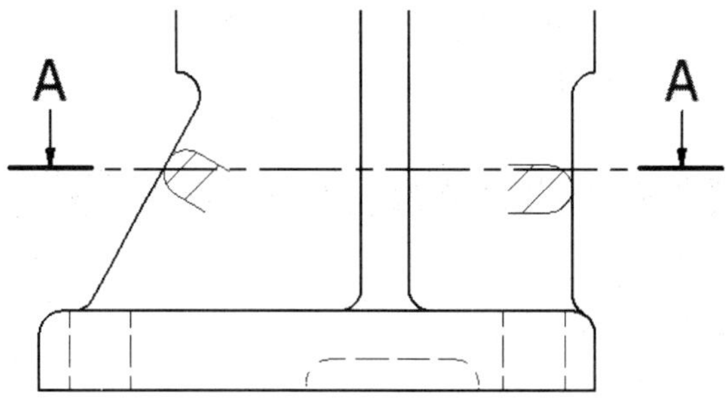

⑲ 스케치 마무리( )를 클릭하여 도면 스케치 패널을 종료한다.

⑳ 다시 기준 뷰를 선택하여 도면 스케치 패널을 실행시킨다.

㉑ 직사각형( )을 클릭하여 그림과 같이 스케치를 작성한다.

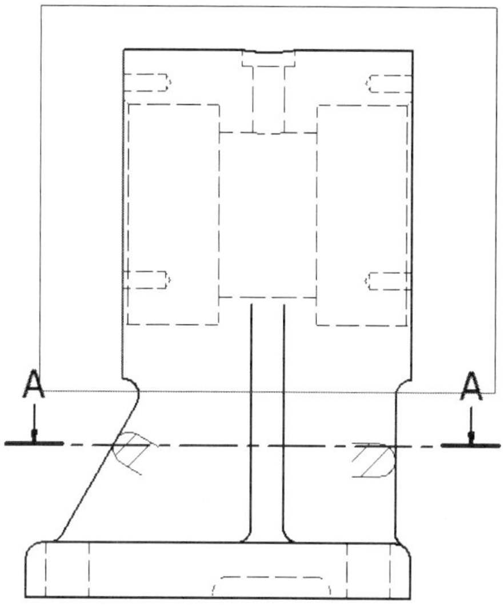

㉒ 형상투영( )을 선택하고 투영할 라인을 선택한 후 오른쪽 버튼을 이용하여 종료를 클릭한다.

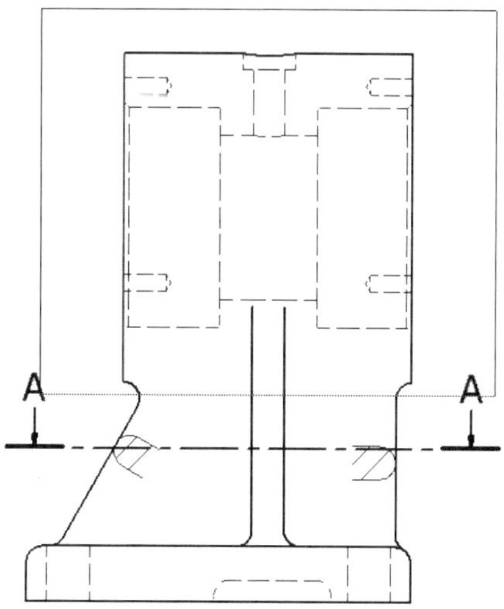

㉓ 형상 투영한 라인의 꼭지점과 스케치한 사각형의 라인을 선택하여 일치( ) 시킨다.

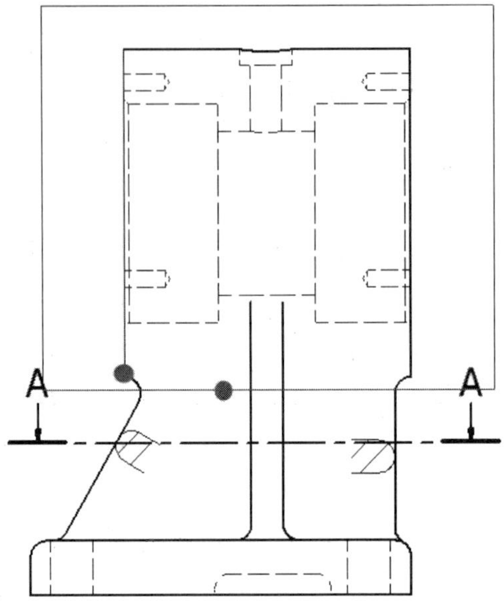

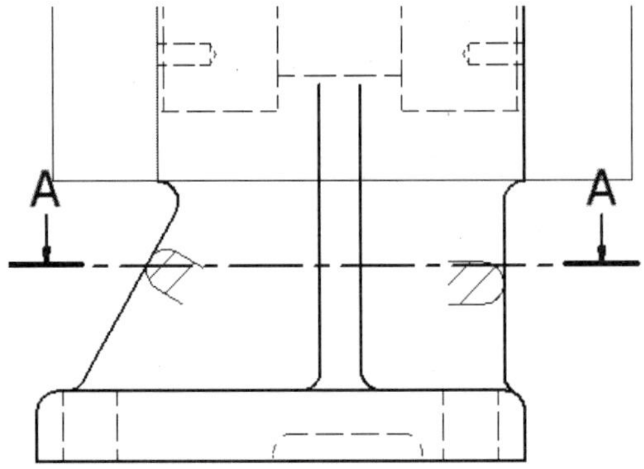

㉔ 스케치 마무리( )를 클릭하여 도면 스케치 패널을 종료한다.

㉕ 브레이크 아웃( )를 클릭하여 기준 뷰를 선택한다.

브레이크 아웃( ) 창이 나타나면 프로파일은 스케치를 선택하고, 깊이는 구멍까지를 선택해 그림과 같이 선택한다.

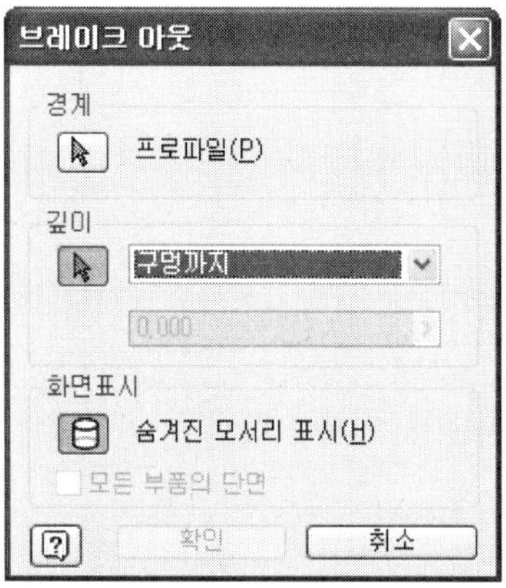

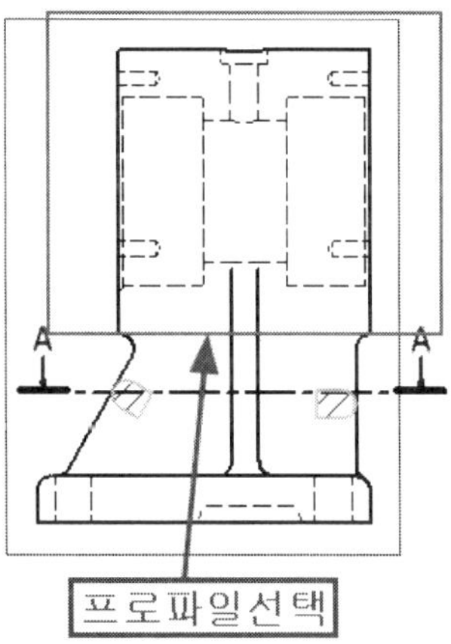

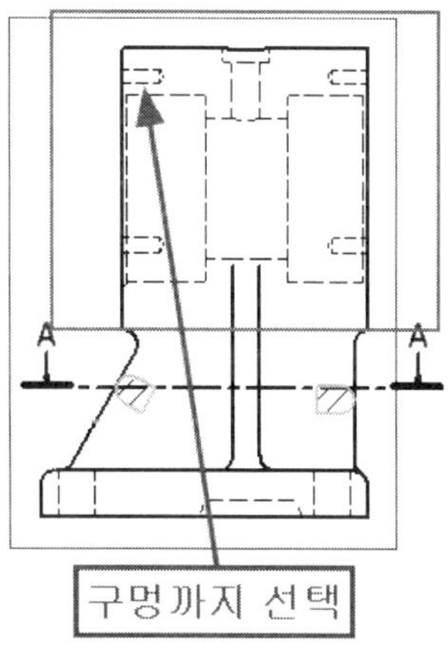

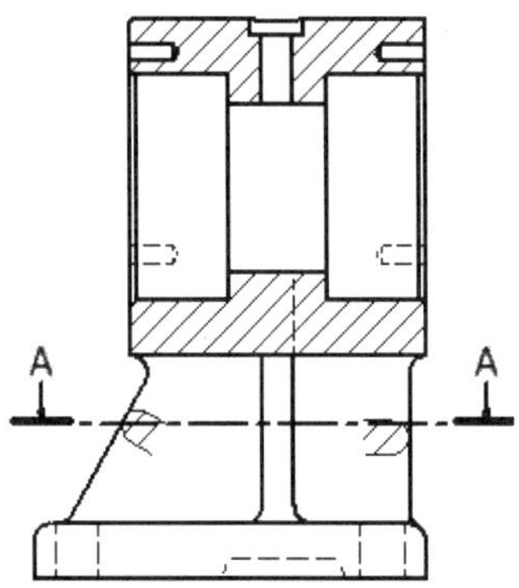

㉖ 기준 뷰에 표시되어 있는 볼트 자리를 선택하여 오른쪽 버튼으로 가시성에 체크를 클릭한다. 뷰에서 숨겨진 것을 확인할 수 있다.

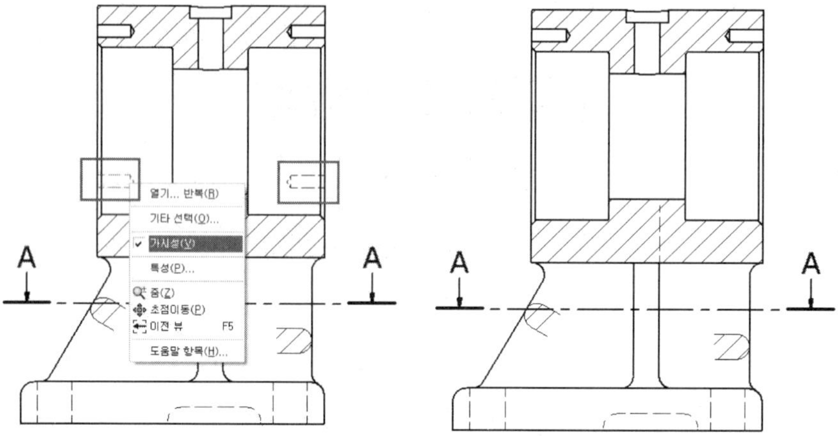

㉗ 기준 뷰에서 내린 단면 뷰를 선택하고, 스케치를 클릭하여 도면 스케치 패널로 들어간다.

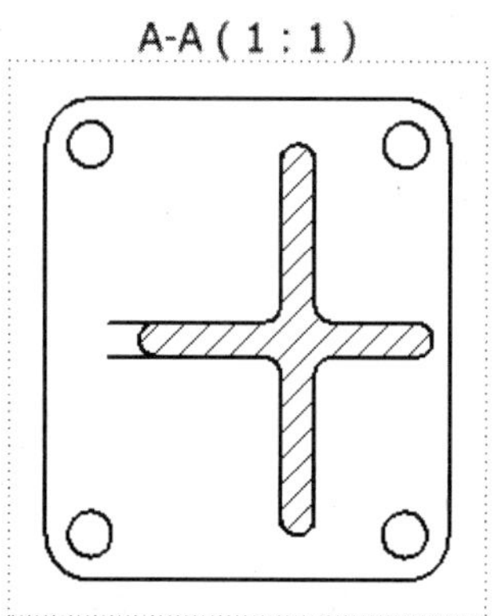

㉘ 직사각형( )을 선택하여 사각형을 스케치한다.

㉙ 형상투영( )을 선택하고 투영할 라인을 선택한 후 오른쪽 버튼을 이용하여 종료를 클릭한다.

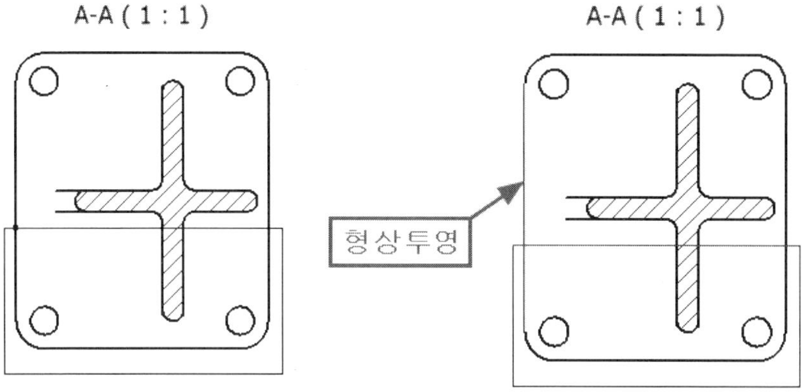

㉚ 형상 투영한 라인의 중간점과 스케치한 사각형의 라인을 선택하여 일치( ) 시킨다.

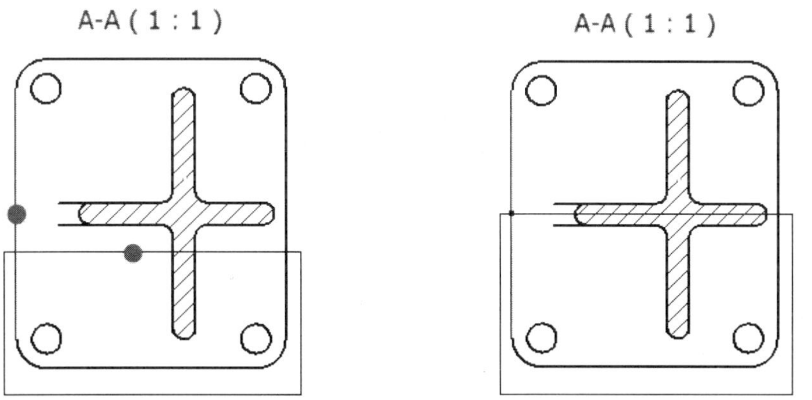

㉛ 스케치 마무리( )를 클릭하여 도면 스케치 패널에서 도면 뷰 패널로 복귀한다.

㉜ 브레이크 아웃( )을 클릭하여 단면 뷰를 선택한다.

브레이크 아웃( ) 창이 나타나면 프로파일은 스케치를 선택하고, 깊이는 관통 부품을 선택해 그림과 같이 선택한다.

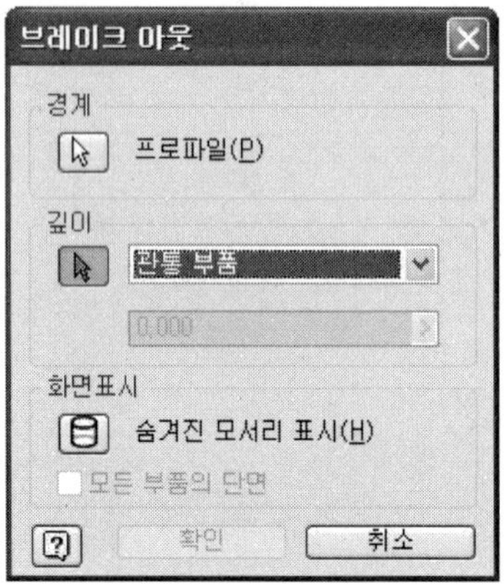

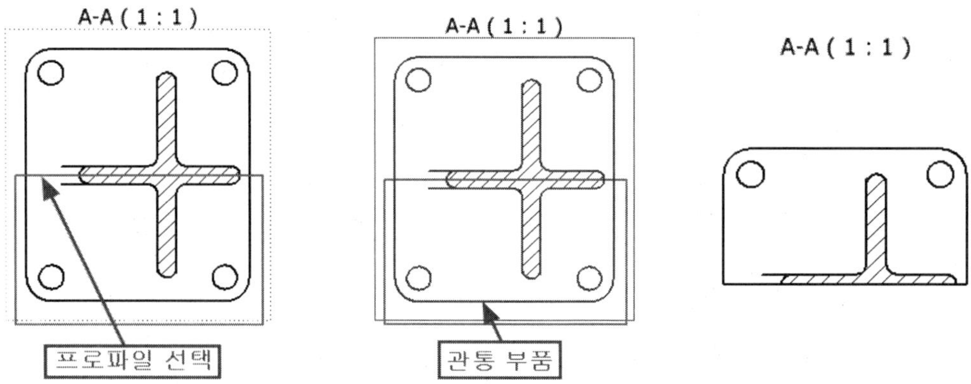

㉝ 단면 뷰 선을 선택하여 오른쪽 버튼을 클릭해 가시성 체크를 해지시킨다.
선이 숨겨진 것을 확인할 수 있다.

㉞ 투영된 뷰를 선택하여 도면 스케치 패널에서 사각형을 스케치한다.
형상투영과 일치 구속으로 그림과 같이 본체 중간점에 일치() 시킨다.

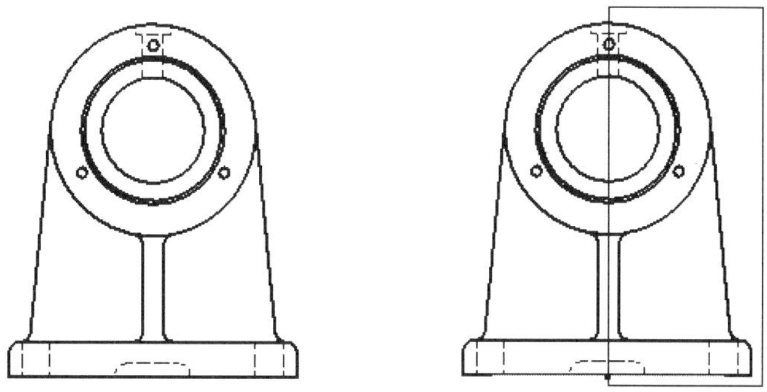

㉟ 브레이크 아웃()을 클릭하여 투영된 뷰를 선택한다.
브레이크 아웃 창이 나타나면 프로파일은 스케치를 선택하고, 깊이는 관통 부품을 선택한다.

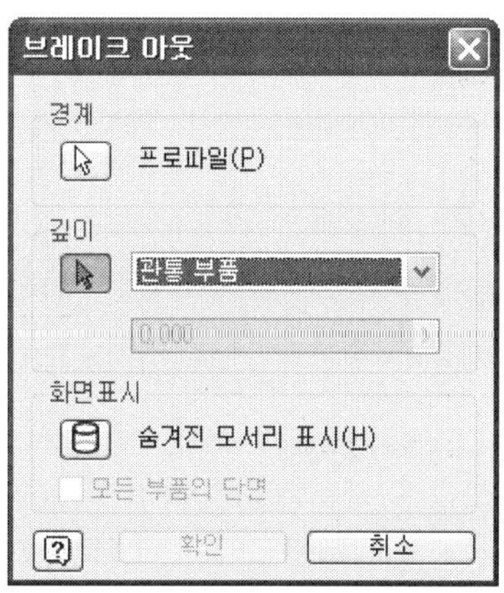

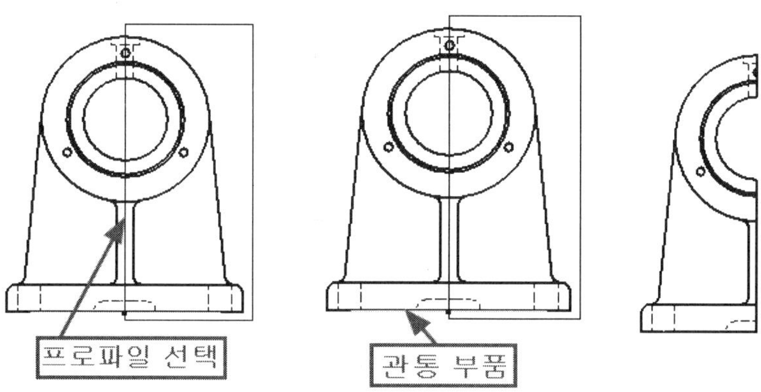

㊱ 단면 뷰 선을 선택하여 오른쪽 버튼을 클릭해 가시성 체크를 해지시킨다.
선이 숨겨진 것을 확인할 수 있다.

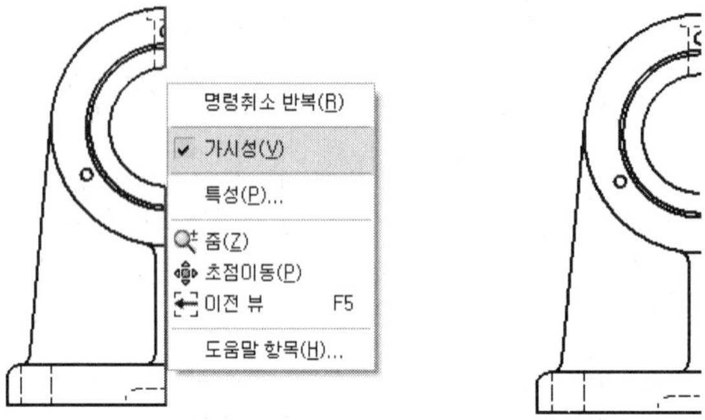

㊲ 기준 뷰에 리브 형상을 스케치 한 것처럼 투영된 뷰 에도 리브 형상을 스케치한다.

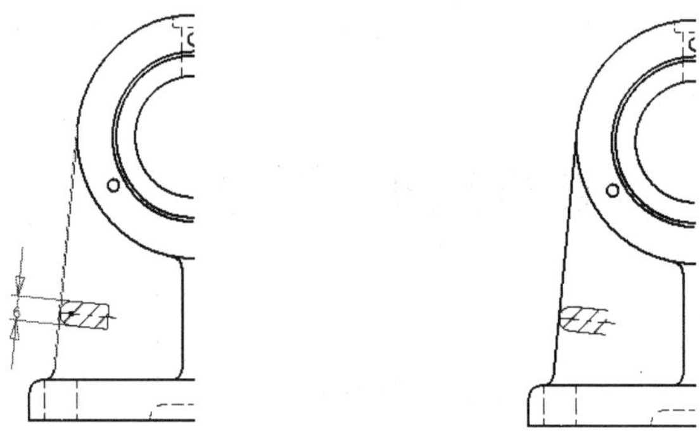

㊳ 투영된 뷰를 선택하여 스케치를 클릭한다. 스플라인( )을 선택하여 그림과 같이 스케치한다.

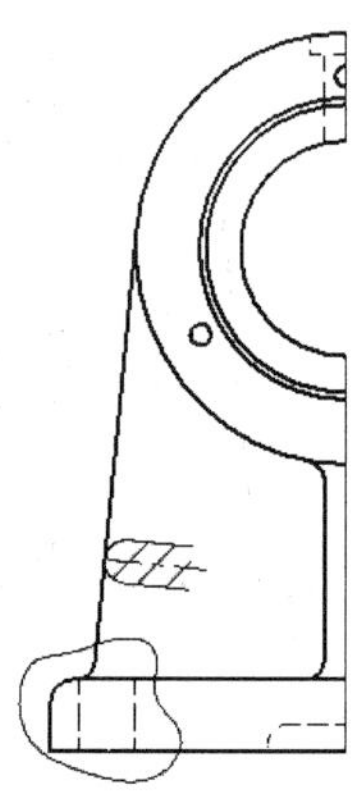

㊴ 브레이크 아웃( )를 선택하여 경계는 스케치 형상을 깊이는 구멍까지를 선택한다.

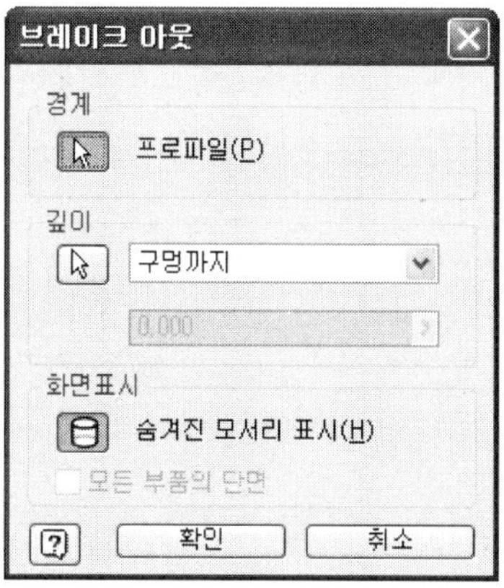

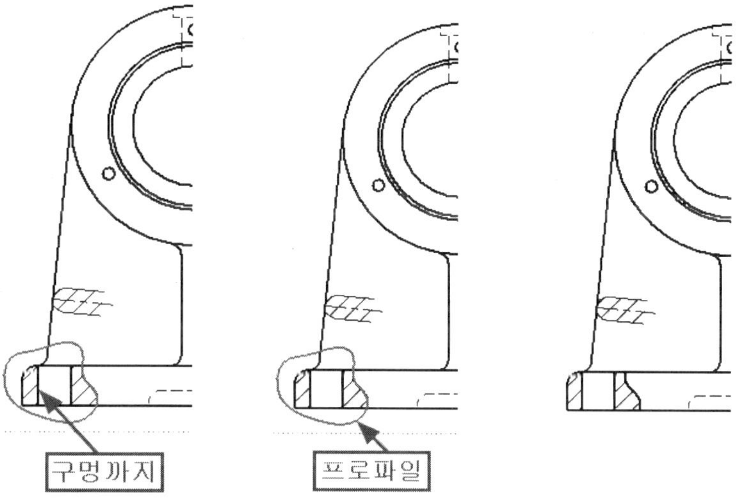

㊵ 도면 주석 패널에서 중심선( )을 선택하여 그림과 같이 중간점을 클릭하고, 오른쪽 버튼을 이용하여 작성을 클릭한다.

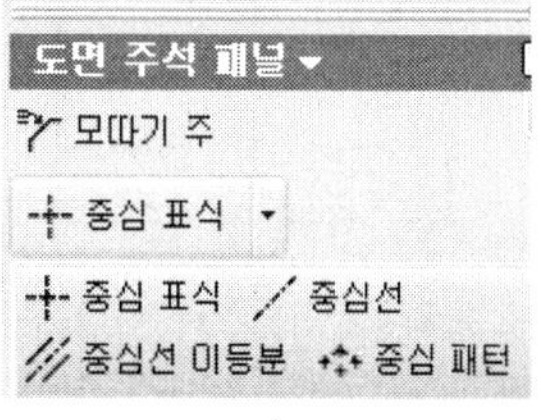

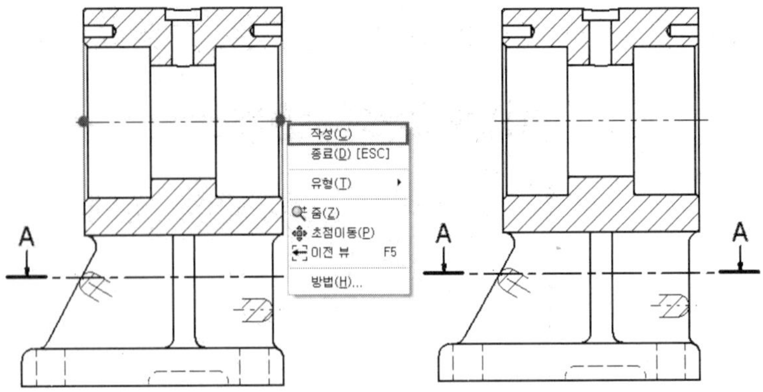

㊶ 도면 주석 패널에서 중심선 이등분( )을 선택하여 그림과 같이 이등분할 선을 선택한다.

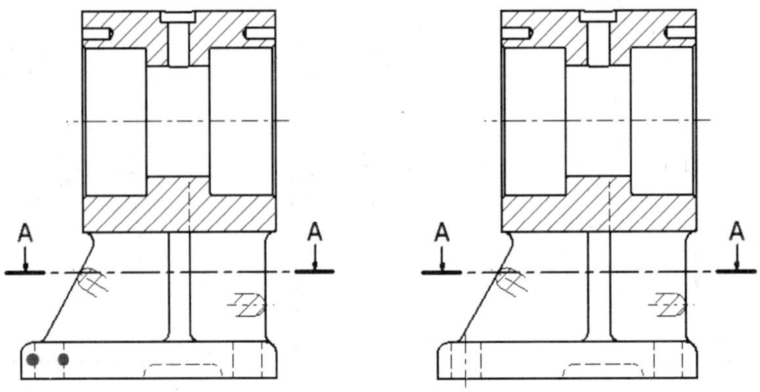

㊷ 중심선( )과 중심선 이등분( ) 선을 이용하여 그림과 같이 중심선을 작성한다.

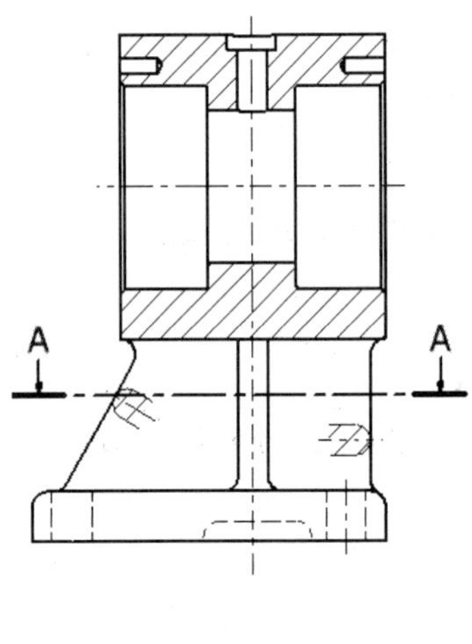

㊸ 중심표식(-+-)를 선택하여 원을 클릭한다. 그림과 같이 중심 표식이 작성된다.

A-A (1 : 1)

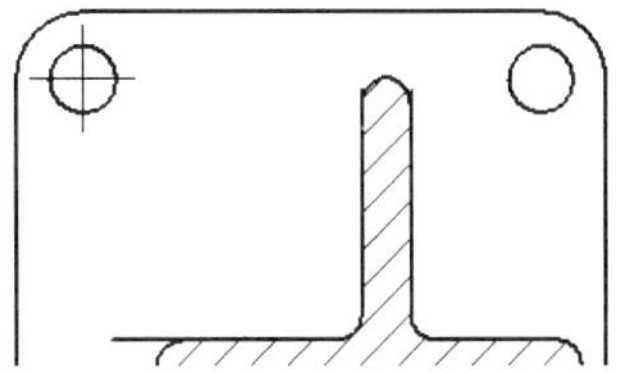

㊹ 나머지 부분도 아이콘을 이용하여 중심 마크를 작성한다.

A-A (1 : 1)

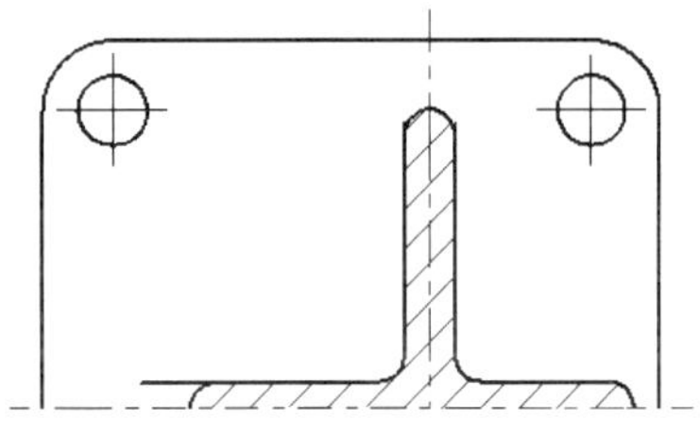

㊺ 투영된 뷰에도 중심 마크를 작성한다.

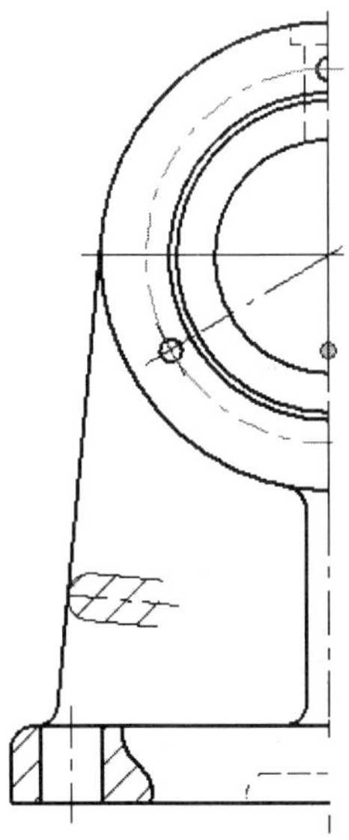

㊻ 기준 뷰를 선택 후 스케치를 클릭한다. 그림과 같이 선으로 스케치한다.

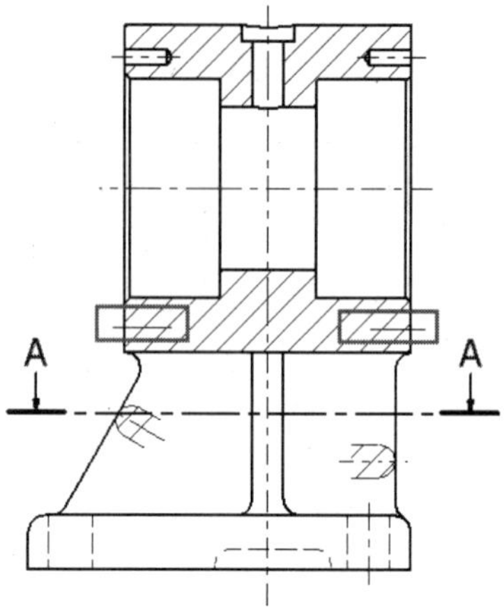

㊼ 형상투영( )을 선택하여 볼트 라인을 선택한다.

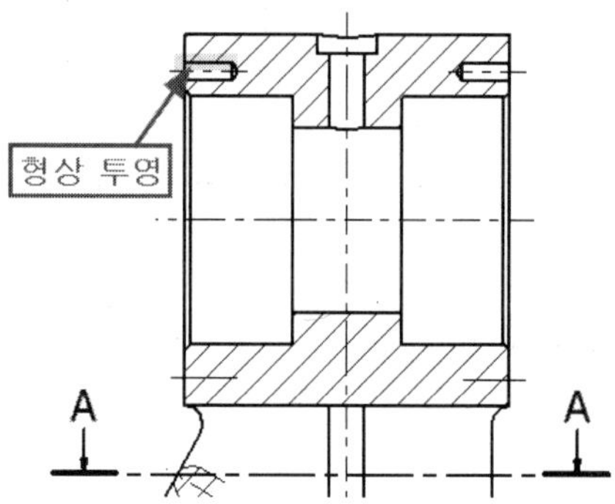

㊽ 형상투영( )한 라인과 스케치한 선에 대한 치수값을 입력한다.

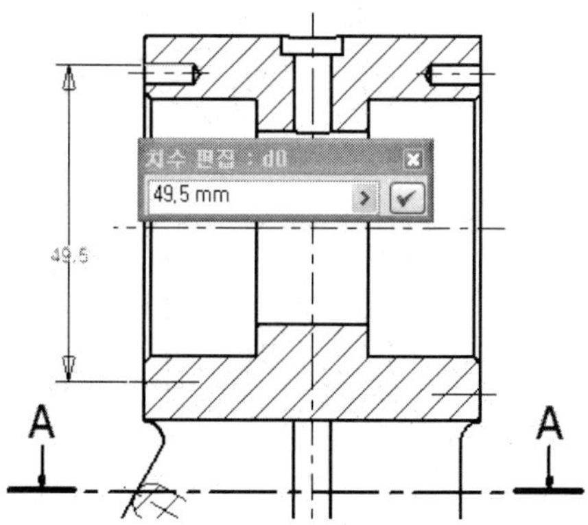

㊾ 스케치 마무리( )를 클릭하여 도면 뷰 패널로 복귀한다.

㊿ 도면 주석 패널에서 치수( )를 선택하여 스케치에서 기입했던 방법과 동일하게 치수를 기입한다.

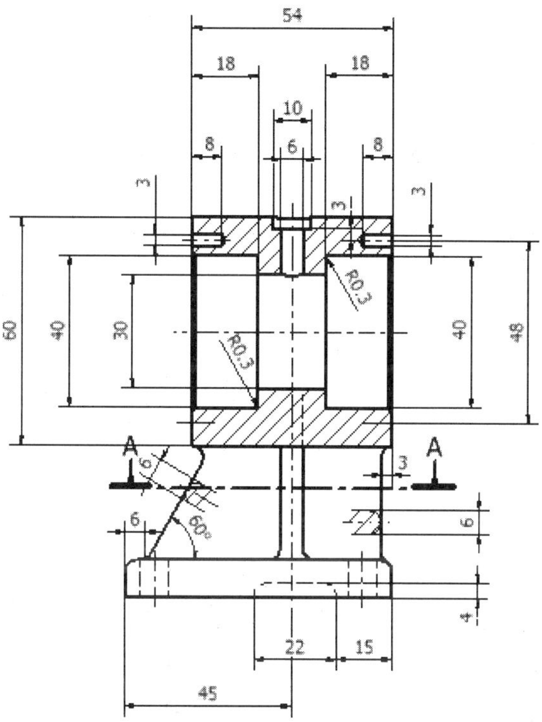

(51) 치수( )선택하여 선형 대칭할 치수를 선택 후 오른쪽 버튼을 클릭하면 치수 유형에서 선형 대칭을 선택한다.

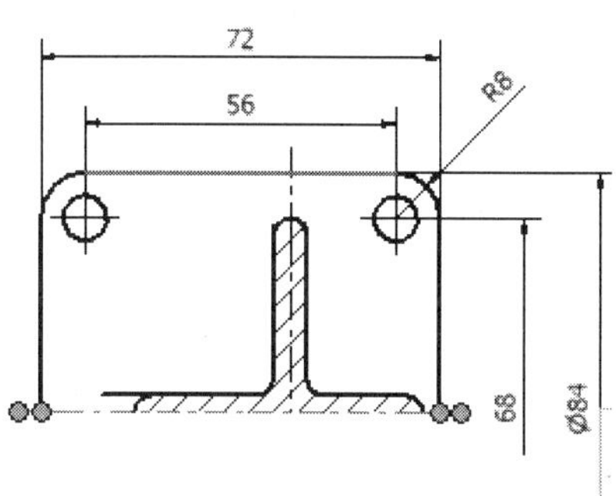

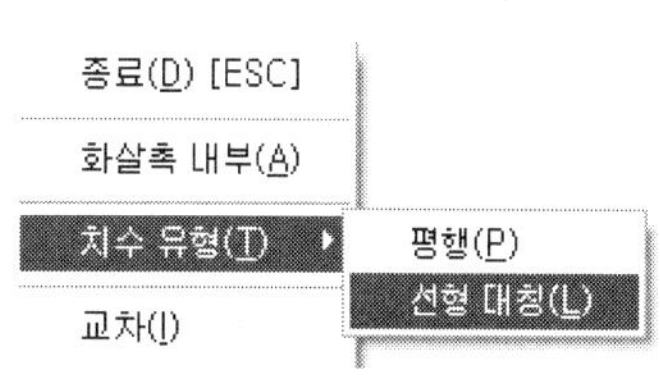

㊾ 위과 같은 방법으로 치수를 표기할 때 오른쪽 버튼을 이용하여 치수 옵션이나 치수 유형을 변경할 수 있다.

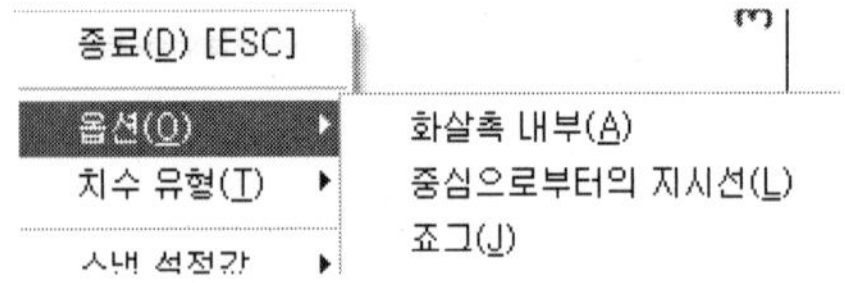

㊿ 치수( )를 이용하여 도면과 같은 치수를 기입할 수 있다.

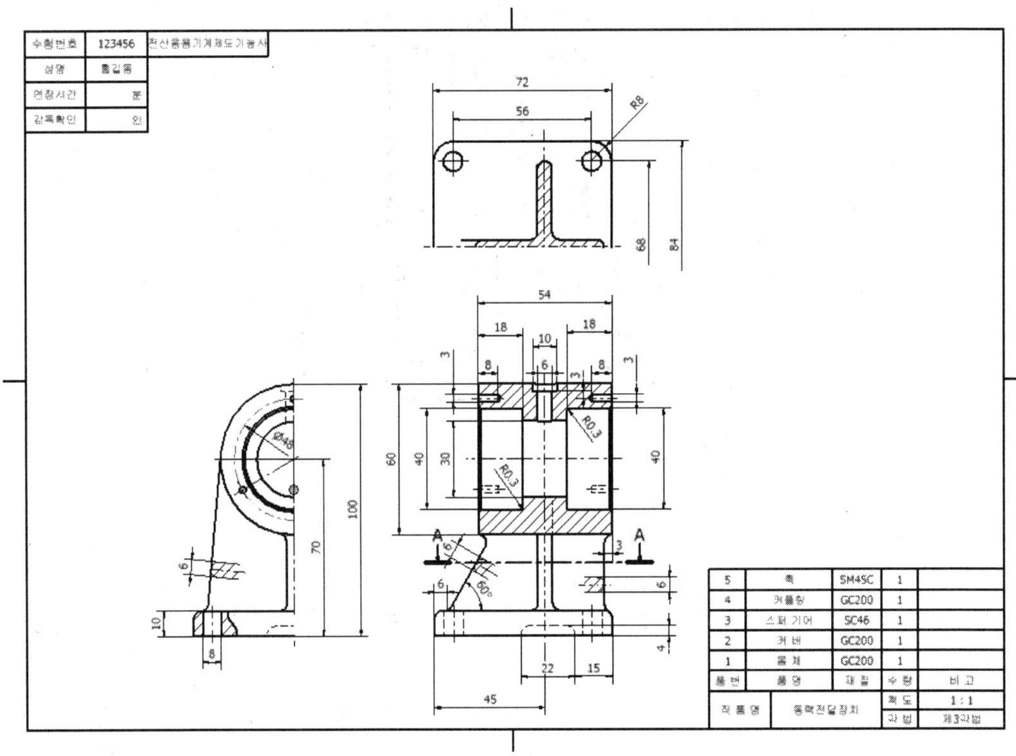

㉞ 편집할 치구를 더블 클릭하면 치수 편집창이 나타난다. 사용자가 사용할 기호나 치수를 편집할 수 있다.

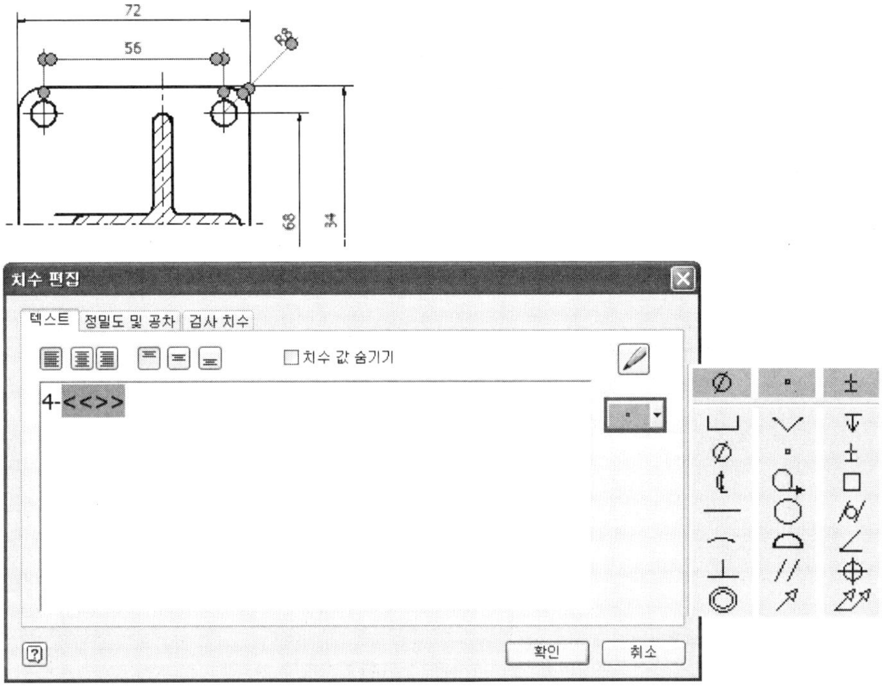

㉟ 정밀도 및 공차도 치수 편집창에서 편집이 가능하다.

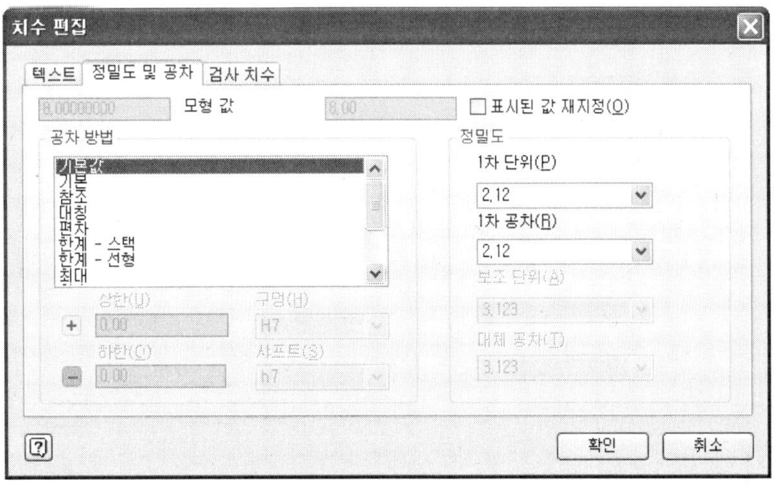

㊻ 치수편집을 이용하여 그림과 같이 치수를 편집한다.

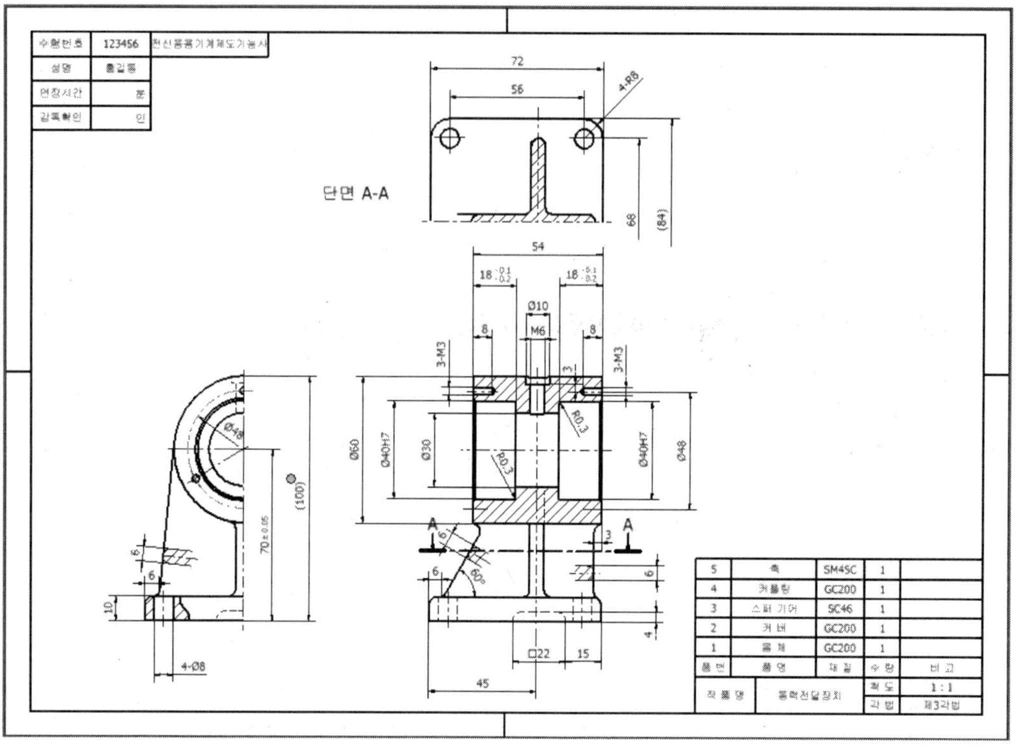

㊼ 곡면(√)을 클릭하고 표면 거칠기 표시가 들어가야 할 곳에 클릭하여 거칠기 표시를 한다.

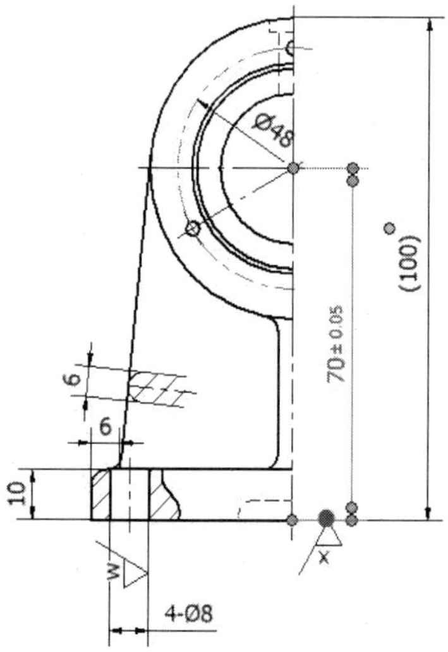

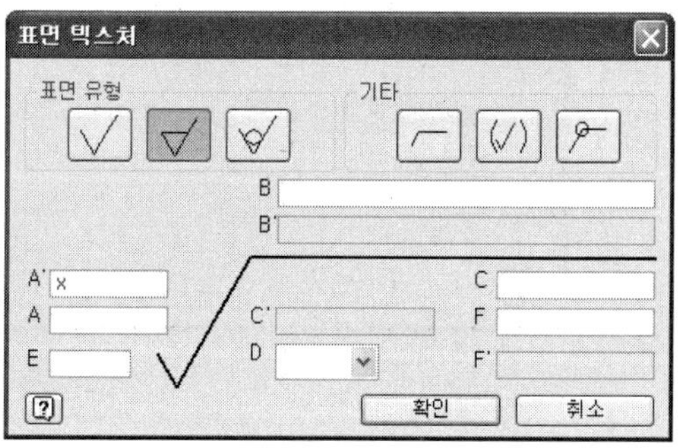

㊽ 도면에 표시된 것처럼 나머지 뷰에도 거칠기 표시를 한다.

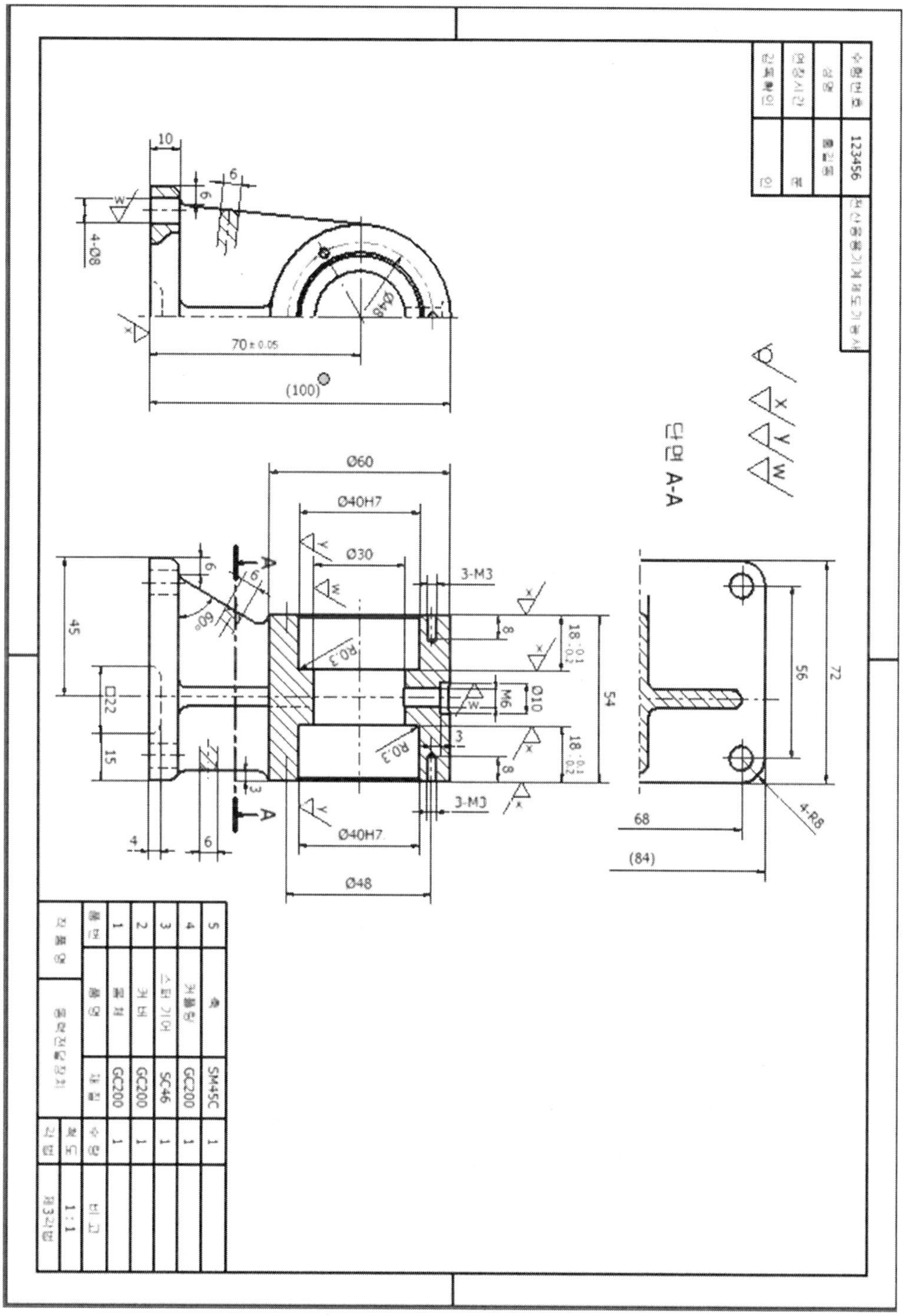

59 형상공차( )클릭하여, 그림과 같이 차례대로 클릭 후 오른쪽 버튼에서 계속을 클릭한다. 필요한 형상 공차를 기입할 수 있다.

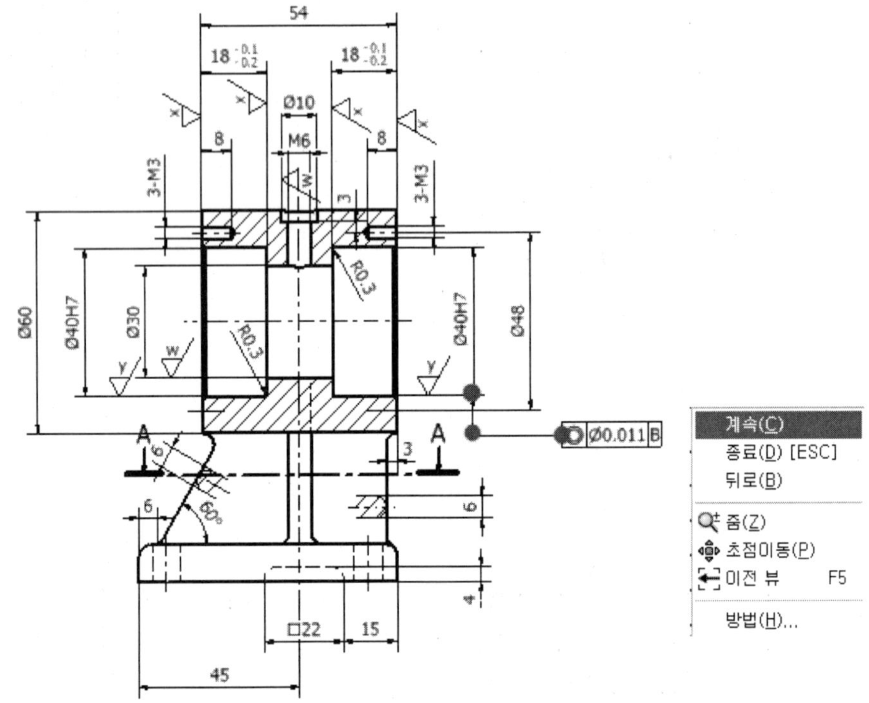

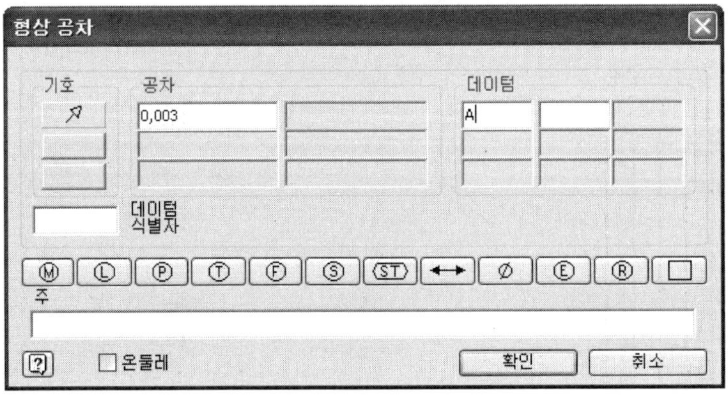

⑥⓪ 데이텀 식별자 기호()를 클릭하여, 형상공차(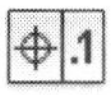)와 동일한 방법으로 데이텀 식별자 기호()를 기입한다.

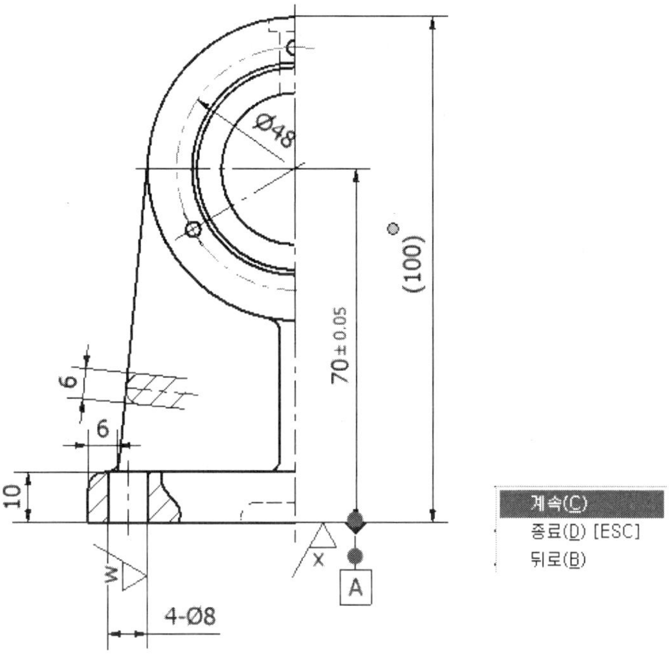

⑥① 형상공차(⊕.1)과 데이텀 식별자 기호(A)를 이용하여 도면과 같이 작성한다.

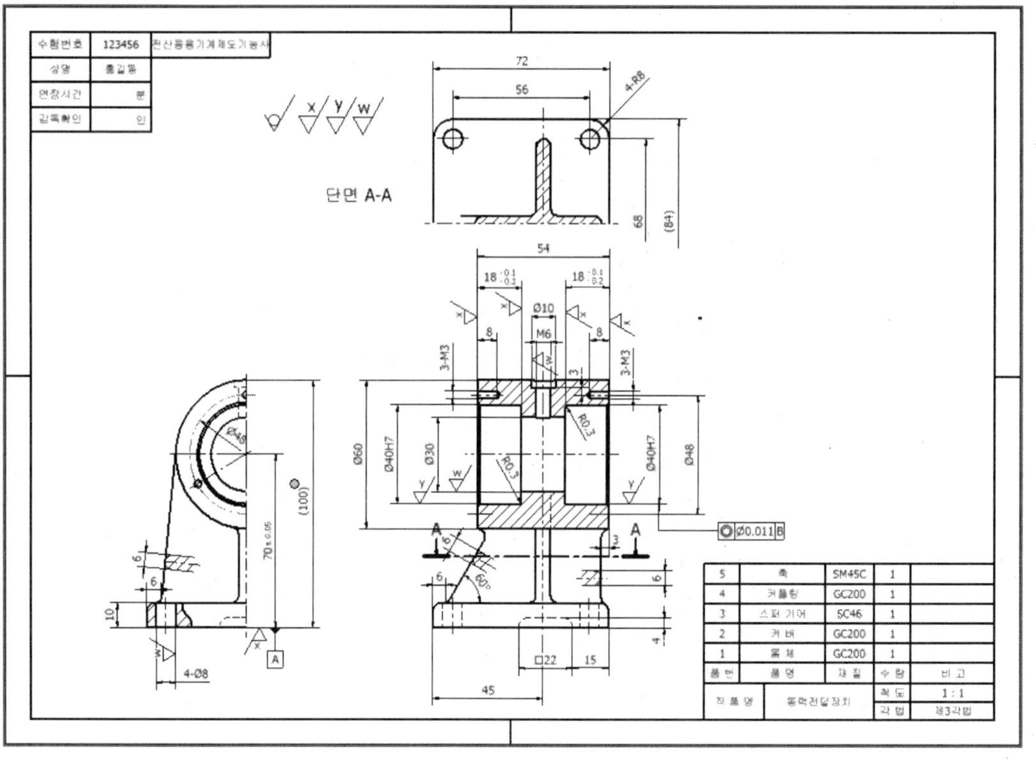

⑥② 스케치 작성( )를 클릭한다.

⑥③ 중심점 원( )을 클릭하여 그림과 같이 스케치한다.

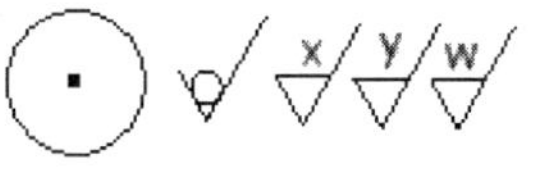

⑥④ 텍스트(A)를 이용하여 그림과 같이 스케치한다.

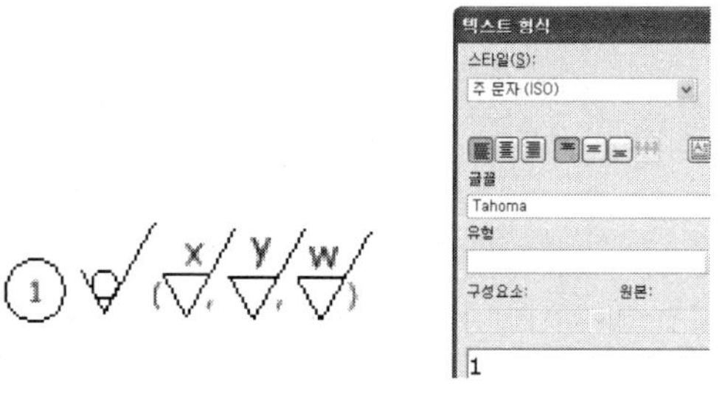

⑥⑤ 스케치 마무리(✔)를 클릭하여 도면 뷰 패널로 복귀한다.

⑥⑥ 본체 도면이 완성되었다.

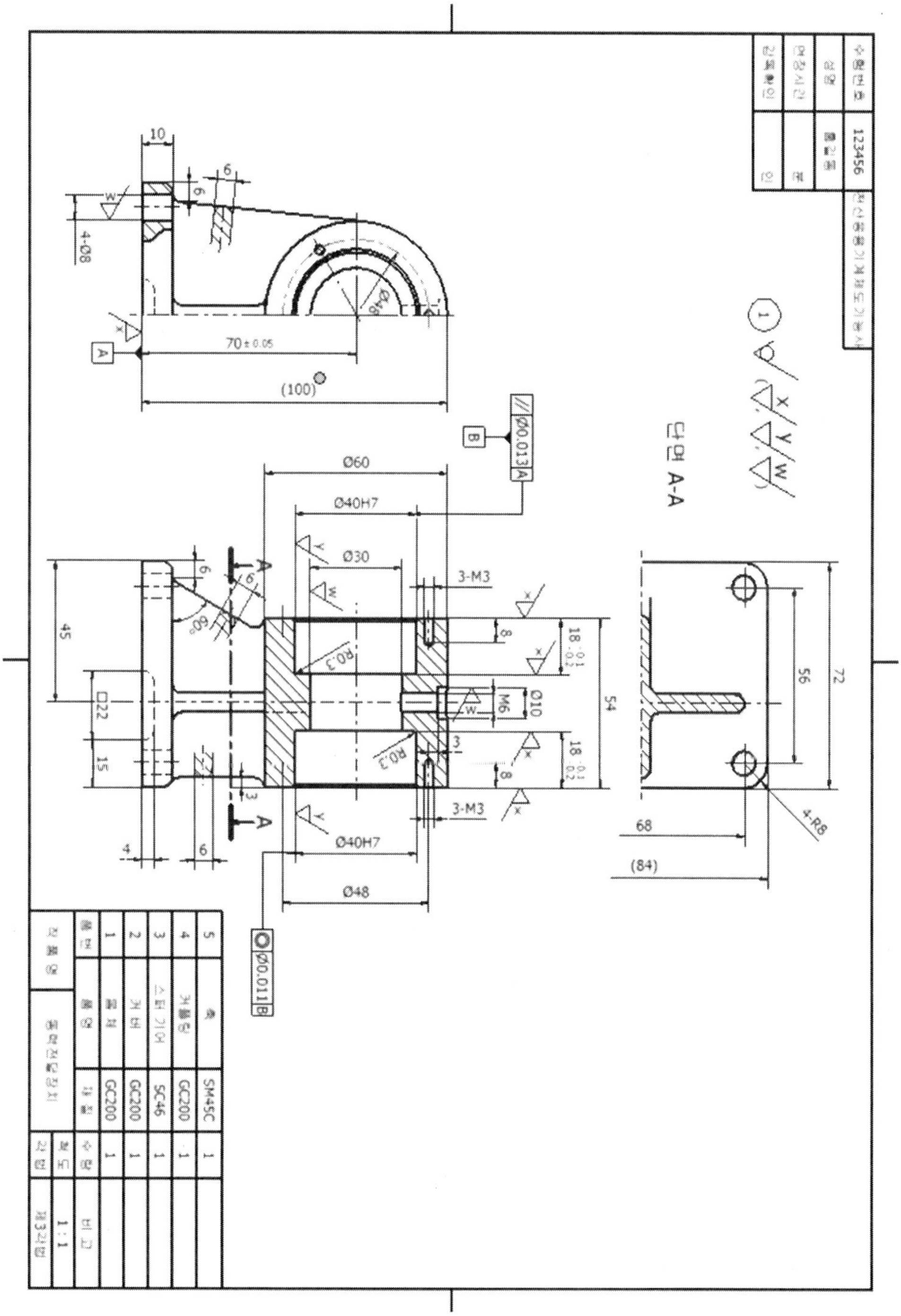

7.6 축 도면화 작업

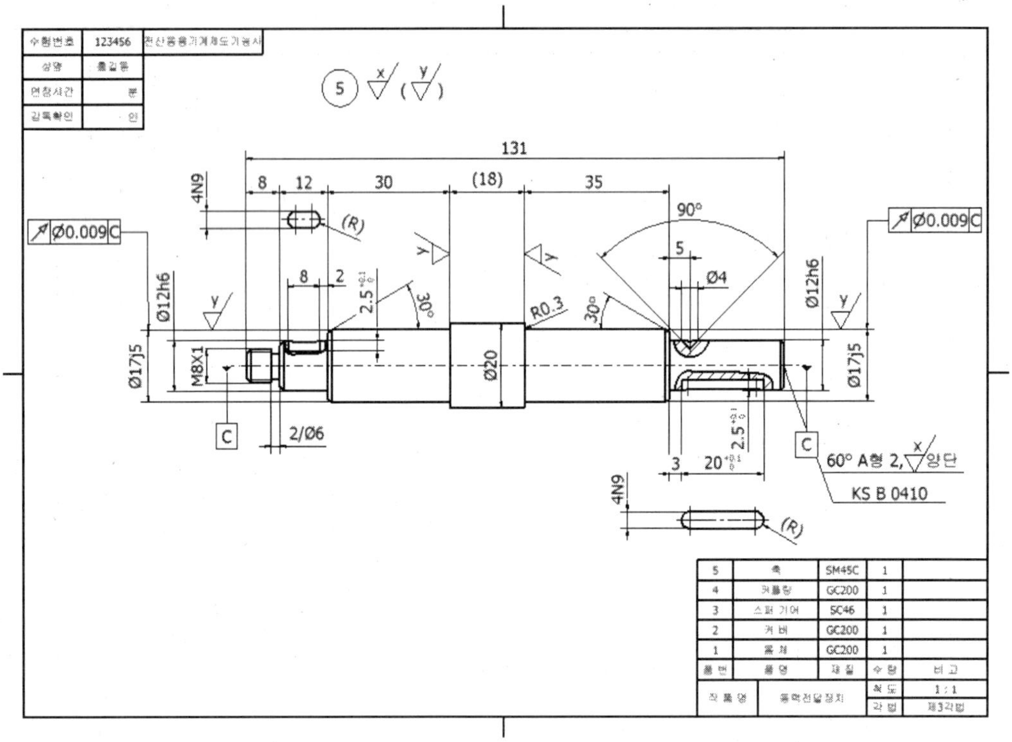

① 도면 파트에서 만들었던 홍길동 경계.idw를 선택한다.

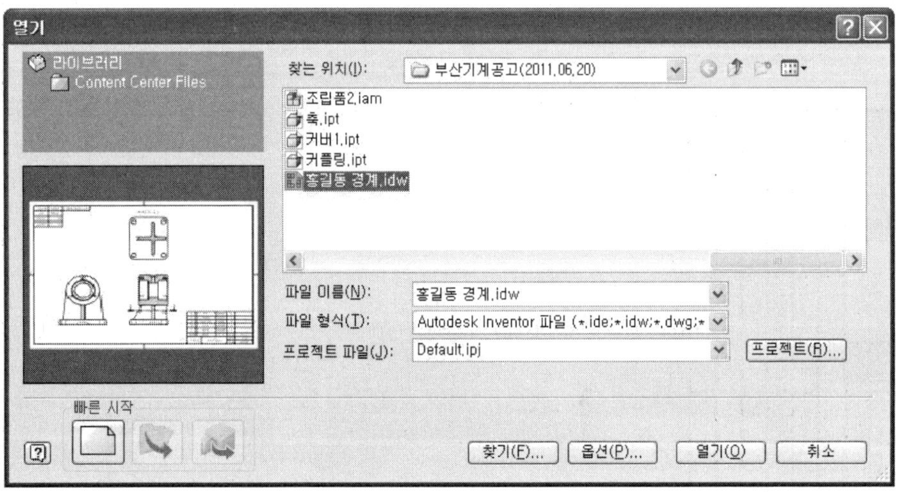

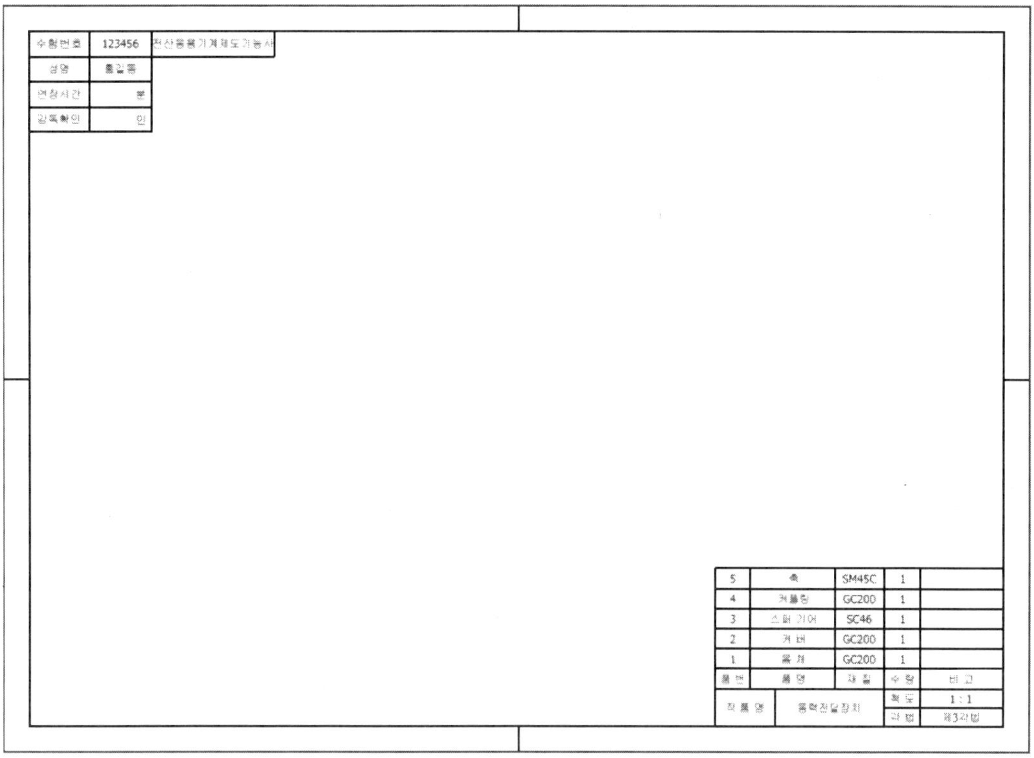

② 풀 다운 메뉴에 형식에서 스타일 및 표준 편집기를 선택한다.

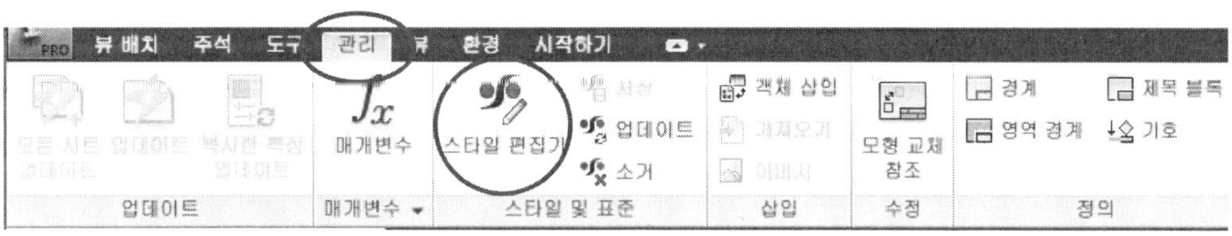

③ 기본 표준(ISO)의 뷰 기본 설정에서 투영 유형을 삼각법으로 설정한다. 저장과 종료 버튼을 클릭한다.

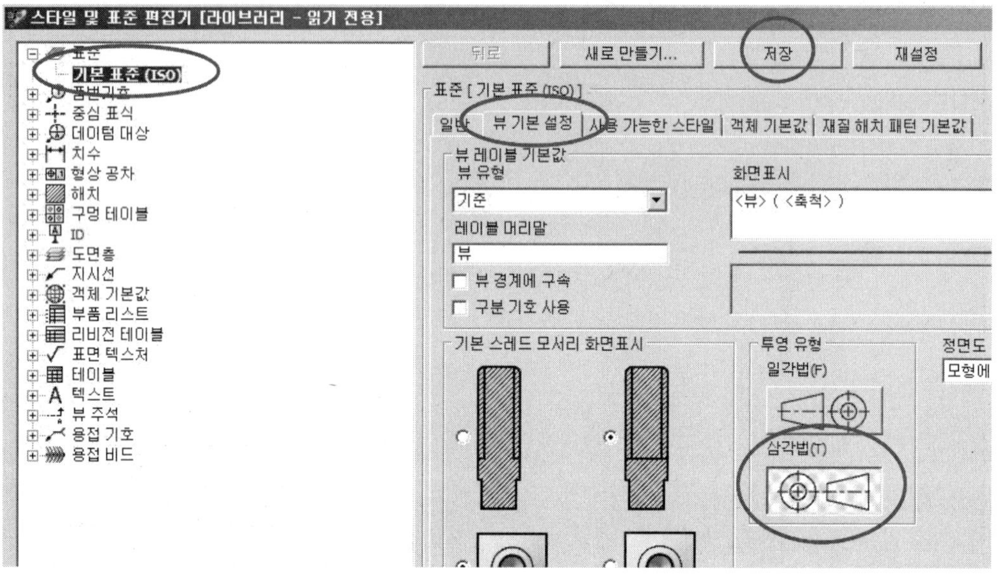

④ 뷰 배치 탭의 기준( )을 클릭한다.

⑤ 기존파일열기( )를 클릭하여 도면화시킬 본체.ipt 파일을 선택해서 열기를 한다.

⑥ 뷰 방향 변경( )을 클릭하여 정면도로 배치시킬 방향을 설정한다.

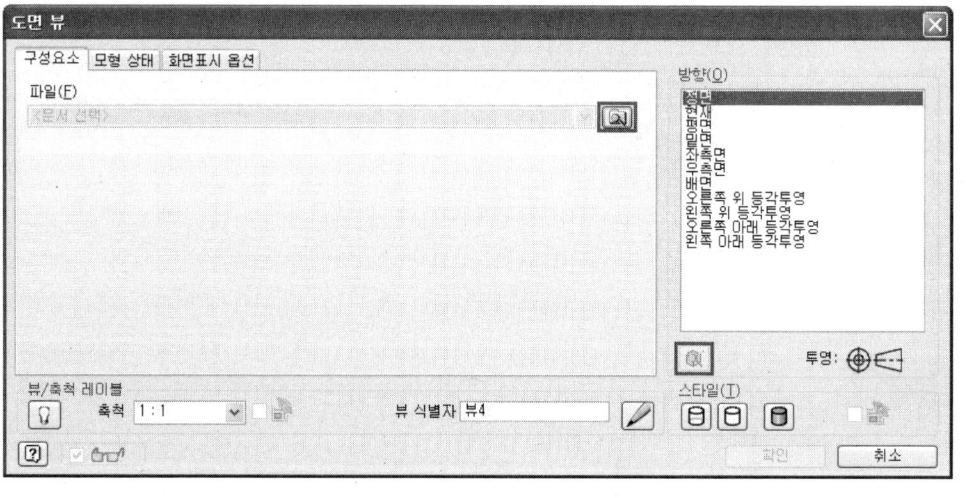

⑦ 기준뷰의 위치를 클릭하여 지정하면 기준뷰가 배치된다.

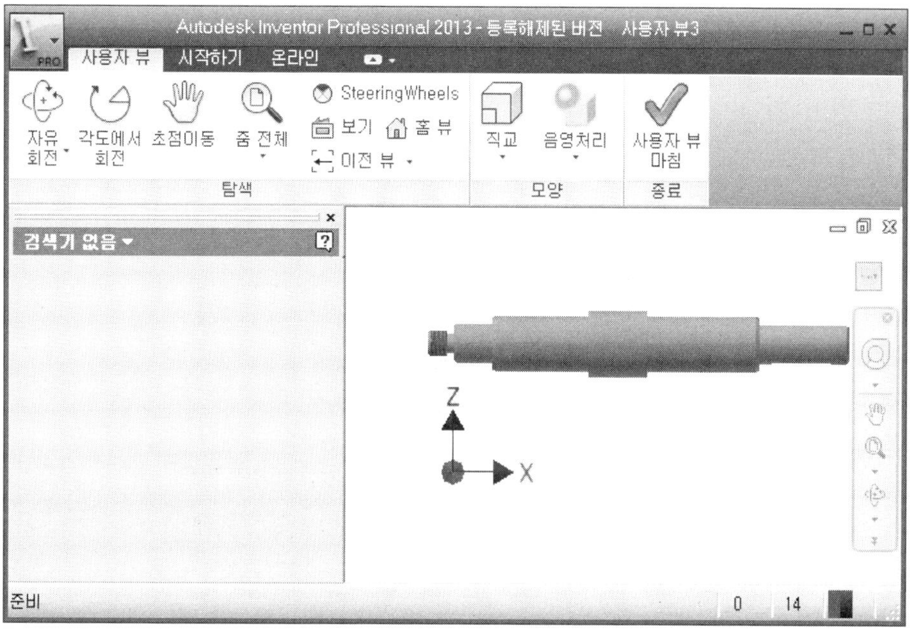

⑧ 원하는 위치를 지정 후 클릭한다.

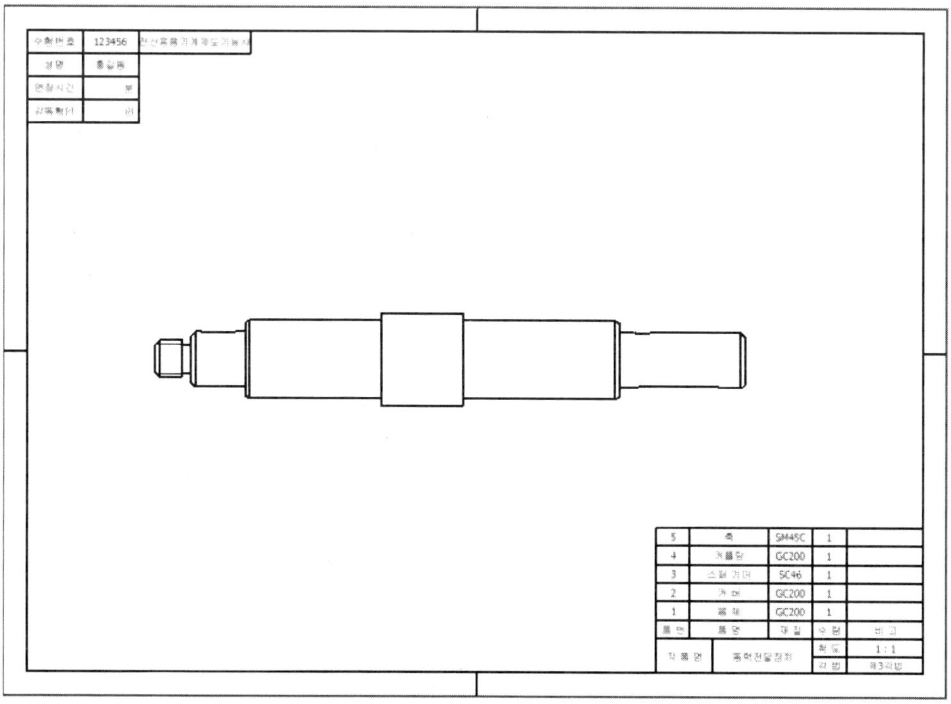

⑨ 도면 뷰 패널에서 투영( )을 선택한다.

기준 뷰를 기준으로 측면도의 위치를 클릭해서 지정하고, 마우스 오른쪽 버튼을 이용하여 작성을 클릭한다.

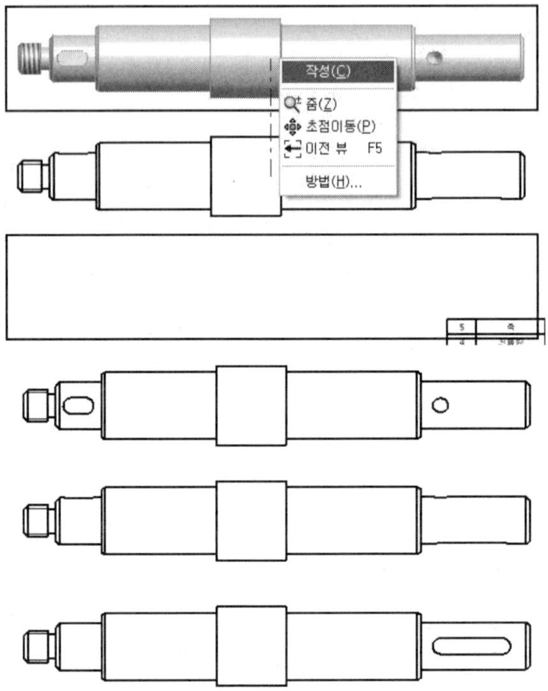

⑩ 숨겨야 되는 라인은 선택하여 오른쪽 버튼을 클릭하여 가시성을 해지시킨다.

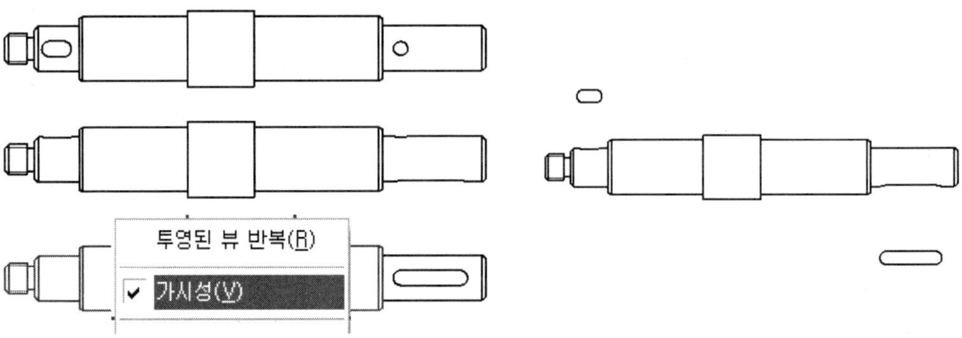

⑪ 기준 뷰를 선택하고 스케치를 클릭한다.

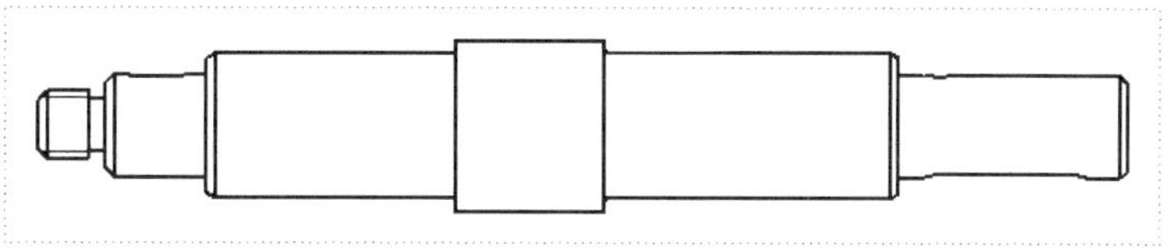

⑫ 스플라인( )을 선택하여 그림과 같이 스케치한다.

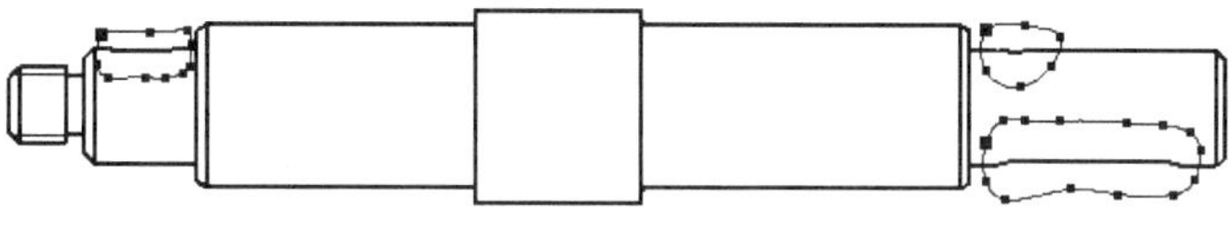

⑬ 도면 뷰 패널에서 브레이크 아웃( )을 선택 후 기준 뷰를 클릭한다.
프로파일은 스케치를 선택하고, 깊이는 [점으로부터]를 선택한 후 그림과 같이 선택한다.

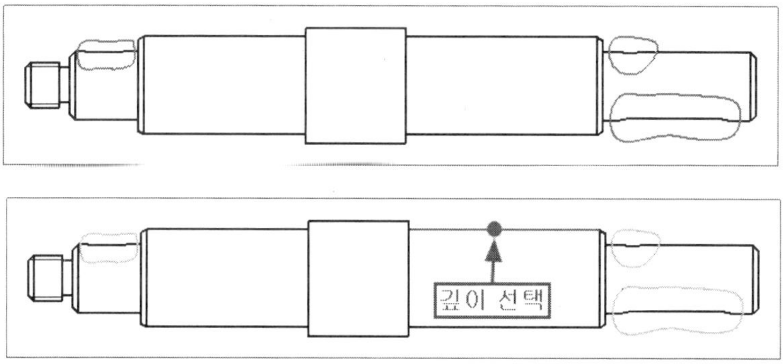

⑭ 브레이크 아웃( ) 뷰가 완성되었다.

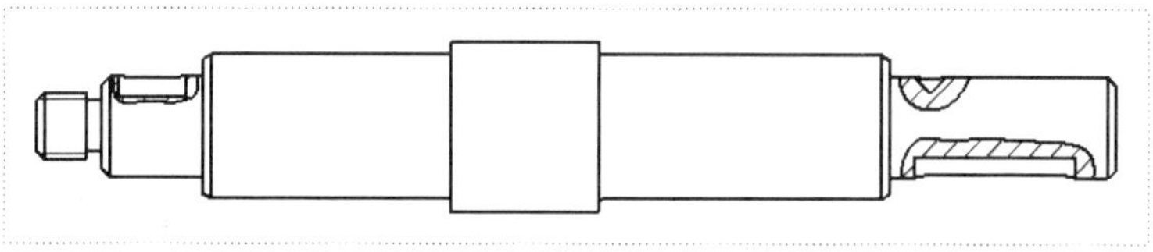

⑮ 치수( )를 선택하여 치수를 기입한다. 치수 기입 방법은 스케치에서의 치수 기입 방법과 동일하다.

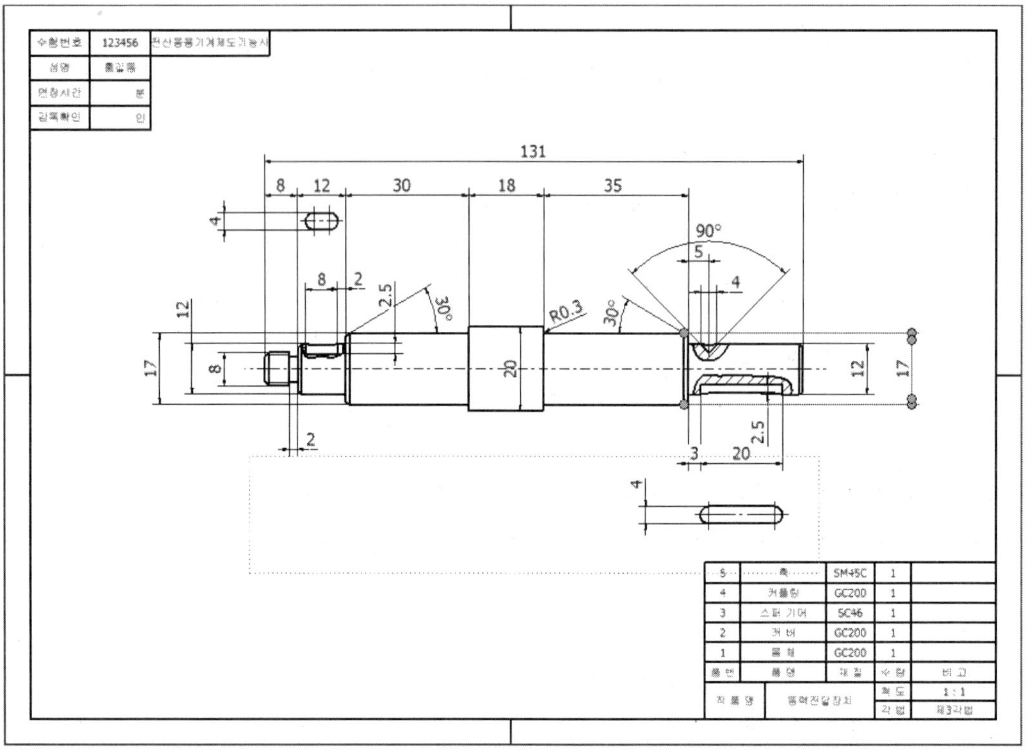

⑯ 치수 편집을 하기 위해서는 일반 치수로 작성한 치수를 더블 클릭한다. 치수 편집창에 나타나면 〈〈〉〉를 제외한 나머지 필요한 값을 입력한다. 편차 값도 마찬가지로 정밀도 및 공차 창에서 편차나 대칭 값을 입력한다.

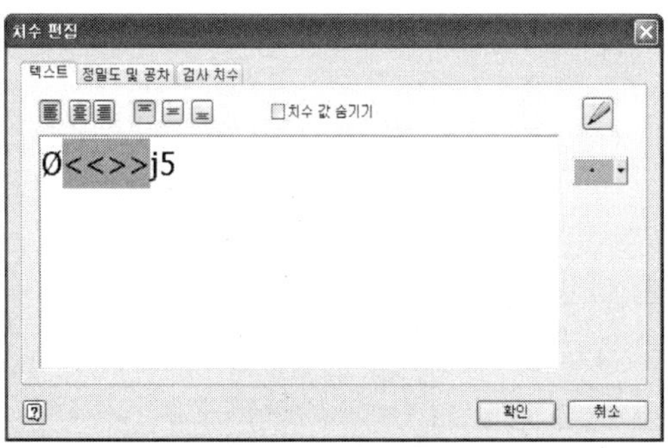

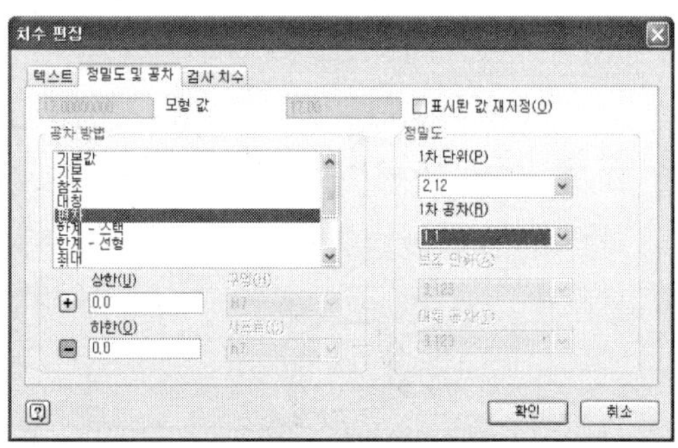

⑰ 그림과 같이 치수 편집하고, 편차의 크기 설정은 본체 뷰와 같은 방법으로 설정한다.

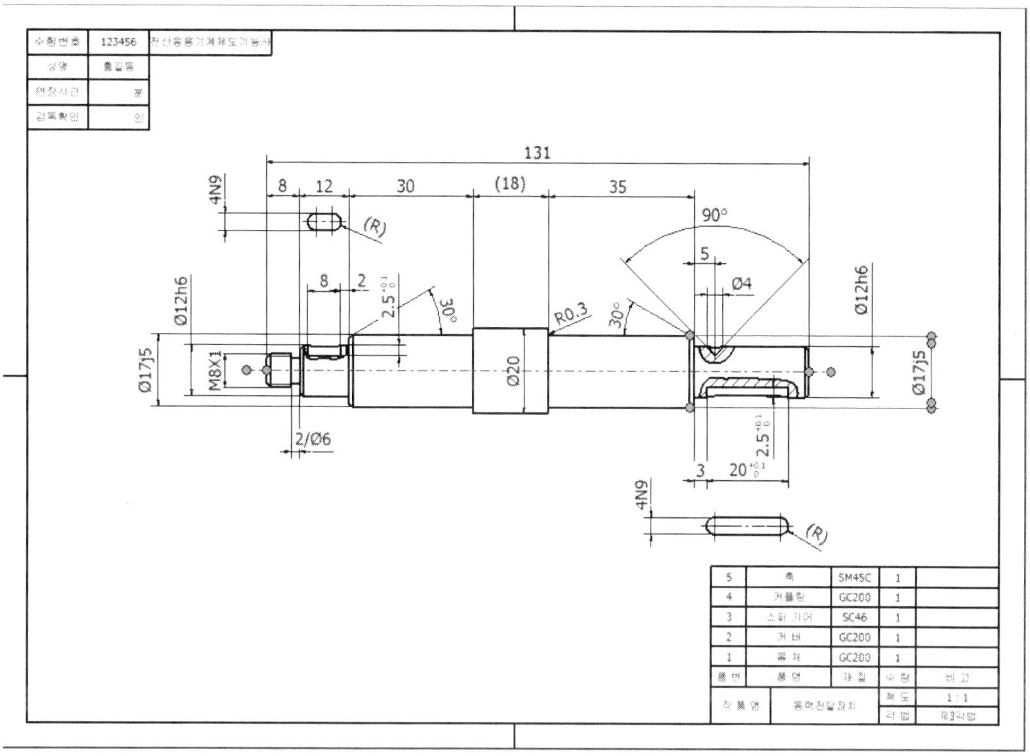

⑱ 도면 주석 패널에서 곡면(√)을 클릭하여 거칠기가 들어갈 치수선을 선택하여 오른쪽 버튼을 클릭하여 계속을 선택한다.
표면 텍스쳐 창이 나타나면 표면 유형을 선택 후 A' 칸에 거칠기 표시를 넣어준다.

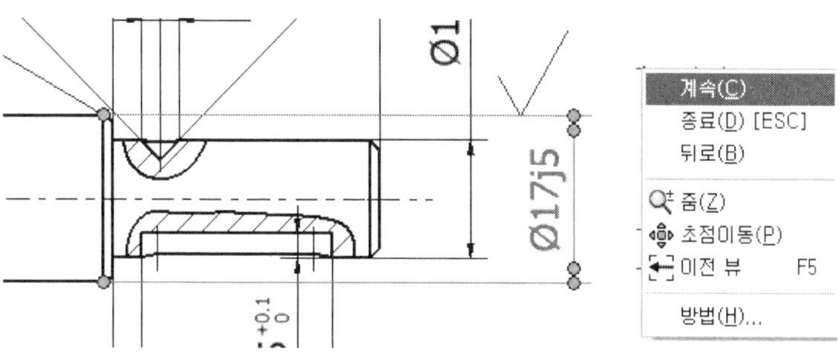

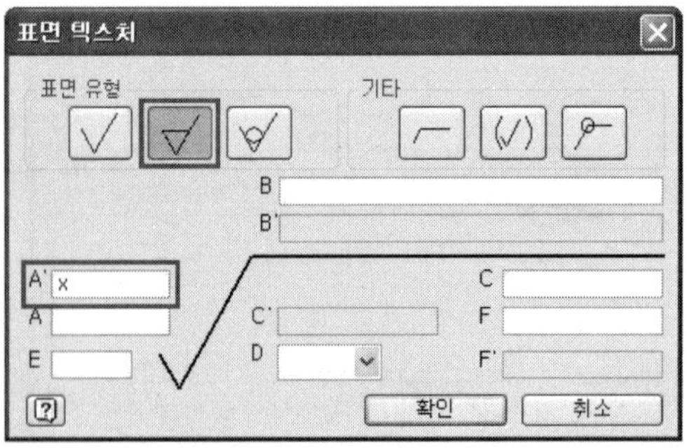

⑲ 거칠기 표시가 들어갈 나머지 부분에서 곡면(√‾)으로 표시한다.

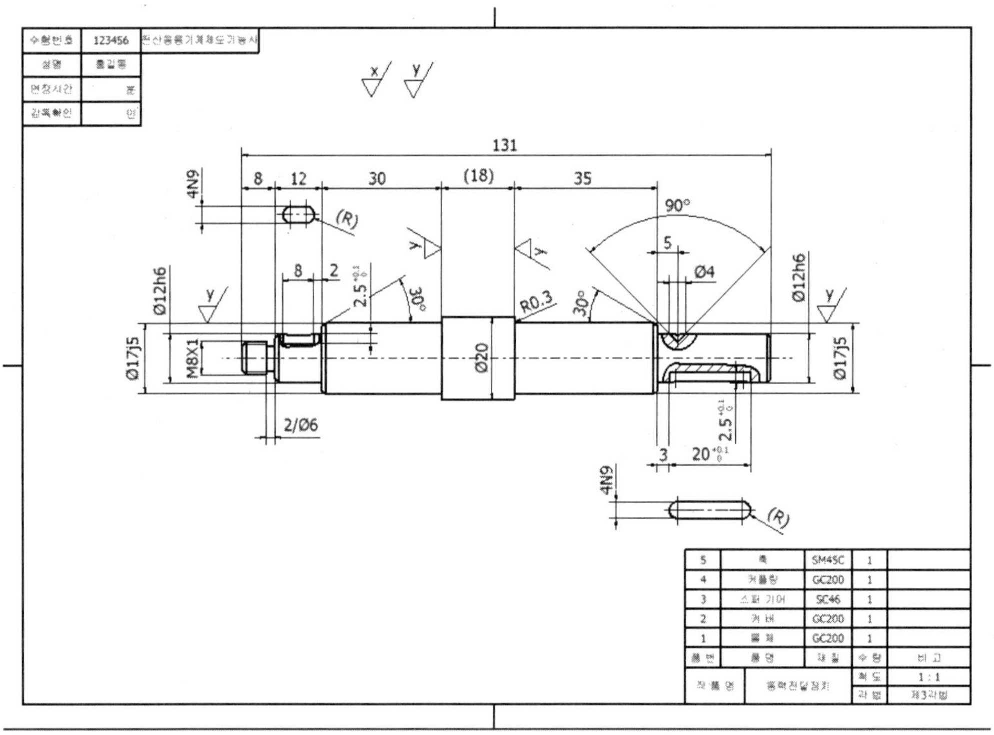

⑳ 형상공차(⊕.1)를 클릭하고, 형상 공차가 들어갈 부분에 클릭을 한 후 오른쪽 버튼을 클릭하여 계속을 선택한다.
형상 공차 창이 활성화 되면 적합한 기호와, 공차, 데이텀을 기입한 후 확인을 클릭한다.

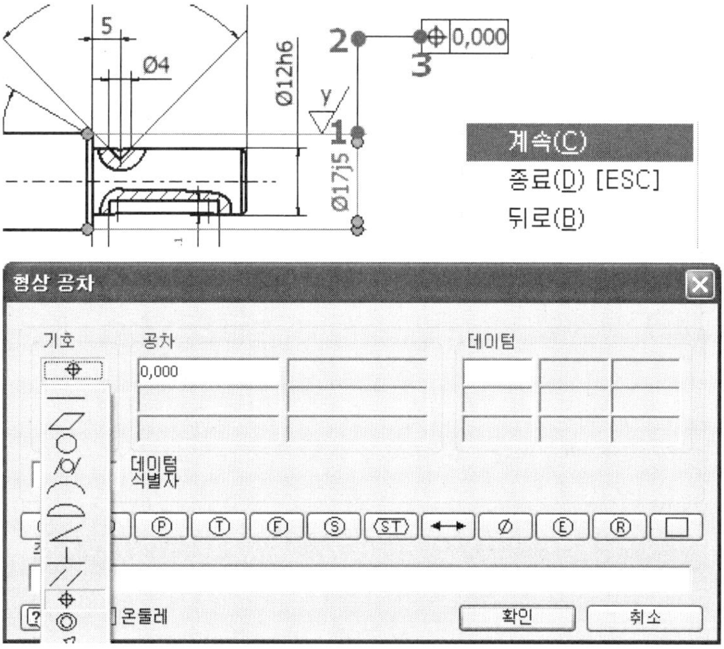

㉑ 도면에서 필요한 형상 공차를 그림과 같이 모두 기입한다.

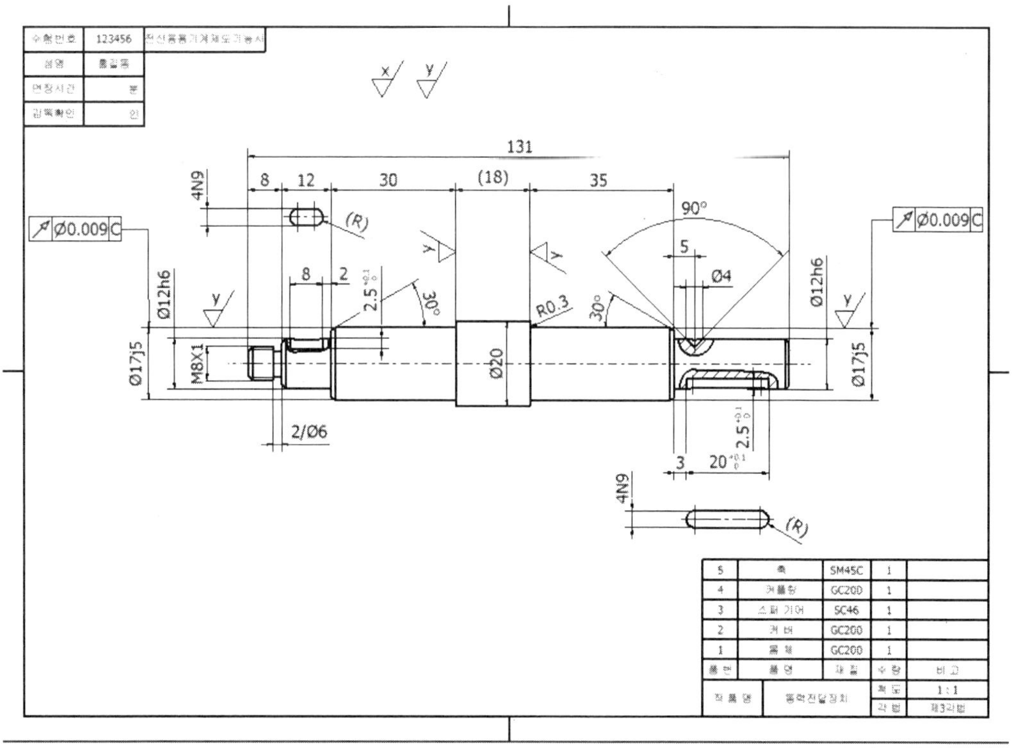

㉒ 도면 주석 패널에서 데이텀 식별자 기호(A)를 선택한다.

중심선을 시작점으로 클릭하고 위치를 지정 후 다시 한번 위치를 지정해준 다음 클릭한다. 텍스트 형식 창이 나타나면 데이텀을 표기 후 확인을 클릭한다.

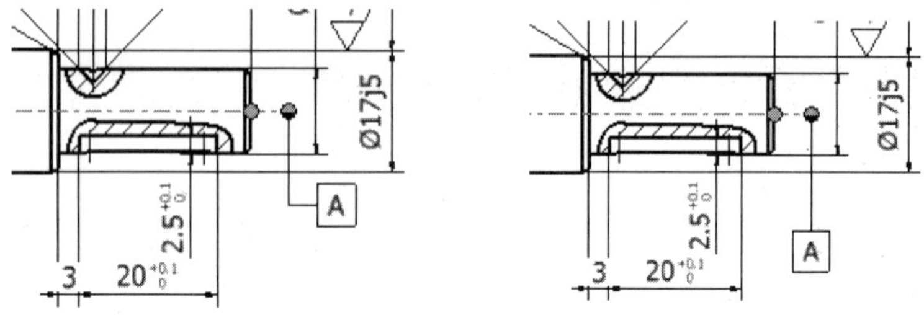

㉓ 그림과 같이 데이텀을 표기한다.

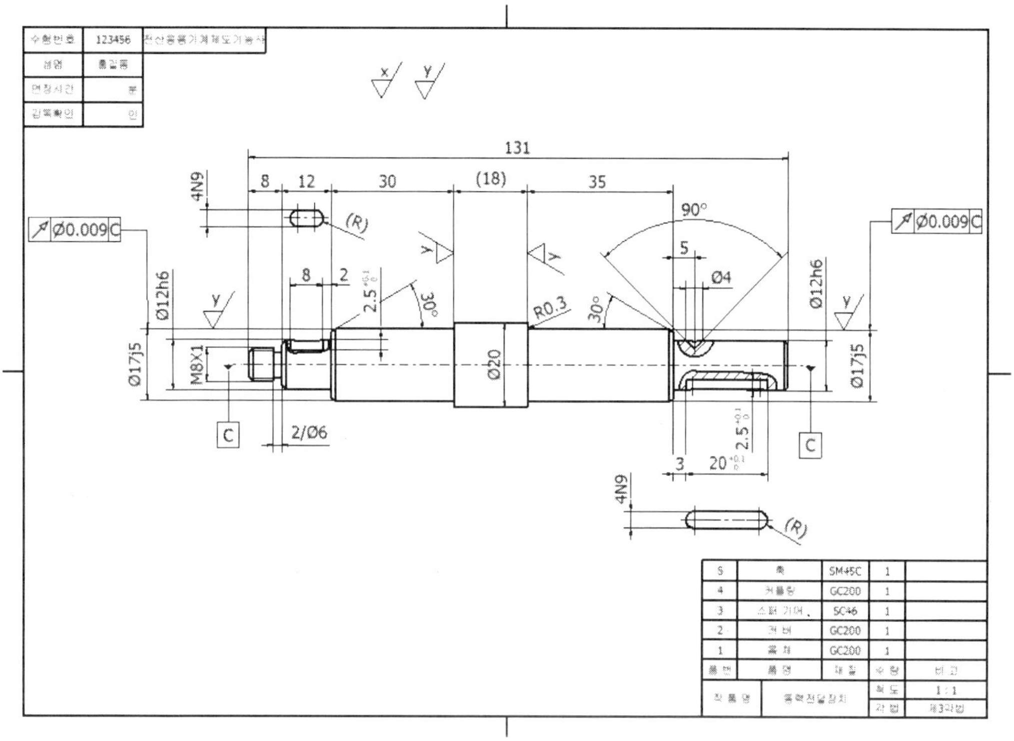

㉔ 지서선 텍스트(↙A)를 선택하여 그림과 같이 지시선을 작성 후 오른쪽 버튼을 클릭하여 계속을 선택한다. 텍스트 형식 창이 나타나면 확인을 클릭한다.

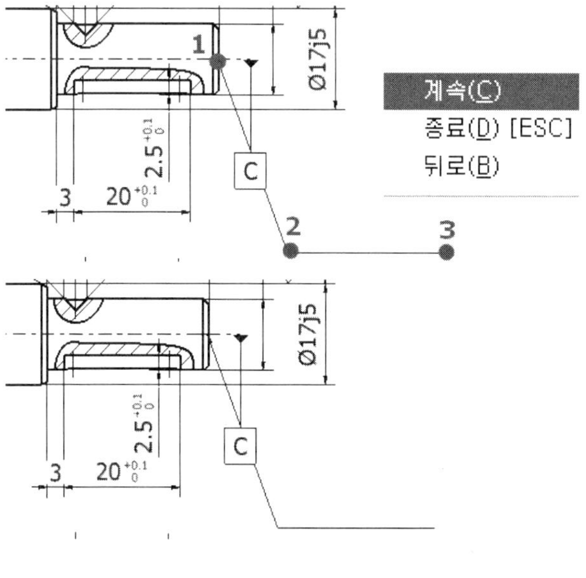

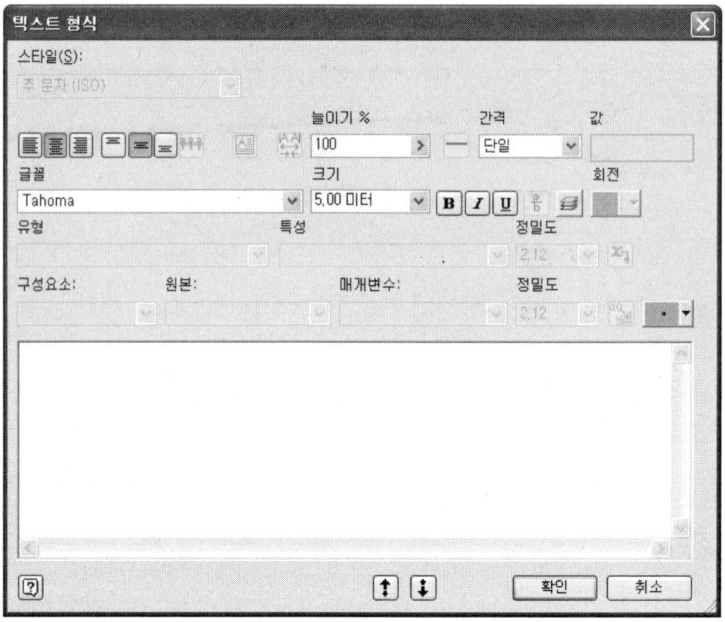

㉕ 기준 뷰를 선택하고 스케치를 클릭하여 도면 스케치 패널에서 선( )을 이용하여 그림과 같이 스케치한다.

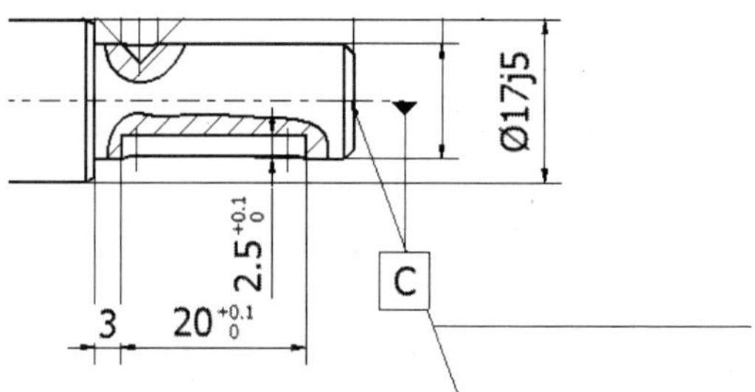

㉖ 텍스트(A)를 선택하여 원하는 곳에 클릭한다. 텍스트 형식 창에 그림과 같이 입력 후 확인을 클릭한다. 마우스를 이용하여 원하는 지점으로 이동한다.

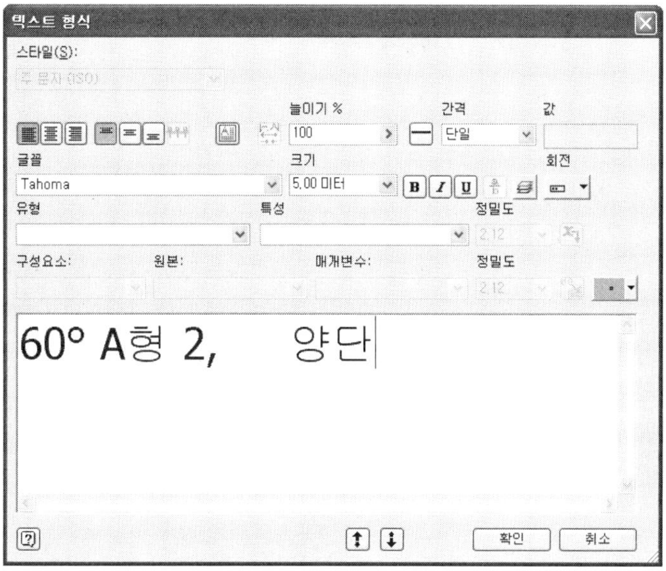

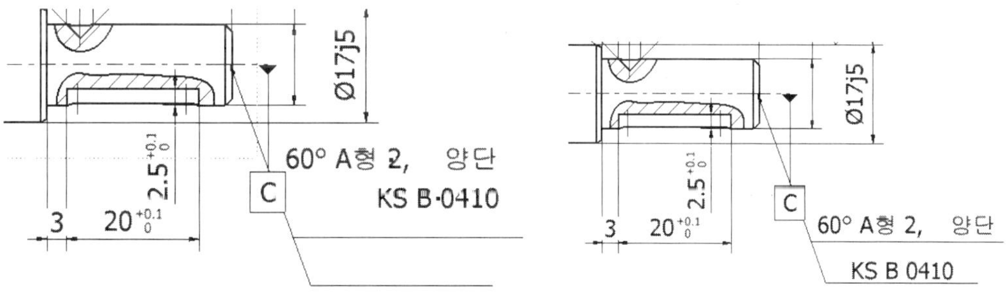

㉗ 곡면(√‾)을 클릭하여 그림과 같이 기호를 삽입한다.

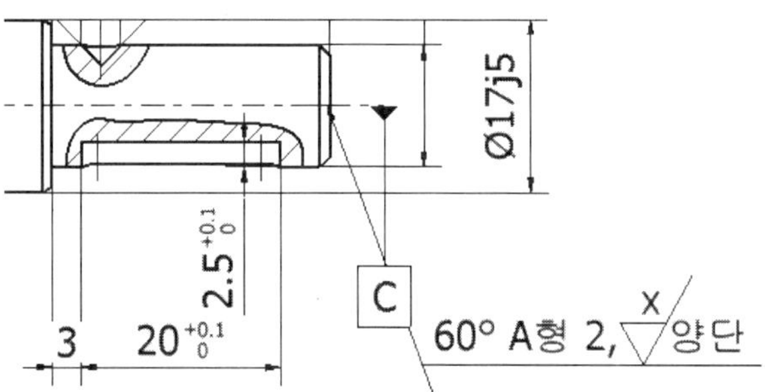

㉘ 중심점 원( ),과 텍스트(A)를 선택하여 그림과 같은 형상을 스케치한다.

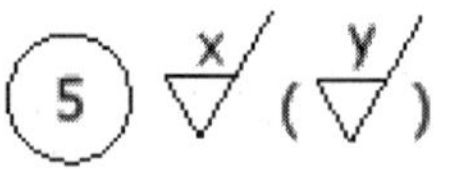

㉙ 스케치 마무리( )를 클릭하여 도면 뷰 패널로 복귀한다.

㉚ 축 도면이 완성되었다.

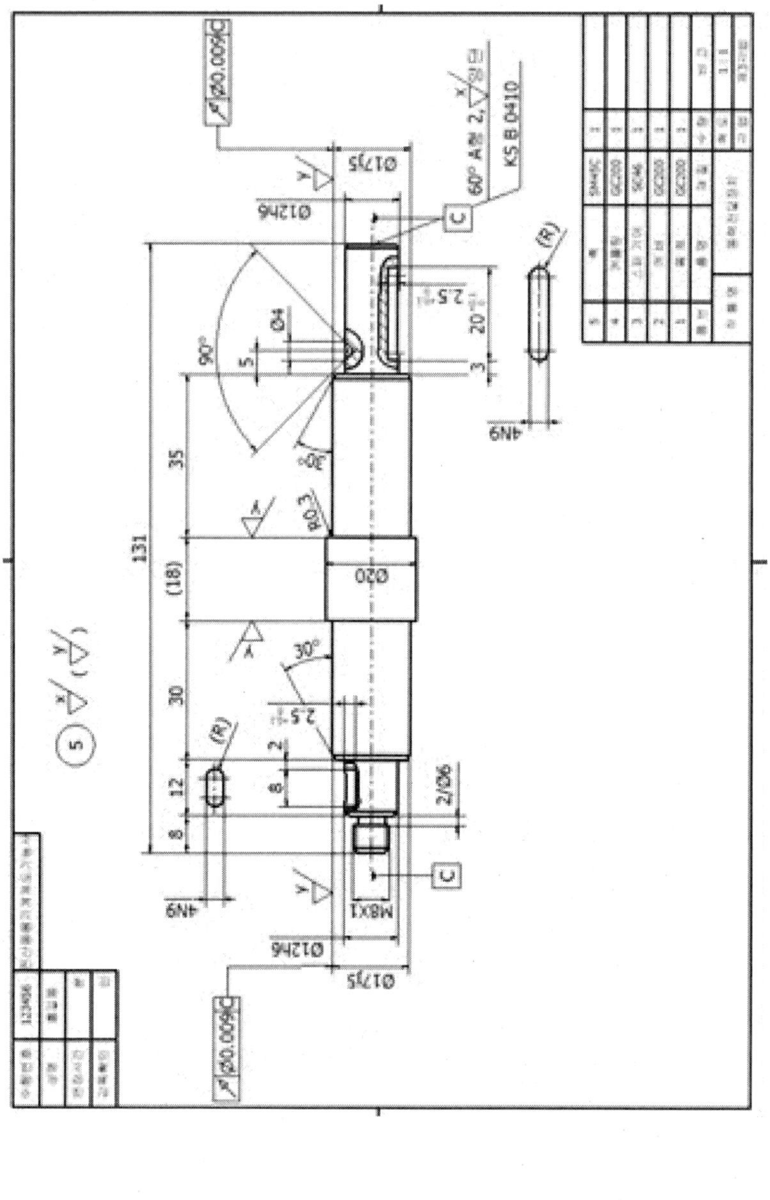

8

모형 및 도면인쇄

모형이나 도면을 인쇄하거나 플롯할 때 옵션을 설정한다.

8.1 도면 인쇄

단일시트나 연속시트 또는 활성 도면의 모든 시트를 인쇄하거나 플롯한다.
도면에 있는 시트를 인쇄하거나 플롯하는 옵션을 설정한다.

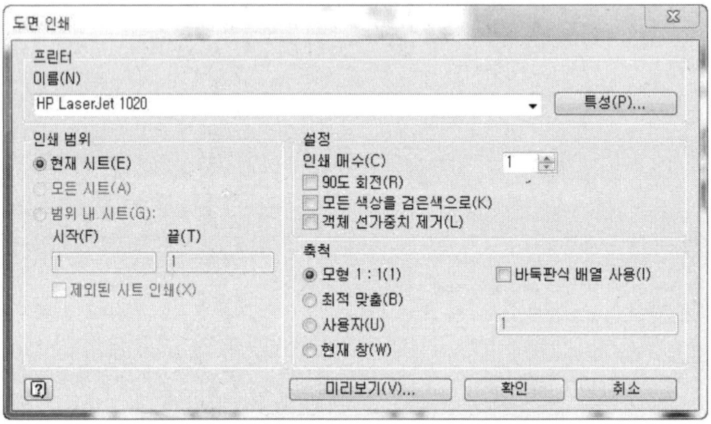

프린터

- 이름 : 프린터 또는 플로터를 지정한다. 프린터 또는 플로터를 변경하려면 화살표를 클릭하고 리스트에서 선택한다.
- 특성 : 용지 크기 및 방향을 설정하는 데 사용되는 인쇄 설정 대화상자를 연다.

인쇄 범위

인쇄할 시트를 지정한다.

- 현재 시트 : 도면에 있는 활성 시트를 인쇄한다.
- 모든 시트 : 도면에 있는 모든 시트를 인쇄한다. 시트 편집 대화상자에서 인쇄에서 제외 옵션이 선택된 시트를 인쇄하려면 제외된 시트 인쇄를 선택한다.
- 범위 내 시트 : 시트범위 시작 및 끝 상자에 지정된 시트 범위를 인쇄한다.
- 제외된 시트 인쇄 : 이 옵션이 선택되면 시트 편집 대화상자에서 인쇄에서 제외 옵션이 선택된 시트를 인쇄한다. 인쇄에서 시트를 제외하려면 확인란의 선택을 취소한다.

설정

컬러, 흑백, 선가중치 및 회전에 대한 재지정을 지정한다. 인쇄 설정은 인쇄할 때 적용된다.

- 인쇄 매수 인쇄할 인쇄 매수를 설정한다. 상자에 숫자를 입력한다.
- 90도 회전 : 용지 위에 있는 도면의 방향을 90도 변경한다.
- 모든 색상을 검은색으로 : 도면을 흑백으로 인쇄한다. 포함된 이미지와 음영처리된 뷰는 여전히 컬러로 인쇄된다.
- 객체 선 가중치 제거 : 도면의 선 가중치 설정을 무시하고 모든 선 가중치를 동일하게 인쇄한다.

축척

도면에 지정된 시트 크기와 프린터 또는 플로터에 있는 용지 크기 간의 축척을 설정한다.

- 모형 1:1 : 시트와 용지를 동일한 축척으로 설정한다. 용지가 지정된 시트 크기보다 작으면 시트의 일부는 인쇄되지 않는다.
- 바둑판식 배열 사용 : 여러 페이지를 인쇄하기 위해 도면을 바둑판식으로 배열할지를 선택한다. 여러 페이지 인쇄를 위해 대형 도면을 바둑판식으로 배열하도록 지정한다. 인쇄된 페이지의 정렬을 위해 페이지 구석에 등록 표시를 인쇄할 수 있다. 페이지 식별자에는 도면 이름, 시트 이름 및 페이지 순서를 유지할 수 있도록 테이블 셀 번호가 포함된다.
- 최적 맞춤 : 시트 축척을 용지 크기로 설정한다.
- 사용자(모형 : 용지) : 사용자 축척을 설정한다. 상자에 원하는 축척을 입력하거나 화살표를 클릭하여 리스트에서 축척을 선택한다.
- 현재 창 : 전체 도면의 축척을 용지 크기에 맞게 조정한다.

☞ 도면이 너무 커서 한 시트에 표시할 수 없는 경우 도면인쇄 대화상자의 축척 상자에서 모형 1:1을 선택한 다음 바둑판식 배열 사용 확인란을 선택한다.

☞ 필요한 경우 미리보기를 클릭하여 페이지가 어떻게 인쇄될지 검토한다. 검토해 보고 이상이 없으면 인쇄(P)아이콘을 클릭하거나 닫기 아이콘을 클릭하고 도면인쇄 대화상자에서 확인을 클릭하여 인쇄한다.

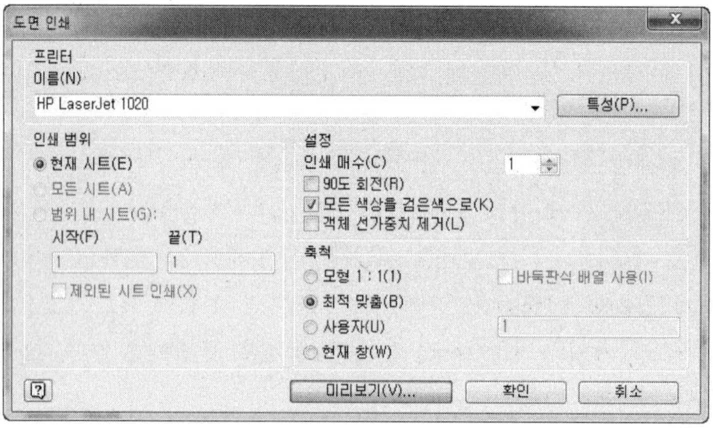
도면 인쇄
프린터
이름(N)
HP LaserJet 1020
특성(P)...
인쇄 범위
현재 시트(E)
모든 시트(A)
범위 내 시트(G):
시작(F)
끝(T)
제외된 시트 인쇄(X)
설정
인쇄 매수(C)
90도 회전(R)
모든 색상을 검은색으로(K)
객체 선가중치 제거(L)
축척
모형 1 : 1(1)
바둑판식 배열 사용(I)
최적 맞춤(B)
사용자(U)
현재 창(W)
미리보기(V)...
확인
취소

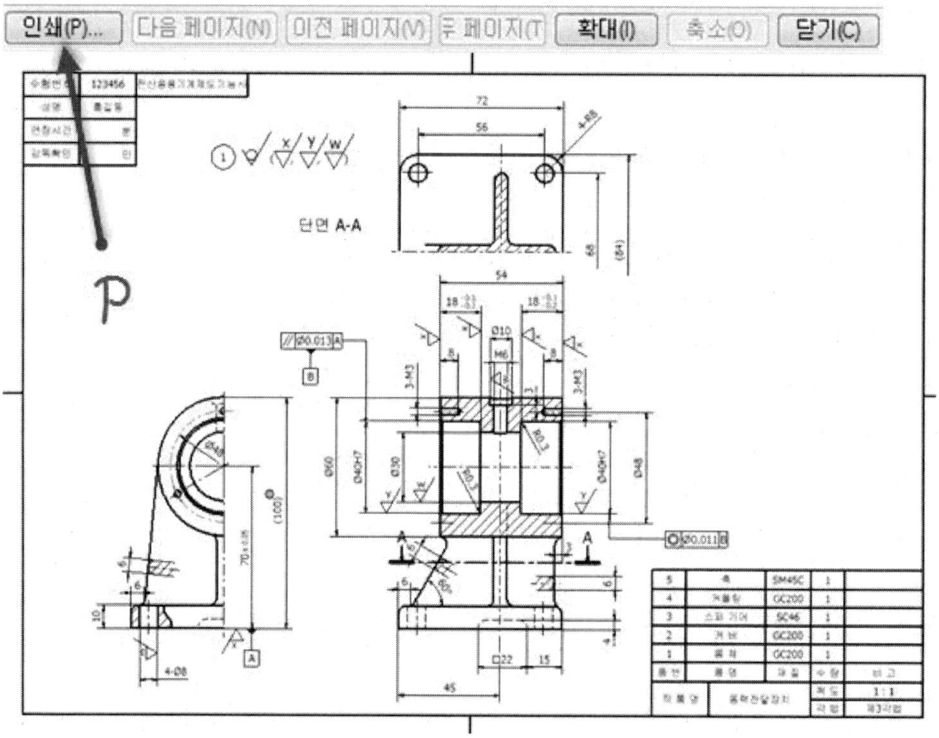
인쇄(P)...
다음 페이지(N)
이전 페이지(V)
두 페이지(T)
확대(I)
축소(O)
닫기(C)
단면 A-A

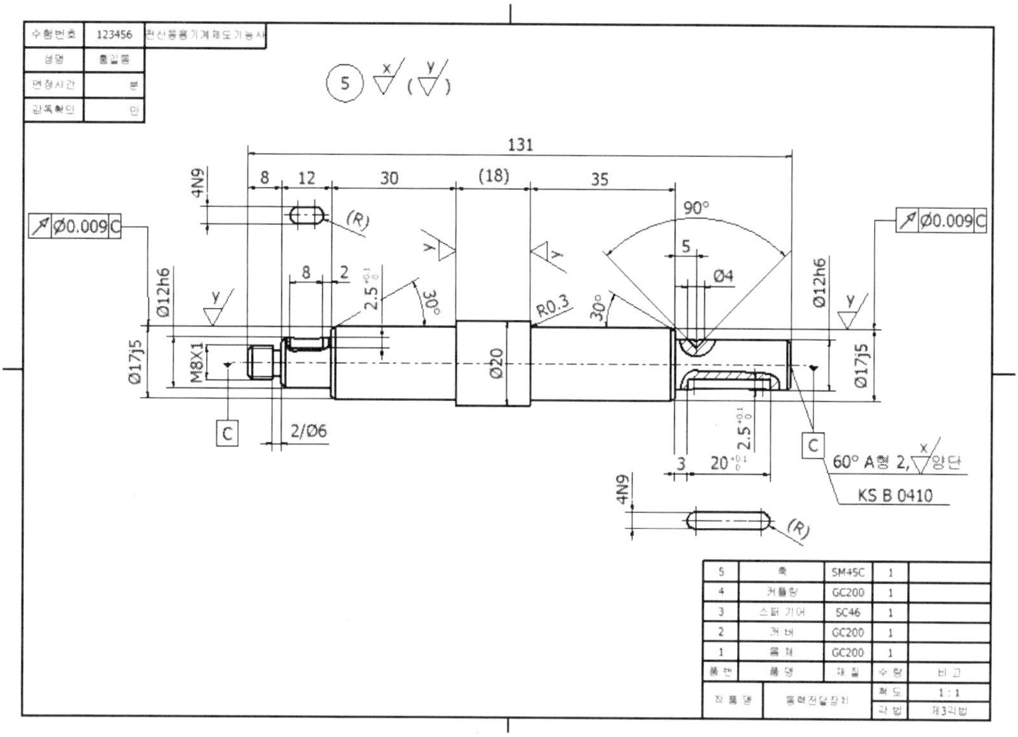

8.2 모형 인쇄

활성 모형의 전부 또는 일부를 인쇄하거나 플롯하는 옵션을 설정한다.

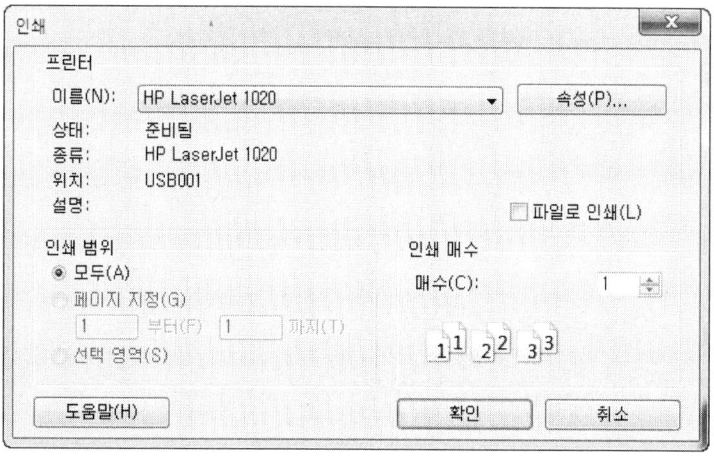

프린터

- 이름 : 프린터 또는 플로터를 지정한다. 프린터 또는 플로터를 변경하려면 화살표를 클릭하고 리스트에서 선택한다.
- 속성 : 용지 크기 및 방향을 설정하는 데 사용되는 인쇄 설정 대화상자를 연다.

인쇄 범위

인쇄할 페이지 범위를 설정한다. 모형에 대해 그래픽 창에 표시된 모형의 일부만 인쇄된다(전체 옵션만 사용할 수 있음).

인쇄 매수

인쇄할 인쇄 매수를 설정한다. 인쇄 매수를 입력하거나 위 또는 아래 화살표를 사용하여 원하는 매수를 선택한다.

9

실습과제문제

Autodesk Inventor Professional 2013

V-벨트전동장치1

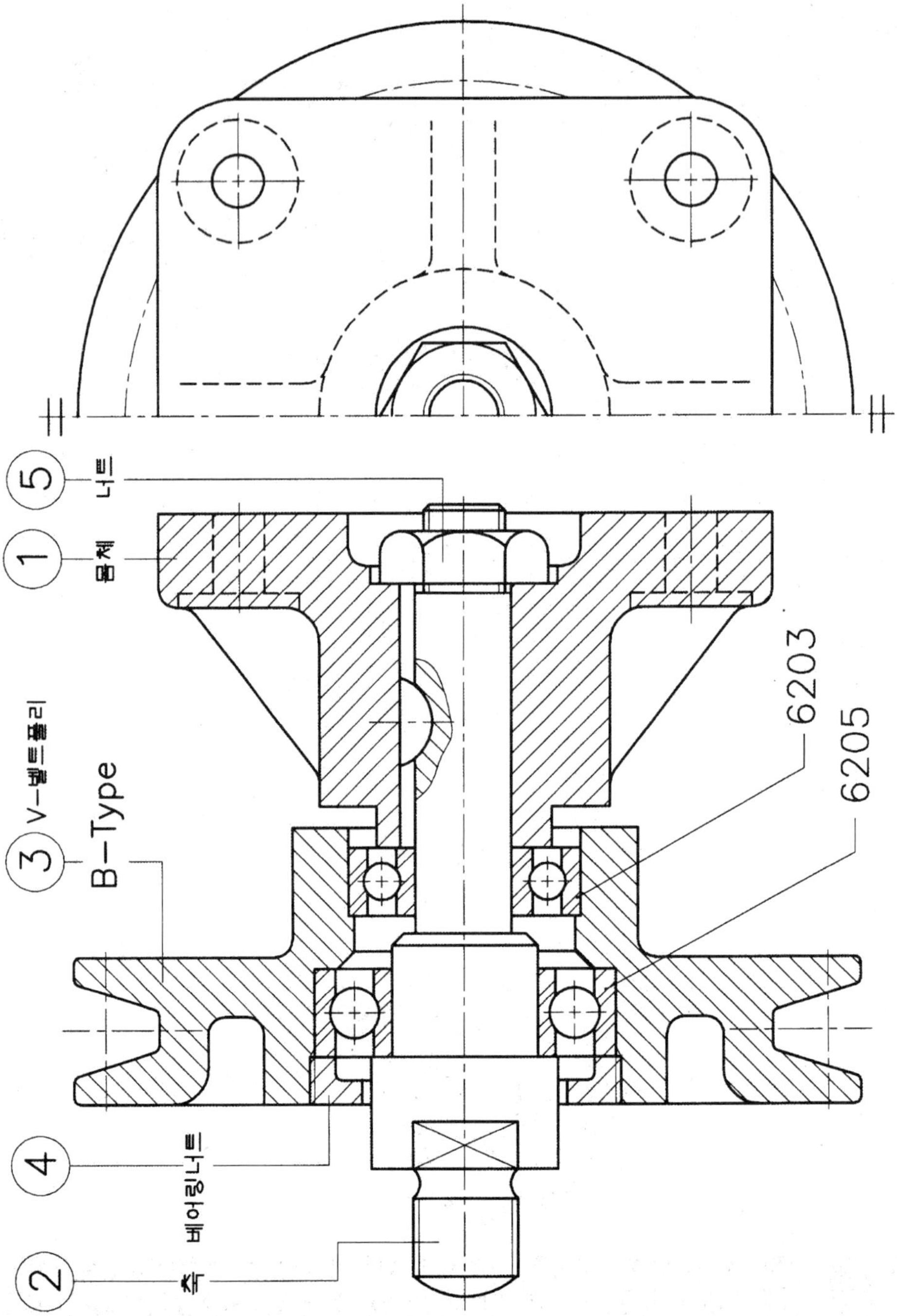

기어박스

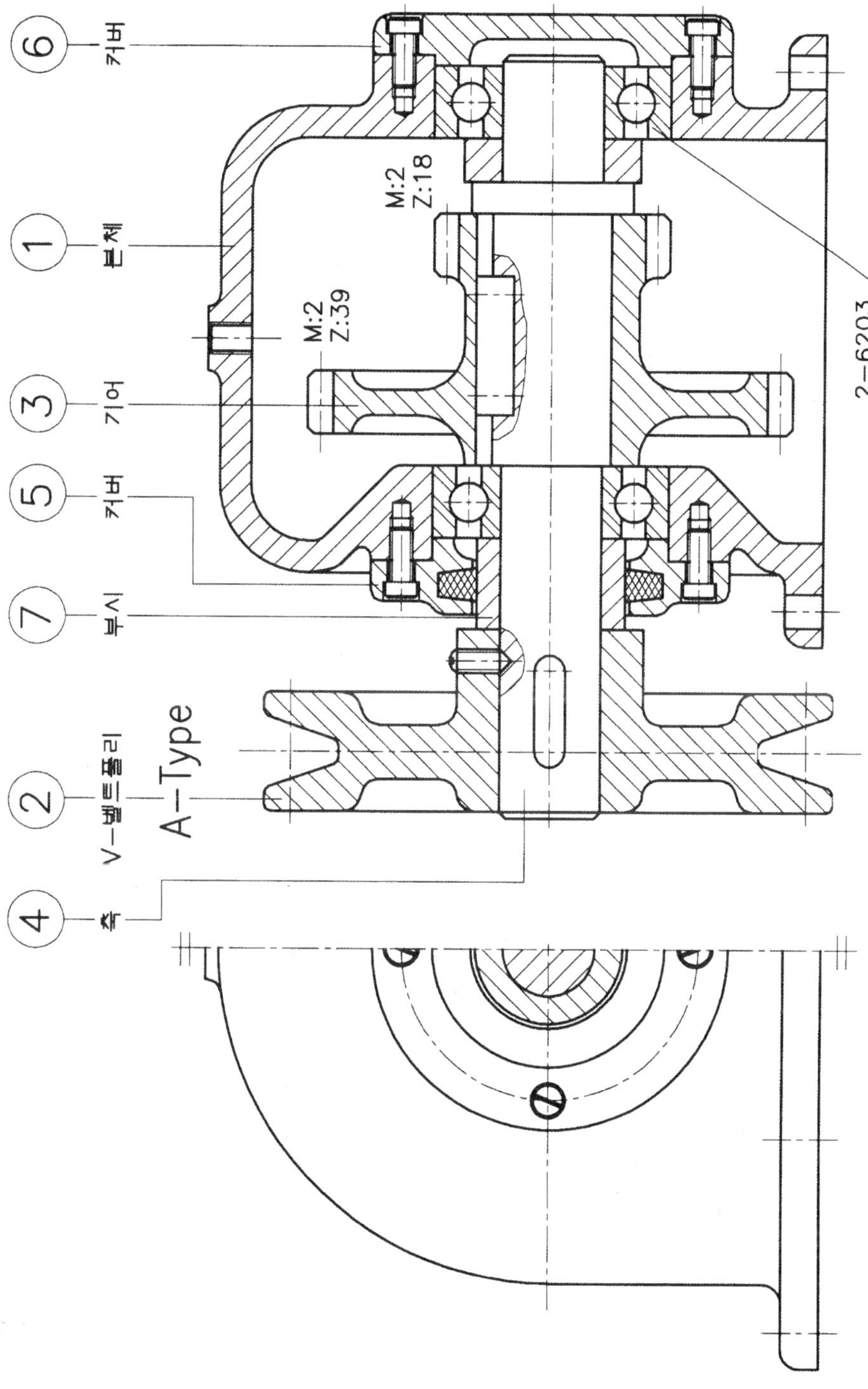

V-벨트전동장치2

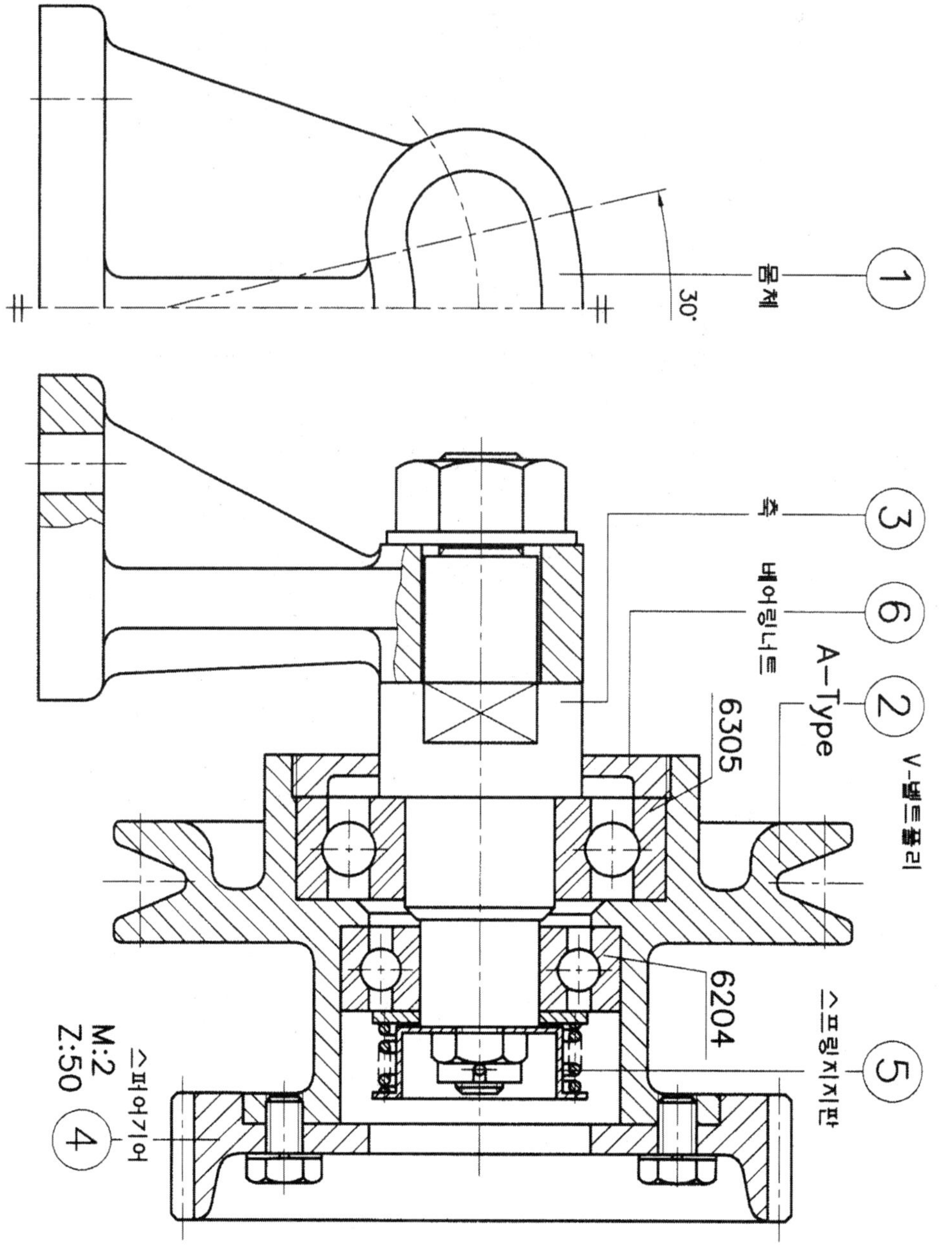

기어펌프

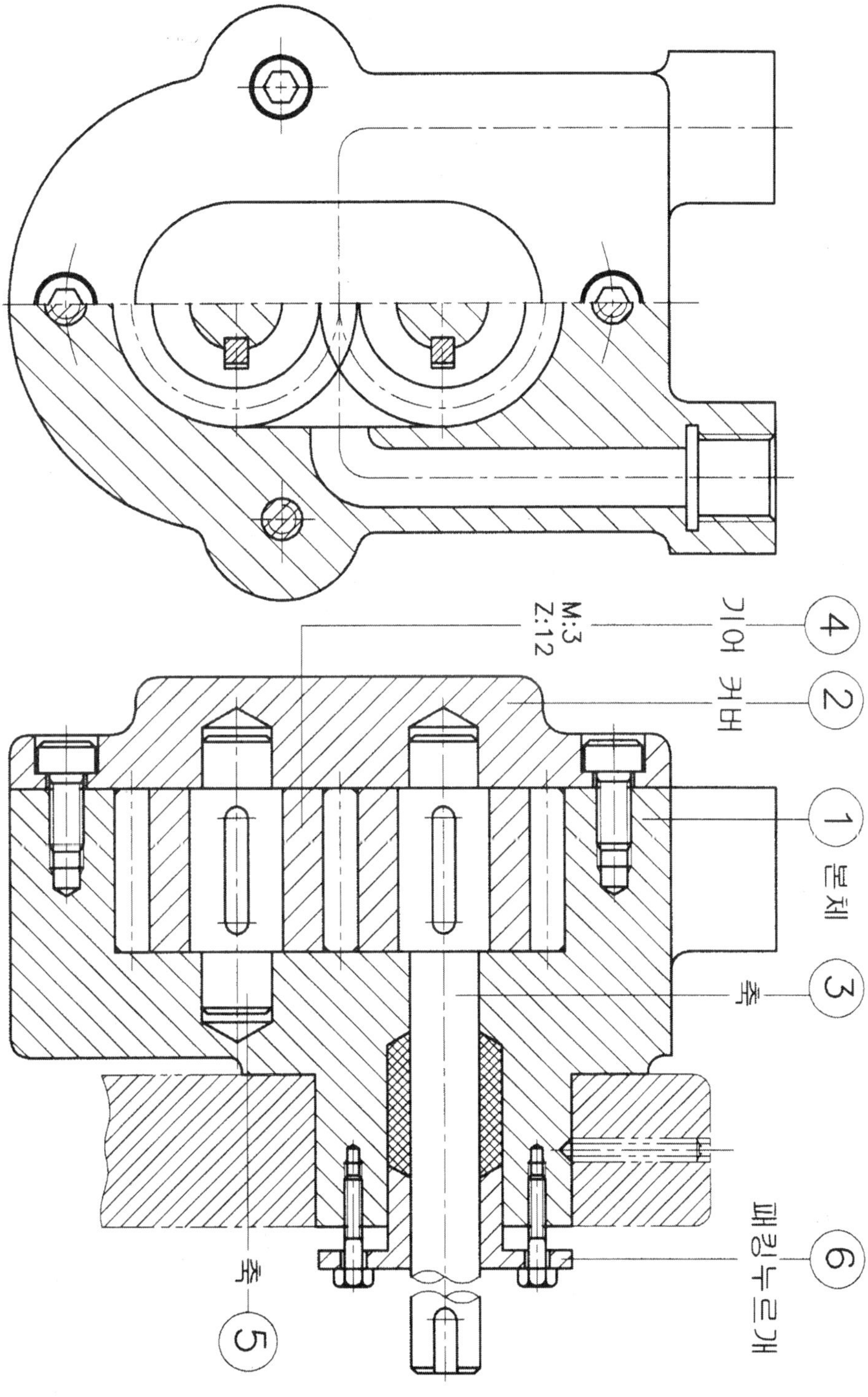

실린더펌프

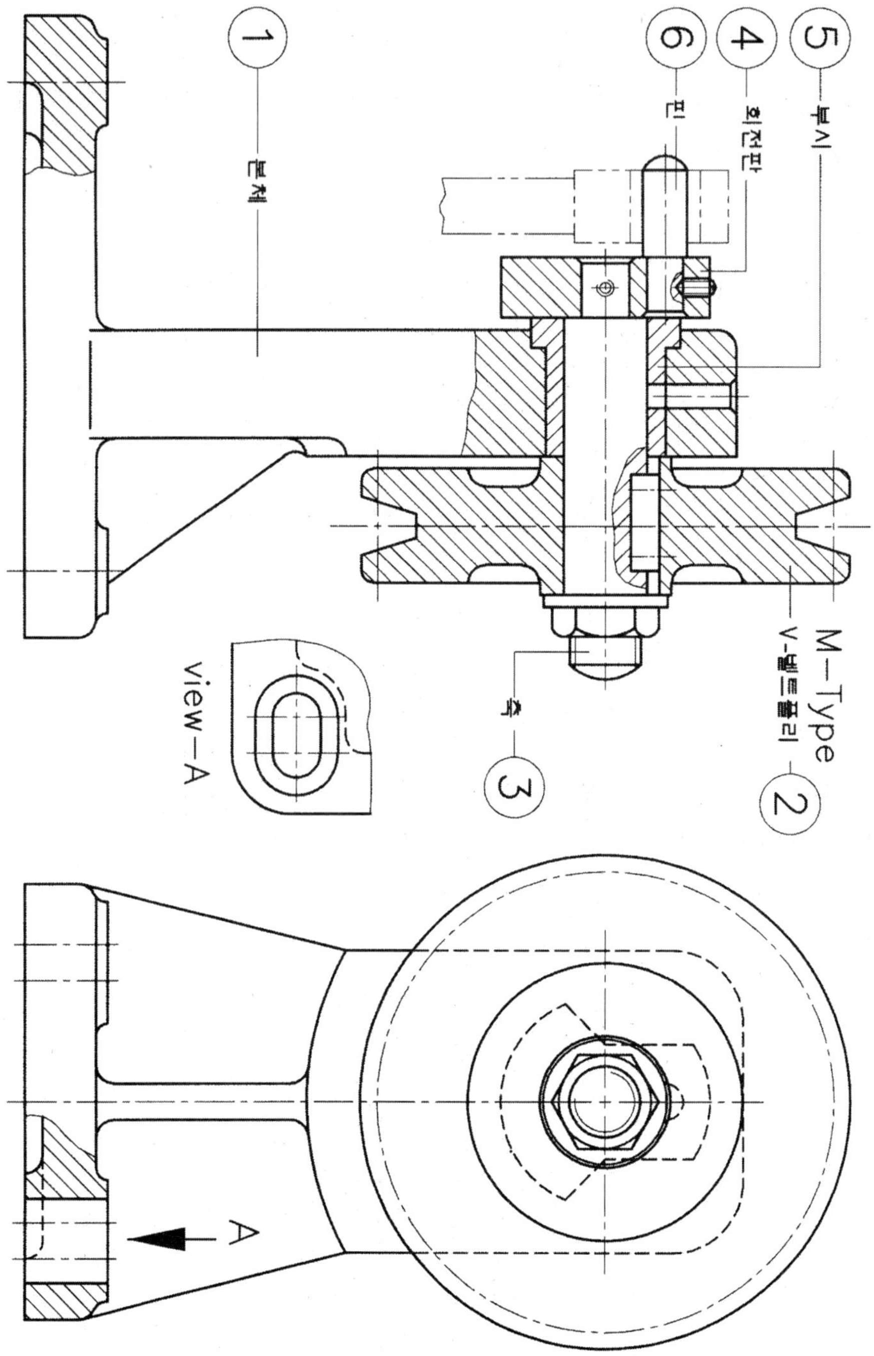

편심구동장치1

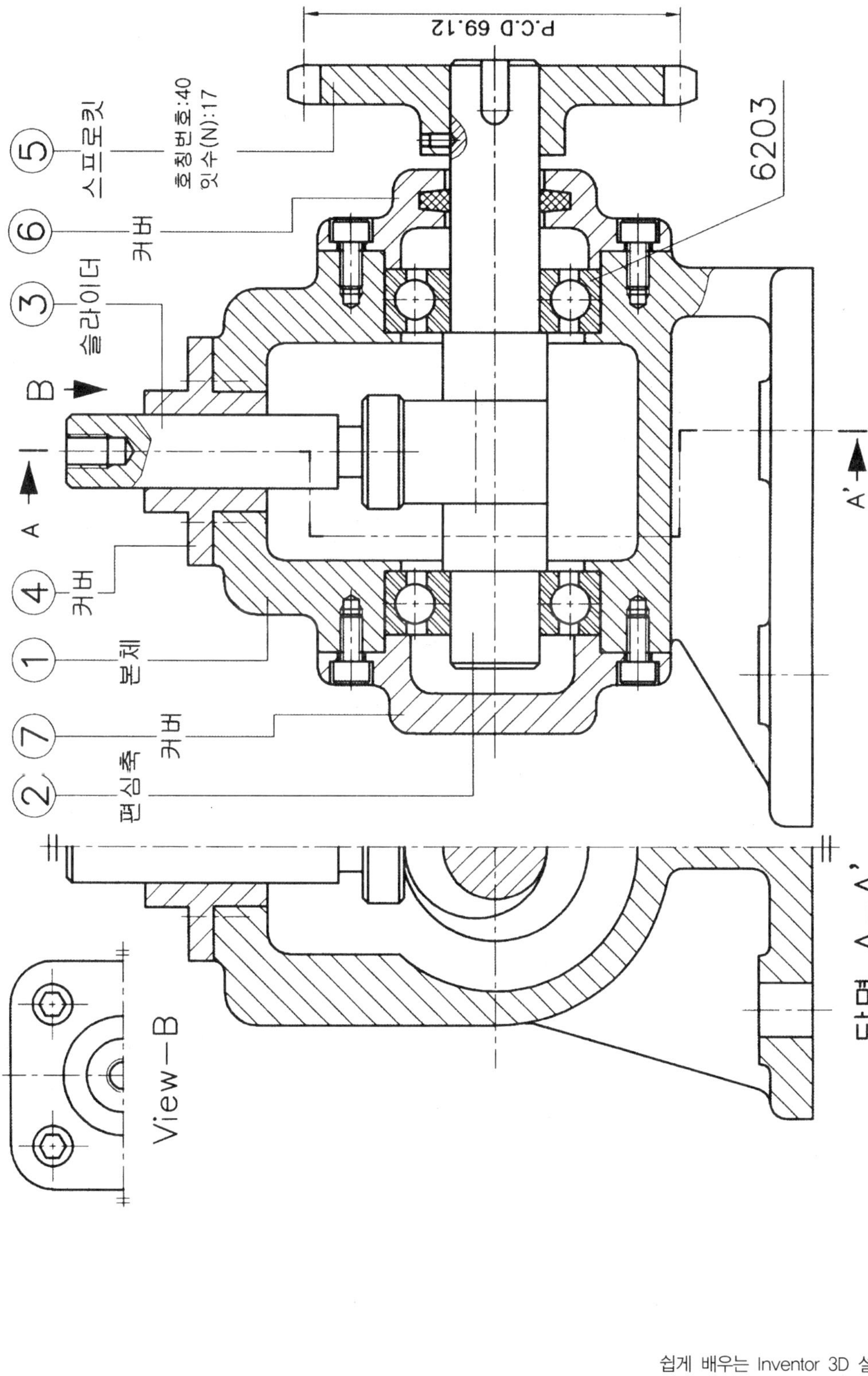

① 본체
② 편심축
③ 슬라이더
④ 커버
⑤ 스프로킷
⑥ 커버
⑦ 커버
호칭번호:40
잇수(N):17
6203
P.C.D 69.12
A
B
A'
단면 A—A'
View—B

편심구동장치2

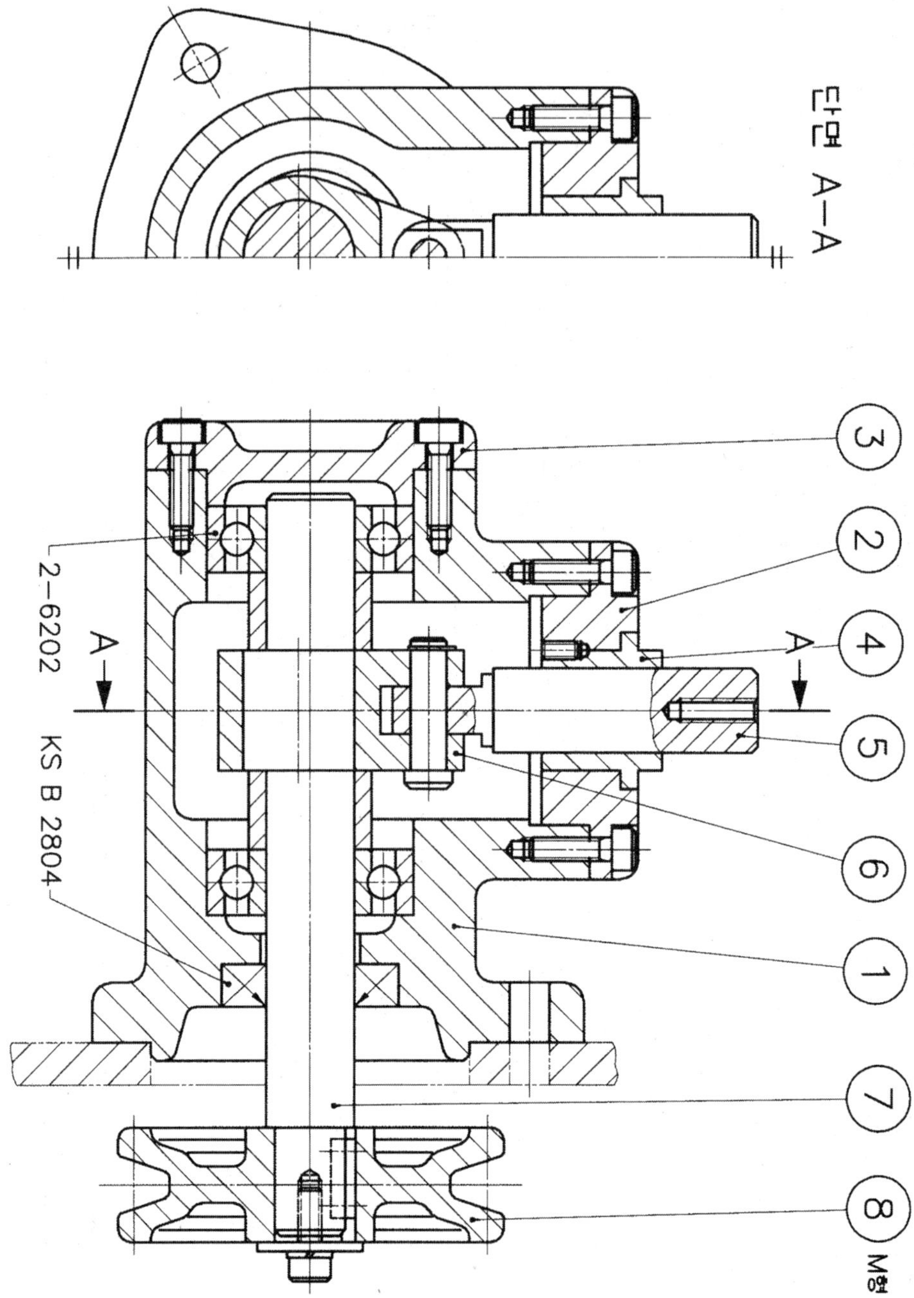

동력전달장치1

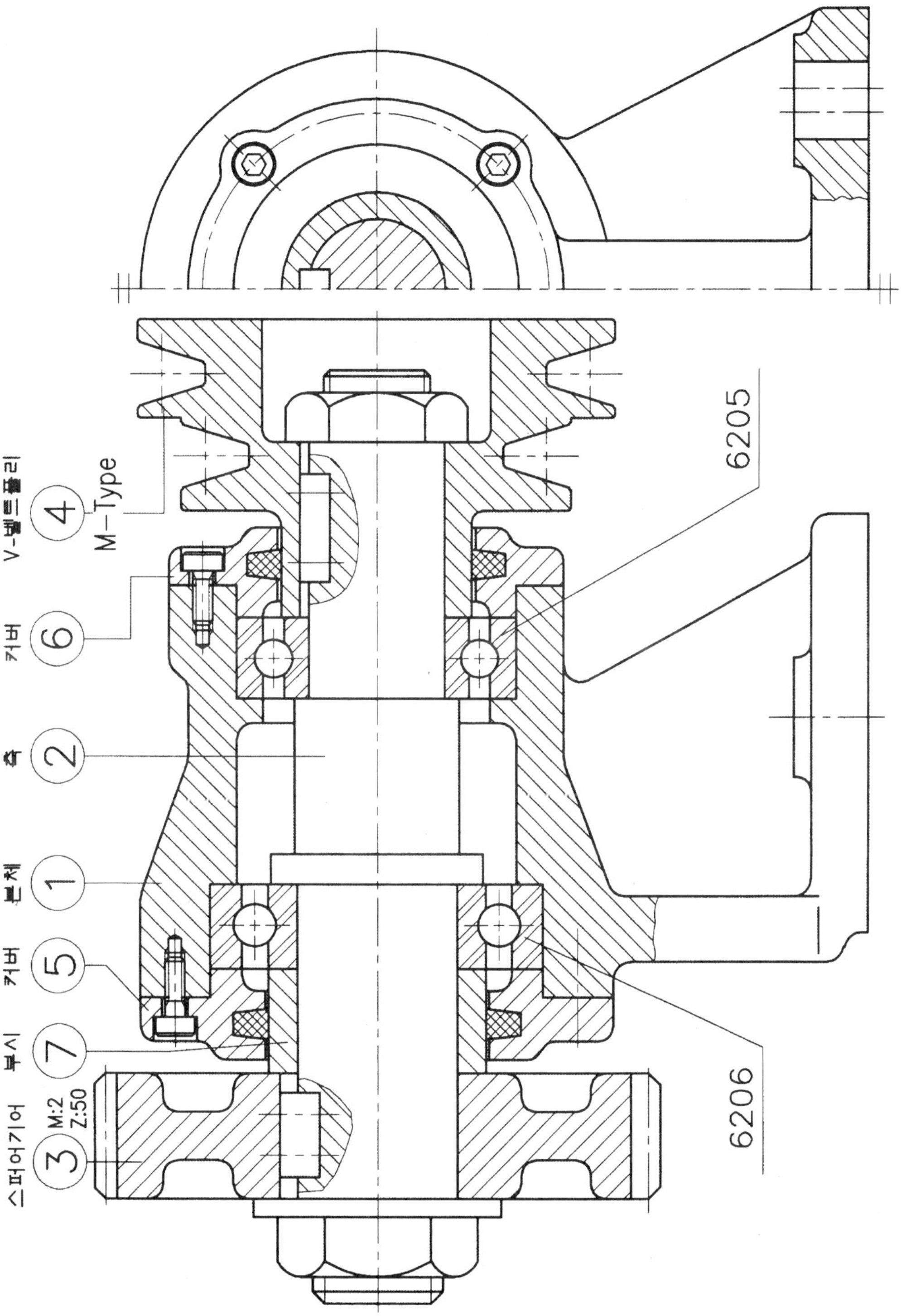

동력전달장치2

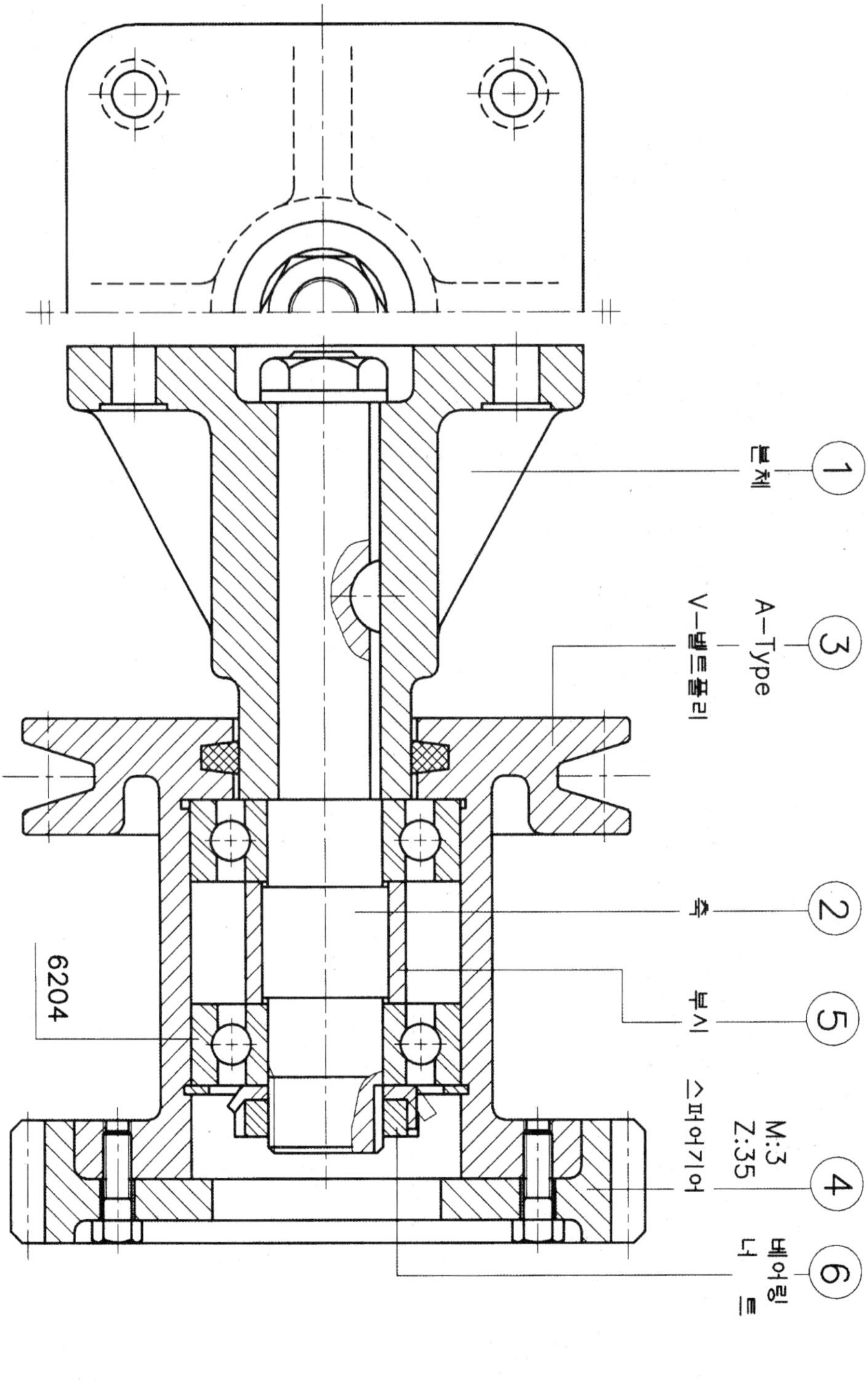

편심구동펌프

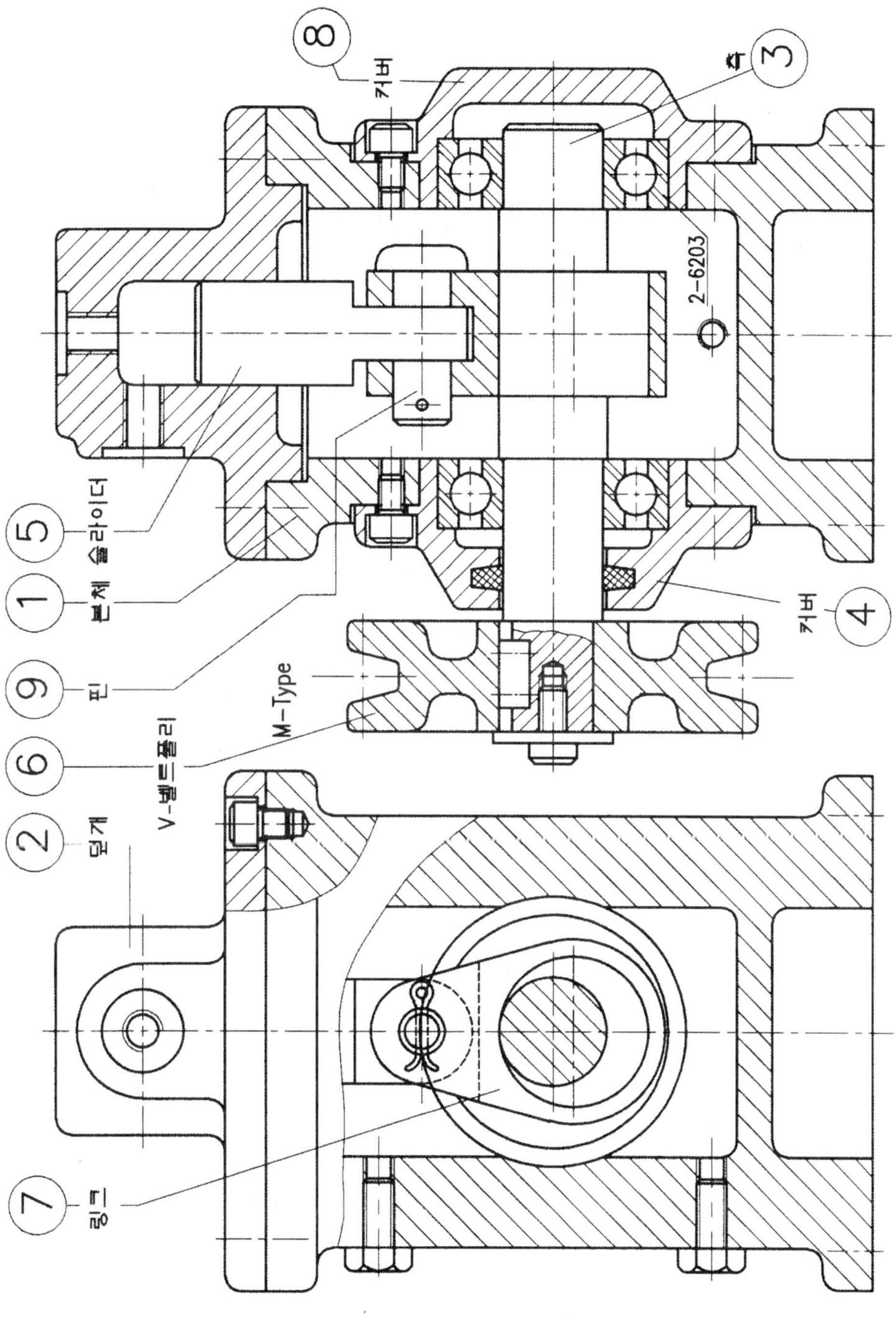

동력전달장치3

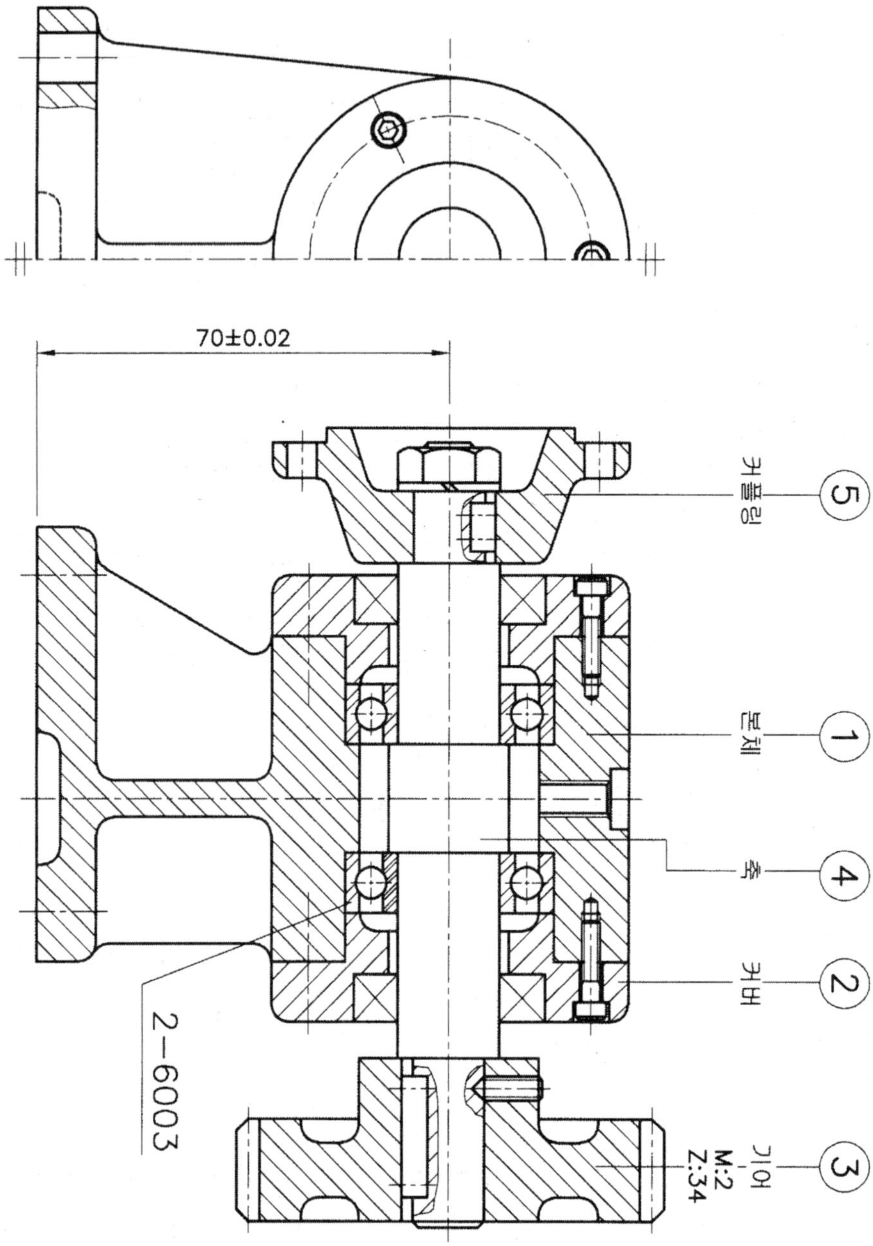

펀칭머신

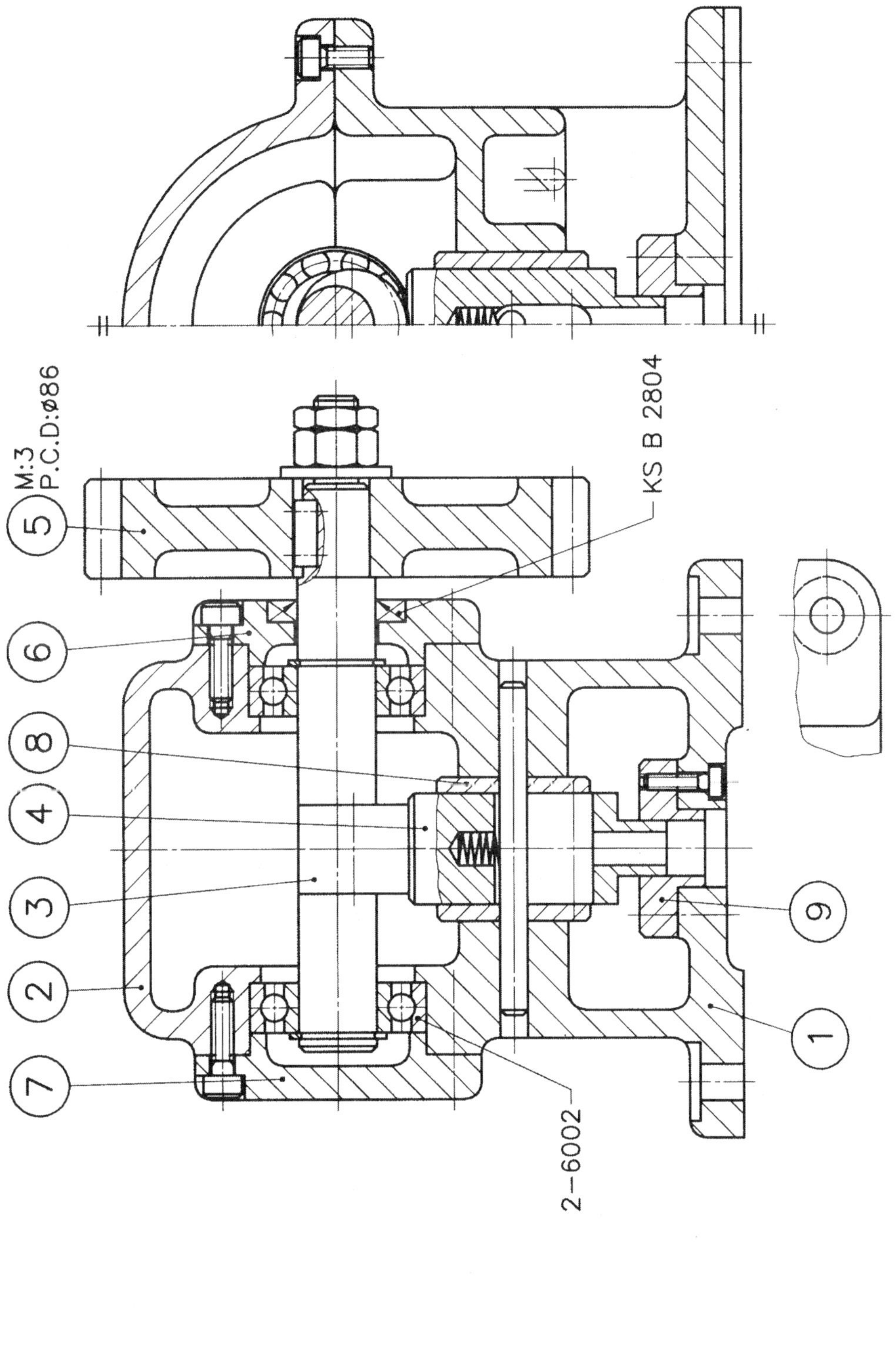

랙과 피니언

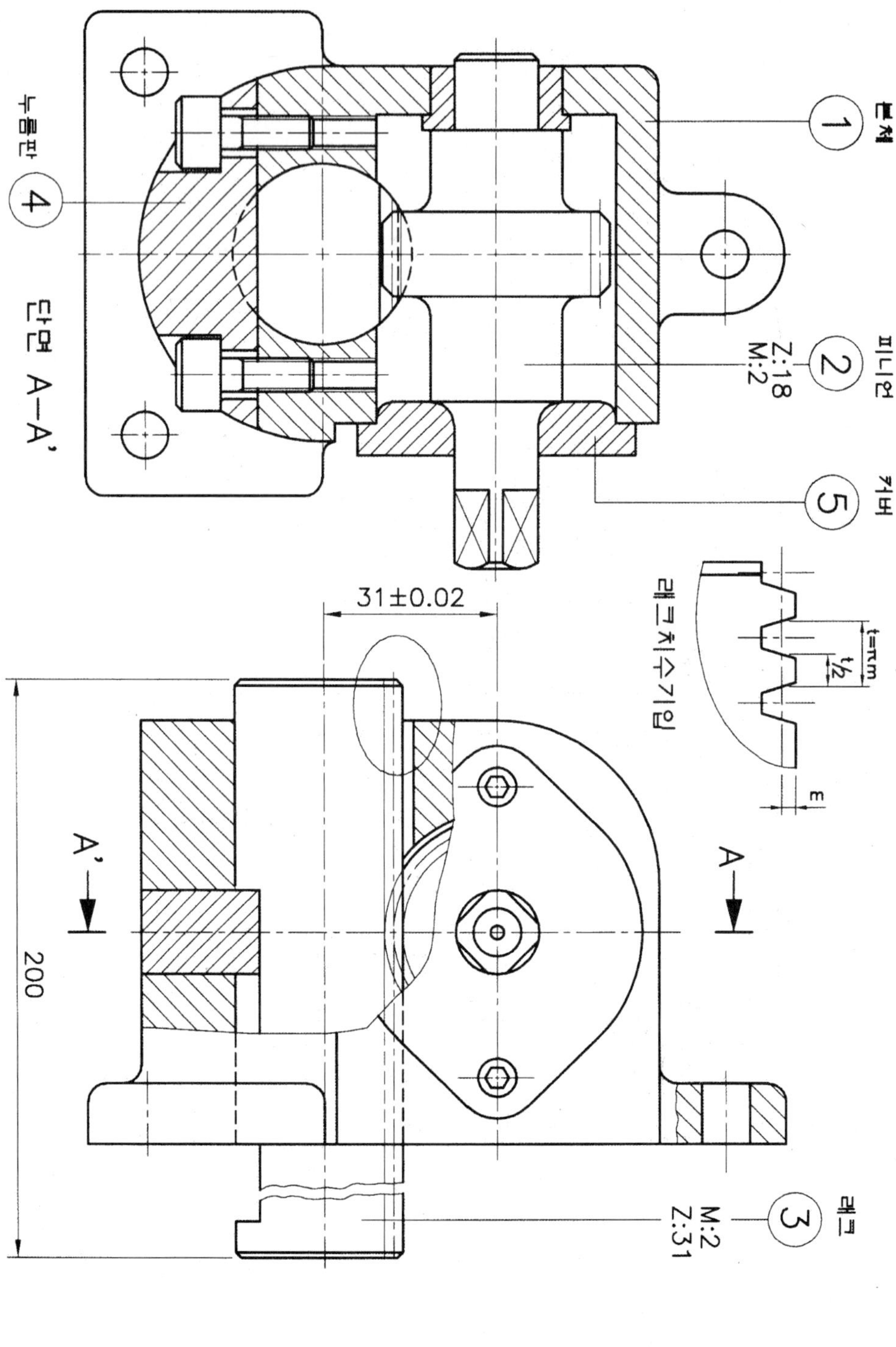

1 본체
2 피니언
Z:18
M:2
5 커버
4 누름판
단면 A—A'
랙치수기입
t=πm
t/2
m
31±0.02
A
A'
200
3 랙
M:2
Z:31

바이스1

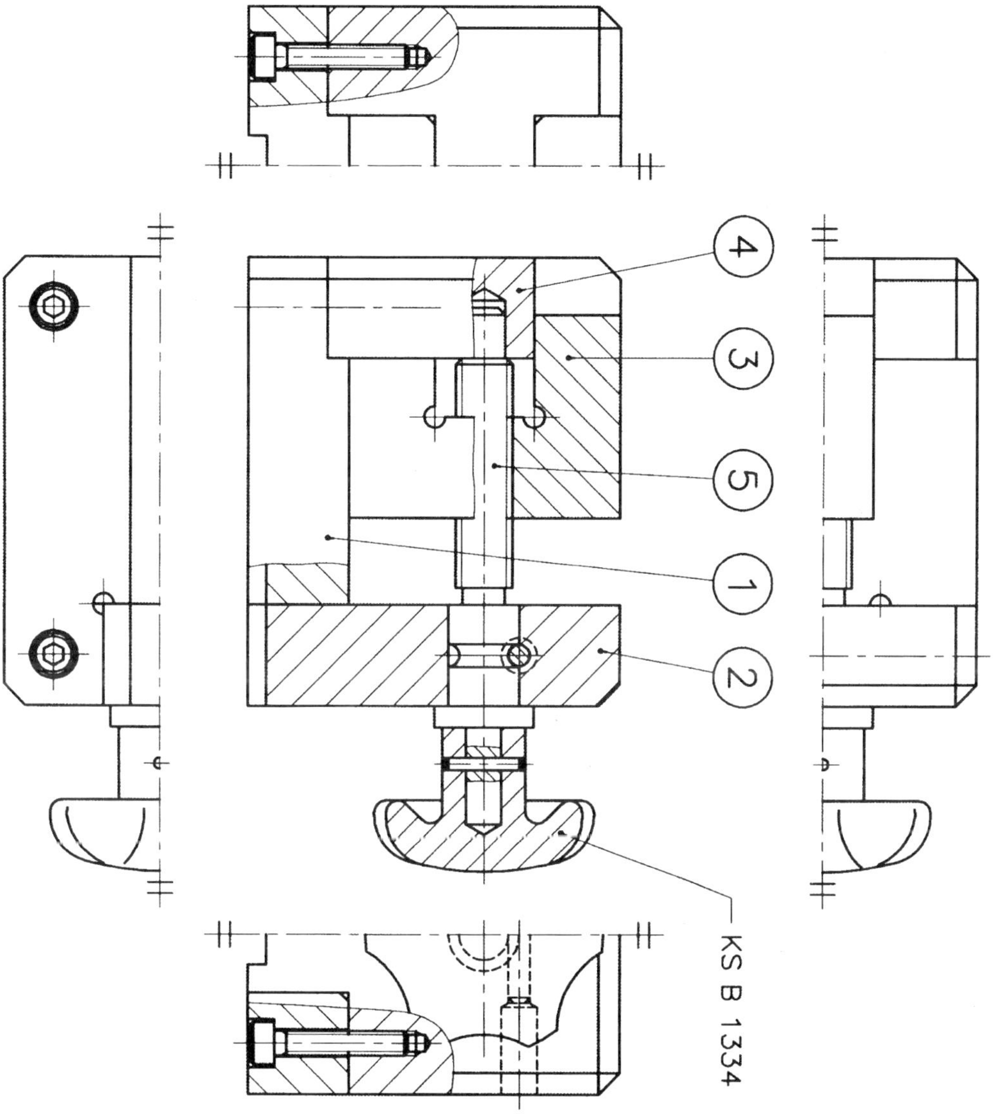

바이스2

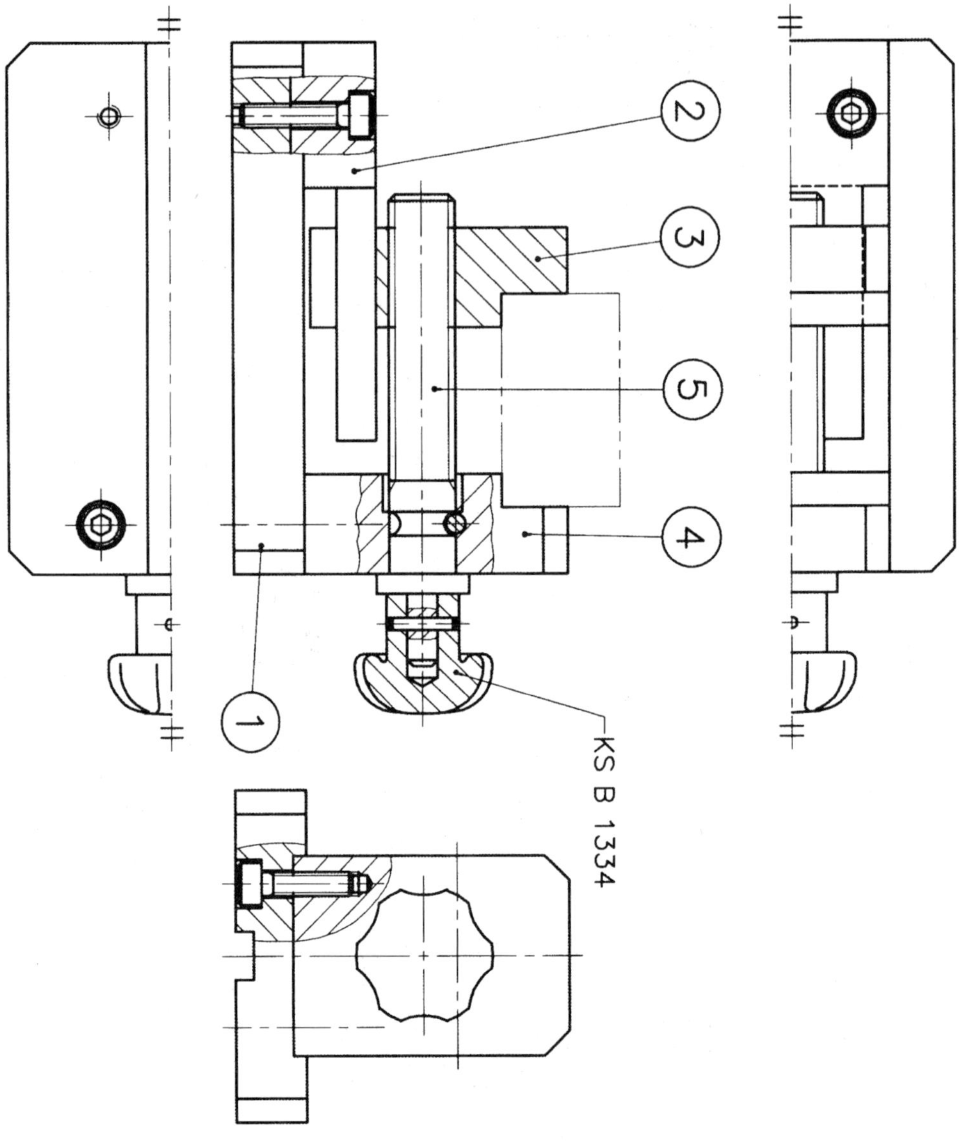

동력변환장치

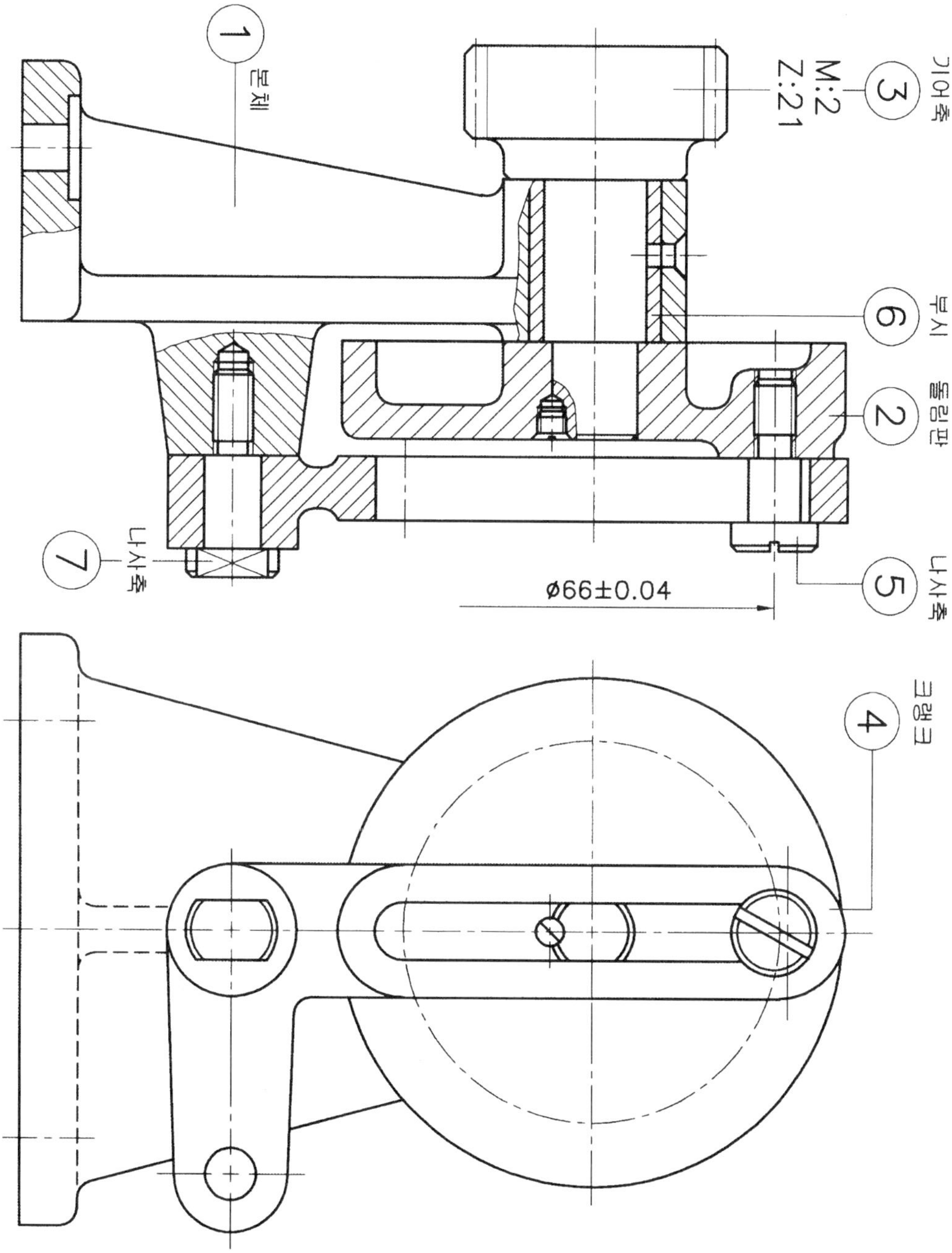

쉽게 배우는
Inventor 3D 설계

2판 3쇄 2017년 2월 20일

저 자	한규상 / 최철영 / 황수만
발행인	송광헌
발행처	복두출판사
주 소	서울특별시 영등포구 경인로82길 3-4 센터플러스 807호 (우) 07371
전 화	02-2164-2580~1
FAX	02-2164-2584
등 록	1993. 11. 22. 제 10-902 호

정가 : 18,000원

ISBN : 979-11-86333-30-3 93550

한국과학기술출판협회 회원사

* 본 도서의 자료 업데이트가 있을 경우 본사 홈페이지 자료실에 업로드 됩니다. 정기적으로 들러서 유익한 자료를 받아가시기 바랍니다.